ARTE DE HABLAR

AUTORES, TEXTOS Y TEMAS
LINGÜÍSTICA

Colección dirigida por Carlos Subirats

4

Eduardo Benot

ARTE DE HABLAR
Gramática filosófica de la lengua castellana

(Reproducción facsímil)

Introducción de Ramón Sarmiento

Esta edición ha sido posible con la colaboración de la Consejería de Cultura y Medio Ambiente de la Junta de Andalucía

Ayuda del Ministerio de Cultura a la edición de obras que integran el patrimonio literario y científico español

ANTHROPOS
EDITORIAL DEL HOMBRE

Arte de hablar : Gramática filosófica de la lengua castellana / Eduardo Benot ; introducción de Ramón Sarmiento. — Barcelona : Anthropos, 1991. — XLIX + 459 p. ; 20 cm. — (Autores, Textos y Temas. Lingüística ; 4)
Reproducción facsímil de la edición de Madrid : Sucesores de Hernando S.A. ; 1910. — Bibliografía p. XV-XVI ; XLVII-XLIX
ISBN 84-7658-252-8

1. Español - Gramática comparada 2. Gramática comparada y general I. Sarmiento, Ramón, int. II. Título III. Colección
806.0-5:800.1
800.1:806.0-5

Primera edición: diciembre 1991

© de la introducción: Ramón Sarmiento, 1991
© de la presente edición: Editorial Anthropos, 1991
Edita: Editorial Anthropos. Promat, S. Coop. Ltda.
  Vía Augusta, 64. 08006 Barcelona
ISBN: 84-7658- 252-8
Depósito legal: B. 41.943-1991
Impresión: Novagràfik. Puigcerdà, 127. Barcelona

Impreso en España - *Printed in Spain*

Todos los derechos reservados. Esta publicación no puede ser reproducida, ni en todo ni en parte, ni registrada en, o transmitida por, un sistema de recuperación de información, en ninguna forma ni por ningún medio, sea mecánico, fotoquímico, electrónico, magnético, electroóptico, por fotocopia, o cualquier otro, sin el permiso previo por escrito de la editorial.

INTRODUCCIÓN

1. Semblanza bio-bibliográfica

1.1. *Período de formación*

Eduardo Benot (1822-1907) fue una de las personalidades más egregias del último tercio del siglo XIX español: buen político, mejor pedagogo y excelente gramático. Nació en Cádiz un 26 de noviembre de 1822 en el seno de una familia culta. Sus padres, Julián Bernardo Benot, de origen italiano, y Rafaela Rodríguez, pronto se dieron cuenta de las buenas luces y cualidades que su hijo demostraba poseer para el estudio, aunque gozaba de una salud precaria. En consecuencia, decidieron instruirlo en las primeras letras en su propia casa bajo la tutela de Antonio Hurtado y Medialdea:

> Yo aprendí las primeras letras en la escuela mejor de Cádiz donde solo me enseñaron (es verdad que muy bien) a leer, escribir y contar. ¿Y sabéis por qué era esa escuela la mejor? Porque en ella se enseñaba el carácter de letra inglesa y además los quebrados comunes y las fracciones decimales. ¡Oh! ¡Yo sabía decimales!, y el bueno de mi maestro me exhibía como si yo fuera un prodigio [León y Domínguez 1897: 675].

La instrucción secundaria la recibió en el Colegio de San Pedro, donde se cursaban los estudios de Geografía, Lenguas Vivas, Matemáticas y Física. De esta etapa, Eduardo Benot recuerda con especial afecto al fundador del colegio, Pedro O'Crowley, a quien describe como una persona abierta y dialogante y de quien recibe las primeras nociones de filología, francés e inglés; a Francisco Isla, su profesor de matemáticas elementales; a Joaquín Riquelme, el de matemáticas superiores; al cónsul de Prusia en Cádiz, que le enseñó alemán (Rafael Jiménez Gámez 1984: 51-68).

Cuando se fundó el Colegio de San Felipe Neri, sus padres lo envían allí para culminar su formación con los mejores profesores gaditanos de la época: con Alberto Lista, en literatura; con Juan José Arbolí, en filosofía y con el sabio médico José Gardoquí, en física y en química. Pronto destacó por su madurez intelectual e inquietudes literarias. En 1839, junto con otros compañeros, fundó la sociedad de *La Amistad* donde, asesorado por Juan José Arbolí, creó una revista y publicó sus primeros trabajos.

1.2. *Experiencia docente (1848-1867)*

Finalizados los estudios secundarios en 1840, comenzó a trabajar como empleado en la Oficina Central de la Beneficencia Municipal, hasta que en 1848 presentó su renuncia para sustituir a Juan José Arbolí como profesor de filosofía en el Colegio de San Felipe Neri (1848-1867). Los primeros días de su etapa docente fueron difíciles. A pesar de su sólida formación y exhaustiva preparación de las lecciones, su inexperiencia le convertía en un profesor torpe que, ante los alumnos, podía quedarse con la mente en blanco. De esta etapa, Benot escribió:

> En mí existían condiciones de maestro. Sólo que tardaron mucho tiempo en aparecer y a costa de martirios ¿Puede darse caso más curioso que este mío?

No obstante, su interés por la pedagogía surgió en este momento, y ya será una preocupación constante durante su vida. Incluso, al final de sus días, sueña con poseer un colegio donde poder llevar a la práctica con entera libertad sus ideas pedagógicas.

En 1852 fue nombrado rector, director y regente de estudios del Colegio, cargo que desempeñó durante 15 años. Y fue en esta etapa cuando Benot comenzó su labor literaria y científica. Implantó los métodos de enseñanza más modernos para las lenguas extranjeras, como el Ollendorf, método según el cual publicó las gramáticas del francés, inglés, alemán e italiano con claves de ejercicios:

Ollendorf reformado: *Gramática francesa y método para aprenderla*, 2 vols., con clave de temas.
Ollendorf reformado: *Gramática inglesa y método para aprenderla*, con clave de temas.
Ollendorf reformado: *Método adaptado al idioma alemán*, con clave de temas.
Ollendorf reformado: *Gramática italiana y método para aprenderla*, con clave de temas.

También escribió sus primeras ideas sobre educación —*Observaciones sobre la educación* y *Errores en materia de educación e Instrucción Pública*— y 13 obras dramáticas en verso. Organizó uno de los gabinetes más especializados y completos del momento, elogiado por ingenieros franceses y alemanes:

> En su gabinete de Física existen los modelos de una máquina de inyección y otra pneumática, inventada por él, y que son de una sencillez grandísima y efectos sorprendentes. Tiene también presentado hace bastante tiempo, en el Ministerio de la Marina, el modelo de un nuevo sistema de propulsión de buques por medio de aire impelido por el vapor [C. Litran 1920: 8].

En 1857, famoso ya por sus métodos educativos, fue nombrado jefe del Observatorio de la Marina de San Fernando, donde explicó Geodesia y Termodinámica.

En 1867, coincidiendo con la crisis que lleva a la quiebra a parte de la burguesía gaditana, se marchó a París para estudiar la Exposición Internacional. Desde allí regresó a Madrid, donde se queda a vivir. En los años siguientes, la crisis afectó a la casa de banca en la que tenía depositado su dinero y se vio obligado a vender el colegio y a desmantelar su fabuloso gabinete de Física.

1.3. *Vida política (1868-1873)*

Benot no intervino directamente en asuntos políticos hasta 1868. Era un convencido defensor de las ideas democráticas y progresistas, lo que le valió ser elegido vocal de las Juntas Revolucionarias Provincial y Local en Cádiz. Pero, como Benot nunca había tenido ambiciones políticas (Rafael Jiménez Gámez 1984: 35-48), aceptó serlo solamente en la Junta Provincial.

Tras la revolución de La Gloriosa fue elegido diputado a las Cortes Constituyentes, donde luchó por la libertad de la enseñanza. La sesión parlamentaria del 20 de mayo de 1869 marcó su rumbo político; fue uno de los 73 diputados que votaron en contra de la continuación de la monarquía y se alineó en la filas del Partido Republicano. Entabló y mantuvo una buena amistad con Pi y Margall y en la primera asamblea general del partido, en 1870, se hizo cargo del órgano semioficial del Directorio, *La Igualdad*.

Al disolverse las Cortes Constituyentes, tuvo intención de abandonar la política para volver a Cádiz y dedicarse a la enseñanza, pero en septiembre de 1872 fue elegido senador y a continuación secretario de la Cámara que el 11 de febrero de 1873 habría de proclamar la primera República. En esta etapa legislativa, se destacó por sus ideales progresistas, como puede apreciarse en el discurso de contestación al mensaje de la Corona; critica la situación política del momento y aboga por la emancipación de las colonias y la abolición de la esclavitud.

El 11 de junio de 1873 llegó a ser ministro durante un mes, hasta que las Cortes Constituyentes otorgaron al Presidente Pi y Margall la facultad de nombrar los ministros. A pesar del corto plazo de tiempo, 17 días, dejó pruebas de su eficacia y laboriosidad. Creó el Instituto Geográfico y Estadístico y elaboró la *primera ley obrera* promulgada en España, aprobada el 11 de julio (*Gaceta de Madrid*, 28 de julio). Benot, al conocer los propósitos conspiradores del granadino Manuel Pavía y Lacy de dar un golpe de Estado, lo denunció al Presidente de la Cámara y, por ello, al entrar Pavía en el Congreso, fue uno de los diputados más exaltados, pidió a voces armas e increpó a la tropa.

1.4. *Los años de plenitud intelectual (1873-1907)*

La restauración monárquica llevó a Benot al exilio lisboeta. De allí, a instancia de Cánovas, lo expulsaron y tuvo que regresar a Madrid, donde se instaló nuevamente. Hasta su muerte, siguió militando en el Partido Republicano Federal, al que prestó innumerables servicios. Todavía en 1893 fue elegido una vez más diputado por Madrid, pero su labor parlamentaria, dado su mal estado de salud, consistió sólo en asistir a votar. No obstante, esta época de su vida fue la más fecunda científica y literariamente. Recopiló y puso en orden todos sus escritos hasta entonces publicados aquí y allá. Y la primera obra en ver la luz fue una de las elaboradas en su período gaditano que publicó en 1881: *Movilización de las fuerzas del mar o aprovechamiento de los motores irregulares contra las mareas y las olas*, Madrid, Memorias de la Academia de Ciencias. Le valió el premio e ingreso como miembro en la Academia de Ciencias.

Siete años más tarde, en 1888, aparece una refundición y ampliación de los *Breves apuntes sobre los casos y las oraciones preparatorias para el estudio de las lenguas*, (Madrid, Viuda de Hernando y Compañía). En esta obra sencilla, que había conocido 18 reimpresiones hasta 1888, Benot expresa con toda nitidez y claridad cómo concibe la lengua: «es algo más que aprender gramática. La gramática [...] son las palabras y sus construcciones». El arte de hablar no está, según él, en las palabras individualmente consideradas, sino en la «organización metódica de un sistema muy complejo en virtud del cual formamos los nombres de los objetos, de los actos y de los estados acerca de los cuales tenemos algo que decir». En el prólogo, dejó estampado este fino pensamiento:

> Decía Cicerón que, con ser los ojos los que todo lo ven, no se ven, sin embargo, a sí mismos. Y, en verdad, que ni aun les es dado verse bien por medios indirectos. Cuando se miran en los espejos, juzgan á la izquierda lo que se encuentra realmente á la derecha, y suponen á la derecha lo situado á la izquierda. Gran aprendizaje necesitan los dedos si han de saber con seguridad y sin error acercarse á los ojos ó alejarse de ellos siguiendo las indicaciones de su imagen.
>
> Así las lenguas. Con ser el lenguaje el maravilloso medio de investigar todos los misterios del pensamiento humano, no se atomizan, sin embargo, á sí mismas, sino por medios muy indirectos de análisis que, torpemente, fraccionan lo indivisible en la realidad. El gramático, como el anatómico, estudia los miembros separadamente; pero en la separación no está la vida.
>
> A muchos sorprende que, *hablando todos*, necesite el estudio del hablar metodizarse en libros, si no difíciles, de no ligero estudio ciertamente. Y, sin embargo, a nadie admira que, teniendo todos la facultad de movernos, sea necesario a los ingenieros estudiar la *mecánica de nuestras fuerzas musculares* en libros de la dificultad más abstrusa [...]
>
> ¡Hablar! ¡Todo el mundo habla! [...] Y, sin embargo de que todo el mundo canta (generalmente muy mal), no hay nadie que diga: ¿Qué vas á conseguir con estudiar las reglas del Solfeo? ¿No cantas ya? es decir, ¿no destrozas los oídos delicados? Pues, ¿a qué más?
>
> Estudiar las reglas del lenguaje es, cuando se hace bien, algo más que aprender Gramática: es nada menos que disecar el pensamiento humano; nó porque el lenguaje sea el pensamiento mismo, sino porque las necesidades intelectuales se reflejan en sus instrumentos de expresión, que son las palabras y sus construcciones [Benot 1888: 5-6].

En estos pensamientos, Benot dejó esbozado el núcleo de lo que luego será *Arquitectura de las lenguas*, el fundamento teórico de las construcciones idiomáticas en lengua española:

> Esta obra es una razonada ampliación de la doctrina que inicié en mi Opúsculo titulado *Breves apuntes sobre los casos y las oraciones* [Benot 1888: 5].

En los últimos años de su vida, Benot desplegó una intensa actividad de producción científica y literaria. Ello le obliga a recluirse en su domicilio, del que sale solamente para asistir a las sesiones de la Academia de la Lengua, de la que era miembro desde 1887, aunque tomó posesión en 1889 pronunciando un discurso bajo el título *¿Qué es hablar?*

Sus ideas pedagógicas influyeron, sin duda, sobre los hombres de la Institución Libre de Enseñanza y del regeneracionismo, pero influyeron más en la generación del 98. Consta que en la casa de Benot se celebraban tertulias y que entre los asistentes más asiduos se encontraban los hermanos Machado, quienes incluso colaboraron con Benot en la redacción del *Diccionario de ideas afines*. Aún más, Antonio le dedicó el poema LVII, *Fantasías de una noche de Abril*.

2. Producción científica y literaria

2.1. *Relación cronológica de las obras de Eduardo Benot*

1850 *El muerto vivo*, edición desconocida.
1857 *Observaciones sobre la educación*, Cádiz, Imprenta de la Revista Médica.
1862 *Errores en materia de educación e instrucción pública*, Cádiz, Imprenta de la Revista Médica.
1863 *Mi siglo y mi corazón*, Cádiz.
1866 *Examen crítico de la acentuación castellana*, Cádiz, Imprenta de la Revista Médica.
1881 *Movilización de las fuerzas del mar o aprovechamiento de los motores irregulares contra las mareas y las olas*, Madrid, Imprenta de la Viuda e Hijos de D. Eusebio Aguado, Memorias de la Real Academia de Ciencias de Madrid, XI.
1886 *Don Alberto Lista. La educación de la juventud. El antiguo sistema. Las nuevas ideas. El régimen actual*, Madrid, El Liberal, Colección de Conferencias Históricas.

1888 *Breves apuntes sobre los casos y las oraciones preparatorias para el estudio de las lenguas*, Madrid, Librería de la Viuda de Hernando y Cía.
1889a *En el umbral de las ciencias. Temas varios*, Madrid.
1889? *Errores en los libros de matemáticas*, Madrid, Núñez Samper.
1889b *Arquitectura de las lenguas*, Madrid, Núñez Samper.
1890 *Versificación por pies métricos*, Madrid, Sánchez Martínez.
1892 *Prosodia castellana y versificación*, Madrid, Muñoz Sánchez.
1893 *Diccionario de asonantes y consonantes*, Madrid, Juan Muñoz Sánchez.
1895 *Versiones inglesas o arte de traducir al inglés*, Madrid.
1896 *Reforma del alfabeto por el maestro de aldea*, Cádiz.
1897? *Sistema métrico*, Madrid, Núñez Samper.
1899 *Diccionario de ideas afines y elementales de tecnología*.
1905 «A Cádiz», *Diario de Cádiz* (3 de enero).
1905 *España. Poesías*, Madrid, Tipografía de Idamor Moreno.
1905 «Una carta de Benot», *El País* (13 de febrero).
1905 *Estudio acerca de Cervantes y el Quijote*, Madrid, Tipografía de Idamor Moreno.
1906 *Ideas de un federal*, Valencia, Librería de G.A. Sorní.
1908 *Los duendes del lenguaje*, Madrid, Núñez Samper.
1910 *Arte de hablar. Gramática filosófica de la lengua castellana*, Madrid, Sucesores de Hernando, S.A.
1941 *Diccionario de frases rimadas*, Buenos Aires, El Ateneo.
1945 *¿Qué es hablar?*, en *Discursos leídos en las recepciones públicas de la Real Academia Española*, tomo 2, Madrid, Ultra.

2.2. Bibliografía selecta sobre Eduardo Benot, ordenada cronológicamente

1844 Arbolí, J.J.: *Gramática General*, en *Compendio de lecciones de filosofía que se enseña en El Colegio de Humanidades de San Felipe Neri de Cádiz*, tomo III, Cádiz, Librería y Litografía de la Sociedad de la Revista Médica.

— Lista, A.: *Ensayos Literarios y Críticos*, Sevilla, Calvo y Rubio y Cía.

1897 León y Domínguez, J.M.: *Recuerdos gaditanos*, Cádiz, Imprenta Cabello y Luzón.

1904 Torres Reina, J.: «Homenaje a Benot», *Heraldo de Madrid* (29 de diciembre). [Reproducido en *Arte de hablar...*, Buenos Aires, Anaconda, 1941: 11-14.]

1907 Torres Reina, J.: «D. Eduardo Benot», *ABC* (28 de julio), 3.

1920 Litrán, C.: Prólogo a *En el umbral de las ciencias. Temas varios de Benot*, Barcelona, Publicaciones de la Escuela Moderna, 2.ª ed.

1928 Morato, J.J.: «Los redentores del obrero: Don Eduardo Benot», *La Libertad* (Madrid) (10 y 21 de junio).

1941 León y Domínguez, J.M.: Notas biográficas de *Arte de hablar. Gramática Filosófica de la Lengua Castellana*, Buenos Aires, Anaconda, 5-11.

— Torres Reina, J.: Prólogo *Arte de hablar...*, Buenos Aires, Anaconda, 15-34, nueva edición.

1951 Juretschke, H.: *Vida, obra y pensamiento de Alberto Lista*, Madrid, CSIC.

1973 Pérez Ledesma, M.: «El centenario de la Ley Benot», *Cambio 16*, (Madrid) (30 de junio).

— Pérez Ferrero, M.: *Vida de Antonio Machado y Manuel*, Madrid, Espasa Calpe, 3.ª ed.

1974 Ramos, J.A.: *Las ideas gramaticales de Eduardo Benot*, (Memoria de Licenciatura), Universidad de Granada.

1977 Rubio y Gali, F.: *Mis maestros y mi educación*, Madrid, Giner.
1978 Elizalde, E.: «Pedagogos comparativos españoles (1833-1868)», *Perspectivas Pedagógicas* (Barcelona), XI, 41-42, CSIC-Instituto Milá y Fontanals.
1980 Hernández, J.A.: «La teoría gramatical de Arbolí», *Gades. Revista del Colegio Universitario de Filosofía y Letras* (Cádiz), 6.
1981 Contel Barea, M. y Ibáñez Ortega, M.: *Catálogo de obras antiguas sobre educación (1759-1940)*, Madrid, MEC, n.º 447.
1984 Jiménez Gámez, R.: *La cuestión educativa en Eduardo Benot*, Cádiz, Diputación Provincial de Cádiz.
1986 Calero Vaquera, M.L.: *Historia de la gramática española (1847-1920)*, Madrid, Gredos.
1988-1989 Martínez Linares, M. A.: «La *oración compuesta por subordinación* en la gramática de Eduardo Benot», en *ELUA*, vol. 5, 191-199.

2.3. La trascendencia de la obra de E. Benot

En la obra de E. Benot se deja sentir la influencia del magisterio de Alberto Lista, profesor suyo en el Colegio de San Felipe Neri de Cádiz, de donde salió una generación brillantísima que durante el último tercio del siglo pasado figuró en la primera línea en todas las esferas sociales: hombres de ciencia, literatos, artistas, políticos, militares, jerarcas de la Iglesia... De la organización de aquel colegio y de los métodos allí seguidos copiaron muchos docentes. En sus gramáticas han aprendido idiomas extranjeros casi todos los españoles que a estos estudios se dedicaron desde la segunda mitad del siglo XIX.

Sus obras *En el umbral de la ciencia, Errores en matemáticas, Arquitectura de las lenguas, Prosodia castellana y versificación*..., fueron sumamente originales, pero nadie le consultó cuando de reformas o problemas de instrucción pública se trataba; sus ideas políticas lo alejaron de la esfera oficial, pero ahí quedaron fructificando.

El saber de E. Benot, sobre todo en materia gramatical y lingüística, no encuentra parangón en la tradición precedente. De ahí que no le perturbaran los errores consagrados por la rutina. Gracias a ello, pudo elevarse a los principios, a las leyes del lenguaje establecidas en su *Arquitectura de las lenguas*. Benot no se complació nunca en trabajos de *albañilería*. Poco le importaron las etimologías ni los pormenores y minucias relativas a las palabras aisladas. Era un hombre de inducciones y de sistemas. Para él, lo importante era averiguar, desentrañar la esencia del lenguaje y fijar definitivamente en qué consiste *el sistema de hablar*.

Sus enseñanzas y atinadas observaciones fueron tenidas en consideración por la mayoría de los gramáticos posteriores. Incluso llegó a tener discípulos como José Torres Reina, en 1904, José Juncal Verdulla, en 1912, Juan B. Puig, en 1938.

3. Las ideas lingüísticas de Eduardo Benot

3.1. *Benot y la ciencia lingüística de su época*

Tras una etapa de intensa ilustración, a finales del siglo XVIII, a España le tocó vivir, durante el primer tercio del siglo XIX, convulsiones políticas, socioculturales y religiosas de notable trascendencia. Primeramente, hizo frente a la invasión napoleónica (1808-1813). Más tarde, conoció una etapa histórica de gran tensión político-social (1814-1830), caracterizada por la persecución de toda actividad *ilustrada* o *innovadora* y por el extrañamiento o encarcelamiento de las personas más egregias. Al mismo tiempo que esto ocurre, empieza a desmoronarse la España colonial con la independencia de los países hispanoamericanos y un gran vacío cultural inunda la geografía peninsular de la que el pesimismo finisecular de la generación del 98 no fue sino un claro exponente.

Recordar estos condicionamientos, aquí sólo esbozados,

tiene como finalidad explicar el hecho de que la lingüística española, considerada en su conjunto, haya continuado abstraída en los temas sobre el *origen* de la lengua en la línea de Pedro Pablo Astarloa (1803), J.B. Erro y Aspiroz (1806, 1815) o que haya fantaseado con el proyecto de una lengua universal con Sotos Ochando (1851) y Pedro Martínez López (1852). Este tipo de lingüística periclitada retardó y condicionó el advenimiento del comparatismo. En efecto, E. Benot recuerda, a propósito de estas prácticas, el menosprecio en que habían caído las etimologías:

> No había ramo de conocimiento que hubiese caído más en descrédito, á causa de los desdichados engendros de muchos filólogos (?) que, en lugar de explicar los hechos tales como son, dejaban correr insensatamente la fantasía; y apoyándose en semejanzas insostenibles, concluían por probar desatinos, tales como que el vascuence fué la lengua que habló Adán en el Paraíso, ó que los sucesos de la Ilíada pasaron en la isla de Heligoland, y que Homero fue flamenco [Benot: 1889*b* I: 51].

Pero el siglo XIX español fue primordialmente un siglo cautivado por las ideas *sensistas* de Étienne Bonnot de Condillac (1715-1780) sobre el origen del conocimiento y del lenguaje, divulgadas en España por las traducciones de Antoine Louis Destutt de Traçy (1754-1836).[1] La *ideología* de la gramática general, asimilada y consolidada en los frutos ciertos de J. Gómez Hermosilla (1835) y de J.J. Arbolí (1844), alcanzó su originalidad en versiones como las de Matías Salleras (1876) o de Manuel Díaz Rubio y Carmena (1885) y llegó a la cumbre con la obra de Eduardo Benot *Arte de hablar. Gramática filosófica de le lengua castellana* (1910).

En E. Benot son reconocibles las huellas de los ideólogos (cf. Brigitte Schlieben-Lange 1989). En efecto, afirma explícitamente la necesaria relación de dependencia entre lenguaje y pensamiento con estas palabras:

---

1. Escribió en 1804 *Elementos de ideología* y en 1803, *Gramática General. Lógica* en 1805 y el *Tratado de la voluntad* en 1815.

> No se habla sin pensar. La doctrina de una lengua tiene que ser una doctrina ideológica. Pararse en las formas lingüísticas olvidando el pensamiento, es describir el uniforme del General el día de la batalla, y nó los planes estratégicos que le dieron la victoria [...]
> Riesgo corre de tomar el accidente por la sustancia quien no trata de buscar en la *Ideología* la razón de los hechos del lenguaje; y solamente aparecerán justificadas las leyes generales del hablar, cuando se ajusten á las leyes generales del pensar. El vestido ciertamente no es el cuerpo cuyas formas cubre; pero en las formas del cuerpo reside la razón de las formas del vestido [Benot 1989*b*: 327-328].

Ahora bien, lo que a E. Benot le interesaba más no era dilucidar cuestiones gramaticales, sino descubrir las leyes del hablar, estudiando sus instrumentos: las construcciones hechas con palabras. Y uno de los hallazgos en el que el gaditano fundamentó su teoría gramatical fue el haber percibido con toda nitidez que las normas del lenguaje se derivan directamente de hechos psicológicos:[2]

> Su ciencia [la del lingüista] no es la psicología, ni en los sinuosos laberintos del entendimiento humano tiene obligación de penetrar; pero sólo cuando vea que las normas del lenguaje se derivan directamente de indubitados hechos psicológicos, es cuando podrá concederles su absoluta confianza... De leyes psicológicas es consecuencia obligada el sistema de limitar lo general con lo general para obtener la expresión de lo particular [Benot 1889*b* I: 328].

Por eso, E. Benot llegó a formular axiomáticamente que «toda la *gramática* gira alrededor de la determinación». De los ideólogos heredó la teoría del conocimiento y la distinción entre signos *orales* y *escritos*; las nociones de *lenguaje* como «sistema» y *hablar* como «facultad»; la idea de que el lenguaje humano consiste en la asociación que un *hablante* y un *oyente* hacen de un significante y un significado; los con-

---

2. Las. páginas 327-344 de *Arquitectura* están inspiradas por la ideología sensista (cf. Desttut: *Ideología*); Arbolí: *Lecciones*...). Cita a Sicard y a Balmes a propósito de la cópula *es* (1889*b* I: 222, nota 1).

ceptos de comprensión y extensión de las palabras y la premisa de que cada idioma entraña un modo necesario de pensar que inhabilita para adquirir otros posibles [Benot 1889*b* I: 44].

No obstante lo expuesto hasta aquí, algunas de las ideas lingüísticas de E. Benot resultarían incomprensibles sin tener en cuenta su conocimiento de la filología histórico-comparada. Es cierto que la nueva lingüística que postulaba la filiación y evolución de las lenguas mediante un método comparativo (Rasmus Kristian Rask [1787-1832], Wilhelm Schlegel [1767-1845] y Franz Bopp [1791-1867) no tuvieron eco en nuestro país hasta el último tercio del siglo XIX. El retraso científico con que llegaron fue considerable. En 1856, más de medio siglo después de ser descubierto el sánscrito por sir Jones, el *Semanario Pintoresco Español* de Madrid publicaba la noticia de su descubrimiento. Y al año siguiente, cuando en París existía ya desde 1814 y en Bonn, desde 1818, se creaba la primera cátedra de esta materia en Madrid.

Explicar este notable retraso resulta extremadamente complejo y tampoco es nuestro propósito. Sin embargo, puestos en el dilema de tener que indicar, ante la concurrencia de causas tan variadas, alguna de ellas como la principal, aduciré la misma que en otros países retardó el advenimiento de la gramática comparada: el *fanatismo religioso*. En efecto, sabido es que en los últimos años del siglo XVIII y primeros del XIX se pretendía derivar cuantos idiomas se hablaban de una sola lengua primitiva de la que se creía que quedaban vestigios en las demás tras la confusión de Babel. Los estudiosos racionalistas juzgaban que, demostrando la irreductibilidad de las lenguas a una sola por la ausencia de esos vestigios, se armaban de un argumento irrefutable en contra de la religión. Estos obstáculos, casi insalvables por el propósito errado de unos y otros, sirvieron para estimular e intensificar los estudios de filología comparada. En España, sin embargo, por las circunstancias concurrentes y anteriormente aludidas, se frenó el advenimiento de la filología comparada:

> La lingüística, la gramática comparada, la etnografía filológica ó filología comparadas, que todos estos nombres se

dieron a la nueva lingüística, no entró en el verdadero período hasta que se desechó la citada preocupación; hasta que adversarios y defensores de la verdad revelada conocieron que no era arma ni en pro ni en contra de la Religión el que persistiesen ó no los rastros del idioma primitivo en las lenguas hoy conocidas [Juan Valera 1869].

La lingüística española hubo de sortear, pues, en condiciones desfavorables para el progreso, estos escollos comunes a la ciencia europea. Ni siquiera pudieron ser aprovechadas las originales ideas de un Lorenzo Hervás, las mismas que fecundaron la filología alemana humboldtiana. A pesar de todo ello, nuestra historia lingüística conoció contribuciones notables en algunas líneas de investigación. En efecto, floreció con gran esplendor la filología hebrea en Antonio M. Blanco (1846), continuador de la labor de Francisco Pérez Bayer (1789) y de F. Orchell y Ferrer (1807); se consolidó la escuela de arabistas, impulsada por Pascual Gayangos Arce (1809-1897), y se echaron los cimientos de la filología comparada con F. de Paula Canalejas (1869), Raimundo de Miguel (1870) y Francisco A. Commelarán (1889).

Las enseñanzas de la filología histórico-comparada fueron, sin duda, determinantes en la orientación seguida por el pensamiento benotiano. En efecto, Benot sabía alemán y conocía bien la lingüística alemana.[3] De estas ideas se sirvió para descubrir y profundizar en el sistema de la lengua:

> Mucho ilustra el comparar lo normal de una lengua con lo normal de otras; pero el método comparativo sólo puede

---

3. Benot cita, entre otros autores, a Schleicher: «Aceptemos la analogía de Schleicher ¿en qué es inferior el horticultor que nos presenta frutas delicadas, al botánico consumado que nos describe los tejidos vegetales?» (Benot 1889*b* I: 303).
También cita a Heyse y a Wurst para rebatir la idea de que siempre que hay verbo hay *afirmación*: «Sprechen heisst: seine Gedannken hörbar durch Worte ausdrücken» («hablar es hacer audibles los pensamientos por medio de palabras»). «Denken heisst: von sich delbst oder von irgen einem andern Dinge Etwas behaupten oder aussagen» («pensar es afirmar algo de sí mismo o de alguna otra cosa»). Y se pregunta Benot (1889*b* I: 202): «¿No es evidente que al hablar hacemos audibles por medio de palabras los fenómenos de nuestra sensibilidad y los de nuestra actividad, que no son precisamente los de pensar, fenómenos exclusivos de la inteligencia?». No cita a Friedrich Max Müller, *Lectures on the Science of Language* (1864), pero es de suponer que haya leído sus famosas *Lecciones*, traducidas al español en 1888.

aprovechar á los que saben mucho. Por eso todo lo relativo á las afinidades del español con otros idiomas, va aparte de las lecciones de este Tratado, en especiales complementos. Ciertamente no habría holgado comparar en numerosos ejemplos las afinidades del español con las lenguas que se apartan mucho de su índole, como el alemán y el griego; pero, siendo estas dos lenguas muy poco conocidas entre nosotros, me ha parecido de necesidad recurrir á ellas con sobriedad suma. Por el contrario, no he escaseado las referencias al latín y al inglés, ya por ser más entendidas, ya por el gran interés que tienen para los gramáticos españoles: el latín para derivar de él la mayoría de nuestras voces, y el inglés, por lo mucho que difiere del español [Benot 1889*b* I: 14].

Benot también recurrió a la filología comparada para explicar la incesante variación de las acepciones que el transcurso del tiempo ha ido introduciendo en las voces mediante metáfora y sinécdoque:

> No hay nada á que más propenda el hombre, que á tomar (por *sinécdoque* o por *metáfora*) la parte por el todo, y viceversa; el género por la especie, y al contrario; la causa por el efecto, y al revés, lo semejante por lo análogo, etc., y esta es la razón por cuya virtud las palabras se apartan de su primitivo significado etimológico para designar otros objetos á los cuales es soberanamente impropio el aplicarlas.
>
> Por esto decimos las *alas* del molino; la *cabeza* del alfiler: el *ojo* de la llave, la *boca* de la olla; las *orejas* del martillo; los *dientes* de la sierra; las *barbas* de la pluma; los *brazos* del sillón; los *piés* de la mesa; el *pico* de la pluma, etc., etc. [Benot 1889*b* I: 55].

Se puede afirmar con bastante certeza que al influjo de la gramática comparada debe sus ideas de que las lenguas cambian, en sus palabras y significados por analogía, y que sólo perduran las leyes del sistema elocutivo; de que es el sentido funcional («función común», 1889*b* I: 295), y no la estructura formal, el criterio válido para el análisis gramatical (1889*b* I: 154-155); de que la construcción está sujeta a leyes invariables y que no se habla por medio de palabras sino por medio de un sistema elocutivo; de que las palabras y las oraciones responden a un sistema de determinación y combinación de elementos o «masas elocutivas» (1889*b* I: 87).

Pero E. Benot logró ver con claridad sin par que la actividad mental e inclinaciones morales de cada individuo se funden en moldes fabricados durante muchos siglos por la sociedad a la cual pertenece el hablante; en otras palabras, fue consciente de que las lenguas son una imposición del pasado que determina en cierto sentido la actividad mental del individuo. Y, por eso, tampoco dudó en proclamar como principio absoluto de su lingüística la enseñanza horaciana de que el *uso idiomático es el árbitro y señor de las lenguas*:

> Los ejemplos además tenían otro fin: hacer ver que las doctrinas aquí sostenidas ostentan la autoridad y la sanción de quien nunca se equivoca, del árbitro infalible del lenguaje: del uso antiguo y moderno.
>
> Una regla es admisible en tanto que los hechos todos caben dentro de ella. Pero ¿hay un solo hecho que se quede fuera? ¿uno solo? Pues la regla no es tal regla; sino un capricho insostenible de quien la promulga y sostiene [1889*b* I: 14].

Como hemos intentado mostrar, el mundo lingüístico de E. Benot está erigido sobre tres pilares: el de la filología, el de la ideología y el del comparatismo histórico. De los tres asumió ideas y prácticas que, una vez asimiladas, dieron sus frutos en *Arquitectura* y en *El Arte de hablar*.

3.2. *Las premisas lingüísticas de «El arte de hablar»*

3.2.1. *¿Qué es hablar?*

Para contestar esta cuestión, E. Benot procedió inductivamente. En el hombre se encuentran reunidas muchas propiedades que le son comunes con otros seres. Su cuerpo tiene extensión, esto es, dimensiones —ancho, largo y grueso—

como las piedras, como los metales, como los cuerpos todos de la naturaleza. Nace, crece y muere como las plantas. Siente placeres y dolores como los animales y, como ellos, es capaz de representaciones y de educación. ¿Hay algo en el hombre que no sea común con los demás seres? La piedra no habla, la planta no habla... Pero, ¿no se dan a entender los animales? Esta es su respuesta:

> Si por hablar se ha de comprender la facultad de manifestar, de exteriorizar expresamente lo que pasa en el interior, indudablemente los animales hablan. Se quejan, manifiestan contento, piden, amenazan... Ahora si por hablar se entiende expresarse por medio de palabras, entonces no hay duda en que los animales no hablan. En tal sentido sólo el hombre habla [1889*b* I: 19-20].

Pero, como se puede ver, esto no toca a la esencia ni a la finalidad del hablar. Tiene únicamente relación con el modo de hablar. ¿Qué es lo esencial del lenguaje humano? No son los sonidos por más que resulten de maravillosa importancia, porque el papagayo y un magnetófono también son capaces de reproducir sonidos y por ello no se puede afirmar que hablan. Tampoco es el hecho de exteriorizar lo que pasa en nuestro interior porque a través del gesto, el juego de la fisonomía, los movimientos del cuerpo, la risa..., podemos expresarlo también. Nada de esto es hablar.[4]

Tampoco el hablar está en la finalidad. Es de experiencia que el hombre se habla a sí mismo en la meditación y en sus lucubraciones. Una serie de fórmulas matemáticas es un discurso impersonal, destinado lo mismo al matemático que lo escribe que a aquel que las estudia. La gallina avisa a sus polluelos del peligro que los acecha, para que todos huyan y se pongan a salvo como ella misma va a hacer. ¿Quién podrá sostener que eso es hablar? Y, si no es hablar, ¿qué es? Parece que no basta que un signo exteriorice su antecedente, razón o causa para que sea considerado como hablar. Es preci-

---

4. Darwin habla de la *asociación* de la acción y el pensamiento con el gesto y después con las palabras como algo fundamental para el desarrollo del lenguaje oral (Joan Leopold 1987: 637).

so que la exteriorización sea intencional. ¿Cuál es, pues, la esencia del hablar?:

> Para que una cosa sea signo de otra, basta con que un sér inteligente perciba la relación entre lo significante y lo significado. Mas para que una cosa sea signo de lenguaje, es preciso que un sér inteligente lo estime como signo de algo interior que comunique á otro sér inteligente con el fin de que lo entienda.
> Así el humo es signo de combustión, pero nó semejante á los del habla humana: así, las alteraciones del pulso son signos (y nó lenguaje) de estados patológicos: así el rubor es signo de vergüenza, pero nó de lengua alguna: así, el estertor signo de muerte... Y ninguno de esos signos es análogo á los del lenguaje, porque ninguna inteligencia infunde en ellos intención alguna de que sirvan de vehículo de comunicación con otra inteligencia [1889*b* I: 22].

Hablar es una facultad de manifestar o exteriorizar algo interior mediante una masa sonora o acervo de *fonías* (1910: 37, nota 1) que, transformadas por el pensamiento humano, permiten al hablante u oyente relacionar un significante y un significado:

> Un fenómeno es *signo* de otro cuando un ser inteligente percibe la relación existente entre lo significante y lo significado [1910: 38].

3.2.2. *El hablar es consecuencia del modo de pensar*

E. Benot parece asumir que las normas del lenguaje derivan directamente de hechos psicológicos. Esto no significa que profese el paralelismo lógico-gramatical de la mayoría de sus predecesores. Esta premisa, largamente desarrollada en *Arquitectura* (327) quizás sea la que menos le aproxima a los ideólogos. Cuando afirma que el arte de hablar es una consecuencia del modo de pensar, está asentando unas bases teóricas, distintas de las de los ideólogos, para quienes pensar era sentir y hablar se identificaba con pensar. Asume ciertamente las teorías del conocimiento de los ideólogos (Sylvain Auroux 1986:

105-120), pero las enriquece con las nuevas de Steinthal (*Abriss der Sprachwissenschaft* [1871].[5] Y concibe el conocimiento como el fruto de las modificaciones que los objetos producen en nosotros, modificaciones que son efectos muy distintos de sus causas. En consecuencia, concluye que las modificaciones sensibles son signos, no imágenes de lo exterior:

> Si las modificaciones de nuestro ser son los signos de la causalidad externa, las palabras tienen que ser y son los signos de nuestras modificaciones, pero no de los objetos exteriores [1889*b* I: 334].

Y, mediante abstracción y generalización de las modificaciones individuales, vamos formando ideas generales, el concepto que tenemos de nuestras modificaciones por semejanza o por significación. Pero, para Benot, las ideas no eran objetos reales:

> Una idea general no es representación de ninguna cosa existente en la realidad, pero sí en el entendimiento [1889*b* I: 338].

En efecto, no existe ningún ser que tenga solamente los caracteres comunes que comprende la voz *pájaro*, porque cada *pájaro* comprende muchísimos más rasgos singulares. Sin embargo, la voz puede ser aplicada a todos mediante abstracción y generalización.[6]

Las palabras son signos de signos, son signos de nuestras ideas generales. Así como nuestras modificaciones son los signos de los objetos, las palabras son los signos de nuestros conceptos sobre el mundo exterior y el mundo interior. Son, pues, *signos secundarios*. Y, si las palabras escritas son signos secundarios de las palabras habladas, la escritura es la colección, en realidad, de los *signos terciarios* de los objetos:

> Y, como las ideas generales son puras elaboraciones de la mente sin *objeto en la realidad*, resulta necesariamente que a

---

5. Véase Craig Christy 1987: 647. Allí se vierten ideas sobre Steinthal del tenor de la siguiente: «All perception consist of a union effected between the concept or group of representations already in the mind and the sensory stimulus».

6. Ideas semejantes a estas sobre la *percepción* pueden verse en Steinthal 1871.

> las palabras, signos de esas elaboraciones mentales, no corresponde nada en lo real; sólo corresponde la elaboración mental de cada entendimiento. Por eso cuando un hombre me habla, no habla con sus ideas: me habla con las mías. Sus palabras representan para él ciertas modificaciones, ciertos conceptos, ciertas ideas, con tal número de caracteres; para mí representan menos elementos y en virtud de esos caracteres él las ve relacionadas, a mí me faltan eslabones... Y ese hombre, que, al parecer, me ha estado exponiendo sus ideas, no ha hecho más que combinar absurdamente las mías [Benot 1889*b* I: 340].

Según Benot, las palabras son signos de esos conceptos generales: lo individual no tiene nombre hecho. Y, como la significación de una palabra depende del número de caracteres conocidos, no se puede hablar sin aumentar su comprensión y limitar su extensión. Estas ideas le llevaron a creer que el modo de pensar condiciona el modo de hablar:

> De consiguiente, para hablar de una individualidad, hay que aumentar la comprensión y mermar la extensión de los vocablos, agregando á cada uno los caracteres singulares segregados por la abstracción. El arte de hablar es, pues, consecuencia del modo de pensar. [1889*b* I: 344].

No identifica lenguaje y pensamiento; afirma que el arte de hablar es consecuencia del modo de pensar. Entre ambas cuestiones existe, pues, una relación de efecto-consecuencia. Mantiene una posición intermedia como fue la de Darwin o Whitney, para quienes el pensamiento era anterior al desarrollo del lenguaje articulado, aunque el lenguaje articulado ayudara a convertir en común el proceso mental avanzado (Joan Leopold 1987: 637).

3.2.3. *El lenguaje como sistema expresivo de nuestros conceptos sobre el Yo y el No-Yo*

Benot no entiende por lenguaje la facultad humana de expresar sensaciones y pensamientos, porque la facultad es capacidad y esa capacidad se estudia en Psicología. Por lenguaje tampoco entiende el código de las leyes o las reglas que rigen la fonación o la ideología de una lengua, porque esas leyes y esas reglas forman la arquitectura de la idea y del pensamiento, que es lo que constituye el arte de hablar. Lenguaje no es, pues, «ni una facultad de manifestar ni las leyes que rigen esos elementos con que nos manifestamos». El lenguaje es todo sistema de comunicación:

> El lenguaje en general es todo sistema de *comunicación* de unos seres con otros [1910: 37].

Ahora bien, como sistemas de comunicación hay muchos, Benot se vio forzado a distinguir entre lenguajes de acción y de sonidos inarticulados, de una parte, y, de otra, lenguajes de sonidos articulados. Los dos primeros utilizan signos naturales y espontáneos: las lágrimas son signos naturales y espontáneos de dolor, de alegría o de ternura. No se necesita estudiar ruso para saber que un ruso sufre. Estos signos, en tanto naturales, no se aprenden.

El lenguaje de la palabra es, por el contrario, artificial y hay que aprenderlo. El natural es espontáneo, no depende de ningún convenio y no hay que estudiarlo: el artificial, sí. Aquel no cambia con el tiempo: siempre la risa fue signo de contento. Este, por el contrario, se halla sometido a cambios. El lenguaje natural expresa los hechos de conciencia sin someterlos al análisis; el artificial es, por esencia, analítico.

Además, Benot descubre que el lenguaje de acción no es incompatible con el lenguaje oral. A veces se prestan mutua ayuda; todos los signos del lenguaje visible son poderosos auxiliares del lenguaje oral. Entre el pensar y el hablar hay tal correlación que con razón se dice que el hablar es pensar para los otros y el pensar es hablar para nosotros mismos. La sensibilidad puede expresarse por gritos y actitudes; la inteligencia, sólo por palabras (1889*b* I: 24-25).

No obstante, cabe preguntar si, en tanto sistemas de comunicación, todos los lenguajes son idénticos. La respuesta es que no lo son. De la comunidad de caracteres, que comparte todo tipo de lenguajes cualquiera que sea la clase de seres capaces de darse mutuamente a entender, no se deduce la identidad de lenguajes. La diferencia está en la diversidad de facultades. El hombre enseña al niño el complicadísimo sistema de que se sirve como vehículo social. No lo puede comunicar al perro, al elefante ni al caballo... Como al ciego no se le puede instruir en el arte de la pintura, tampoco es posible enseñar a las bestias a hablar como nosotros hablamos. Carecen de facultades para tanto:

> El perro puede dar á entender lo que siente o quiere, pero no puede decir lo que otro siente. A la gallina es dado expresar su temor y avisar á su cría de un peligro; pero no le es dado referir tales sucesos.
>
> Sólo el hombre puede hablar del YO y del NO-YO, en presente, en pasado, y en futuro, afirmando ó negando, preguntando ó mandando, en absoluto ó condicionalmente, con fines egoístas ó altruistas.
>
> Lenguaje es conjunto de medios en cuya virtud los pensamientos y, en general, las modificaciones de un sér dotado de entendimiento son, transmitidas á otro entendimiento [Benot 1889*b* I: 22-23].

Y todas estas consideraciones fueron las que llevaron a Benot a definir el lenguaje humano como un sistema expresivo de nuestros conceptos sobre el yo y el no-yo, susceptibles de reducir su generalidad por su limitación con otros conceptos.

3.3. *«Arte de hablar» como combinación de palabras para expresar lo individual*

Desde la época clásica, ninguna gramática se ha parado a definir lo que es *hablar* y curiosamente casi todas empiezan con esa pregunta. Y ¿qué razón hay para dar por conocida la respuesta? Si no hablamos sin palabras, también es cierto que con palabras sólo no hablamos. Benot fue uno de los pocos gramáticos que profundizó en la *ordinatio dictionum* de Prisciano. Se dio cuenta de que la *combinación* es esencial para hablar:

> *Mancha,* hidalgo, cuyo, en, un, lugar, la, nombre, no, de, acordar, quiero, me, de, vivía, etc., son palabras, son sonidos..., no son nada. Son materiales muertos, arrojados al azar sobre una playa desierta y que aguardan la voz de un arquitecto que los llame á la vida. Este arquitecto es la construcción, que organiza la frase, la oración, la cláusula, el período... [1889*b* I: 30-31].

Las palabras tienen un valor por sí, pero con dicho valor no se puede hablar. La función de expresar lo individual corresponde exclusivamente a la *combinación* ya en la frase, ya en la oración. De la misma manera que una casa no se erige en casa por el mero hecho de amontonar ladrillos, tampoco hablar consiste en amontonar palabras. Los materiales solos no constituyen la casa. Con materiales como los sonidos o las palabras, tampoco se habla. Es necesario ordenarlos según un sistema.[7]

Ahora bien, es indudable que el hombre puede ordenar los materiales según un sistema; lo cuestionable es que, dadas sus limitadas facultades, sea capaz de hablar si, para cada objeto y cada mudanza, ha de recordar una palabra:

> El hombre, con sus limitadas facultades, no podría hablar si para cada objeto y para cada una de sus mudanzas hubiese querido tener una palabra especial [1889*b* I: 30].
>
> ¿No habría sido imposible expresar todos los grados de la escala de la pluralidad asignando una figura, una cifra, un rasgo, un trazo, un signo á cada grado? Los números son infinitos; y la mente humana jamás habría poseído la Aritmética, á haber pretendido expresar cada número por un rasgueado diferente... Y ¿qué inteligencia habría sido capaz de diferenciar mil trazos diferentes, dos mil, diez mil, un millón?... ¡Imposible! Y, ¡sin embargo, con las solas diez cifras del sistema de numeración nos es dado designar todos los órdenes que en la pluralidad puede ocupar un objeto!

---

[7]. A mediados del siglo XIX, el término *sistema* fue usado normalmente para hablar de la estructuras del lenguaje en general y de un nivel fónico en particular; en la época proliferaron los títulos de *System der sprachlaute*, *Lautsystem*. De cualquier modo, *sistema* no tenía la acepción única de la Escuela de Praga (sistema fonológico solidario), sino un sentido más amplio cual fue el que le dieron Hervás, Adelung como partes de cierto sistema cuyos elementos estaban mutuamente relacionados (Manfred Kohrt 1987: 594-595; en Niederehe y K.Koerner (eds.) 1990 II: 589-603).

> Y ¿cómo con tan pocas cifras nos es posible escribir todos los números? ¿Quién realiza este portento?
> UN SISTEMA [1889*b* I: 32].

Inventar un nombre para cada objeto, para cada estado y para cada acto habría sido sencillamente una perfecta imposibilidad y, por tanto, la inteligencia humana hubo de recurrir a otro recurso: un sistema.

No obstante, lo que más asombra de Benot es que haya podido eludir la creencia científica de la época de que la lengua era una fiel traducción del pensamiento, que haya podido descubrir que hablamos por medio de un *sistema elocutivo* y que haya formulado la ley de la *recursividad del lenguaje*, divulgada por N. Chomsky (1957)' como una novedad en la teoría de la sintaxis:[8] la posibilidad de cifrar innumerables oraciones con un número reducido de signos:

> Sólo con un *sistema* es posible hablar: con un sistema que, por medio de un número de vocablos relativamente reducido, sea susceptible de combinaciones innumerables sin término ni fin. Así, a las pocas cifras de la numeración decimal es dado expresar por medio de un *sistema* todos los guarismos de la inacabable escala de la pluralidad [1910: 55].

Pues bien, sentado que el hablante utiliza recursivamente un sistema finito de signos para suplir el infinito de palabras necesario para hablar del infinito de los objetos y del infinito de sus estados, actos y modificaciones, Benot se dio cuenta también de que en ninguna lengua del mundo tiene nombre lo individual. Las palabras, como hemos señalado, son todas términos generales que no pueden mirarse como el nombre propio de ningún objeto en particular. Ni siquiera las personas tenemos, estrictamente hablando, nombre propio porque coincide con el de otras. En realidad sólo hay dos nombres propios: los pronombres *tú* y *yo*. ¿Qué es, pues, hablar?:

---

8. Benot escribió en otra parte que «la lengua es necesaria para que el habla sea inteligible y produzca todos sus efectos». «Si una gramática no poseyera procesos recursivos, sería excesivamente compleja. Si tiene mecanismos recursivos, cualesquiera que sean, producirá oraciones en número infinito.» Son ideas que recuerdan la definición actual de *recursividad*.

Hablar es sacar á las palabras de su generalidad *limitando con otras* su extensión [1910: 33].

El arte de hablar consiste indudablemente en limitar lo general con lo general para dar nombre á lo individual; pero el valor psicológico, la fuerza intelectual de cada lengua depende de la evolución y relativa perfección de sus signos [1989*b* I: 40].

El arte de hablar consiste en el sistema de combinaciones que rige en cada lengua para expresar lo individual ya en la frase ya en la oración. Y el hablar depende de dos principios: de que las palabras tienen un valor por sí y de que este valor es limitable y restringible por medio de la combinación. Lo importante y fundamental en gramática es *combinar* las palabras para expresar lo individual (Michel Trousson 1987: 507).

3.4. *Las masas elocutivas: una enseñanza extraída de las prácticas de la filología histórico-comparada*

Para Eduardo Benot, la ciencia del lenguaje no podía ser buscada, como era costumbre vigente, en las palabras aisladamente, sino en su *combinación* y en la *combinación de sus combinaciones* (1910: 53). En efecto, por el análisis de las palabras se descubren los elementos de relación o sistema de composición y, quitando todos los elementos de relación, se llega a las raíces, verdaderas ruinas de las palabras más antiguas, pero este estudio no corresponde a la gramática sino a la nueva rama de la ciencia lingüística, la fonología histórica.[9]

El análisis descubre en los vocablos elementos de relación. Y se llega á las raíces quitando de cada vocablo sus

---

9. Muchas líneas de Benot sobre las *raíces* y *desinencias* guardan una gran semejanza con las de Schlegel, a quien pudo leer en alemán o bien conocer indirectamente. De todas formas, el gramático gaditano da pruebas de ser un buen conocedor de la lingüística alemana. Schlegel utilizó profusamente comparaciones botánicas, orgánicas en general para hablar del lenguaje, cosa que tampoco falta en Benot. «In París, at the Ecole Nationale des Langues Orientales Vivantes [...] Friedrich Schlegel 1772-1829 acquired the elements of his famous book *Ueber die Sprache und Weisheit der Indier* (1808) [...] He drew from this movement the philosophical idea of an organic develop-

> índices de relación. Sírvanos de ejemplo la primera persona del plural del futuro interrogativo
>
> ¿da-r-he-mos?
>
> Primeramente habrá que eliminar el *mos*, signo desinencial, en la conjugación: luego el *he*, signo del auxiliar que por su unión con el infinitivo, indica la futurición: después la *r*, signo de noción á que se da el nombre de infinitivo; pero, cuando hayamos desnudado a la palabra de todos esos signos de *persona, tiempo y modo*, y hayamos obtenido la raíz *da*, ya no nos será lícito seguir desmembrando: *da* es el último elemento significativo, en la lengua; y la descomposición de la sílaba *da*, en sonido vocal *a* y el consonante *d* sale del dominio del lenguaje, para entrar en la región de la fonología. Así, el estudio de un ladrillo no corresponde á la arquitectura, sino á la alfarería... [1889*b* I: 66].

Gracias a lo que llama *fonología histórica*, Benot descubrió que elementos tan minúsculos como las palabras «eran compuestos de elementos radicales y de signos de relación» (1889*b* I: 84), que habían perdido la significación originaria y, lo más importante, que las palabras no se empleaban en el sentido correspondiente al que cabía esperar de su estructura formal. Este hallazgo le indujo a considerar que las palabras no podían ser analizadas teniendo en cuenta sólo esa estructura, sino que debían ser analizadas según su uso actual o mejor según el sentido o la significación que ostentaran en cada frase, cláusula o período (María Luisa Calero 1986):

> Por lo cual (y esto es importantísimo), de que una voz resulte determinante en una cláusula, no se deduce que no

---

ment pervading in the physical and the human world, and he applied this idea to language...Friedrich Schlegel felt that a comparative grammar of these languages would give us completely fresch information on the genealogy of languages similar to how comparative anatomy has shed light on natural history. So, he divided languages into two groups- tose with "flexion" meaning basically the Indo-European languages especially Sanskrit. Greek and Latin and whithout "flexion" meaning in particular Chinese... *By "flexion" he meant a capacity of inner change due to an organic grouth of the roots, the elements adhering to them being like offshoots of a tree»* (cf. Mária Tsiapera 1987: 578). «The popular term "organic" appeared in Schlegel's literary criticism in 1798. He applied to language in 1808, from where it passed on to Humboldt, who is even more taken up with the term.»

pueda ser, y á cada instante no sea *determinada* en otra cláusula (y al contrario).

Si por el sentido de cada palabra, se conoce únicamente su oficio en cada cláusula (*por lo cual ha de atenerse exclusivamente á la estructura*) cuando alguno pregunte «qué parte de la oración es tal palabra», se debe siempre contestar: ponga usted un ejemplo.

El poeta-soldado escribió *Un tercero en discordia*:

aquí *soldado* es *adjetivo*; y resulta *nombre propio* el conjunto de vocablos *un-tercero-en-discordia*.

El soldado-poeta escribió el *Muérete y verás*:

aquí *poeta* es el *adjetivo*, y *Muérete y verás* el *nombre propio*. [1889*b* I: 86].

En efecto, estas consideraciones llevaron a E. Benot a concluir que «en modo absoluto hay partes de la oración, sino masas elocutivas que pueden ser distinguidas por tener el mismo sentido o el mismo peso gramatical (*grammatisches Gewicht*)» aunque presenten estructura distinta (Laurendeau 1987: 141-155).

Por consiguiente, rechaza las prácticas de análisis en moda consistentes en descomponer los elementos del lenguaje hasta sus últimos elementos; carecen de sentido y las compara con las de alguien que deseoso de conocer el funcionamiento de un reloj, lo destroza:

Las masas elocutivas deben analizarse sin descomponerlas. Descomponerlas sería lo análogo de la inútil tarea del loco que manejase ó triturase una rueda, un péndulo ó un resorte para analizar el mecanismo de un reloj. Sólo puede conocerse el oficio de cada pieza en la máquina cronométrica misma, esto es observándolas todas en su perfecta integridad. Triturarlas es una demencia (1889b I: 88).[10]

Del análisis, Benot deduce que las masas elocutivas unas veces sirven para determinar un *objeto*, y entonces son adjeti-

---

10. Estas fueron ideas divulgadas por Humboldt —«There are no single, separate facts of language. Each of its elements announces itself as part a whole (Humboldt 1963 [1820]: 240), y es probable que haya conocido sus ideas a través de Schlegel.

vos; otras se emplean para circunscribir o especificar restrictamente las circunstancias de un *acto*, y entonces son adverbios; otras no modifican ni circunscriben, y entonces son sustantivos: otras contienen la expresión de la *finalidad* de una enunciación, y entonces son verbos (1889*b* I: 8):

> *esa es una sin razón* (*sin razón*, sustantivo)
> *es un hombre sin razón* (*sin razón*, adjetivo)
> *lo hizo sin razón* (*sin razón*, adverbio) [1889*b* I: 8].

En el lenguaje todo es combinación. Así como sin sonidos no hay música pero no todos los sonidos son música, porque ésta ha de buscarse en la sistemática combinación de los sonidos, de modo análogo la esencia del hablar no ha de buscarse en las palabras aisladamente, sino en su apropiada y sistemática *coordinación elocutiva*:

> Las *masas elocutivas* sirven unas veces para *determinar un objeto*, y entonces son *adjetivos*: otras veces se emplean para circunscribir ó especificar restrictivamente las circunstancias de un *acto*, y entonces son *adverbios*: otras veces no modifican ni circunscriben, y entonces son *sustantivos*: otras en fin contienen la expresión de la finalidad de una enunciación, y entonces son *verbos* [1889*b* I: 88].

Como se puede advertir, Benot hace descansar la esencia del arte de hablar en la determinación (Michel Trousson 1987: 505-516).

4. La doctrina del *Arte de hablar*

4.1. *El poder de las palabras en conexión*

El hablar —repite Benot hasta la saciedad— no ha de ser buscado en las palabras aisladamente, porque en el lenguaje todo es combinación de elementos. Y, en consecuencia con estas ideas, construye todo el sistema gramatical del *Arte de hablar* sobre la bases de estas ideas sencillísimas. En efecto, el ilustre gramático piensa que, al hablar, realizamos tres operaciones fundamentales y necesarias:

> *determinar,*
> *conexionar,*
> y *enunciar.*

Como señala Torres Reina en el Prólogo, a poco que en ello fijemos la atención, advertimos que, de las tres funciones practicadas, cuando hablamos, sólo una de ellas es realmente esencial: la enunciación de lo que nos proponemos dar a conocer. Es función puramente relativa la conexión y la determinación, siempre función auxiliar y relativa.

Pondremos un ejemplo para ilustrar las ideas precedentes:

> La Gramática castellana de Eduardo Benot contiene ideas utilísimas para el estudio de nuestra lengua [Torres Reina, Prólogo a Benot 1910: 27].

En esta oración pueden apreciarse con toda claridad las tres funciones elementales del hablar:

1. Determinación de las palabras *gramática, ideas, estudio.*
2. Conexión entre sí de los complejos elocutivos de que forman parte el *grupo nominal* y el *grupo verbal.*
3. Enunciación del *juicio* que sobre la realidad se emite.

El *poder de ligar* los elementos inertes y sin vida reside en el *verbo*, pero la *virtud de la enunciación* pertenece a la totalidad de la oración. Benot explica del siguiente modo esta virtud:

> Únicamente la cláusula realiza el grandioso resultado de dar a conocer propiedades no existentes *en* las cosas, pero si *entre* las cosas; esto es, entre dos o más individualidades antes desligadas, pues solamente la cláusula exterioriza conceptos no incluidos en el significado de ninguna individualidad [1910: 128].

Al afirmar esto, Benot presupone la idea de que no podemos comunicarnos más que a través de oraciones ya que sólo en ellas reside la potencia elocutiva. Y las compara con el viento («aire animado de velocidad») que voltea las alas del molino y no el aire; y así piensa que es la oración («palabras en conexión») la que permite exteriorizar nuestras ideas o sentimientos y no las palabras individuales:

> Hablar es manifestar las *relaciones* existentes entre las cosas.

Pero «con las palabras solas no se habla» (Benot 1910: 116), sino con combinaciones de ellas, ya aumentando la comprensión de los nombres, ya fijando su extensión. Así como sin sonidos no hay música, tampoco es cierto que todo sonido producido constituya música, porque la música ha de buscarse en la sistemática combinación de los sonidos. De modo análogo, la esencia íntima del hablar no ha de buscarse en las palabras aisladas, sino en su apropiada y sistemática construcción elocutiva.

4.2 *El sistema oracional: clasificación de las combinaciones*

El sistema oracional ideado por Benot es —como bien ha señalado Torres Reina en el Prólogo de 1910 (23-24)— completo, sencillísimo y en extremo fácil por arrancar de la naturaleza misma de los conceptos que hay necesidad de expresar. Para Benot, todas las masas elocutivas o agrupaciones de palabras de un orden gramatical superior se reducen a dos clases (Benot 1910: 118):

1. *Masas elocutivas con sentido propio e independiente*, y que pueden subsistir por sí solas:

Paseas frecuentemente (tesis)
No paseas frecuentemente (anéutesis negativa)
¿Paseas frecuentemente? (anéutesis interrogativa)
¡Quién pasea frecuentemente! (anéutesis exclamativa).

Cuando estos conjuntos de palabras expresan una afirmación, como ocurre en el primero de los ejemplos, se denominan *tesis*. Cuando tienen otro objeto cualquiera diferente de la afirmación, como acontece en los restantes ejemplos que son respectivamente *negativo, interrogativo* y *desiderativo*, reciben el nombre de *anéutesis*.[11]

2. *Masas elocutivas sin sentido propio e independiente*, y que no tienen existencia lógica por sí misma:

> *que me enviaste ayer;*
> *cuya importancia me has ponderado.*

Los ejemplos anteriores constituyen, sin duda, agrupaciones perfectamente gramaticales, pero están incapacitadas para expresar por sí solas ningún concepto cabal. Tan sólo adquieren esa capacidad cuando se juntan a una tesis o anéutesis:

> *He leído el libro* que me enviaste ayer
> *No he leído todavía el libro* cuya importancia
> me has ponderado.

A estas masas elocutivas sin sentido cabal e independiente las denomina *oraciones*, y pueden ser distinguidas tres clases:

> *oraciones-adjetivo,*
> *oraciones-adverbio*
> y *oraciones-substantivo.*

Al carecer de nombres para expresar la complejidad conceptual que por medio de sólo palabras, la lengua, por economía lingüística, dispone de este recurso sintáctico que viene a suplir la deficiencia de nombres, adverbios y adjetivos y la incapacidad de los hablantes para recordar palabras que habrían de utilizar para nombrar cada objeto o para referirse

---

11. Benot cita a propósito de estos conceptos e ideas a Dördelein's, *Handbook of Latin Synonimes* (Traducido del alemán por la Rev. H.H. Arnold).

a cada situación. Para Benot, las «masas de palabras» forman entidades elocutivas indescomponibles y deben ser analizadas como si fueran nombres, adjetivos o adverbios simples «de igual peso gramatical» (Benot 1889*b* I: 140), porque es el sentido quien determina la clasificación de las llamadas partes de la oración.

4.3. *El portento de hablar: ¡lo general, determinado por lo general!*

Determinar es el proceso sintáctico mediante el cual lo individual adquiere nombre en las lenguas. Y, entre los medios gramaticales existentes en nuestro idioma para fijar la extensión, está la *declinación*, es decir, la necesidad de expresar las relaciones causales entre los elementos formales, siguiendo la filosofía del gramático latino Varrón. Pero Benot no confunde los casos con el sistema desinencial y flexivo, sino que está hablando de las funciones del *nominativo, acusativo, dativo...*, términos mucho más transparentes que los de complemento, que, en realidad, nada completan:

> Juzgo necesario insistir sobre este punto, por la inmensa aplicación que tiene en el estudio del lenguaje, toda vez que los *casos* representan las *funciones* que unas palabras ejercen respecto de otras. La mayor importancia de los vocablos no consiste en que sean substantivos, adjetivos, pronombres o verbos, sino en el papel de nominativos, acusativos, dativos, etc. que puedan representar [1889*b* I: 21].

Por consiguiente, clasifica las palabras en *determinantes* y *determinables* sin que haya de entenderse que esta clasificación implique funciones permanentes de tal o cual grupo de vocablos. Pues, si bien existen algunos como los posesivos, y muy principalmente los demostrativos, que son por su naturaleza, determinantes, pueden estar, y lo están muchas veces, determinados a su vez por otras palabras.

Benot (1910: 119-121) también distingue entre los determinantes de la comprensión y de la extensión tres clases:

*determinantes-vocablo,
determinantes-frase*
y *determinantes oración*.

Los determinantes-vocablo son aquellos que constan de una sola palabra como *este niño*, *mi libro* o *barco inglés*; los determinantes-frase, los que constan de un mayor número de palabras entre las que no hay verbo alguno en desinencia personal como *libro de Juan, poeta sin vista* o *caballo de tres años* y, finalmente, los determinantes-oración son aquellos compuestos de varias palabras entre las cuales hay un verbo en desinencia personal como *es el estudiante cuyo padre fue boticario de Cuenca*.

En todas estas combinaciones de palabras hay un vocablo de capital importancia: el que principia la oración y que hace que ésta tenga carácter de adjetivo o lo tenga de adverbio. Se denomina *nexo*:

> En general, es nexo cualquier signo simple o compuesto que dé al grupo de palabras que le sigue oficio de adjetivo o de adverbio, aumentando en el primer caso la comprensión de algún nombre, y fijando en el segundo la extensión de algún verbo [Benot 1910: 122].

Cualquier *nexo* posee la propiedad sintáctica de privar de sentido elocutivo y de consistencia sintáctica a toda tesis o anéutesis a la que se junte.

4.3.1. *Clasificación de los determinantes*

La *determinación*, con ocupar un puesto secundario en el orden de ideas, es la que origina mayor número de dificultades gramaticales. En efecto, el sistema de hablar exige combinaciones que designen propiamente cada individualidad. Y esto sólo se consigue aumentando la *comprensión* y fijando la *extensión*, procedimientos sumamente complejos en todas las lenguas. Benot, posiblemente inspirado en el sistema de partes de la oración de Beauzée (1767 I: 290-291), esbozado bajo unos criterios estrictos, jerarquizados e integrados, en el capítulo 3, libro II de su *Grammaire générale*, reconoce, como el autor francés, dos modos de aumentar la comprensión y otros dos de fijar la extensión. Resumimos estas ideas esquemáticamente a fin de facilitar la lectura y comprensión de su *Arte*:

Modos de aumentar la comprensión:
1. Por agregación de palabras:
    determinantes simples (adjetivos);
    determinantes complejos (grupos de palabras).
2. Por cambios desinenciales:
    género gramatical, aumentativos, diminutivos, despectivos, grados de comparación.

Modos de fijar la extensión:
1. Por medio de palabras sueltas: el artículo, los numerales cardinales, múltiplos y divisores, los numerales indeterminados o indefinidos.
2. Por cambios desinenciales: accidentes del número (singular y plural), pronombres posesivos y demostrativos, pronombres personales y relativos.
3. Determinantes abreviados.

Las palabras, ya solas, ya formando grupos, masas o entidades locutivas sin sentido independiente, se dividen en dos clases, según los oficios que desempeñan: palabras *determinadas*, como los sustantivos y los verbos, y palabras *determinantes* como los adjetivos y adverbios.

> determinables: nombres y verbos
> voces determinantes: adjetivos y adverbios
> conexivas: preposiciones y conjunciones
> [1889*b* I: 351].

4.4. *El verbo sólo puede ser modificado en su extensión*

La comprensión de un verbo no aumenta, según Benot, por haber o no, en la correspondiente cláusula, alguno de los casos acusativo, nominativo o dativo. Cuando yo digo: *escribí una carta, un billete, una esquela*..., el concepto de *escribir* no se completa con los acusativos *carta, billete, esquela*... Porque, ¿qué es escribir? Es hacer visibles las ideas por medio de signos gráficos; y la idea de visibilidad no aumenta su comprensión ni poco ni mucho ni nada cuando se hacen perceptibles las ideas por medio de *cartas, esquelas, anuncios, folletos* o *libros*, etc. Y es que el acusativo no dice en relación al verbo, sino al nominativo, pues el verbo es sólo el medio de poner en relación estos casos, a la manera de un puente (1910: 95-96).

La extensión de los verbos se fija y circunscribe principalmente por tres medios: por adverbios, por ablativos y por modificaciones desinenciales —personas y modos verbales— (1910: 97). Aunque no cabe aumentar la comprensión del verbo, el número de caracteres contenidos en la raíz, ni el fin expresado por el verbo en cada forma elocutiva, sí cabe circunscribir y fijar los límites de la enunciación de un acto o de una atribución.

Como consecuencia de la complejidad de la naturaleza verbal, Benot divide las palabras que limitan y circunscriben la extensión de los verbos en tres clases: limitativos formados por un solo vocablo como *allí, cómodamente, mañana*; limitativos formados por un grupo sin verbo en desinencia verbal personal como *por la madrugada, hasta el teatro, por ese motivo* y limitativos formados por varias palabras con verbo en desinencia personal, como *para que te diese la noticia, cuando tú llegaste, como tú habías ordenado*. Estos grupos limitativos de la extensión del verbo los denomina Benot *oraciones-adverbio* (1910: 121).

4.5. *¿Qué es enunciar? El fin elocutivo*

De las tres funciones del hablar, sólo la *enunciación*[12] es esencial. Se practica espontáneamente y sin esfuerzo. Las combinaciones parciales, que fijan la extensión y la com-

---

12. Puede consultarse sobre la enunciación el número monográfico preparado por Simone Delesalle (1986: 17): 8,2 en Histoire, Epistemologie, Langage; «Histoire des conceptions de l'Énonciation». En la introducción escribió lo siguiente: «Quant au

prensión, tienen únicamente por objeto formar los nombres propios de cada individualidad aisladamente, pero con solo los nombres de lo individual no se habla. Para hablar es necesario ligar entre sí o con otros conceptos estas combinaciones que constituyen los nombres de lo individual. El resultado es la cláusula (1910: 127-128).

Es más: Benot piensa que el nominativo y el verbo no son complementos el uno del otro. Hay cosas del todo independientes y hasta de naturaleza completamente distinta y que, sin embargo, tienen que concurrir para un fin determinado. Por ejemplo: los vientos y las velas de los barcos son cosas muy distintas y de índole diversa. El viento no completa la vela, y mucho menos la vela completa al viento; pero la acción y reacción de ambos produce la marcha de la nave. Así el nominativo no completa al verbo, y mucho menos el verbo completa al nominativo, porque son entidades independientes, pero la concurrencia de ambos da a conocer de una manera clara y distinta el sentido elocutivo de la respectiva enunciación (1889*b* I: 90).[13]

No obstante, Benot se aproxima a la ortodoxia de la ideología cuando hace del verbo una palabra esencial: «De entre todas las palabras que enunciamos para constituir la cláusula —afirma— hay una capital: el verbo; esto es, la que conexiona individualidades y conceptos» (1889*b* I: 83). Y cifra en la función de ligar dos o más individualidades entre sí, o de atribuir conceptos a una sola individualidad el *fin elocutivo*,

---

terme *énonciation*, il apparaît chez Destutt dans des formules telles que l'énonciation successive de nos idées (1802: 165), tandis que Sicard parle de l' énociation d'un jugement (1799: 12) ou de l'énonciation de la pensée' (1799: 29). Le sens large perdure donc mais on trouve dans les *Élémens de grammaire générale*, et liée à ce sens, une aception plus précise et annonciatrice des emplois actuels: Sicard évoque l'instant de l'énociation (1799: 15), faisant glisser par là le poids sémantique du mot ver la fugacité de la prolifération.

13. Bernard Lamizet (1986: 243-55) piensa que el significante —Benot no llegó a expresar la idea aunque está intuyéndola— es lo que asegura la comunicación: «Il n'y a ni identification ni relation intersubjective de communication sans le signifiant, qui institue une relation d'objet dont la fonction est de donner corps au processus d'élaboration de la communication, de le structurer en noeud de condensation. C'est le signifiant qui assure à la fois la médiation symbolique et l'opacité d'objet de la relation de communication; le signifiant, pour finir, est la trace qui va définitivement inscrire dans une matérialité perceptible et mémorisable les flux de communication qui caractérisent la mise en oeuvre de la fonction des subjets de l'échange symbolique».

que reconoce como su principal oficio. Para él, el verbo es una palabra que condensa en sí dos significados principales: uno es invariable, peculiar y exclusivamente suyo, otro funcional, variable y de finalidad elocutiva. El invariable es la significación especial de cada verbo; el variable es el fin elocutivo de la enunciación, el cual puede ser afirmativo, negativo-interrogativo, imperativo, condicional, optativo, etc. Así por ejemplo, *escribir* significa esencialmente hacer visibles los signos del lenguaje oral, y funcionalmente indica el fin elocutivo que nos proponemos al hablar:

> *¿Escribe?* fin interrogativo.
> *No escribe* fin negativo.
> *Escribe* fin afirmativo.

La expresión, pues, del fin elocutivo la cifra Benot en el verbo, en sus terminaciones, en los signos que lo acompañan y en las entonaciones dadas a la combinación (1910: 87). Para él, el verbo es la palabra expresiva del *fin elocutivo* de cualquier enunciación:

> [...] la inmensidad de operaciones necesarias para aumentar la comprensión y fijar la extensión de los vocablos se verifica con el reducido objeto de obtener los respectos de *nominativo, acusativo* y *dativo,* conexionados entre sí por el intermedio del *verbo* [1910: 126].[14]

Las palabras con sus propiedades formales no serían eternamente más que adjetivos, nombres y adverbios si no fuera por la fuerza elocutiva que les aporta el verbo cuando liga el nominativo con el acusativo o dativo. Y lo argumenta de la siguiente manera: si determinamos muchas palabras, obtenemos los nombres de muchas individualidades, pero desligadas unas de otras. Con los nombres de lo individual no se habla; se habla con su combinación y la combinación

---

14. De esto sí habla Benot en *Arquitectura* I: 121, donde afirma que los ablativos tienen por fin exclusivo modificar circunstancialmente los verbos con las ideas de lugar, tiempo, modo, etc. Es curioso, sin embargo, que, cuando define la cláusula, afirme que en ella «hay nominativos, acusativos y dativos, ligados entre sí y con un verbo» y no añada *el ablativo o circunstancial*.

de combinaciones que se logra por la cláusula.[15] Por consiguiente, termina afirmando que en ningún discurso puede haber palabras sin oficio; que sólo hay vida elocutiva en la cláusula:

La vida elocutiva está sólo en la cláusula [1910: 127].

5. La originalidad del *Arte de hablar*.

El *Arte de hablar* es una obra muy meditada. Es la primera obra de nuestra tradición gramatical que no utiliza las partes de la oración como esquema descriptivo y también la primera en ofrecer una orientación que hoy denominamos funcional. Las cuatro partes en que se divide la obra, responden a unos principios claros y hasta cierto punto originales.

La originalidad —utilizo palabras del autor— se manifiesta de dos maneras: o realizando con elementos conocidos combinaciones antes ignoradas —como en el caso de la locomotora—, o bien dando a luz hechos enteramente nuevos, y acaso declarados imposibles por las doctas Academias —como en el caso de la fijación de las imágenes en la cámara obscura por el procedimiento Daguerre—. Tal, recientemente, ha sido el hallazgo del fonógrafo. Rara vez la invención consigue realizar un hecho completamente nuevo y sin precedente, unido a combinaciones nuevas de elementos conocidos.

Las ideas sobre las cuales Benot funda y desarrolla el *Arte de hablar* son tan lógicas y tan sencillas, al propio tiempo, que, más que invento suyo, resultan percepción intuitiva de leyes y propiedades naturales. Eso es lo que constituye la gran personalidad de Benot: la vista que penetra más allá de lo que está al alcance de los ojos, la percepción que sorprende relaciones allí donde otros no ven más que hechos inconexos; el espíritu de sistematización.

La gloria de Benot está en haber acertado en la mayor

---

15. Sobre el concepto de oración en la tradición gramatical española, véase Juan M. Lope Blanch (1979).

parte de los análisis de los datos idiomáticos, contenidos en la parte segunda («Combinaciones de sentido cabal e independiente» [143-230]), la tercera («Sistemas oracionales» [233-364]) o la cuarta («Sistema desinencial» [365-451]), todavía no superados por muchas gramáticas actuales. Compárese la sección 3.ª («Complexos de carácter substantivo» [322-362]) con otros estudios realizados bajo la inspiración de las nuevas metodologías. Sigue teniendo validez.

Pero el mérito innegable de un gramático está en los ejemplos: «No hay nada que tenga para la enseñanza tanta virtud como el ejemplo» (1889b I: 13). Numerosos son los que contiene el *Arte de hablar*, tomados de los escritores clásicos y en su mayoría de autores modernos. La lengua actual no está en los clásicos solamente y, por eso, Benot acudió al periódico, a la novela y al teatro de su tiempo. Sabía el maestro gaditano que una golondrina no hace verano, porque las reglas deben ostentar la autoridad y la sanción de quien nunca se equivoca, el árbitro infalible del lenguaje: el uso clásico y moderno.

Estas fueron, en síntesis, las razones que nos impulsaron a poner en manos del gran público una *gramática* del español que, además, contiene el *arte de hablar*. Que cunda el ejemplo.

6. La presente edición

Finalmente, el estudioso de la obra de E. Benot debe tener presente que el *Arte de hablar* fue ordenado y dispuesto para su publicación por un discípulo suyo, José Torres Reina:

> Discípulo desde mis primeros años del insigne Benot, que me honró después con una cariñosa y paternal amistad hasta el fin de su vida, asistí a la génesis y al desenvolvimiento de sus más brillantes producciones, entre las que hay que colocar en primer término este ARTE DE HABLAR que ve la luz pública después de muerto su autor. Acogí é hice mías las ideas gramaticales de mi inolvidable maestro, no con la irreflexiva y ciega fe del sectario, sino por íntimo y razonado convencimiento.

Y he aquí explicadas ya las causas de haber sido yo, à pesar de mi notoria insignificancia, el encargado de revisar originales, dirigir la publicación y escribir este prólogo al frente de una obra cuya inmensa superioridad sobre mis escasísimos méritos soy el primero en reconocer.

Pensamientos, forma, divisiones del libro, orden de la exposición, todo absolutamente, pasó de mis manos a la imprenta con el cariñoso respeto de que sólo tienen idea exacta los que conocen los lazos de amistad y gratitud inquebrantable que me unieron al eminente autor de esta obra. Puedes estar seguro, lector, de que tienes ante ti el ARTE DE HABLAR sin supresiones, adiciones ni variantes de ningún género; en una palabra, tal como salió de la pluma de D. Eduardo Benot. [Torres Reina 1941: 15-16].

Reproducimos en facsímil la edición de 1910.

REFERENCIAS BIBLIOGRÁFICAS *

ARBOLÍ, Juan José (1844): *Gramática General*, en *Compendio de lecciones de filosofía que se enseña en El Colegio de Humanidades de San Felipe Neri de Cádiz*, tomo III, Cádiz, Librería y Litografía de la Sociedad de la Revista Médica.

AUROUX, Sylvain (1986): «Actes de pensée et actes linguistiques dans la grammaire générale», en Simone Delesalle, 1986, 105-120.

BALMES, Jaime (1847): *Curso de Filosofía Elemental*, Madrid, E. Aguado.

CALERO, María Luisa, (1986): *Historia de la Gramática Española (1847-1920). De Andrés Bello a Rodolfo Lenz*, Madrid, Gredos.

CANALEJAS, F. de Paula (1869): «Discurso de ingreso en la Real Academia Española», en *Memorias de la Real Academia(1870)*. tomo II, 17-88.

COMMELARÁN (1889): *Gramática comparada de la lengua castellana y latina* ed. Madrid, Sáenz de Llubera, 1.ª ed. [Cito por la 2.ª ed., Madrid, Agustín Llubera, 1897.]

CHRISTY, Craig (1987): «Steinthal's illusion Theory of Mythology», en Niederehe y Koerner, 1990, 647-65.

---

* Aquí sólo se recogen las referencias bibliográficas que no aparecen en la bibliografía selecta sobre Benot.

DARWIN, Charles Robert (1874) [1871]: *The descendent of Man, and selection in relation to sex*, Nueva York, A.L. Burt.
DELESALLE, Simone (1986): 17. 8,2 en «Histoire du mot énonciation», *Histoire, Épistémologie Langage 8,2: Histoire des conceptions de l'Énonciation*, París, Presses universitaires de Vincennes, 7-22
DESTUTT de Traçy (1803): *Élémens d'idéologie*, tomo, 2, París, Vrin, 1970.
— (1803): *Grammaire*, en *Élements d'Idéologie*, 2.ª parte, París, Chez Courcier.
— (1804): *Idéologie proprement dite*, en *Eléments d'Idéologie*, 1.ª parte, París, Chez Courcier.
— (1805): *Logique*, en *Éléments d'Idéologie*, 3.ª parte, París, Chez Courcier.
DÍAZ-RUBIO y CARMENA, Manuel (1892): *Primera gramática española razonada*, Madrid, Librería Editorial de Bailly-Bailliere, 7.ª ed.
GÓMEZ ASENCIO, José J. (1981): *Gramática y categorías verbales en la tradición española (1771-1847)*, Salamanca, Publicaciones de la Universidad.
HUMBOLDT, Wilhelm von (1820): *Ueber das vergleichende Sprachstudium in Beziehung auf die verschiedenen Epochen Sprachentwicklung*, Berlín. [Cito por *Gesammelte Schriften*, vol. IV, Berlin, Könighich Preussische Akademie der Wissenschaften, 1903-1907, 1-34.]
JUNCAL VERDULLA, José (1912): *Elementos de la ciencia gramatical de la lengua hispanoamericana*, Barcelona, Tipografía Académica.
KOHRT, Manfred (1987): «"Sound Inventory" and "Sound System" in 19th Century Linguistics», en Niederehe y Koerner (eds.) 1990, 589-603.
LAMIZET, Bernard (1986): «Manque, Miroir, Énonciation», en Simone Delesalle, 1986, 243-255.
LEOPOLD, Joan (1987): «Darwin on expression and the origin of Language», en Niederehe y Koerner (eds.), 1990, 633-645.
LOPE BLANCH, Juan M. (1979): *El concepto de oración en la lingüística española*, México, Universidad Nacional Autónoma.
MIGUEL, Raimundo de (1868): *Gramática latina*. [Cito por la 12.ª ed., Madrid, Sáez Juber].
NIEDEREHE, Hans-J. y KOERNER, Konrad (eds.) (1990): *Papers from the fourth international conference on the history of the language sciences (ICHOLS IV). Trier, 24-28 august 1987*, II, Amsterdam/Philadelphia, John Benjamins Publishing Company.
MÜLLER, FRIEDRICH Max (1861): *Lectures on the Science of Language, delivered at the Royal Institution of Great Britain in April,*

May and June, London, Longman, Green and Roberts. [Traducciones al español de Martín Restrepo Mejía, Popayán, Imprenta del Departamento, 1888, y de José Caso, Buenos Aires, Albatros 1944.]

PUIG, Juan Bautista (1938): *Gramática Castellana*, Barcelona, Dalmau Carles.

SALLERAS, Matías: *(1876) Gramática razonada de la lengua española*, Segovia, Imprenta de Pedro Ondero.

SCHLIEBEN-LANGE, Brigitte (ed.) (1989): *Europäische Sprachwissenschaft um 1800. Methodologische und historiographische Beiträge zum Umkreis der "idéologie"*, vol. I, Münster, Publicationen

SICARD, R.A. (1799): *Éléments de grammaire générale, appliqués à la langue française*, París, Deterville, 1801.

STEINTHAL (1871): *Die Sprachche im Allgemeinen*, en *Abriss der Sprachwissenschaft*, I, Berlín. F. Dümmlers Verlagsbuchhandlung.

TSIAPERA, Mária (1987): «Organic Metaphor in Early 19th Century Linguistics», en Niederehe y Koerner (eds.), 1990, 577-587.

TORRES REINA, José (1904): «Homenaje a Benot», *Heraldo de Madrid* (29 de diciembre). [Reproducido en *Arte de hablar...*, Buenos Aires, Anaconda, 1941, 11-14.]

VALERA, Juan (1869): «Discurso de contestación a F. de P. Canalejas», en *Memorias de la RAE*, 1870, 89-136.

RAMÓN SARMIENTO
Universidad Autónoma de Madrid

ARTE DE HABLAR

GRAMÁTICA FILOSÓFICA

DE LA

LENGUA CASTELLANA

POR

EDUARDO BENOT

OBRA PÓSTUMA

MADRID
LIBRERÍA DE LOS SUCESORES DE HERNANDO
Calle del Arenal, núm. 11.

1910

Es propiedad.

MADRID.—Imprenta de los Sucesores de Hernando, Quintana, 33.

NOTAS BIOGRÁFICAS [1]

EL EXCMO. SR. D. EDUARDO BENOT

El telégrafo, ese enemigo eterno de la paz doméstica, al par que felicísimo nuncio de humanas dichas, vino, hará unos tres años, á sembrar en Cádiz la aflicción y el luto, al comunicar, ó al interpretarse equivocadamente, la dolorosa noticia del fallecimiento de este insigne gaditano.

Y es que, como alguien escribió aquel día en un diario, Benot es *uno de los más ilustres hijos de Cádiz, y sin duda el más querido y respetado de sus hombres públicos.*

Vive, vive felizmente para las letras, todavía el incansable y fecundísimo escritor, el galano poeta, el humanista acaso más notable que en el presente siglo ha honrado á su patria, el profundo filólogo, el erudito razonador, el sabio filósofo, el insigne matemático, el astrónomo de primer orden, el político honradísimo y sin tacha, el corazón, en fin, noble, cariñoso y de levantados alientos, humilde entre los humildes, en medio de la sublime aureola de grandeza que ciñe su veneranda frente.

Balmes aseguraba que el talento no podía brillar provechosamente sino dedicado á un solo objetivo, negando la existencia de genios universales. Si Balmes no hubiera bajado al sepulcro, hubiese rectificado este pensamiento, al apreciar el nimbo de gloriosa universalidad que rodea al talento de Benot.

---

(1) En vez de copiar de un Diccionario biográfico ó de una Enciclopedia la biografía de D. Eduardo Benot — fácil de hallar en cualquiera de los libros mencionados —, se ha juzgado preferible publicar aquí los trabajos que verá el lector, debidos á personas que, por circunstancias especiales, pueden dar á conocer mejor la *personalidad íntima* del ilustre autor de esta obra.

Nació D. Eduardo el día 26 de noviembre del año 1822, en la calle de la Virreina, demolida hace años para ampliar la plaza de la Catedral Nueva.

Enfermiza fué su niñez.

«Yo vine al mundo muy falto de salud—decíame en una carta—. Me dieron á los dos años las viruelas, y desde entonces fuí el rigor de las desdichas. Me entraban frecuentemente alferecías, padecí de los ojos, y raro era el mes en que yo no hacía cama.»

Un médico llamado D. Joaquín Cordero, que no ejercía, hombre rico, muy caritativo y brusco y áspero como un cardo, tomó por su cuenta la curación del niño. Apareció un día en su casa cargado de hierbas, paquetes y tarros, y le dirigió las siguientes *cariñosísimas* frases:

«Mira, indino, venenos para que no te mueras, y he ido yo mismo á buscarlos, porque los boticarios son peores que los médicos ¡pezuñas hendidas! Y todo ¿para qué?, ¿para qué? ¡Si al fin te vas á morir! ¡Si tú has nacido para desacreditar al Protomedicato! ¡Eh! Rafaela, vamos á ver si usted se entera bien de lo que hay que hacer. ¡Mucho cuidado! Todos estos son venenos, á ver si acaba de reventar ese podrío.»

El enfermito empezó á mejorar visiblemente, y á los cuarenta días díjole el tal *Cordero* con solemne tono:

«Ahora es preciso que todos los días, en cuanto te levantes, vayas corriendo, corriendo, ¿entiendes?, corriendo, no andando, desde Capuchinos á la Cárcel, ó desde la Cárcel á Capuchinos, que es lo mismo («Después vi que no lo era — escribíame con mucha gracia Benot —, pues en una dirección se va cuesta arriba, y en otra cuesta abajo»); pues para que tú seas un hombrecito de provecho es preciso que antes entres en la Aduana de arjamel *(alhamel)*. No has de comer más que lo que comes ahora, nada de guisotes ni porquerías: carne asada, pan tostado y almendras fritas. Y óyeme bien: como te vea yo coger esos condenados libros, agarro una silla, y juro á Dios que te la rompo en el espinazo. ¿Me has oído? Solamente te permito que dibujes, para que no te aburras...»

Con esto, con la gimnasia, con haberse hecho un gran nadador, un corredor infatigable y un hábil jinete, echó el mal afuera el futuro sabio. Por eso, al despedirse de su cliente el *suave* galeno, hubo de decir á su madre: «Ya este falucho queda carenado para medio siglo.» Y acertó con exceso en su pronóstico. Esto ocurrió el año de 1833, y estamos en 1897. «La memoria de aquel hombre, brusco de formas y excelente en el fondo — decíame Benot agradecido —, es querida y sagrada para mí.»

Ya en otro lugar he dicho que se educó en la escuela de D. Antonio Hurtado y Medialdea, y luego en el colegio de D. Pedro O'Crowley.

Posteriormente, en los tiempos de Lista, asistió á la clase de Literatura que desempeñaba el sabio sevillano, y á la de Física y Química que explicaba el no menos célebre Gardoqui.

En 1840, habiéndose puesto en vigor la ley de 1822 sobre Beneficencia municipal, creóse una Oficina central en el Hospicio, y en ella entró D. Eduardo con *diez y ocho duros de sueldo*.

En 1843 fué nombrado oficial mayor, y le subieron aquél á *treinta duros*. Dedicóse entonces, en las nuevas oficinas establecidas en el Hospital de mujeres, con todo empeño, á mejorar la situación de los cuatro establecimientos de Beneficencia, entonces á cargo de la Junta municipal, y eran el Hospital citado, el de San Juan de Dios, la Casa de Expósitos y el Hospicio (en este último estaban los dementes). Y tanto trabajó en la recta administración, especialmente del Hospicio, que de 50.000 duros anuales que montaban sus gastos, quedaron éstos reducidos á 37.000 en 1845, y eso que habían aumentado los albergados, las raciones de pan y las de carne, y ampliádose la enseñanza en sus escuelas de niñas y de niños. Á poco, en 1848, dióse nueva organización á la Beneficencia, que centralizó el Gobierno en manos de los alcaldes, aunque limitando sus facultades extraordinariamente, privándoles de iniciativa y sujetándolos al lecho de Procusto de los absurdos presupuestos, que son una *verdadera mentira*. Con esta nueva organización pasó D. Eduardo al Ayuntamiento en tiempos del alcalde D. José Torre López, gozando el sueldo de *treinta y cinco duros;* pero las trabas impuestas para administrar los referidos establecimientos disgustaron tanto al que no había nacido más que para ser sabio y no empleado, que renunció el cargo que desempeñaba.

Viene el año de 1848. Enferma el provisor y vicario general de la diócesis, Dr. Almansa, y el Sr. D. Juan José Arbolí pone la primera piedra para el edificio solidísimo del profesorado del Sr. Benot.

Y aquí no seré yo quien continúe la narración. Va á ser el mismo D. Eduardo quien lo haga de la manera saladísima que van á ver los lectores. Escribíame en una de sus preciosas cartas de este modo:

«Meses después de haber sido nombrado el Sr. D. Juan Arbolí provisor, me envió una vez por la mañana recado para que me llegase inmediatamente á su casa. Yo no estaba en la mía, y por consiguiente no pude ir. Á la tarde me mandó otro aviso para que me llegase sin falta á la noche. Efectivamente, fuí; y yo que me permitía, como joven y atrevido, confianzas que no sé cómo me consentía aquel para conmigo siempre bondadísimo señor, recuerdo que al entrar le dije muy jovial y sonriendo:

»— ¿Qué se le arranca á usted, Sr. D. Juan?

»— No se ría usted — me contestó —, que se trata de una cosa muy seria en que es preciso que usted me sirva.

»— Estoy á la disposición de usted, Sr. D. Juan.

»— Pues se trata de que usted me substituya en la clase de Filosofía que doy en San Felipe.

»(Aseguro á usted, Sr. D. José María León y Domínguez, que el estallido de una bomba no me habría aterrado tanto.)

»Me negué, alegando tan buenas razones como las de que yo no había dado nunca clases, que yo ignoraba la asignatura, etc., etc...; pero D. Juan insistió diciéndome que las obligaciones de su dignidad eclesiástica no le dejaban tiempo para la clase...; y, por último, á mis nuevas resistencias, entre afable y soberanamente despótico, me ordenó que al día siguiente lo aguardase á las diez de la mañana en el claustro de San Felipe. Tímidamente volví á hacerle objeciones, á lo cual me contestó muy serio:

»— Si después de pasado un mes es usted tan torpe que no puede dar la asignatura, entonces hablaremos. Mientras tanto, ni una palabra más.

»Á la hora convenida estábamos al día siguiente en San Felipe el Sr. Arbolí y yo.

»— Que vengan los niños — dijo el Sr. Arbolí á un inspector.

»Y pasamos á la clase, en cuya cátedra había ya un sillón preparado para mí. Entraron los niños mirándome con unos ojos que me aterraban, tomamos todos asiento, y dijo el Sr. D. Juan:

»— Señoritos: Hace tiempo que mis nuevas ocupaciones me impiden desempeñar esta clase con la asiduidad de siempre. Por el amor que les profeso á ustedes y por la consideración que debo á sus padres, todos muy estimados, y algunos personas de mi mayor amistad, no he dejado esta clase hace ya meses; sobre todo me detenía la dificultad de encontrar persona capaz de substituirme.

»Cómo antes no me he acordado del Sr. D. Eduardo Benot, á quien ven ustedes sentado aquí á mi derecha, es cosa que no me sé explicar, pues es persona á quien conozco mucho, y cuyas dotes de profesor son extraordinarias. Hay en Cádiz, ciertamente, personas entendidas en materias filosóficas, pero ninguna de las que yo conozco reune las condiciones del Sr. Benot. Digan ustedes en sus casas que suspendo mi venida á esta clase, pero que dejo á ustedes un substituto que los enseñará mejor que yo. Y vamos ahora á nuestra lección, para que el Sr. D. Eduardo oiga cómo yo les explico á ustedes. ¿Qué nos toca para hoy?

»Levantáronse en el acto dos de los niños (luego supe que eran Eduardo Aguirrebengoa y Florentín Elizalde), y hojeando rapidísimamente sus libros, los pusieron abiertos sobre la mesa del profesor.

»—¡Ay! ¡Ay! ¡Los arquetipos de Platón!—dijo el Sr. Arbolí mirando uno de los libros y poniéndolo á un lado —; hoy no hay tiempo para explicar nada de esto. ¿Pero qué necesidad tiene el Sr. D. Eduardo de oirme? ¡Ea, vayan ustedes con Dios! Mucho orden, y digan ustedes en sus casas lo que ya les he manifestado: que les dejo un substituto que los enseñará mejor que yo.

Los niños dejaron sus asientos y, mirándome siempre, salieron casi todos de espaldas, para no dejar un instante de fijar sus ojos en mí.

»—¡Ay, Sr. D. Juan! — dije al vernos solos —. ¡Nunca pude yo creer que usted anduviera tan lejos de la verdad!

»—¡Bah!... En todo caso serían mentiras blancas. Pero yo no miento, ¡so tonto! ¡Cómo se entiende!—me dijo con gran enojo—. Y ¿qué les he dicho yo? Que usted tiene grandes dotes de profesor.

»—Pero Sr. D. Juan, ¿por dónde lo sabe usted?

»—Pero Sr. D. Tonto, ¿no le he hecho yo á usted muchas veces preguntas sobre alemán, lengua que ni me interesa ni pienso aprender nunca? Pues era porque me daba gusto de ver cómo usted explicaba las dificultades que yo le proponía. Claro es que mañana — agregó riéndose— no sabrá usted qué decir á los muchachos, pero al cabo de un mes mandaré llamar á usted, y entonces habrá usted de confesarme que no tiene dificultad ninguna. ¡Ea, á casita y á estudiar!

»Y, efectivamente, me fuí á mi casa y saqué apuntes, y leí y releí párrafos enteros, y después de muchas horas creí haber aprendido muy bien mi lección, y, con efecto, á la hora de clase del siguiente día tuve la satisfacción de ver que no había en el mundo otro más torpe que yo. Al otro día se me olvidó la lección, y para terminar aquella hora de tormento, tomé el recurso de hacer la lista de los niños. Al tercer día escribí en la palma de mi mano izquierda algunas palabras que me sirviesen para recordar los puntos de la lección...

»¡Ay! ¡Qué mes aquel de mi noviciado! ¡Qué meses los restantes de aquel curso! ¡Qué deplorable estuve todavía el curso siguiente!

»Después...

»Después, en los últimos años de mi vida de profesor, jamás me he preparado para ir á clase, así fuese de niños, como los de San Felipe, ó de oficiales sobresalientes de Marina, como los del curso superior de Estudios del Observatorio de San Fernando. Quizá juzgue usted esto una baladronada, pero es la pura verdad. El Sr. D. Juan Arbolí tenía razón. En mí existían condiciones de maestro. Sólo que tardaron mucho tiempo en aparecer, y á costa de martirios. ¿Puede darse caso más curioso que este mío?»

*
* *

Justo será reproducir también ahora el porqué de los temores y y desconfianzas de D. Eduardo Benot al resistirse á ocupar el puesto en que le colocó el Sr. Arbolí.

Véase lo que posteriormente me decía en otra carta:

«Y me alegra que se me haya presentado esta oportunidad de fijar la situación de las cosas, no sea que la falta de pormenores de mi carta del 24 de diciembre último haya inducido á usted en la creencia de que yo empecé á estudiar Filosofía el día en que entré á substituir al sabio Arbolí. No; yo había leído ya muchos libros; ya había yo explicado los cuadernos de García Luna que me tocaban en turno en la Sociedad *La Amistad* (1), pero ni había dado clases ni conocía el sistema filosófico del doctoral. Por eso es más de extrañar mi piramidal torpeza al iniciarme como profesor.»

*
* *

¿Quieren los lectores ver el retrato de cuerpo entero de tan insigne sabio, descubriendo lo más íntimo y recóndito de su alma grande y generosa, toda entregada al estudio y al nobilísimo deseo de propagar las grandiosas enseñanzas que atesora en su vastísima ciencia?

Pues continúen leyendo lo que me decía en otra de sus cartas:

«Muchas veces suelo pasearme por el jardín de los tontos, complaciéndome en imaginarme rico por méritos del gordo de Navidad ó por otro capricho de la suerte, y siempre me veo al frente de un colegio, organizado á mi modo, de quinientos ó seiscientos alumnos listos y despabilados (no quiero nada con tontos), sostenidos exclusivamente á mis expensas, sin necesidad de retribución ninguna recibida de los padres ó encargados. Pero como usted ve, estos sueños son las últimas llamaradas de una luz próxima á apagarse para siempre.»

¿Quién sería osado á comentar esta última aspiración de tan privilegiado talento?

Al ser preconizado el Sr. Arbolí obispo de Guadix y Baza, quedó de director del Colegio de San Felipe D. Eduardo, en 1852. Y allí, en el Colegio, continuó hasta el año de 1867, en que marchó á París á estudiar la Exposición.

*
* *

---

(1) Fundóse esta Sociedad por varios jóvenes, entre ellos D. Eduardo Benot, D. Manuel Rancés y Villanueva, D. Miguel Guilloto y Demouche y D. Guillermo Macpherson, con ánimo de dedicarse al estudio de la Filosofía y de la Literatura. Se dirigieron al Sr. D. Juan José Arbolí, y ya se dijo la cariñosa correspondencia de tan gran sabio al nobilísimo deseo de los estudiosos jóvenes. La Sociedad tuvo hasta su periódico, manuscrito, en que aparecían muy notables trabajos, á los cuales llamó Benot, con mucho donaire, los *primeros voletíos literarios* de sus socios. El señor marqués de Casa-Laiglesia conserva un tomo de un año y hasta cien números más de otro. Es curiosa la lectura de tal *publicación*, á la que también denomina D. Eduardo *paradisíaca*.

El Sr. D. Eduardo Benot ha sido diputado á Cortes, senador y ministro de Fomento. Él formó parte de aquel Gobierno á quien cupo la gloria de presentar al Romano Pontífice, para el Arzobispado de Valencia, al santo Padre Félix, que en su predilección por los gaditanos se negó á admitir. Su vida continúa siendo laboriosa. ¡Bendiga el Cielo al humilde sabio que tanta gloria ha dado á Cádiz con sus escritos!

(Del libro *Recuerdos Gaditanos,* publicado en 1897 por D. José María León y Domínguez, canónigo de la Catedral de Cádiz.)

HOMENAJE Á BENOT

Los republicanos federales de España tributarán el domingo un homenaje de admiración y respeto al ilustre filólogo y publicista que ocupa actualmente la presidencia del Consejo federal.

Nosotros creemos que un homenaje á Benot no debe ser obra de ninguna agrupación política, sino obra nacional, y en tal concepto nos adherimos á él.

Don Eduardo Benot no necesita presentación : se trata de una personalidad conocida y respetada por propios y extraños.

Es un espíritu superior.

Su nombre no pertenece á un partido, ni siquiera al pueblo que lo vió nacer : pertenece á España, pertenece á la Humanidad.

Su laboriosa y fecunda vida es una estela de luz.

Sabio se le llama comúnmente, y más que sabiduría, con tener tanta, posee talento poderoso y elevado, que lo coloca en la región de los iguales.

Y mucho más alta que su sabiduría, más alta aún, si cabe, que su inteligencia, brilla su bondad.

El altruísmo, el desinterés, la modestia, el entusiasmo por todo lo noble, lo justo y lo bueno, constituyen la esencia de su carácter.

En una sociedad egoísta y desequilibrada, cuyo sentido moral es tan escaso que ha de tardar muchos siglos en aproximarse siquiera al adelanto material, es digno de admiración y de respeto el hombre en quien esos dos elementos se hermanan y equilibran.

Es, pues, justo honrar á Benot.

Discípulo del por tantos conceptos ilustre D. Alberto Lista, y director desde muy joven del colegio que en Cádiz fundara su sabio maestro, dejó sentir Benot su bienhechora influencia en aquel centro de cultura, á la sazón el más importante de España debido á la iniciativa particular, y de donde salió una generación brillantísima, que durante el último tercio del pasado siglo, y aun actualmente, figuró y figura en primera línea en todas las esferas sociales : hombres de ciencia, literatos, artistas, políticos, militares, jerarcas de la Iglesia... De la organización de aquel colegio, dirigido por D. Eduardo Benot, y de los métodos allí seguidos, tendrían mucho que aprender y copiar nuestros establecimientos públicos de enseñanza.

En la personalidad de D. Eduardo Benot aparece, pues, ante todo el maestro, en la acepción más amplia y noble que puede darse á esta palabra. Por sus gramáticas han aprendido idiomas extranjeros casi todos los españoles que á estos estudios se dedicaron desde la última mitad del siglo XIX.

No tienen rivales, ni siquiera análogas, sus obras posteriores : *En el umbral de la Ciencia, Errores en Matemáticas, Arquitectura de las Lenguas, Prosodia castellana y versificación, Aritmética general* (en la que, aun cuando resulte paradójico, resplandece una inmensa originalidad), *Errores en materia de educación*... Y, sin embargo, de Benot nadie se acuerda ni á Benot se le consulta jamás cuando de reformas ó de problemas de instrucción pública se trata. ¿Para qué?... Nos va tan divinamente con lo que tenemos, que no vale la pena. Se objetará que sus ideas políticas lo alejan de toda esfera oficial. Pues qué, ¿no hay en Benot otra personalidad que la del político? Hombre de su conciencia y de sus virtudes, ¿negaría nunca su concurso, sus consejos, en bien de su patria, aunque sin aceptar puesto alguno oficial? ¿No se ven actualmente confundidos en el Instituto del Trabajo hombres de muy distintas opiniones? ¿Por qué no había de crearse un organismo análogo para ver de convertir, al menos en diligencia, ya que no en locomotora, la miserable carreta de nuestra enseñanza oficial?

Conocidísima es, más en el extranjero que en España, la obra de Benot *Aprovechamiento de las fuerzas del mar*, premiada y editada por la Academia de Ciencias.

¡Y duermen el sueño de los justos tantas obras del mismo autor por falta de medios para que vean la luz pública! Citaremos entre ellas las que llevan por título *Pensar, filosofar, creer; Movimiento de los cuerpos celestes,* y sobre todo una hermosa colección de *Poesías* en la que, á los alientos de un gran poeta, se unen las percepciones de un profundo pensador. En aquellas composiciones palpitan intensamente los latidos de la vida moderna con sus aspiraciones no bien definidas, sus luchas titánicas, sus tempestades de encontradas ideas, los elementos todos, en fin, de esa geología moral, fundiéndose en el inmenso crisol donde se precipitan las escorias de un mundo viejo que desaparece, y empieza á columbrarse ya la primera perla del metal purísimo de una sociedad nueva y regenerada.

¿Benot en su vida privada y su manera de ser íntima? Imaginaos, si podéis, un niño de ochenta años. Las cosas más serias y profundas dichas con la mayor sencillez, rayana en la puerilidad, y muchas veces hasta en tono jocoso, pues Benot no ha perdido el sello del carácter genuinamente andaluz. Una afabilidad que encanta, una como aura de atracción que emana de aquella figura venerable, y hace suyos para siempre á los que hablan con él siquiera una vez. No preguntéis á Benot cuánto le han producido sus libros. ¿Qué sabe él de eso? ¡Verdad que ha sido tan poco! Habrán enriquecido y enriquecerán á sus editores, pero á él, que no conserva la propiedad de ninguna de sus obras..., á él le basta con la satisfacción de haber producido con ellas algún bien. Su tiempo está siempre á disposición de cuantos quieren consultarle ó reclaman su auxilio para alguna labor útil. Á su edad trabaja aún muchas horas al día, y descansa muy pocas. Cualquier niño de cinco años come más que él. Es el completo predominio del espíritu sobre la materia.

De estricta justicia, de empeño nacional y no de partido, es el honrar á Benot.

¿Su manera de trabajar?

Cuentan de Leibnitz que no tenía biblioteca. Leía siempre con las tijeras en la mano, y fuese libro, periódico ú otro cualquier impreso el que tuviera delante de los ojos, cortaba aquello que juzgaba útil ó aprovechable, aun cuando sólo fuesen dos renglones, y el resto iba despiadadamente á la cesta de los papeles; en cuanto á los *recortes útiles*, pasaban á un armario dividido en casilleros, que representaban otras tantas divisiones ó subdivisiones de los distintos ramos del saber. Á aquellos recortes acudía en consulta cuando redactaba alguno de sus escritos. Y si alguien, admirado de la erudición y la profundidad de éstos, llamaba sabio á Leibnitz, contestaba éste con la mayor ingenuidad: «Yo no sé nada; quien sabe mucho es mi armario.»

Benot ha leído siempre con el lápiz en la mano. Es curioso repasar las acotaciones marginales puestas de su puño y letra en cualquier libro leído por él. Verdad también que, para escribir sus obras imperecederas, Benot consultó rara vez los libros; consultó siempre á la realidad; por eso no se equivoca. Es un hombre que se ha formado él mismo la ciencia que posee. El saber de Benot, sobre todo en materia gramatical y lingüística, no es casi nunca preexistente. Así no le perturbaron los errores consagrados por la rutina; así pudo elevarse á los principios, á las leyes del lenguaje establecidas en su *Arquitectura de las Lenguas*. No se complació nunca Benot en trabajos de *albañilería*. Poco le han importado las etimologías (á veces muy discutibles) ni otros pormenores y minucias relativos á las palabras aisladas. Así como para el que se eleva en un globo desaparecen los pequeños accidentes del terreno, y se abarcan en cambio mejor las grandes masas y la relación que entre éstas existe, así para Benot, hombre de inducciones y de sistemas, lo importante ha sido averiguar, desentrañar la esencia del lenguaje, fijar definitivamente en qué consiste *el sistema de hablar.*

Sus afirmaciones en este sentido, ni son discutibles ni tienen precedentes. Y, sin embargo, él, que no ama los pormenores, ha llegado á ver que en la composición de las palabras ocurre lo mismo que en las asociaciones lógicas de éstas. Pero... habría indiscreción en continuar por este camino, pues íbamos entrando, sin darnos cuenta de ello, en la última obra de Benot, no editada todavía, y que no tiene similares en la literatura gramatical europea. Podrá la Real Corporación, podrá la Academia de la Lengua desprenderse ó no definitivamente de sus rancios prejuicios y rutinas; se decidirá ó no á hacer suya la Gramática escrita y no publicada aún por D. Eduardo Benot; pero esta obra vivirá siempre vida inmortal, y á ella tendrán que recurrir los que deseen hallar, no fantasías más ó menos ingeniosas, sino ideas fundamentales y exactas sobre la ciencia del lenguaje.

De las brillantes aptitudes de Benot como orador responden sus discursos en el Congreso, en el Senado, en reuniones públicas, sobre todo las que tuvieron por objeto alcanzar la abolición de la esclavitud en las que fueron nuestras colonias. La sola conferencia en el Ateneo sobre D. Alberto Lista bastaría para acreditar de gran orador á don Eduardo Benot. Vivo está el recuerdo de aquel hermosísimo discurso en la memoria de cuantos tuvimos la dicha de oirle no hace aún muchos años.

Y pues tales méritos y virtudes abrillantan á varón tan justo y sapientísimo, natural es que sus conciudadanos tributen un homenaje de admiración y de respeto á D. Eduardo Benot.

Reciba el maestro incomparable la adhesion del más modesto, pero también el más cariñoso, de sus discípulos,

JOSÉ TORRES REINA.

(Del *Heraldo de Madrid* de 29 de diciembre de 1905.)

PRÓLOGO

Quien con fines científicos, literarios, artísticos ó cualquiera otra mira útil se aventura en comarcas para él desconocidas, ó visita por primera vez una ciudad monumental, no andará descaminado si antes consultó planos, guías, descripciones y relatos de viajeros anteriores.

Por gran arqueólogo que fueres, no desdeñarías, lector, si te propusieras estudiar las ruinas de Pompeya, las indicaciones prácticas del *cicerone* conocedor de aquellos lugares; y no por consumado geógrafo menospreciarías tampoco las advertencias del natural de una región en la que jamás pusiste los pies. Bajo tan modestísimo aspecto únicamente me presento á ti.

Aun aquellos para quienes sean familiares los trabajos filológicos de D. Eduardo Benot, han de tener en cuenta que el sistema gramatical de éste no se da á conocer en ninguno de sus escritos anteriores de modo tan completo y acabado como en la presente obra, que por algo lleva el título de *Gramática*.

Discípulo desde mis primeros años del insigne Benot, que me honró después con una cariñosa y paternal amistad hasta el fin de su vida, asistí á la génesis y el desenvolvimiento de sus más brillantes producciones, entre las que hay que colocar en primer término este ARTE DE HABLAR que ve la luz pública después de muerto su autor.

Acogí é hice mías las ideas gramaticales de mi inolvidable maestro, no con la irreflexiva y ciega fe del sectario, sino por íntimo y razonado convencimiento.

Y he aquí explicadas ya las causas de haber sido yo, á pesar de mi notoria insignificancia, el encargado de revisar originales, dirigir la publicación y escribir este prólogo al frente de una obra cuya inmensa superioridad sobre mis escasísimos méritos soy el primero en reconocer.

Pensamientos, forma, divisiones del libro, orden de la exposición, todo absolutamente, pasó de mis manos á la imprenta con el cariñoso respeto de que sólo tienen idea exacta los que conocen los lazos de amistad y gratitud inquebrantables que me unieron al eminente autor de esta obra. Puedes estar seguro, lector, de que tienes ante ti el ARTE DE HABLAR sin supresiones, adiciones ni variantes de ningún género; en una palabra, tal como salió de la pluma de D. Eduardo Benot.

*
* *

Los que adquirieron su saber gramatical exclusivamente por los métodos tradicionales, no podrán menos de experimentar á veces algo como sensación de extrañeza é impulsos de rebeldía ante un sistema y un método que tanto difieren de los usuales, mejor dicho, de los únicos, puesto que nadie con anterioridad á Benot se atrevió á romper abiertamente con los procedimientos heredados de la lengua madre. Seguro estoy, sin embargo, de que en ocasiones, y no pocas, el aplauso surgirá espontáneo en la conciencia del lector, ante la evidencia y la brillantez de ciertas ideas y verdades de deslumbradora novedad. Pero no estoy menos cierto de que á veces también brotarán dudas y protestas como las siguientes: «¿Dónde se trata aquí de tal ó cual teoría?» «Aquí falta esto ó lo otro, ó lo de más allá.» Puro espejismo, creado por un sentimiento muy difícil de desarraigar: el apego á la tradición y á lo que aprendimos en la niñez. Este sentimiento es plausible tan sólo cuando brota á manera de incienso ofrendado á las pasadas generaciones por el inmenso tesoro de saber y de experiencia que con sus acumulados esfuerzos nos legaron: defender lo antiguo por el solo hecho de serlo, constituye una aberración que ofusca la inteligencia y extravía nuestros juicios.

Por otra parte, rechazar ó juzgar defectuoso lo que puede ser únicamente cambio de orientación, es no querer mirar las cosas más que por uno de sus lados. Un mismo paisaje puede ir variando infinitamente de aspecto, con tal de que vayamos eligiendo, también hasta el infinito, diferentes puntos de vista.

Donosa ocurrencia resultaría la de aquel que, al contemplar por vez primera un automóvil en marcha, exclamase: «¿Pero dónde están los caballos?» Pues bien: las supuestas olvidadas teorías se encuentran en caso idéntico al de los caballos con relación al carruaje antiguo y al automóvil; pues en verdad que ni allí sobran ni aquí faltan.

Así como á nadie dotado de buen sentido y regular instrucción le ocurriría decir que en las lenguas romances sobra el artículo, por el solo hecho de no existir esa palabra en el latín clásico, así tampoco debe repugnar la idea de que á idiomas muy evolucionados, como el español, puedan y deban aplicarse nuevos métodos y orientaciones, que faciliten su estudio y contribuyan á su perfeccionamiento. Las lenguas, como los individuos, cuando se emancipan, adquieren por necesidad nuevos hábitos, y emprenden distintos derroteros.

*
* *

Ideas sencillísimas constituyen el sistema gramatical de don Eduardo Benot. Trataré de condensar en el menor espacio posible dicho sistema, y de hacer resaltar las piedras angulares en que se asienta el edificio de esta *Gramática*.

Al hablar, realizamos tres operaciones fundamentales y necesarias:

DETERMINAR,
CONEXIONAR,
ENUNCIAR.

El espíritu humano, sin aptitudes para sondar en lo absoluto, percibe únicamente relaciones, y procede siempre por *abstracción* y *generalización* al formar sus ideas.

Los *colores*, las *dimensiones*, son casos de abstracción. No se conciben los primeros aisladamente y como existiendo por sí mismos. En cuanto á las segundas, una línea sólo puede existir como límite de una superficie, y ésta como contorno de un cuerpo. ¿Qué es el cuerpo mismo, sino una concreción, una limitación de la materia, de la substancia universal? En cuanto á las formas,

b

no son más que limitaciones de un espacio infinito. De la contemplación de cosas tan distintas, por ejemplo, como el sol, una hoguera y una bujía, y prescindiendo de distancias, tamaño, intensidad, etc., etc., desprendemos, *abstraemos,* las importantísimas nociones de *luz* y de *calor.* Y así podrían multiplicarse indefinidamente los ejemplos de formación de ideas por abstracción.

Veamos un caso de *generalización.* Renunciando á los caracteres étnicos y aun á las múltiples diferencias que distinguen á unos individuos de otros, formamos, *por generalización,* las ideas de *hombre* y de *mujer,* dentro de las cuales quedan comprendidos todos los seres de la especie humana.

Y si esto ocurre con las *ideas,* claro es que otro tanto ha de ocurrir con sus representantes las *palabras.*

De lo dicho se infiere que los vocablos contenidos en el léxico ó diccionario de un idioma cualquiera son signos de generalizaciones y abstracciones, á los que no corresponde nada individual y concreto en la realidad. Y como, al hablar, nuestros juicios, raciocinios, afirmaciones, negaciones, etc., etc., han de referirse á cosas concretas é individuales por mucha que pueda ser su extensión, se ofrece como primera necesidad el *determinarlas* de tal manera que no puedan confundirse con ninguna otra, á menos que, por su naturaleza singularísima, posean personalidad propia é inconfundible; v. gr.: *España,* nación única en el mundo. Y aun estos nombres propios se encuentran muchas veces determinados: *España gótica, España árabe, la España de los Reyes Católicos.* Hasta el Ser absoluto y único por excelencia es, en términos gramaticales, susceptible de determinación:

«*Grande es* EL DIOS DEL SINAÍ...; *pero más grande es* EL DIOS DEL CALVARIO.»

Examinemos un caso general. La voz *Gramática* es término de tan gran extensión, que conviene á todos los tratados de este género existentes hasta el día. El conjunto *Gramática castellana* contiene ya un principio de individualización, puesto que excluye á las gramáticas de todos los demás idiomas. Pero sólo cuando digo *la Gramática castellana de D. Eduardo Benot,* determino, individualizo, el objeto á que ahora quiero referirme. Análogamente, en los complexos *ideas utilísimas, estudio de nuestra lengua,* se encuentran determinadas las voces *ideas, estudio.* Mas, aun después de individualizados ó determinados los vocablos *gramática, ideas, estudio,* los anteriores conjuntos de palabras continuarán siendo materiales inertes del lenguaje, hasta que un elemento con suficiente virtud para realizar ese fin los ponga en relación. La palabra dotada de ese poder es el VERBO:

La Gramática castellana de D. Eduardo Benot CONTIENE *ideas utilísimas para el estudio de nuestra lengua.*

En la cláusula precedente pueden apreciarse con toda claridad las tres funciones más arriba enumeradas:

DETERMINACIÓN de los vocablos *gramática, ideas, estudio;*

CONEXIÓN entre sí de los complexos elocutivos de que los mismos forman parte; y

ENUNCIACIÓN del juicio que acerca de la misma obra yo me proponía emitir.

Así como el poder de conexionar los elementos antes inertes y sin vida reside en el verbo, la virtud de la ENUNCIACIÓN pertenece á la TOTALIDAD DE LA CLÁUSULA. Benot explica del siguiente modo esta virtud:

«Únicamente la cláusula realiza el grandioso resultado de dar á conocer propiedades no existentes *en* las cosas, sino *entre* las cosas...»

«Un móvil potentísimo, constante, irresistible, nos impulsa á hablar. Ese móvil es la necesidad de comunicarnos con nuestros semejantes, no con palabras inconexas, sino por medio de las cláusulas. Pensar únicamente en las palabras, y prescindir de las cláusulas en que reside esa incontrastable potencia elocutiva, sería tanto como creer que el aire mueve las alas del molino. No; quien hace voltear las alas del molino es algo más que el aire : es el viento; es el aire animado de velocidad.»

«La cláusula es quien conexiona unas entidades con otras y las pone en relación, y esa relación es la esencia de las exteriorizaciones por cuyo medio nos comunicamos con los demás, infundiendo en las palabras una virtualidad no esencial en ellas por el mero hecho de ser palabras, sino por ser algo superior, como la potencia del agua no existe en ella por ser substancia potable, sino por la presión que ejerce cuando está situada á mayor altura que la rueda motriz que hace girar la piedra del molino.»

Íntimamente relacionadas con la función de *determinar* están las ideas de *extensión* y *comprensión* de los vocablos.

Sabido es que se refiere la *extensión* al número de seres ú objetos contenidos en el significado de una palabra, y la *comprensión* á la suma de caracteres incluídos en el mismo significado.

La extensión de la palabra *animal,* aplicable á todos los seres de la escala zoológica, va restringiéndose cada vez más en las voces *ave, palmípeda, cisne,* que van al propio tiempo enriqueciendo con nuevos caracteres sus respectivos significados. Y, por el contrario, la comprensión del último vocablo, *cisne,* va disminuyendo gradualmente en las voces *palmípeda, ave, animal.*

La extensión y la comprensión de las palabras son, pues, términos antitéticos : se hallan en razón inversa la una de la otra.

De los medios gramaticales existentes en nuestro idioma para fijar la extensión y aumentar la comprensión de las palabras hasta llegar á determinarlas por completo, se ocupa con gran detenimiento el ARTE DE HABLAR. Entre dichos medios figuran principalísimamente los *casos de la declinación.*

Tal vez se exclame por algunos : «¿Pero es que existe declinación en español?» Entendámonos. Si por declinación no ha de significarse tan sólo el sistema desinencial y flexivo por medio del cual expresaban las *relaciones casuales* otras lenguas, como el griego y el latín; si en vez de atender con criterio exclusivo á las *formas* únicamente, se da, como es lógico, más valor al *significado,* á la *esencia* de esas relaciones, deberá contestarse afirmativamente. ¿Existen las relaciones casuales y la necesidad de expresarlas por uno ú otro medio? ¿Sí? ¿Pues qué inconveniente puede haber entonces en admitir que existe la declinación?

Verdad proverbial es la de que *el hábito no hace al monje.* ¿Quién se atrevería á negar autoridad á los ministros que componen un Gabinete, cuando (como casi siempre ocurre) no ostentasen el uniforme propio de su cargo? Para ser lógicos, habría entonces que conceder atribuciones de gobernantes á individuos cualesquiera que, por capricho carnavalesco, vistiesen uniformes ministeriales.

Consecuentemente con este punto de vista, mantiene Benot la nomenclatura varroniana de *nominativos, acusativos, dativos,* etc., no dada á confusión como la de *complementos,* que, en realidad, nada completan. Si alguien me pregunta qué hago en este instante, y yo respondo *«Escribo»*, no completo mi enunciación agregando otras palabras, tales como *un artículo, un prólogo, una carta,* etc.; porque lo que yo me propongo manifestar únicamente es que no me ocupo ahora en otra cosa sino en *escribir.* Y si me preguntasen qué estoy escribiendo, al contestar yo, por ejemplo, «*un artículo*», esta idea no sería *complementaria*, sino *principal*, por constituir evidentemente el fin de mi enunciación.

Por otra parte, si el llamado *complemento directo* (acusativo) no da lugar á dudas, no ocurre lo propio con los *complementos indirectos*, denominación inadecuada, confusa, propensa á equívocos, y muy ventajosamente substituída por las de *genitivos, dativos y ablativos*.

Lo nuevo no es siempre necesariamente lo mejor, y, aun siéndolo, no puede significar en todas las ocasiones proscripción, anulación de lo viejo, sino mejora, perfeccionamiento en determinado sentido, y según la aplicación á que se lo destine: igualmente útiles coexisten en nuestros días el modestísimo remo que mueve las embarcaciones menores, y la hélice propulsora de los grandes trasatlánticos; la moderna Química, á la que tantas maravillas debe la ciencia actual, utiliza aún medios y procedimientos que ya utilizaban los antiguos alquimistas.

Juzgo necesario insistir sobre este punto, por la inmensa aplicación que tiene en el estudio del lenguaje, toda vez que los *casos* representan las *funciones* que unas palabras ejercen respecto de otras. La mayor importancia de los vocablos no consiste en que sean substantivos, adjetivos, pronombres ó verbos, sino en el papel de *nominativos, acusativos, dativos*, etc., que puedan representar. Ocurre en esto lo propio que con las edificaciones de una población: lo que puede importarnos comúnmente menos es la naturaleza de sus materiales ni el fin para que fueron construídas, sino su objeto, su aplicación actual; esto es, en cuáles hay instaladas fondas, casas de huéspedes, peluquerías, sastrerías, etc., etc.

Clasifica Benot las palabras en *determinantes* y *determinables*, sin que haya de entenderse que esta clasificación implique funciones *permanentes* de tal ó cual grupo de vocablos; pues si bien existen algunos como los posesivos, y muy principalmente los demostrativos, que son, por su naturaleza, determinantes, pueden estar, y lo están realmente en muchas ocasiones, determinados á su vez por otras palabras. Dicha función es *variable*, y pasa de unos términos á otros. Citaré á este propósito un ejemplo del mismo Benot.

Si decimos *el Rey Profeta*, el primer substantivo *Rey* está determinado por el segundo substantivo *Profeta*. La disposición de esos vocablos nos da á conocer que no se trata de un rey cualquiera, sino de aquel que fué profeta. Pero pueden invertirse los términos en cuestión, y decir: *El Profeta Rey;* y entonces, el primer vocablo *Profeta* estará determinado por el segundo vocablo *Rey.* Tanto en el primero como en el segundo caso, la determinación es completa, y no deja lugar á dudas: de todos los reyes y profetas que han existido, sólo uno puede ser representado por ese grupo de dos palabras: *el autor de los salmos, David.*

El tratado de los verbos se halla dividido en dos partes: *conjugación por flexiones* y *conjugación por conceptos.* Limítase la primera á consignar las conjugaciones de los verbos castellanos, con la variedad de sus modos, tiempos, números y personas.

La *conjugación por conceptos* es original, importantísima y completamente nueva en el estudio de nuestro idioma. Da á conocer la aplicación y uso de cada uno de los tiempos verbales, y constituye un examen detenido, no realizado anteriormente con tal amplitud y tan profundo espíritu de análisis.

En dicho tratado se contiene el estudio de los *tiempos translaticios.* Así vemos, por ejemplo, al presente y al futuro de indicativo, y aun al mismo infinitivo, desempeñar con frecuencia funciones de imperativo:

No bien regrese el Director, TE PRESENTAS Ó TE PRESENTARÁS *á él* (en vez de PRESÉNTATE).

Los preceptos imperativos del Decálogo están redactados en forma de infinitivo y de futuro:

NO MENTIR; NO MENTIRÁS (en vez de NO MIENTAS).

Á un futuro se encomiendan frecuentemente funciones de pretérito:

El correo HABRÁ LLEGADO *ya á Buenos Aires.*

En el ejemplo anterior se considera como hecho pasado la llegada del correo; no obstante lo cual, se expresa ese pretérito por el llamado *futuro perfecto* en los conjugaciones por flexión.

Ese cambio de funciones tan distintas y aun opuestas, sobre ser una necesidad, encierra una gran lógica. Á causa de no existir en español un *pretérito de probabilidad,* nos valemos del futuro. ¿Por qué? Porque lo futuro se halla fuera de la previsión humana. Al decir *ya* HABRÁ LLEGADO *el correo,* suponemos que ha llegado; pero no nos consta de manera indubitable que así haya sido. Y por ser para nosotros ese hecho tan dudoso é incierto como un hecho por venir, lo expresamos con el futuro, también dudoso é incierto.

Lo manifestado acerca de los tiempos translaticios no constituye más que casos particulares de un hecho general. Las lenguas, aun las más evolucionadas, son organismos en extremo deficientes, que no disponen de medios de expresión para muchas cosas, y mueren siempre, como el ser humano que las utiliza, mucho antes de haber alcanzado siquiera un mediano perfeccionamiento.

Lenguas puestas al servicio de una gran civilización y pertenecientes á pueblos muy adelantados, son el inglés y el alemán. Pues bien: la primera, por carecer de flexiones adecuadas, forma su futuro y su condicional por medio de los signos (verbos) *shall* y *will;* el alemán recurre para la formación de esos mismos tiempos al signo *werden* (verbo antiguo, equivalente al francés *devenir,* italiano *diventare,* inglés *become*).

Por no bastar al latín las flexiones casuales, hubo de recurrir á las preposiciones... ¿Á qué multiplicar los ejemplos?

El SISTEMA ORACIONAL ideado por D. Eduardo Benot es completo, sencillísimo y en extremo fácil, por arrancar de la naturaleza misma de los conceptos que haya precisión de expresar.

Todas las grandes masas elocutivas ó agrupaciones de vocablos de un orden gramatical superior, se reducen á dos clases:

1.ª Masas elocutivas con sentido propio é independiente, y que pueden existir por sí solas:

> *Paseas frecuentemente.*
> *No paseas frecuentemente.*
> *¿Paseas frecuentemente?*
> *¡Quién paseara frecuentemente!*

Cuando esos conjuntos de palabras expresan una afirmación, como ocurre con el primero de los ejemplos anteriores, se denominan TESIS; cuando tienen otro objeto cualquiera distinto de la afirmación, como acontece con los restantes ejemplos, que son respectivamente negativo, interrogativo y desiderativo, reciben el nombre de ANÉUTESIS.

2.ª Masas elocutivas sin sentido propio é independiente, y que no tienen existencia lógica por sí mismas:

> QUE ME ENVIASTE AYER.
> CUYA IMPORTANCIA ME HAS PONDERADO.

Los dos anteriores ejemplos constituyen, á no dudarlo, agrupaciones perfectamente gramaticales de vocablos; pero están incapacitadas para expresar por sí solas ningún concepto cabal. Tan sólo adquieren esa capacidad cuando se juntan á una tesis ó una anéutesis:

He leído ya el libro QUE ME ENVIASTE AYER.
No he leído todavía el libro CUYA IMPORTANCIA ME HAS PONDERADO.

Las masas elocutivas sin sentido cabal é independiente se denominan ORACIONES, y pueden ser de tres clases:

> ORACIONES-ADJETIVO,
> ORACIONES-ADVERBIO,
> ORACIONES-SUBSTANTIVO.

Reciben sus respectivas denominaciones, por estar destinadas generalmente á suplir la falta de *adjetivos, adverbios* ó *substantivos* no existentes en la lengua. Véase un ejemplo de cada grupo:

Es un hombre QUE CALCULA ADMIRABLEMENTE LAS DISTANCIAS Á LA SIMPLE VISTA.

Como en la lengua no existe un adjetivo simple capaz de expresar la cualidad atribuída por mí al *hombre* del ejemplo, me valgo del conjunto de palabras

QUE CALCULA ADMIRABLEMENTE LAS DISTANCIAS Á LA SIMPLE VISTA (oración-adjetivo).

Á veces pueden coexistir el adjetivo y la oración correspondiente:

> *El niño* HUÉRFANO (adjetivo simple).
> *El niño* QUE NO TIENE PADRES (oración-adjetivo).
> *Un hombre* CIEGO (adjetivo simple).
> *Un hombre* QUE CARECE DE VISTA (oración-adjetivo).

Pasemos á las oraciones-adverbio:

Llegó la visita CUANDO EMPEZÁBAMOS Á COMER.

Por no existir en castellano adverbio ninguno de una sola palabra que exprese el momento preciso al cual deseo referirme, he de valerme de la oración adverbial

CUANDO EMPEZÁBAMOS Á COMER.

Veamos, por último, un ejemplo de oración-substantivo:

Temo QUE SOBREVENGA UNA CATÁSTROFE.

Entre todos los substantivos catalogados en el léxico de nuestro idioma, no hay ninguno que pueda reemplazar á ese tiempo de subjuntivo del verbo *sobrevenir,* por lo que hacemos uso de la oración-substantivo

QUE SOBREVENGA UNA CATÁSTROFE.

Pueden también coexistir en este caso el substantivo y una oración que lo represente; v. gr.:

No es posible el SOBRESEIMIENTO (substantivo simple) *de esa causa.*
No es posible QUE SOBRESEAN ESA CAUSA (oración-substantivo).

*
* *

Todo lo anteriormente expuesto puede resumirse ya en brevísimas palabras.

El arte de hablar exige tres operaciones fundamentales:

DETERMINAR,
CONEXIONAR,
ENUNCIAR.

Los vocablos se dividen en

DETERMINANTES
y   DETERMINABLES.

La función *determinante* no es *absoluta,* sino *relativa.*

Los complexos gramaticales de palabras entre los cuales existe un verbo, se clasifican, naturalmente, en dos grupos:

1.º Conjuntos de palabras con sentido propio é independiente: TESIS y ANÉUTESIS.

2.º Conjuntos de palabras sin sentido propio é independiente: ORACIONES.

Las *oraciones* desempeñan, respectivamente, el papel de *substantivos*, *adjetivos* y *adverbios*.

Las oraciones de carácter adjetivo y las de carácter adverbial son siempre determinantes.

Á tan admirable sencillez y claridad quedan reducidas todas las dificultades que constituyen el arte de hablar. Oigamos un momento al insigne autor de la obra:

«Ya se ha dicho que hablar es exteriorizar por medio de palabras los fenómenos psíquicos de nuestro ser.

»Pero la ciencia del hablar no ha de buscarse en las palabras aisladamente, sino en su combinación y en la combinación de sus combinaciones.

»En el lenguaje, todo es combinación.

»De igual manera, sin sonidos no hay música. Pero un párvulo manoteando desaforadamente sobre las teclas de un piano, produce sonidos, mas no música. La música ha de buscarse en la sistemática combinación de los sonidos.

»De modo análogo, la esencia íntima del hablar no ha de buscarse en las palabras aisladamente, sino en su apropiada y sistemática *coordinación elocutiva*.

....

»Habría sido imposible el hablar si se hubiera querido obtener una palabra para cada objeto y otra para cada uno de sus cambios.

»Sólo con un sistema es posible hablar: con un sistema que, por medio de un número de vocablos relativamente reducido, sea susceptible de combinaciones innumerables sin término ni fin.

»¿Quién podrá enumerar las estrellas de los cielos, los árboles de los bosques, los animales terrestres, los pájaros del aire, las plantas, las flores, los seres humanos?... ¿Y cabe ni siquiera concebir guarismos para los cambios, variaciones y mudanzas de las cosas y de las personas? Yo fuí niño, luego joven, luego viejo, he gozado de salud, he padecido enfermedades... ¿Quién puede ni siquiera calcular las alteraciones de cada ser?

....

»Sin piedras, sin ladrillos, sin hierro, sin materiales, en una palabra, no hay casas ni edificios de ninguna clase. Pero los materiales no son casas. Lo que constituye los edificios es la forma especial que resulta de la CONSTRUCCIÓN hecha con sus materiales.

»Lo esencial es el sistema de construcción.

»La construcción elocutiva es ese algo invisible que preside á la coordinación de las palabras, y hace que con ellas pueda el hombre comunicar á sus semejantes lo que siente, piensa y quiere.»

Meditando sobre tan admirable sistema, y apoyándonos en él, facilísimo es llegar á conclusiones y generalizaciones no consignadas por el autor, lo que aquilata más y más el mérito de éste y la solidez de los cimientos en que asienta su edificio.

Así, á poco que en ello fijemos la atención, advertimos que, de las tres funciones practicadas cuando hablamos, sólo una es realmente esencial: la ENUNCIACIÓN de lo que nos proponemos dar á conocer. Es función puramente relativa la CONEXIÓN. En cuanto á la DETERMINACIÓN, es siempre función auxiliar y secundaria.

También advertimos que, con ser ésa evidentemente la categoría de las tres funciones del hablar, la primera de ellas, la principalísima, la esencial, la ENUNCIACIÓN, se practica espontáneamente y sin esfuerzo, mientras que la DETERMINACIÓN, con ocupar puesto secundario en el orden de las ideas, es la que origina el mayor número de dificultades gramaticales.

Toda la GRAMÁTICA gira alrededor de la DETERMINACIÓN.

Esa aparente paradoja tiene su origen en la misma naturaleza humana. Limitado constantemente el espíritu en sus múltiples manifestaciones por el medio material, del que forma parte el lenguaje, exterioriza mejor sus pensamientos, sentimientos y voliciones, ó, en otros términos, exterioriza mejor lo que le es íntimo y propio, que aquello que se refiere á las relaciones externas sobre las cuales ha de versar siempre la DETERMINACIÓN.

*
* *

Del prólogo escrito por D. Eduardo Benot á las magistrales traducciones *shakesperianas* de D. Guillermo Macpherson, transcribí, hace bastantes años, en un folleto destinado á defender cierta obra española tildada de plagio, los párrafos que á continuación reproduzco:

«Por desgracia, es muy grande el número de los que, en materia literaria, ven *parecido* entre los asuntos más desemejantes en esencia y finalidad. Y como de cierto existe ese parecido, acusan irremisiblemente de plagiario á todo autor anterior á otro en tratar el mismo tema. ¡Y el vulgo de las letras les hace caso! La locomotora tiene ruedas...; ¡luego la locomotora plagia á la carreta! ¿Y qué contestar al que, ciego para ver la finalidad de uno y otro vehículo, constriñe á su contrincante con la aplastadora pregunta: *¿No tienen ruedas ambas?* ¡Qué de veces reside una originalidad inmensurable en la combinación no vista aún de elementos muy conocidos!»

«La originalidad se manifiesta de dos maneras: ó realizando con elementos conocidos combinaciones antes ignoradas — caso de la locomotora—, ó bien dando á luz hechos enteramente nuevos, y acaso hasta declarados imposibles por doctas Academias— caso de la fijación de las imágenes en la cámara obscura por el procedimiento de Daguerre —. Tal, recientemente ha sido el hallazgo del fonógrafo. Rara vez la invención consigue realizar un hecho completamente nuevo y sin precedente, unido á combinaciones nuevas de elementos conocidos.»

Cuando Benot estampaba en el papel los párrafos anteriores, ni siquiera había pensado aún en escribir la presente obra, ni podía imaginar, por lo tanto, que á esta última producción suya pudieran ser aplicables aquellos conceptos.

Viejas y estudiadas desde muy antiguo son las ideas de *comprensión* y *extensión* de los vocablos. Apenas hay Gramática, sobre todo moderna, en la que por algún lado no aparezca el calificativo *determinante* con aplicación á ciertas palabras. Y, sin embargo, esas nociones eran escasamente útiles, eran materiales muertos, como dice el propio Benot, que aguardaban una voz que los llamase á la vida. Benot se apodera de esas ideas, las generaliza hasta los últimos límites posibles, y elabora con ellas el sistema que sirve de base á la GRAMÁTICA FILOSÓFICA DE LA LENGUA CASTELLANA, en la que resplandece esa «originalidad inmensurable que consiste en la combinación no vista aún de elementos muy conocidos».

Análogamente — y es el mismo caso citado por Benot —, las ruedas, la utilización del vapor como fuerza motriz, las calderas, la caja de distribución, etc., etc., son cosas muy anteriores á Stephenson, y, sin embargo, éste figurará siempre en la historia de la ciencia como el glorioso inventor de la locomotora.

Si de la concepción general de esta obra pasamos á los elementos que la integran, hallamos algo tan originalísimo como el SISTEMA ORACIONAL, en el que «la invención consigue realizar un hecho completamente nuevo y sin precedente, unido á combinaciones nuevas de elementos conocidos».

El sistema, cuando es lógico y se funda en la naturaleza misma de las cosas, resulta superior á la inteligencia y la invención humanas. ¿Quién puede llamarse *inventor* del sistema decimal, tan útil, tan irreemplazable en los cálculos aritméticos? Se trata de propiedades naturales de los números, y, por ello, al hombre es dado tan sólo descubrir su aplicación.

Las ideas sobre las cuales Benot funda y desenvuelve su ARTE DE HABLAR son tan lógicas y tan sencillas al propio tiempo, que, más que invento suyo, resultan percepción intuitiva de leyes y propiedades naturales.

El sistema que se halla en ese caso es como los astros inaccesibles á nuestras miradas: se descubren, se ven con el auxilio de los instrumentos ópticos y el cálculo; no se inventan.

Eso es precisamente lo que constituye la gran personalidad de Benot: la vista que penetra mucho más allá de lo que está al alcance de los ojos; la percepción que sorprende relaciones allí donde otros no ven más que hechos inconexos; el espíritu de sistematización.

Muchos son los que se extasían con los maravillosos pormenores que contiene la ornamentación de la Alhambra; muy pocos hay capaces de ver el orden admirable que presidió á su arquitectura.

*
* *

Las naciones que figuran en las líneas avanzadas del progreso, principalmente Italia, Francia y Alemania, se preocupan cada vez más del perfeccionamiento de sus métodos gramaticales. Voces autorizadas piden insistentemente en todas ellas mayor extensión para los estudios de sus respectivos idiomas.

Saben muy bien los que á ese movimiento contribuyen y claman por ese género de adelanto, que la fuerza que impulsa al mundo no es la del vapor ni la electricidad ni el aire comprimido, sino la fuerza intelectual, y que no hay gimnasia de la inteligencia como el ejercicio y perfeccionamiento del idioma.

Las lenguas, al igual de todo organismo, están animadas de dos movimientos invisibles, pero incesantes, de integración y desintegración, que se manifiestan, como en todos los seres organizados, desde el primer momento de su existencia.

En tanto predomina la fuerza integradora, la lengua camina hacia su apogeo, porque se asimila elementos de vida que reemplazan con exceso á los que pierde por la acción de la fuerza desintegradora.

Pero cuando la desintegración predomina, el idioma va perdiendo poco á poco su vitalidad, languidece, y acaba por morir, ni más ni menos que como un animal ó una planta.

De igual manera que el régimen y la higiene prolongan la existencia de los seres organizados, así también el esmerado cultivo de un idioma aumenta sus fuerzas y prolonga su vida.

Quien, como Benot, abre nuevos horizontes á los estudios gramaticales, presta un gran servicio á su patria.

No hay signo tan elocuente de la vitalidad de un pueblo como la persistencia y la propagación de su idioma.

Hay que tener, por lo tanto, gran fe en el porvenir de la raza española.

Se multiplican de día en día, sobre todo en Francia y los Estados Unidos, las cátedras de lengua castellana.

Se habla nuestra lengua por más de setenta millones de personas, y este número no permanece estacionario, sino que va y ha de ir durante muchos siglos en progresión creciente, mientras vaya también en aumento la población de la América latina.

Entre esos millones de personas que hablan actualmente el español, hay que incluir á los judíos de Oriente. En Salónica, sin citar otros puntos, existen más de cincuenta mil individuos que hablan hoy (con las naturales alteraciones impuestas por los siglos) el castellano del tiempo de los Reyes Católicos.

¡Pudo la raza hebrea perder, olvidar su lengua en menos de cuarenta años de cautiverio, y no ha podido esa misma raza olvidar la lengua española en más de cuatrocientos años de expatriación!

*
* *

Investigadores eruditos, sabios filólogos y lingüistas, escritores que gozan de general y merecida reputación, fomentan actualmente en las naciones de raza latina la llamada *Gramática histórica,* cuyos cimientos echó el ilustre alemán Federico Díez en su famosa obra *Gramática histórica de las lenguas románicas.*

Parecía natural que en dichos modernos tratados se estudiase, de conformidad con el título que ostentan, y fundándose, naturalmente, en el análisis de los monumentos literarios pertenecientes á las diversas épocas, las evoluciones que la *Gramática* — no los *vocablos aisladamente* — ha ido experimentando desde los tiempos de Varrón y de Quintiliano y desde los comienzos de los idiomas neolatinos, mientras la lengua del Lacio iba convirtiéndose respectivamente en español, italiano, francés, etc. No es así. La flexión, los cambios desinenciales, la etimología, ocupan lugar exclusivo, más que preferente, en esos libros. Apenas si alguno aventura tal ó cual caso de concordancia. Pero el *sistema oracional,* la *construcción,* esos elementos principalísimos de las lenguas, que las caracteriza, que presta á cada una su fisonomía particular, que constituye su esencial manera de ser, que las individualiza y distingue de todas las demás, eso no aparece por ninguna parte.

Trátase, por lo tanto, en esas llamadas *Gramáticas históricas* de un estudio retrospectivo, de un estudio arqueológico, pero simplemente de materiales, de albañilería, no de arquitectura gramatical, no de Gramática propiamente dicha.

Viene siendo también objeto de preferente atención en nuestros días el estudio de la evolución de los sonidos orales al pasar de las lenguas antiguas á las modernas, de la lengua madre á las lenguas derivadas.

Raíces y afijos han sido analizados con la mayor escrupulosidad, lo que proyecta gran luz sobre las etimologías, contenidas casi siempre, hasta hace muy poco, en los límites de la hipótesis, cuando no de la invención gratuita ó del capricho.

Mucho le queda aún, sin embargo, por recorrer á esta novísima rama de la ciencia del lenguaje, denominada, no con entera propiedad, *Fonética.*

En primer lugar, alguna de sus pretendidas *leyes* no son tales, puesto que admiten numerosas excepciones.

Además—forzoso es decirlo—, sus investigaciones tropezarán siempre con una barrera infranqueable. Penetrará la Fonética con relativa facilidad en el latín y el griego; no ya con tanta en el sánscrito...; dentro de las mismas lenguas indoeuropeas, le serán casi inaccesibles el germánico y el céltico... ¿Y cómo llegar hasta la lengua de aquel pueblo prehistórico que habitó el centro del Asia, y se extendió más tarde desde el Ganges y el Himalaya hasta las costas occidentales de Europa? ¿Dónde hallar vestigios del idioma hablado por la misteriosa raza aria?

Aun admitiendo que la Fonética venciera todas las dificultades y llegara al mayor grado de perfección posible, habría de versar siempre sobre elementos primarios de la palabra, quedaría siempre reducida al papel de un estudio de materiales; estudio interesante y meritísimo — no lo niego —, pero incapacitado de darnos á conocer la estructura gramatical, la peculiar manera de ser de ningún idioma.

De todas las ramas auxiliares y secundarias de la ciencia del lenguaje, únicamente la PROSODIA, en lo que respecta sobre todo á las vocales, asienta hoy sus conclusiones sobre bases científicas y sólidas.

La teoría de las *armónicas,* formulada por el eminente físico alemán Helmholtz, autor á la vez de los aparatos llamados *resonadores,* y los más recientes experimentos de Koenig, nos permiten conocer hoy de modo exacto la naturaleza de las vocales.

La Prosodia moderna se apoya en la Acústica y la Fisiología, únicas ciencias capaces de analizar los fenómenos de la voz humana

Soy el primero en reconocer y admirar la importancia de tales adelantos. Pero hay que reconocer también, de acuerdo con la lógica y con el sentido común, que ninguna de esas ramas del saber, aisladamente, ni todas ellas reunidas, pueden darnos á conocer los fundamentos del arte de hablar ni, por consiguiente, de la Gramática. Opinar en contrario, sería tanto como admitir que la Acústica basta á dar idea del arte musical, ó que el estudio químico de las pinturas y los barnices puede constituir de alguna manera el arte pictórico.

*
* *

Entre los elementos que constituyen la nacionalidad y contribuyen más poderosamente á la idea de patria, está el idioma.

Allí donde se habla la lengua de un pueblo, está la influencia de ese pueblo y una prolongación de su nacionalidad.

Y un idioma se propaga más fácilmente cuando más perfeccionado se halla y puede servir mejor de medio de comunicación espiritual entre los hombres.

Datos irrecusables, consignados por la Historia y la Geografía, demuestran la gran vitalidad y la fuerza de difusión del habla castellana.

Necesario es que todos los ciudadanos se inicien desde la infancia en los preceptos propios de su idioma; y á esa base de instrucción general (cuanto más amplia mejor) ha dè contribuir en primer lugar y exclusivamente la Gramática propiamente dicha, no las especialidades; la Gramática y la lectura de los buenos escritores.

Por fortuna, España, el país de los grandes humanistas, ha poseído siempre un Código gramatical, aunque necesitado ya de renovación, superiorísimo al de otras naciones.

Y, por suerte singular también, nuestra patria cuenta entre sus hijos más ilustres á D. Eduardo Benot, cuyos trabajos filológicos y gramaticales nos colocan en ese ramo del saber á envidiable altura sobre los demás pueblos.

La GRAMÁTICA FILOSÓFICA DE LA LENGUA CASTELLANA que hoy ve la luz pública, es obra sin precedentes en la literatura gramatical del mundo, porque renueva los métodos, abre nuevos horizontes á tan importantísimos estudios, y, sobre todo, porque establece por primera vez los principios en que se funda el ARTE DE HABLAR.

**

Debo poner fin á mi trabajo, emprendido con verdadero temor, y á cuya realización pudo decidirme tan sólo el cumplimiento de un deber inexcusable.

Ignoro si fuí suficientemente claro al procurar poner de relieve los fundamentos y la finalidad de este libro.

Al anticiparme á objeciones posibles y establecer alguna indispensable comparación, procuré ser justo, sin que la serenidad del juicio se dejase en ningún caso ofuscar por el cariño que me unió al autor, y que aún me liga á su memoria.

c

De si fueron exactas mis apreciaciones acerca de tan importante producción, responde la producción misma.

Siguiendo el símil tantas veces empleado por el autor querido, ahí se levanta el majestuoso edificio de la obra con su magistral arquitectura.

Terminada la misión que me había impuesto, yo me quedo á la puerta.

Adelante, lector; yo te invito á recorrer y admirar una de las más hermosas moradas del MAESTRO.

José Torres Reina.

PARTE PRIMERA

PRENOCIONES

SECCIÓN 1.ª

DE LOS SIGNOS

CAPÍTULO I

SIGNOS ORALES

Hablar es exteriorizar nuestros pensamientos, afectos y voliciones.

El hombre es el único ser dotado en la tierra de la facultad de hablar (1).

Palabra es todo sonido ó grupo de sonidos orales dotado de significación; por ejemplo: *pie, pan, fué, pies, panes, fueron, está, establo, estatua, establecimiento, constitución, célebre, celebre, celebré, cálculo, calculo, calculó...* (2).

Lenguaje, en general, es todo sistema de comunicación de unos seres con otros.

Lenguaje hablado es todo sistema de comunicación entre los seres humanos por medio de palabras.

Signo.—Hay hechos ó fenómenos que exteriorizan su antecedente, su razón ó su causa. El humo exterioriza la existencia del fuego; las lágrimas manifiestan el dolor del que sufre; el rubor del semblante denuncia la vergüenza...

---

(1) Los animales *hablan,* si por *hablar* sólo ha de entenderse la *facultad de exteriorizar algo interior.* El perro exterioriza con signos indudables que conoce á su dueño, que festeja á sus conocidos, que se recela de los extraños y amenaza á sus enemigos; pero no es lícito á nadie inferir, por sólo esto, identidad entre los signos de exteriorización empleados por el animal y la admirable elocución humana. Ni tampoco es lícito confundir los sonidos y signos de que un perro se sirve con las palabras que pronuncia un loro, y que no tienen para él significación ninguna.

(2) La *palabra* recibe también los nombres de *voz, vocablo, término* ó *dicción.*

1

Todo fenómeno que revela otro directamente relacionado con él, se llama *signo*.

Un fenómeno es *signo* de otro, cuando un ser inteligente percibe relación entre lo significante y lo significado.

Pero no cabe que un *signo* sea de lenguaje más que cuando una inteligencia lo haga servir de vehículo de comunicación con otra inteligencia.

Así, pues, para que una cosa sea *signo*, basta una sola inteligencia que perciba relación entre lo significante y lo significado.

Mas para que algo sea *signo de lenguaje*, se necesitan dos inteligencias: una, que expresamente haga aparecer la cosa significante con intención de dar á conocer una relación entre ella y la cosa significada, y otra, inteligencia perceptora de esa relación.

Los signos orales están destinados al oído.

Los elementos simples de los signos orales se dividen en **vocales** y **consonantes**.

Denomínanse **vocales** en español los cinco signos

u, o, a, e, i (1);

los demás se denominan **consonantes**.

Tanto las vocales como las consonantes, se denominan en general *letras*.

CONSTITUCIÓN DE LAS PALABRAS. — El análisis hace ver que toda palabra está constituída por uno ó varios sonidos fundamen-

---

(1) Para pronunciar las vocales se necesitan posiciones especiales de la boca, lo cual puede comprobar fácilmente todo el que habla, si oprime con los dedos ambas mejillas.

Para decir A, las mejillas se ensanchan; y esta posición varía para decir E; y es distinta para decir cada una de las demás vocales.

El aire contenido en las cavidades de la boca toma distintos volúmenes, según a vocal que se pronuncia.

En los libros de Acústica y Fonología se demuestra que las vocales son los hipertonos reforzados que se producen por vibraciones aéreas en el orden siguiente:

u............	470	vibraciones simples.
o............	940	— —
a............	1.880	— —
e............	3.760	— —
i............	7.520	— —

Por ser ésta la escala ascendente de las vibraciones, se enuncian en el mismo orden las vocales.

No tiene fundamento científico ni racional alguno el orden *a, e, i, o, u* en que comúnmente se enuncian estos sonidos.

tales, en los que reside la significación peculiar de la palabra, y á los cuales se sueldan ó acumulan, en la casi totalidad de los casos, otros sonidos secundarios que especifican la acepción.

En *torada,* la idea fundamental de *toro* no está en la terminación *ada,* sino en las tres primeras letras *tor (taur* de *taurus),* referentes al animal llamado *toro.* La terminación *ada* agrega á la idea de *toro* la idea colectiva de muchos animales de esta especie.

En *nubarrón,* la idea fundamental de la palabra está en *nub,* á la cual se suelda la terminación *arrón,* que es aumentativa, al mismo tiempo que indicadora de desprecio y desagrado.

En *amar,* la idea fundamental de afecto no está en la terminación *ar,* sino en las dos primeras letras *am.*

Llámase **raíz** el sonido ó conjunto de sonidos orales en que se contiene el significado fundamental de una palabra; y se denominan **afijos** los accesorios que se sueldan á la *raíz* ó se conglomeran con ella.

Dichos accesorios pueden ir detrás de la raíz, como en *tor-ada, nub-arrón, am-ar;* ó bien pueden precederla, como en *con-duc-ir,* cuya raíz es *duc,* que significa *guiar; de-men-te,* donde la raíz es *men, entendimiento; ob-vi-ar,* cuya raíz es *vi, camino.*

Los afijos que se colocan antes de una *raíz* se llaman **prefijos**; y los que se colocan detrás se denominan **sufijos** ó **posfijos.**

La raíz no es nunca un sonido cualquiera, un sonido arbitrario, emitido al azar por los órganos de la voz humana, sino un sonido siempre dotado de significación. La ciencia filológica no ha logrado descubrir la razón del significado de las raíces.

En las lenguas modernas, derivadas de otras, las raíces, regularmente, no aparecen solas.

Los afijos, á su vez, son vocablos *á medias* ó signos que se unen á las raíces para especificar el significado del sonido radical.

En cuanto al valor elocutivo, no hay diferencia esencial entre los prefijos y los posfijos ó sufijos.

Los afijos se escriben siempre soldados á sus raíces.

Conglutinado ó soldado un afijo á una raíz, una nueva agregación modifica el significado anterior:

*Pro*ducir.	*Re*producir.	*A*cción.	*Cons*tancia.
*Pro*ducción.	*Re*producción.	*Re*acción.	*Cons*tante.
*Pro*ducto.	*Re*productivo.	*Trans*acción.	*Incons*tante.
*Pro*ductivo.	*A*cto.	*Cons*tar.	*Incons*tancia.

Las combinaciones de raíces y afijos son múltiples y diversas.

Hay en nuestro idioma vocablos que se derivan de la misma raíz, aunque la raíz no se presenta en todos ellos con las mismas letras, lo cual depende de que las palabras españolas provienen de otras lenguas diferentes de la nuestra, en las cuales los cambios de letras radicales se verificaban conforme á reglas que han venido á nuestro actual español. Así, se dice *padre, paterno, paternidad,* porque las dos últimas palabras no vienen de la voz española *padre,* sino de la voz latina *pater*.

Esto explica las diferencias que se notan aparentemente entre vocablos formados de la misma raíz, como los siguientes, que todos proceden de la raíz DUC *(guiar, conducir)*:

Du*que*.	Con*du*cción.	Pro*du*cir.	Irre*du*ctible.
Du*quesa*.	Con*du*ctor.	Pro*du*cción.	Se*du*cir.
Du*cado*.	E*du*car.	Pro*du*cto.	Se*du*cción.
Du*cal*.	E*du*cación.	Pro*du*ctor.	Tra*du*cir.
Archi*du*que.	In*du*cir.	Repro*du*cir.	Tra*du*cción.
Archi*du*quesa.	In*du*cción.	Repro*du*ctivo.	Tra*du*ctor.
D*u*x.	De*du*cir.	Re*du*cir.	D*ú*ctil.
Con*du*cir.	De*du*cción.	Re*du*cción.	D*u*ctitidad, etc., etc.

Las siguientes palabras, aunque derivadas de la misma raíz latina *act*, presentan mayores diferencias que las procedentes del verbo latino *duco (guiar)*, pues la letra T radical, que subsiste en muchos vocablos, se convierte á veces en C, U, G, ó bien desaparece:

Ac*t*ividad.	Ac*c*ión.	Au*t*orizar.
Ac*t*itud.	In*ac*ción.	Au*t*orización.
Ac*t*ivo.	Au*t*or.	Fati*g*a.
In*ac*tivo.	Au*t*oridad.	Fati*g*ar.

Por último, á veces, una raíz da lugar con sus prefijos y posfijos á multitud de palabras, como todas aquellas que vienen de la raíz ST, que significa estar en pie, estar recto:

Circun*st*ancia.	Con*st*itucional.	Exi*st*ir.	Resi*st*ir.
Consi*st*ir.	Con*st*ituir.	In*st*able.	Re*st*ablecer.
Consi*st*orial.	De*st*ituir.	In*st*abilidad.	Re*st*aurar.
Consi*st*orio.	E*st*adística.	In*st*ancia.	Sol*st*icio.
Con*st*ancia.	E*st*ado.	In*st*ante.	Sub*st*ancia.
Con*st*ar.	E*st*amento.	Ob*st*ante.	Sub*st*antivo.
Con*st*ante.	E*st*atuto.	Ob*st*ar.	Sub*st*ituir.
Con*st*itución.	Exi*st*encia.	Persi*st*ir.	Sub*st*itución.

¡Qué riqueza! Y cuenta que en la anterior enunciación faltan aquellas voces cuya raíz es el mismo radical ST, pero que tienen todavía un significado referente á algo material, si bien de otro orden muy distinto que el acto de *estar en pie*. Á esta clase pertenecen *establo, estación, estafermo, estancia, estante, estantería, estatua, intersticio, obstáculo*, etc. Y aun de estas últimas palabras, algunas expresan con frecuencia conceptos, y no objetos.

Como se ve, las palabras son conglomerados de raíces y de afijos. Son **combinaciones.**

Se llaman **desinencias** ciertos sufijos indicadores de relaciones no explicadas aún. Basten por ahora los siguientes ejemplos:

*Perr*O.	*Mujer*ES.	*Tem*ÍAS.
*Perr*A.	*Trabaj*É.	*Tem*ERÁS.
*Gat*O.	*Trabaj*ABA.	*Part*ISTEIS.
*Gat*A.	*Trabaj*ARÉ.	*Part*ÍS.
*Hombr*ES.	*Tem*ISTE.	*Part*IRÉIS.

En los anteriores vocablos, las terminaciones O, A, S, ES, É, ABA, ARÉ, ISTE, ÍAS, ERÁS, ISTEIS, IS, IRÉIS, que indican ideas de sexo, de pluralidad de individuos, ó bien la época en que una acción se verificó, se verifica ó se verificará, son las **desinencias** de los vocablos respectivos. Las letras ó terminaciones que constituyen las desinencias reciben también el nombre de **letras** ó **terminaciones desinenciales** (1).

DIVISIÓN ORAL DE LAS PALABRAS.—Cuando se trata de descomponer oralmente los vocablos, no lo hacemos con el objeto de obtener aislados sus componentes, esto es, sus raíces con separación de sus afijos, sino con el fin de encontrar subgrupos orales de fácil pronunciación.

Así, TORADA, por ejemplo, se descompone en TO-RA-DA, y no en TOR-ADA; NUBARRÓN en NU-BA-RRÓN, y no en NUB-ARRÓN; DUQUESA en DU-QUE-SA, y no en DUQU-ESA.

La necesidad de colocar de modos distintos los órganos de la boca, ha creado un sistema especial para pronunciar las letras, al cual todos los españoles nos ajustamos en la práctica. Este sistema es el siguiente:

---

(1) El estudio de los orígenes de los vocablos se denomina ETIMOLOGÍA. También se da el nombre de ETIMOLOGÍA al origen de cada vocablo.

1.º Una consonante entre dos vocales se une á la segunda vocal:

A-MO.   A-TE-MO-RI-ZA-DO.   A-MA-NE-RA-DO.
MA-RI-NO.   PE-RE-ZO-SO.   RE-CE-LO-SA.

2.º La *ch* entre dos vocales va también con la segunda vocal:

FE-CHA.   TRE-CHO.   LU-CHA.

3.º Lo mismo la LL y la RR:

SE-VI-LLA.   CA-RRO.

4.º La R y la L precedidas de B, C, D, F, G, P, T, forman combinación silábica con la vocal ó vocales siguientes:

BRA-ZO.   TRO-ZO.   PLA-NA.
CRÁ-TER.   BLU-SA.   BRAU-LIO.
DRA-MA.   CLA-SE.   CLA-VO.
FRA-SE.   GLO-SA.   GLE-BA.
GRA-SA.   FLA-MA.   HE-BRA.

Cuando hay dos consonantes entre dos vocales, con cada vocal se junta una consonante:

EN-NO-BLE-CE,   EN-CI-NA.   AN-TO-NIO.   IN-TEN-TO.
AC-CIÓN.   IM-PE-RIO.   AL-TO.   IN-MEN-SA.

Si hay tres consonantes entre dos vocales, con la primera vocal van las dos primeras consonantes:

CONS-TA.   CIR-CUNS-PEC-TO.   IST-MO.

El caso de cuatro consonantes entre dos vocales no ocurre sino siendo una L ó una R la última de las cuatro consonantes:

CIR-CUNS-CRI-BIR.   CONS-TRUC-CIÓN.   MONS-TRUO.

En algunos vocablos compuestos se hace la división por los componentes:

NOS-OTROS.   VOS-OTROS.   SUB-RA-YAR.

Cada una de las divisiones orales obtenida en una palabra, según el sistema anterior, se llama **sílaba**.

La palabra de una sola sílaba se denomina *monosílabo* ó voz *monosilábica;* la de dos, *disílaba* ó *bisílaba;* la de tres, *trisílaba;*

de cuatro, *tetrasílaba;* de cinco, *pentasílaba;* y, en general, la palabra de más de una sílaba se denomina *polisílaba* ó voz *polisilábica*.

El sistema de silabización expuesto, hace necesario, para pronunciar distintamente, que los sonidos orales vayan precididos ó seguidos de pausas, silencios ó intermitencias. Por ejemplo, para decir *el Papa,* después de pronunciar el sonido *el,* hay que cerrar los labios para decir *pa,* y pronunciado este sonido, hay que volver á cerrarlos para decir el siguiente *pa.* En la palabra *capa,* después de decir *ca,* tenemos que cerrar la boca para pronunciar *pa;* y como cerrada la boca no puede emitirse ningún sonido oral, es evidente que la pronunciación de esa palabra consta del sonido *ca,* más una intermitencia, más *pa.* Lo mismo sucedería si dijésemos *papel;* pues para pronunciar la *p* hay que cerrar los labios, y mientras están cerrados, no es posible emitir ningún sonido oral. De modo que si antes de pronunciar la voz *papel* estamos callados y en silencio, la enunciación de este vocablo constará de

un silencio;
+ sonido PA;
+ intermitencia;
+ PEL;
+ intermitencia ó silencio.

Para decir *pacto,* empezamos por

un silencio en la P;
+ PAC;
+ silencio en la C;
+ TO.

Si en cada sílaba no entrase nunca más que una sola vocal, apenas presentaría dificultades la silabización castellana, ajustada siempre á las reglas precedentes. Pero dos ó más vocales pueden encontrarse juntas:

entre consonantes;
al principio de dicción;
al fin;

y cuando tal sucede, ocurren dificultades no sujetas á normas de fácil sistematización.

Combinaciones vocales.—Se da el caso de que en una sílaba entren dos ó más vocales que se pronuncien seguidamente, esto es, sin intermitencia: *as-cua, pa-tria, nu-cleo, a-cueo,* tienen solamente dos sílabas, según queda indicado en su escritura.

La reunión de dos vocales contiguas existentes en una sílaba y pronunciadas sin intermitencias, se llama **diptongo,** y la de tres, **triptongo**:

Au*la.*
A*ire.*
*Brau*l*ia.* } Diptongos.
B*ai*l*e.*
S*au*r*io.*

*Á*c*u*eo.
B*u*ey. } Triptongos.
*Averig*uá*is.*

Á veces, al hablar, pueden pronunciarse sin intermitencias dos vocales, una final de una palabra, y otra inicial de la palabra que inmediatamente siga, como cuando decimos:

La unidad.   *La imagen.*   *Mi afán;*

ejemplos que se pronuncian:

L*au-nidad.*   L*ai-magen.*   M*ia-fán.*

Dichas combinaciones de vocales pronunciadas sin intermitencias, no obstante pertenecer á palabras distintas, reciben el nombre de **sinalefas.**

Pueden unirse tres, cuatro y hasta cinco vocales en una sola sílaba, esto es, pertenecientes á dos ó más palabras, y en este caso la correspondiente sinalefa se denomina *triptongo, tetraptongo ó pentaptongo, por sinalefa:*

*Más prec*ia-e*l ruiseñor su pobre nido*   (iae, triptongo.)
*Estos, Fab*io-¡ay *dolor que ves ahora*   (ioai, tetraptongo.)
*Volv*ió-á-eu*rídice el mísero los ojos*   (ioaeu, pentaptongo.)

En el último verso anterior, abierta la boca para la *i,* se abre un poco más para la *o,* y en seguida un poco más para la *a;* y desde esta posición empieza á cerrarse para la *e,* y luego más aún para la *u;* pero no cabe reunir en una sílaba vocales que exijan *abrir, cerrar* y *volver á abrir* la boca. Por eso no cabe formar triptongo con tres vocales, si la *i* ó la *u* ocupan el centro de la combinación.

Y más extensamente aún : la *u* y la *i* colocadas respectivamente entre otras dos vocales, nunca forman triptongos ni sinalefas (1).
Véase el siguiente ejemplo :

*El ciervo herido sin cesar h*u*í*a.

*H*u-í-a, como se ve, tiene tres sílabas.

El uso hace que idénticas vocales contiguas unas veces formen diptongo y otras no : *cualidad* tiene tres sílabas, porque *ua,* en esta palabra, forman siempre diptongo, por la práctica; y *suave* aparece, ora como bisílabo, ora como trisílabo. Ejemplos :

*S*ua*-ve y dulce al paladar.*
*Humo s*u*-*a*-ve del quemado aroma.*

La lengua española es acaso la de mayor vocalidad entre todas las que se hablan en los pueblos cultos. Así es que en ella son bastantes los tetraptongos por sinalefa :

*Del quinto Carlos el palac*io*-*a*ugusto.*

Los pentaptongos por sinalefa son raros, pero no enteramente insólitos:

*Grato f*ué*-*á*-E*u*ropa de Bailén el triunfo.*

Es tanta la vocalidad de la lengua, que hasta en ella hay ejemplos de sinalefa hexaptongales :

El sol caldea el seno mejicano,
evapora su faz, y determina
gran desnivel en la presión marina;
fórmase un río en medio el Oceano,
*y el móvil ác*ueo*-*á*-E*u*ropa se encamina.*

La sinalefa de seis vocales es rarísima, pero, según se ve, no imposible.

Acento.—En toda palabra de muchas sílabas, hay una por lo menos cuya vocal se pronuncia con mayor intensidad que las demás. Esta mayor intensidad se llama *acento :*

Célebre. Celébre. Celebré.

---

(1) Razones fisiológicas cuya explicación no corresponde á la índole de este libro, hacen imposibles dichas combinaciones vocales.

En *célebre,* se pronuncia la primera *e* con mayor fuerza que las otras dos; en *celébre,* la *é* que requiere mayor empuje del aliento es la segunda; y en *celebré,* la *é* final es la del mayor impulso.

Por manera que, palabras iguales por sus sonidos, son distintas por el lugar del acento, ó sea de la fuerza acentual.

Lo mismo pasa en:

Cáscara. Cascára. Cascará.
Máscara. Mascára. Mascará.
Círculo. Circúlo. Circuló.

Voces esdrújulas.—Las palabras cuyo acento carga en la sílaba antepenúltima se llaman *esdrújulas:*

Música. Física. Termómetro. Cuadrilátero.

Voces llanas.—Si el acento se halla en la penúltima se denominan *llanas:*

Silla. Progreso. Cafetera. Cascáron. Mascáron.

Voces agudas.—Y si el acento está en la última se denominan *agudas:*

Azul. Arrebol. Fulgurar. Cascarón. Mascarón.

Hay palabras que antes del acento principal característico tienen otro acento supernumerario de poca intensidad, y á veces dos, tales como:

Árchipiélago. Párarráyos. Águamanil.
Cúlpabilísimo. Ciértaménte. Lánguidísimaménte.
Vícealmiránte. Lánguidaménte. Ánteánteayér.
Cóntramaéstre. Éxtralimitación. Fílósofadór. (Moratín).

No todas las palabras de muchas sílabas llevan acento supernumerario:

Atemorizado. Desaparecido.

Por último, hay palabras que cargan el acento principal en la sílaba anterior á la antepenúltima:

Encontrándoselo;

y hasta las hay cuyo acento característico se encuentra en la sílaba anteanterior á la antepenúltima:

Encontrándosemelo.

Llámanse *sobreesdrújulas* las palabras cuyo acento principal se halla en la sílaba cuarta ó en la quinta, empezando á contar por la final:

Comiéndoselo. Comiéndosemelo (1).

Intonación.—Las palabras se distinguen unas de otras no sólo por el lugar de su acento, sino también por la diferente *intonación* ó *canturia* con que las enunciamos:

¿Vendrá? — Vendrá.

Estas dos palabras son iguales si se atiende sólo á su estructura; pero ¿en qué conocemos que con la primera preguntamos y con la segunda respondemos? En la *intonación*, en la *canturia.*

¿No vendrá? — No vendrá.
¿No tiene dinero? — No tiene dinero.
¿Cantará? — Cantará.
¿Tiene buen método? — Tiene buen método.

De modo que, palabras constituídas por las mismas vocales y consonantes, pueden resultar diferentes, no sólo porque en ellas varíe el lugar del acento, sino también porque cada una puede ser diferente de sí misma, si se le da distinta *intonación*.

Célebre, celebre y *celebré* son tres palabras por el lugar del acento, y cada una de ellas puede ser distinta de sí misma por la intonación:

¿Célebre? — Célebre.
¿Celebre? — Celebre.
¿Celebré? — Celebré.

Y como la intonación puede tener muy variados matices según que exprese afirmación, desprecio, ironía, admiración..., resulta que una misma palabra puede ser distinta de sí propia por los matices de sus intonaciones:

¿Cantará? (interrogación). — *Cantará* (afirmación).
¡Cantará! (admiración). — *¡Ya, ya... cantará!* (ironía), etc., etc.

---

(1) Es cierto que no *encontrándosele*
las alhajas que robó,
sin razón se procedió
á presidio *condenándosele*.

El lugar del acento es *invariable* en cada acepción. *Máscara* tiene que ser *esdrújulo* cuando significa *antifaz*.

En toda palabra, pues, hay:

sonidos, acento é intonación (1).

CAPÍTULO II

SIGNOS ESCRITOS

Lenguaje escrito es todo sistema que por medio de signos gráficos representa los sonidos orales de que se sirve el lenguaje hablado (2).

Los signos orales están destinados al oído. Los signos escritos están destinados á la vista (3). Los signos gráficos, pues, son signos de signos.

Letras.—Esos signos gráficos se llaman *letras* (4).

Las letras en español son las siguientes:

a, b, c, ch, d, e, f, g, h, i, j, k, l, ll, m, n, ñ, o, p, q, r, rr, s, t, u, v, x, y, z.

Las letras de las formas anteriores se denominan *minúsculas*. Á cada minúscula corresponde otra forma, denominada *mayúscula*.

Las mayúsculas son las siguientes:

A, B, C, CH, D, E, F, G, H, I, J, K, L, LL, M, N, Ñ, O, P, Q, R, RR, S, T, U, V, X, Y, Z.

---

(1) La parte de la Gramática que estudia los vocablos como sonidos orales, se denomina comúnmente PROSODIA.

(2) Ningún pueblo carece de lenguaje hablado, pero hay muchos en que no se conoce la escritura.

Es claro que se prescinde aquí de la escritura jeroglífica, como de toda escritura no fonética, y se consignan sólo en todo caso aquellas nociones indispensables puestas al servicio del pensamiento capital de esta obra.

(3) No siempre los signos gráficos están destinados á la vista: los ciegos pueden leer, utilizando el sentido del tacto, signos ó figuras trazados en relieve sobre una superficie lisa.

(4) Hay sistemas de signos gráficos dirigidos á la vista que no son letras. Tal ocurre con las combinaciones de banderas ó de luces de que los barcos se sirven para comunicarse en alta mar, ó los semáforos establecidos en las costas con los buques visibles desde ellas.

Los signos de la música tampoco son letras.

En los primitivos telégrafos, y aun después, las letras se indicaron por movimientos convenidos de agujas imanadas.

Alfabeto.—Denomínase alfabeto la serie de los signos gráficos catalogados *en el orden anterior,* y destinados á representar para los ojos los sonidos elocutivos emitidos por los órganos de la voz humana.

Vocales.— En lo escrito se denominan vocales los signos gráficos con que se designan los siguientes sonidos orales:

u, o, a, e, i.

Los demás signos gráficos del alfabeto se denominan *consonantes* (1).

Deficiencias del alfabeto.—El alfabeto que antecede no se ajusta á las normas á que debiera obedecer.

En ningún alfabeto debe existir:
1.º Letra sin sonido.
2.º Ni sonido sin letra.
3.º Ni tampoco sonido expresado por más de una letra.
4.º Ni letra con más de un sonido.

Á todas estas prescripciones falta el actual alfabeto español.

1.º Hay letras á que no corresponde ningún sonido: la *h* nunca suena:

*H*acha.   *H*echo.   *H*izo.   *H*orno.   *H*umo (2).

La *u* no suena en *que, qui,* ni en *gue, gui:*

*Qu*eso.   *Qu*iso.   *Gu*erra.   *Gu*iso.

2.º Hay sonidos sin letra.

El sonido de la *u* no tiene letra cuando la *u* ha de sonar después de *g* y antes de *e* ó de *i:*

Cig*ü*eña.   Arg*ü*iré.

Para suplir la falta, se coloca sobre la *u* un signo consistente en dos puntos, que se llaman *crema* ó *diéresis.*

---

(1) La parte de la Gramática que estudia los vocablos y sus elementos como signos gráficos ó escritos, se denomina Ortografía.
(2) En Andalucía se aspira suavemente la *h.* El Diccionario dice que en la palabra *hastial* suele aspirarse también.

La *ch* no tiene letra que la represente; la falta se suple con una *c* y una *h*:

*Ch*apa. *Ch*ino. *Ch*uzo. A*ch*aque.
*Ch*eque. *Ch*oza. *Ch*áchara. Mu*ch*acho.

Tampoco hay letra para la *elle*, que se suple escribiendo seguidas *l* y *l*:

*Ll*ave. *Ll*eva. A*ll*í. *Ll*ora. *Ll*uvia (1).

Ni tampoco tiene letra el sonido suave de la *g* delante de *e* ó de *i*, en los que se suplen con las dos letras *g* y *u*:

*Gu*erra. *Gu*iso.

La *r* entre vocales tampoco tiene letra, y la falta se suple escribiendo dos *erres* seguidas:

Ca*rr*o. Pe*rr*o. Mi*rr*a. Go*rr*o. Zu*rr*a.

3.º No debe haber para un sonido más de una letra.
Para el sonido de la *i* hay dos letras: la *i* y la *y*:

Le*i*. Le*y*. S*i* y nó. Acém*i*las *y* convo*y*.

El sonido *k* tiene tres signos: *c, k, q*:

*C*ara. *K*ermes. *C*ura.
*C*an. *Q*uiso. *K*urdo.
*K*an. *K*ios*k*o. *K*ra*k*atoa.
*Q*uería. *C*oro.

El sonido de *j* tiene dos letras: *j, g* (delante de *e* ó de *i*):

*J*aca. *J*efe. *G*ente. *J*ícara. *G*igante. *J*oroba. *J*uguete.

El sonido de *z* tiene dos letras: *z* y *c* (delante de *e* ó de *i*):

*Z*apa. *Z*eta. *C*era. *Z*inc. *C*irio. *Z*orzal. *Z*umo.

El sonido de *g* suave tiene dos sonidos: *g* y *gu*:

*G*ala. *Gu*erra. *Gu*iso. *G*ola. *Gu*la.

---

(1) Así es que en español no puede escribirse **salle** *al encuentro* como no se ponga un guión para que las dos últimas se pronuncien como el dativo **le**: **sal-le** *al encuentro*.

4.º No debe haber letra con más de un sonido.
La *c* tiene el sonido de *k* y el de *z :*

*C*ara.   *C*ena.   *C*ima.   *C*oro.   *C*ura.

La *g* tiene también más de un sonido: el de *g* suave y el de *j:*

*G*ala.   *G*eografía.   *G*imnasia.   *G*ola.   *G*ula.

La *r* tiene dos sonidos : el de *ere* y el de *erre.*

Tiene el de *ere* cuando está entre dos vocales, cuando se halla al fin de sílaba y cuando forma sílaba con consonante anterior á ella.

Y tiene el de *erre* al principio de palabra, y también cuando empieza sílaba después de consonante:

Ere....	Ca*r*a. Ce*r*a. Ci*r*io. Co*r*o. Cu*r*a.	A*r*mar. Ce*r*ner. I*r*. Amo*r*. Albu*r*.	B*r*azo. B*r*ega. B*r*oma. B*r*ida. B*r*uma.	C*r*áneo. D*r*ama. G*r*amo. T*r*ueno.
Erre...	*R*ama. *R*emo. *R*ima. *R*omo. *R*ama.	Sub-*r*ayar. Hon-*r*e. En-*r*ique. Hon-*r*o. Al-*r*ededor.	Ab-*r*upto. Is-*r*ael. Az-*r*ael.	

El sonido de *erre* entre dos vocales sólo se obtiene duplicando la *erre :*

Ca*rr*o.   Pe*rr*o.   Mi*rr*a.   Co*rr*o.   Zu*rr*a.

La *y* tiene dos sonidos : el de *ye* y el de *i :*

*Y*a. *Y*ema. *Y*egua. *Y*o. *Y*ugo. ¡A*y*! Le*y*. *Y*. Convo*y*. Tú*y*.

Por último, hay letra contracta de otras dos : la *x :*

E*x*amen.   E*x*equias.   E*x*imio.   É*x*odo.   E*x*uberancia.

ORDEN ALFABÉTICO. — El actual orden alfabético no obedece á ninguna clasificación.

Las vocales no están juntas ni enunciadas, según el número de las vibraciones que las integran.

Las consonantes no están agrupadas, según los órganos con los cuales se pronuncian. Por ejemplo :

la *b,* la *p,* la *m,*

que se pronuncian con los labios, están separadas. Lo mismo sucede con

la *g* y la *k*,

que se pronuncian con la garganta, etc. (1).

---

(1) No hay que pensar, sin embargo, por ahora, en un orden alfabético más científico, porque en el acto quedarían inutilizados todos los léxicos hoy existentes.

SECCIÓN 2.ª

COMBINACIONES ELOCUTIVAS

CAPÍTULO I

TESIS, ANÉUTESIS Y ORACIONES

Ya se ha dicho que hablar es exteriorizar por medio de palabras los fenómenos psicológicos de nuestro ser.

Pero la ciencia del hablar no ha de buscarse en las palabras aisladamente, sino en su combinación y en la combinación de sus combinaciones.

En el lenguaje todo es combinación.

De igual manera, sin sonidos no hay música. Pero un párvulo, manoteando desaforadamente sobre las teclas de un piano, produce sonidos, mas no música. La música ha de buscarse en la sistemática combinación de los sonidos.

De modo análogo, la esencia íntima del hablar no ha de buscarse en las palabras aisladamente, sino en su apropiada y sistemática *coordinación elocutiva*.

Las combinaciones capitales de palabras son de dos clases:

1.ª Combinaciones que tienen sentido cabal é independiente, como:

Esos hombres están mirando al mar.

2.ª Y combinaciones sin sentido cabal é independiente, como:

Cuyo padre fue boticario en Cuenca (1).

---

(1) No habría seguramente quien supiera de qué se trataba, si alguien entrase en una tertulia, y después de llamar la atención de todos los presentes, diciendo *cuyo padre fué boticario en Cuenca,* se marchase sin añadir palabra más.

Tanto las combinaciones de sentido cabal é independiente, como las que no lo tienen, se denominan comúnmente *oraciones*. Pero por ser de índole tan distinta, se las distingue aquí por medio de nombres especiales.

Así, se reservará el nombre de **oraciones** para toda combinación que no tenga sentido cabal é independiente; y se dará el nombre de **tesis** á las combinaciones de sentido independiente cuyo objeto sea AFIRMAR; y se denominarán, por último, **anéutesis** las combinaciones, también de sentido independiente, que tengan por objeto expresar los fenómenos psicológicos distintos de la afirmación; como :

¿Están esos hombres mirando al mar? (1).

En toda combinación elocutiva, el sentido no está en ninguna de las palabras componentes, sino en el conjunto de todas ellas, de igual modo que el conjunto de las piezas de un reloj mide el tiempo, por la unidad de fin con que todas fueron fabricadas. Esa unidad de fin es indescomponible, y no reside en ninguna de las piezas componentes, que un análisis secundario puede, sin embargo, examinar y descubrir, independientemente de la unidad de propósito que presidió á su formación : MEDIR EL TIEMPO.

En un reloj puede, pues, el conjunto lo que no es dado á ninguno de sus componentes.

El tiempo no se mide en un reloj de péndola ni con las pesas, ni con las cadenas de suspensión, ni con la varilla de la péndola, ni con las ruedas dentadas, ni sus correspondientes piñones..., ni, en fin, con ninguno de sus órganos aisladamente, sino con el funcionamiento ordenado de todo el conjunto.

En resumen :

No se habla con palabras, sino con su COMBINACIÓN.

Las combinaciones son de dos clases :

De sentido cabal é independiente ..	**Tesis,** cuyo objeto es AFIRMAR	*Esos hombres miran al mar.*
	Anéutesis, cuyo objeto es distinto de la afirmación......	*¿No miran esos hombres al mar? Mirad al mar.*
Sin sentido cabal ni independiente ..	**Oraciones**..........	*Cuyo padre fué boticario... No bien cobres... Que monte á caballo...*

---

(1) Aquí no se afirma, puesto que se pregunta.

CAPÍTULO II

SISTEMA ELOCUTIVO

Habría sido imposible el hablar si se hubiera querido obtener una palabra para cada objeto y otra para cada uno de sus cambios.

Sólo con un *sistema* es posible hablar: con un sistema que, por medio de un número de vocablos relativamente reducido, sea susceptible de combinaciones innumerables sin término ni fin. Así, á las pocas cifras de la numeración decimal es dado expresar por medio de un *sistema* todos los guarismos de la inacabable escala de la pluralidad.

¿Quién podrá enumerar las estrellas de los cielos, los árboles de los bosques, los animales terrestres, los pájaros del aire, las plantas, las flores, los seres humanos?... ¿Y cabe ni siquiera concebir guarismos para los cambios, variaciones y mudanzas de las cosas y de las personas? Yo fuí niño, luego joven, luego viejo, he gozado salud, he padecido enfermedades... ¿Quién puede ni siquiera calcular las alteraciones de cada ser?

Las palabras son términos sobremanera vagos y generales, á los que por causa de esa vaguedad misma no corresponde ser alguno en particular. Así, en ninguna lengua del mundo hay vocablos expresivos de lo INDIVIDUAL. Lo individual no tiene nombre propio en ningún diccionario. Y por eso, á quien habla incumbe siempre su formación.

No existe objeto alguno que no tenga multitud de señales, marcas y caracteres exclusivamente suyos, ó relaciones de situación, pertenencia, etc., que lo distingan y diferencien de todos los demás. Por ejemplo: *Una mesa que sea de caoba vieja, con tapa elíptica de mármol rojo, sostenida por un solo pie central, que tenga quemaduras en su base y se halle colocada en mi gabinete de estudio.*

Estos caracteres distinguen á esa *mesa* de todas las demás *mesas* del mundo. Ninguna de esas marcas y señales se halla comprendida en el concepto general de *mesa,* toda vez que en ese concepto no entra ni la idea de caoba vieja, ni la de mármol rojo, ni la de tapa elíptica, ni la de quemaduras excepcionales, ni la de colocación en determinado sitio. Por consiguiente, para hablar de esa *mesa* y no de otra ninguna, distinguiéndola de las demás de su especie, tendrá que enumerar el que habla, si no todos, algunos de esos caracteres, señales y distintivos peculiarísimos de ella, y no contenidos en el concepto general de MESA, tal como existe en el Diccionario:

> *La mesa de tapa elíptica de mármol rojo.*
> *La mesa de las quemaduras.*
> *La mesa de que hemos hablado.*
> *La mesa consabida.*
> *La mesa de tu gabinete de trabajo.*
> *Aquella mesa.*

Lo que se dice de la *mesa* del ejemplo, es aplicable á todos los seres del mundo. Ninguno tiene nombre hecho, y por consiguiente, para hablar de cualquiera de ellos, hay que formárselo; esto es, la persona que habla tiene que construir una expresión elocutiva que definitivamente lo dé á conocer por medio de sus cualidades, marcas, situación, pertenencia, etc., etc., ya en el momento de la palabra, ya en épocas anteriores ó posteriores.

La estructura de estas expresiones no es necesariamente invariable: por manera que, siendo uno cada objeto, puede estar designado por multitud de expresiones, según el punto de vista desde el cual lo considere aquél que habla: *La mesa elíptica de mármol, con quemaduras en el pie, que está en el gabinete de tu maestro de Geometría,* etc., etc.

El número, pues, de nombres adecuados para determinar un objeto es inasignable. El total de las palabras con que generalmente hablamos es muy reducido (unas cinco ó seis mil), y el de los objetos existentes no tiene guarismo (1).

De todo lo expuesto se deduce:

1.º Generalidad de la significación de las palabras.
2.º Lo individual no tiene nombre en las lenguas (2).
3.º Necesidad de un sistema elocutivo.

---

(1) Contados con celo religioso por los Rabinos los vocablos existentes en el Antiguo Testamento, resultó que eran 5.642.
(2) Más adelante se verá que hasta los llamados *nombres propios* están necesitados de individualización en la mayor parte de los casos.

CAPÍTULO III

COMPRENSIÓN Y EXTENSIÓN DE LAS PALABRAS

Una palabra tiene más **extensión** que otra, cuando se refiere á mayor número de objetos; así, *cuadrúpedo* tiene mayor extensión que *caballo*.

Y una palabra tiene más **comprensión** que otra, cuando incluye en su significación mayor número de caracteres : *caballo*, pues, tiene más comprensión que *cuadrúpedo*. No todos los cuadrúpedos son caballos, y los caballos tienen, además de los caracteres comunes á todos los cuadrúpedos, los que particularmente corresponden á la especie equina.

Hay más buques que bergantines. Luego *buque* tiene más extensión que *bergantín; bergantín* tiene todos los caracteres de los *buques* y, además, los caracteres especiales de *bergantín*. Luego *bergantín* tiene más comprensión que *buque*.

¿Qué ideas integran la comprensión de la voz *triángulo?* Evidentemente cuatro; triángulo es una superficie limitada por tres líneas, de modo que su comprensión contiene las ideas de

$$superficie + limitación + línea + tres.$$

Y su extensión abarca la inmensidad de todos los triángulos planos, esféricos ó trazados sobre cualesquiera otras superficies.

¿Qué ideas hay en *triángulo esférico?* Seis :

$$superficie + esfera + limitación + línea + curvas + tres.$$

La comprensión ha aumentado, pero la extensión ha disminuído. Triángulos esféricos hay menos que triángulos en general.

¿Qué comprensión es la de *triángulo rectilíneo equilátero?*

$$superficie + plano + limitación + tres + líneas + rectas + iguales.$$

También aquí la comprensión aumenta y la extensión disminuye. Triángulos equiláteros hay menos que triángulos de todas clases.

El número de objetos que abarca un vocablo crece cuando disminuye el número de sus caracteres, y viceversa.

Por eso, pues, hay que establecer que LA EXTENSIÓN Y LA COMPRENSIÓN DE DOS IDEAS HERMANAS ESTÁN EN RAZÓN INVERSA: mientras mayor es la **extensión**, menor es la **comprensión**; mientras mayor es la **comprensión**, menor es la **extensión**. Así, *superficie* tiene más extensión que *triángulo*, y *triángulo* más comprensión que *superficie; árbol* más extensión que *encina*, y *encina* más comprensión que *árbol*.

El sistema del hablar exige combinaciones preliminares, formando al efecto entidades elocutivas que designen propiamente cada individualidad.

¿Y cómo se consigue este objeto?

Aumentando la comprensión y fijando la extensión de las palabras.

Hay dos modos de aumentar la comprensión, y otros dos de fijar la extensión.

Se tratará de ellos separadamente.

CAPÍTULO IV

MODOS DE AUMENTAR LA COMPRENSIÓN

PRIMER MODO. — Se aumenta la comprensión adicionando palabras expresivas de la situación de los objetos con respecto á la persona que habla, ó bien añadiendo vocablos indicadores de posesión ó pertenencia, ó bien agregando voces representativas de caracteres ó cualidades, ó ya por medio de conjuntos de vocablos pertenecientes á las clases anteriores.

SEGUNDO MODO. — Se aumenta también la comprensión por medio, no ya de palabras, sino de desinencias expresivas de cualidades.

AUMENTOS DE LA COMPRENSIÓN POR AGREGACIÓN DE PALABRAS. — La palabra *caballo* es voz tan general, que se aplica á todos los caballos del mundo, sin individualizar á ninguno. Pero si alguien dice: ESTE *caballo,* ya esos dos vocablos, *por su unión,* representan un animal único en la tierra: el caballo designado; ése y no otro ninguno.

Lo mismo sucedería diciendo: ESE *caballo,* AQUEL *caballo.*

También la palabra *caballo* podría quedar individualizada, aunque no de manera tan absoluta, con expresiones como las siguientes:

Mi *caballo*.	El *caballo* ALAZÁN.
Tu *caballo*.	El *caballo* DE OCHO DEDOS SOBRE LA MARCA.
El *caballo* INGLÉS.	El *caballo* ANDALUZ DE TU AMIGO.
El *caballo* ANDALUZ.	El *caballo* VIEJO DEL MÉDICO VECINO TUYO.

Caballo, pues, es una palabra de significado generalísimo; *mi* es otra palabra que designa todos los objetos de mi pertenencia; *andaluz* es referible á todos los seres procedentes de Andalucía. Y, sin embargo, la unión de estas tres voces, cada una de significación vaga, indeterminada y general, puede representar á un ser único en el mundo:

Mi caballo andaluz.   *Mi caballo negro cordobés*, etc.

¡Procedimiento admirable! ¡Lo general individualizando lo general!

Así, en Geometría la intersección de un plano indefinido con otro plano indefinido determina una línea recta; y la intersección de tres planos ilimitados determina un punto único en el espacio: ése y no otro.

Del mismo modo, en Geografía la latitud geográfica y la correspondiente longitud señalan un lugar único sobre la superficie de la tierra: una ciudad, una villa, una torre, un escollo en los mares.

Vemos, pues, que la designación de una individualidad requiere, por lo menos, dos términos:

una palabra cuya comprensión aumenta;
y otra palabra, que es precisamente la que aumenta esa comprensión.

Toda palabra que pueda servir para aumentar la comprensión de otra, se llama DETERMINANTE:

Este *lápiz*.	Mi *lápiz*.	*Lápiz* ROJO.
Ese *tintero*.	Tu *tintero*.	*Tintero* CUADRANGULAR.
Aquel *cortaplumas*.	Su *cortaplumas*.	*Cortaplumas* PEQUEÑO.
Esta *carta*.	Vuestras *cartas*.	*Cartas* COMERCIALES.
Esos *billetes*.	Vuestros *billetes*.	*Billetes* FALSOS.
Aquellas *plumas*.	Sus *plumas*.	*Plumas* INGLESAS.

Las palabras

Este, esta,	Mi, mis,	Rojo,
Ese, esa,	Tu, tus,	Cuadrangular,
Aquel, aquella,	Su, sus,	Pequeño,
Estos, estas,	Nuestros, as,	Comerciales,
Esos, esas,	Vuestros, as,	Falsos,
Aquellos, aquellas,		Inglesas, etc., etc., etc.,

que aumentan respectivamente la comprensión de los vocablos *lápiz, tintero, cortaplumas, cartas, billetes, plumas*, son **determinantes**.

Pero no todos los determinantes tienen igual fuerza individualizadora.

Cuando digo:

Este *lápiz,* Ese *tintero,* Aquel *cortaplumas,*

los substantivos *lápiz, tintero, cortaplumas,* quedan en el acto individualizados, de tal manera, que no pueden ya confundirse con ningunos otros en el mundo.

Se ve, pues, que las palabras este, esta, ese, esa, aquel, aquella, estos, estas, etc., que fijan la situación de las cosas respecto de la persona que habla, son determinantes perfectos, puesto que individualizan de una manera absoluta.

Pero si decimos:

Mi *lápiz,* Su *cortaplumas,* Vuestros *billetes,*
Tu *tintero,* Nuestras *cartas,* Sus *plumas,*

los substantivos *lápiz, tintero, cortaplumas, cartas, billetes, plumas,* no quedan siempre completamente individualizados, porque yo puedo tener más de un lápiz, tú más de un tintero, él ó ella más de un cortaplumas, nosotros ó nosotras muy distintas cantidades y clases de cartas, vosotros ó vosotras billetes muy variados, y ellos ó ellas diferentes especies de plumas.

Se ve, pues, que las palabras mi, mis, tu, tus, su, sus, nuestros, nuestras, vuestros, vuestras, que indican posesión ó pertenencia, no son determinantes perfectos, puesto que no siempre individualizan de una manera absoluta.

Y mucho menos quedarán individualizados los substantivos *lápiz, tintero, cortaplumas, cartas, billetes, plumas* en las expresiones *lápiz* rojo, *tintero* cuadrangular, *cortaplumas* pequeño, *car-*

tas COMERCIALES, *billetes* FALSOS, *plumas* INGLESAS, por existir en el mundo muchísimos objetos de la misma especie á los que respectivamente pudieran convenir las mismas cualidades de ROJO, CUADRANGULAR, etc.

Por tanto, los determinantes expresivos de cualidad, como *rojo, cuadrangular, pequeño, comerciales, falsos, ingleses,* etc., no son determinantes absolutos, sino elementos de individualización.

Determinantes complejos. — De lo anterior se deduce que hay muchos determinantes que no individualizan por completo, sino que, aumentando el número de caracteres, son solamente elementos de determinación; por ejemplo:

Bueno.	*Chico.*	*Redondo.*	*Azul.*	*Polaco.*	*Ciego.*
Malo.	*Alto.*	*Triangular.*	*Cordobés.*	*Sediento.*	*Sordo.*
Grande.	*Bajo.*	*Rojo.*	*Catalán.*	*Hambriento.*	*Huérfano.*

Casa GRANDE.   *Hombre* ALTO.   *Paño* INGLÉS.

Casas hay muchas en el mundo, unas espaciosas, otras reducidas; pero cuando digo *casa* GRANDE, excluyo de mi designación á todas las *casas* CHICAS, si bien no individualizo todavía la casa grande á que me refiero. Y como esa *casa* GRANDE no queda del todo individualizada, necesito mencionar aún otras señales ó distintivos que la den individualmente á conocer, diciendo, v. gr.:

TU *casa* GRANDE.   LA *casa* GRANDE DEL MÉDICO.

Las palabras expresivas de cualidades, de forma, de color, de nación, de estado, de privación, etc., son en general determinantes, pero no inmediatamente INDIVIDUALIZADORAS. Y ha de ser así, porque las palabras que indican cualidades tienen significación vaga é incierta, que las hace aplicables á multitud de objetos, y no á ninguno en particular.

Los grupos de palabras que sirven para aumentar la comprensión se denominan, en general, **determinantes complejos**:

DE GRAN TAMAÑO.   SIN OÍDO.
DE GRAN ALZADA.   SIN PADRE.
DE OCHO DEDOS SOBRE LA MARCA. SIN MADRE.
DE COLOR DE CIELO.   QUE NO VE.
DE PLATA SOBREDORADA.   QUE NO OYE.
SIN VISTA.   QUE NO TIENE PADRES.

Ejemplos :

Es un caballo DE GRAN ALZADA (corpulento).
Es un niño SIN VISTA (igual á *niño ciego*).
Es una niña QUE NO VE (igual á *niña ciega, sin vista*).
Es un viejo QUE NO OYE (igual á *viejo sordo*).
Es un niño QUE NO TIENE PADRE NI MADRE (igual á *niño huérfano*).

Los determinantes complejos que anteceden no son suficientes todavía en muchos casos para la completa individualización de las palabras á que se juntan, y en tal caso hay que recurrir á determinaciones más complejas aún.

La idea de POSESIÓN es indudablemente uno de los medios por excelencia de inmediata, aunque no siempre de absoluta individualización; con frecuencia, como ya se ha dicho, no basta por sí sola; por ejemplo :

MI *caballo,*   TU *caballo,*   SU *caballo,*

no resultan siempre expresiones completamente individualizadoras. Si TÚ tienes muchos caballos y YO poseo también más de uno, entonces es preciso, para individualizar el caballo de que se trate, mencionar, además de los posesivos TU ó MI, algunas otras cualidades ó señas particulares y características de cada animal; por ejemplo :

TU *caballo* INGLÉS *es negro.*   MI *caballo* CORDOBÉS *es alazán.*

Todavía pudieras TÚ poseer más de un caballo inglés y YO más de uno de Córdoba, y entonces sería necesario, para individualizar por completo, agregar algunas otras peculiaridades cualitativas ó de situación; por ejemplo :

TU *caballo* INGLÉS DE CINCO AÑOS ES NEGRO.
MI *caballo* CORDOBÉS DE OCHO DEDOS SOBRE LA MARCA ES ALAZÁN.
EL *caballo* ÁRABE QUE ESTÁ ALLÍ.

En muchos casos ni aun esta clase de determinaciones cualitativas complejas pudiera ser todavía suficiente, y habría que acudir á otro género de distintivos ó peculiaridades; como :

MI *hermana* LA SOLTERA.   *Doña Juana* LA LOCA.
MI *hermana* LA VIUDA.   *Carlos V* DE ALEMANIA Y I DE ESPAÑA.

La idea de POSESIÓN determina casi siempre por completo una individualidad, expresando el nombre del poseedor, ó su oficio ó su carrera, etc.:

> EL *libro* DE JUAN.
> EL *libro* DE MI MAESTRO.
> EL *libro* DEL TELEGRAFISTA AMIGO TUYO.

Como estos posesivos se refieren á INDIVIDUOS DETERMINADOS, ellos transmiten su individualidad á los seres á quienes determinan.

Se llama **substantivo** toda palabra cuya comprensión puede aumentar (1).

Los determinantes reciben, según su naturaleza, nombres distintos.

Los que fijan la situación de los objetos respecto de la persona que habla, se llaman *determinantes* **demostrativos**; como ESTE, ESE, AQUEL.

Los que llevan en sí la idea de posesión ó pertenencia, se denominan *determinantes* **posesivos**; como MI, TU, SU, etc.

Los que expresan cualidades de forma, color, nación, etc., se llaman **adjetivos**; como BLANCO, REDONDO, PORTUGUÉS, BUENO, MALO, etc., etc.

Y, por último, los determinantes complejos que indican posesión ó pertenencia por medio del monosílabo ó partícula DE, se llaman **genitivos**; como:

El libro DE JUAN.　　*La casa* DE MI AMIGO.　　*El hijo* DE TU VECINA (2).

El genitivo es un complejo de carácter adjetivo, porque determina, por la cualidad de posesión ó pertenencia, la individualidad de los substantivos.

---

(1) La voz *substantivo,* que se deriva de *substancia,* no conserva en gran número de casos su sentido etimológico: *muerte* no es substancia y, sin embargo, **es** substantivo; *reposo, relación, diferencia, claridad, torpeza, talento...* y muchísimos vocablos más, son substantivos, y no entrañan tampoco la idea de substancia. ¿Qué substancia puede contenerse en la idea de NADA, palabra que, sin embargo, es substantivo?

(2) La idea de poseedor no ha de entenderse de modo tan estrecho que equivalga á la de amo. Cuando se dice EL NIÑO DE LA VECINA, no quiere decirse que la vecina sea la propietaria del niño.

En una misma entidad elocutiva puede haber muchos genitivos:

El niño DE LA MAESTRA *dió al perro* DEL HORTELANO *el azúcar* DE LA COCINERA *en la bandeja* DEL COMEDOR.

Puede haber varios genitivos seguidos:

La niña DE LA PRIMA DEL HORTELANO.
La niña DE LA PRIMA DEL HORTELANO DE TU HACIENDA.

Los substantivos y los adjetivos se llaman genéricamente **nombres**. Así, en *tintero* AZUL, *tintero* se denomina **nombre substantivo** y *azul* **nombre adjetivo**. Pero por vía de brevedad, se dice solamente: *tintero*, **substantivo**; *azul*, **adjetivo**.

El ser único en el mundo, aquel que resulta individualizado por su simple y sola enunciación, se llama **nombre propio**. Todo substantivo que no se encuentre en el caso anterior, ó sea todo nombre que, por su generalidad, por convenir á muchos seres, está necesitado de individualización, se llama **nombre común** ó **apelativo**:

Cádiz,   Cabo de Buena Esperanza,   América del Norte,
París,   África,   Venus,

son nombres propios. *Mesa, casa, coche*..., son nombres comunes ó apelativos, porque se refieren á multitud de objetos de la misma especie. Pero esos mismos nombres comunes equivaldrán á nombres propios no bien se individualicen; como en

ESTA *mesa*. AQUELLA *casa*. *El coche* EN QUE VINO TU HERMANO.

El nombre común ó apelativo individualizado (por cualquier medio que fuere) equivale, pues, á un nombre propio.

AUMENTOS DE LA COMPRENSIÓN POR CAMBIOS DESINENCIALES.— Hay substantivos que llevan en su comprensión la idea de hombre ó de mujer, ó bien la de animal macho ó de animal hembra; como:

Padre y *madre*.   *Toro* y *vaca*.   *Caballo* y *yegua*.

Género gramatical. — La expresión de lo cualitativo del nombre con relación al sexo, se denomina **género**. Es, pues, de evidencia que sólo son susceptibles lógicamente de género los seres pertenecientes á la raza humana y los animales (1). También resulta evidente que sólo pueden existir *dos géneros,* uno para cada sexo. Pero el antropomorfismo, que desde las edades más remotas y primitivas propendió á personalizar los seres inanimados, ha atribuído sexo, y por lo tanto *género,* á todos los seres sin distinción. Y como esta extensión del género ha tomado muy variadas y caprichosas direcciones en los distintos idiomas, resulta de ello una serie de anomalías que dificulta en extremo el estudio de las lenguas extranjeras. Véase la clasificación admitida generalmente en nuestra lengua.

Los nombres de animales que se refieren á los machos se denominan del *género masculino,* y los que se refieren á las hembras se llaman del *género femenino. Toro* es, pues, masculino, y *vaca,* femenino.

Hay substantivos que se aplican lo mismo á los varones que á las hembras; como *mártir, testigo, homicida.* El género de estas palabras sólo se conoce por el de las que se le juntan (cuando ha lugar á ello):

>EL *testigo* y LA *testigo.*
>*Mártir* HEROICO y *mártir* HEROICA.
>EL FURIOSO *homicida* y LA FURIOSA *homicida* (2).

Hay voces que el uso hace masculinas ó femeninas, y que se aplican lo mismo á los machos que á las hembras de una especie; tales son *perdiz, liebre, buho.* Por manera que, cuando hay que asignarles sexo, se les agrega, según corresponda, una de las palabras MACHO, HEMBRA; diciéndose, por ejemplo:

>*Perdiz* MACHO.   *Liebre* MACHO.   *Buho* HEMBRA (3).

Hay otros vocablos en que se designa á las hembras agregando la desinencia A:

>*Profesor, profesor*A.   *Zagal, zagal*A.   *León, leon*A.

---

(1) No incumbe á esta obra el penetrar en los dominios de la *Botánica,* que analiza y estudia el sexo en muchos seres del reino vegetal.
(2) Las palabras que sin variación pueden ser masculinas ó femeninas, se dice que pertenecen al GÉNERO COMÚN.
(3) Estas palabras se dice que pertenecen al GÉNERO EPICENO.

Además de la desinencia A existen otras para designar á las hembras:

*Abad, abad*ESA.   *Conde, cond*ESA.
*Duque, duqu*ESA. *Emperador, empera*TRIZ (1).

Nada más natural que diferenciar por medio de los géneros, MASCULINO ó FEMENINO, á los seres que por su naturaleza ó por su sexo se distinguen; pero la mayor parte de los substantivos son MASCULINOS ó FEMENINOS sin más razón que el uso, y no por el sexo:

Zapato, alpargata.   *Pueblo, villa.*   *Entendimiento, inteligencia.*

De manera que en nuestra lengua todos los substantivos tienen género, aun cuando aquellos que no se distinguen por el sexo debieran pertenecer al género que se llama neutro, esto es, no correspondiente *ni á uno ni á otro género*.

Se exceptúan, sin embargo, algunos nombres que pueden usarse unas veces como masculinos y otras como femeninos; como

EL *color* y LA *color*.   EL *mar* y LA *mar*.   EL *puente* y LA *puente* (2).

Y la fuerza del uso es tanta, que cuando un nombre es masculino ó femenino, por razón del uso, las palabras que se les juntan se acomodan al género que al objeto atribuye la costumbre; y así se dice:

LA *perdiz* MACHO,   y no   EL *perdiz* MACHO.
EL *buho* HEMBRA,   y no   LA *buho* HEMBRA.

No todos los adjetivos son susceptibles de las dos terminaciones masculina y femenina; hay muchos que con una sola terminación se unen á los masculinos y á los femeninos; como *grande, útil, fértil*; y así se dice:

GATO *grande*, GATA *grande*.
INSTRUMENTO *útil*, HERRAMIENTA *útil*.
CAMPO *fértil*, HUERTA *fértil*.

---

(1) Tampoco incumbe á esta obra el origen etimológico de estas terminaciones. Dicho estudio correspondería á una *Gramática histórica*.
(2) Estos nombres se dice que corresponden al GÉNERO AMBIGUO.

Los demás adjetivos son susceptibles de dos terminaciones:

Gato hermoso; gata hermosA.   *Eje* MOTOR, *fuerza* MOTRIZ.
Instrumento provechoso, cosa provechosA.   *Nuestro libro, nuestrA mesa.*

El hecho de tomar los adjetivos las desinencias propias del masculino ó del femenino para unirse á los substantivos masculinos ó femeninos, se llama concordancia de género de los substantivos y adjetivos.

El género es de índole adjetival, porque aumenta el número de los caracteres que distinguen una palabra: *perra* tiene todos los caracteres que distinguen á la especie CANINA, y además los de HEMBRA.

El género es, pues, DETERMINANTE, porque aumenta la COMPRENSIÓN de las palabras.

AUMENTATIVOS, DIMINUTIVOS, DESPECTIVOS.—Hay substantivos y adjetivos que admiten terminaciones expresivas de magnitud; como:

Caserón (casa grande),   *Casita* (casa pequeña);

ó de desprecio, ironía ó desagrado; como:

*Casucha, Papelucho, Pajarraco, Gord*IFLÓN;

ó bien de afecto, agrado, compasión, etc.; como:

Hijito, Cieguecita, Huerfanito.

Los vocablos cuyas terminaciones expresan una idea de aumento de magnitud en lo cuantitativo, ó de intensidad en lo cualitativo, reciben el nombre de **aumentativos**. Son varias las terminaciones propias del aumentativo, como se ve en los ejemplos siguientes:

*Hombr*ÓN.   *Hombr*AZO.   *Hombr*ACHÓN.
*Hombr*OTE.   *Hombr*ONAZO.   *Arrogant*ÓN.

Se denominan **diminutivos** aquellos vocablos en cuyas terminaciones va envuelta la idea de pequeñez ó exigüidad. Dichas terminaciones son también múltiples y variadas:

*Libr*ITO.   *Libr*ILLO.   *Libr*ICO.   *Riach*UELO.   *Muchach*ETE.

Los **despectivos,** como lo indica su nombre, encierran una idea de desprecio ó de ironía. Fórmanse á veces con terminaciones de los aumentativos y los diminutivos:

*Sargent*ÓN.   *Soldad*OTE.   *Moz*UELA.   *Tunant*ILLO.   *Pobr*ETE.

Pero también ostentan formas peculiares y exclusivas:

*Pobl*ACHO.   *Cas*UCA.   *Cas*UCHA.   *Palid*UCHO.   *Libr*ACO.   *Gord*IFLÓN.

Á veces la palabra primitiva suele admitir algún prefijo; verbigracia: RE*gordete.*

Inclúyense indebidamente entre los diminutivos vocablos tales como *cieguecita, huerfanita...,* que no envuelven idea de pequeñez ó exigüidad, sino de afecto, agrado, compasión, etc. Es evidente que puedo yo decir, refiriéndome á una joven desamparada, por más que no esté raquítica ni enclenque, *es una* HUERFANITA. Y no pugnaría con el buen sentido el que alguien dijese *esa pobre señora es* CIEGUECITA, refiriéndose á una mujer anciana y aun robusta. Cuando digo *rubita,* sólo quiero decir *rubia agradable,* con exclusión de toda idea de pequeñez ó disminución.

El más ligero examen, sin necesidad de reglas, imposibles muchas veces de exponer, basta para discernir entre todos los ejemplos citados y cuantos pudieran ofrecerse en la práctica.

Grados de comparación.—Los adjetivos son también palabras de significación vaga y general, y cuya comprensión, por lo mismo, puede aumentar (como la de los substantivos) por medio de desinencias especiales expresivas de intensidad ó de grados de comparación.

Á las desinencias anteriores hay, pues, que agregar las de los cambios especiales en

ÍSIMO, A; ÉRRIMO, A,

llamadas de **superlativo,** porque expresan cualidad en alto grado:

*Grand*ÍSIMO (*grande* en grado supremo).
*Hermos*ÍSIMO (*hermoso* en alto grado).
*Celeb*ÉRRIMO (extraordinariamente *célebre*).
*Integ*ÉRRIMO (sumamente *íntegro*) (1).

---

(1) También se forma el superlativo anteponiendo al adjetivo la palabra *muy.* Así, *grandísimo, celebérrimo,* etc., pueden expresarse por *muy grande, muy célebre...* En este caso, el superlativo queda comprendido en AUMENTOS DE LA COMPRENSIÓN POR AGREGACIÓN DE PALABRAS.

No todos los adjetivos son susceptibles de grados: *circular, elíptico, gaditano, inglés,* no pueden ser *circularísimo, gaditanísimo.* Sólo de una manera genial cabe decir: *Es muy andaluz,* etc.

Los grados de comparación son tres: **positivo, comparativo** y **superlativo** (1).

El adjetivo sin modificación ninguna, y por su simple enunciación, constituye el grado **positivo**:

Grande. Hermoso. Íntegro. Célebre.

El **comparativo**, como su denominación lo indica, supone siempre, con relación á los adjetivos, *comparación de intensidades,* y admite, á su vez, tres grados: de **superioridad,** de **inferioridad** y de **igualdad.** Ejemplos:

Juan es MÁS *alto* QUE *Antonio* (superioridad).
Antonio es MENOS *asiduo* QUE *Juan* (inferioridad).
María es TAN *laboriosa* COMO *su madre* (igualdad).

Pero en los comparativos ha de tenerse además en cuenta:

1.º El número de cualidades que se comparan.

2.º El número de seres á quienes se atribuyen dichas cualidades.

Los anteriores respectos dan lugar á las variantes siguientes:

a) Se comparan dos ó más cualidades atribuídas á un mismo ser. Ejemplos:

Pedro es más ASIDUO *que* INTELIGENTE.
Pedro es tan ASIDUO *como* INTELIGENTE.
Pedro es menos ASIDUO *que* INTELIGENTE.
Ese paisaje es más ALTO *que* ANCHO, *menos* ALTO *que* ANCHO, *tan* ALTO *como* ANCHO, etc.

b) Se atribuye una misma cualidad á dos ó más seres. Ejemplos:

El MERCURIO *es más* DENSO *que el* ALCOHOL, *y éste* LO *es menos que el* AGUA.
El PLATINO *es á veces tan* PRECIADO *como el* ORO.

c) Combinaciones de todos los casos ya expuestos.

---

(1) Se ha empezado por el último, por corresponder éste á los AUMENTOS DE LA COMPRENSIÓN POR CAMBIOS DESINENCIALES. Y aun cuando los otros dos corresponden lógicamente á la parte anterior, toda vez que implican, como se verá, AUMENTOS DE LA COMPRENSIÓN POR AGREGACIÓN DE PALABRAS, se incluyen aquí, al lado del superlativo, toda vez que, de seguir en este caso un método absolutamente rigoroso, resultarían distanciadas, y se dificultarían, por consiguiente, nociones en extremo fáciles y sencillas.

En resumen:

La comprensión se aumenta, como ya se indicó al principio, de dos modos:

1.º Por medio de palabras de sentido general, ya demostrativas, ya posesivas, ya cualitativas, ó de expresiones complejas de significado posesivo ó cualitativo. Á este orden de vocablos pertenecen los determinantes simples *posesivos, demostrativos* y *adjetivos,* y muchos determinantes compuestos, entre los que se cuentan los *genitivos* (1).

2.º Por medio de desinencias expresivas de cualidades. Entre estos medios de determinación están comprendidos el *género gramatical,* los *aumentativos,* los *diminutivos* y los *superlativos* en *ísimo, a* (2).

CAPÍTULO V

MODOS DE FIJAR LA EXTENSIÓN

También de dos modos se fija la extensión.

Primer modo.—Por medio de palabras sueltas.

Segundo modo.—Por medio de terminaciones ó desinencias.

Pero los vocablos sueltos que fijan la extensión no pertenecen á la misma clase que los que aumentan la comprensión, pues no son ni demostrativos, ni posesivos, ni cualitativos, ni complejos de éstos; y las terminaciones y desinencias son distintas de las que sirven para la comprensión.

Agregación de palabras.—Se fija la extensión de un substantivo adicionándole una palabra ó varias que no aumenten el número de sus caracteres, pero sí que indiquen ó circunscriban el número de los objetos, seres ó individuos que abarque su significación:

He visto hoy funcionar el *telégrafo.*

---

(1) Todos estos determinantes, á su vez, están comprendidos en AUMENTOS DE LA COMPRENSIÓN POR CAMBIOS DESINENCIALES.

(2) Los *comparativos* participan de una y otra índole, pues si bien por su naturaleza adjetival pueden incluirse en este último grupo, toda vez que los adjetivos admiten cambios desinenciales, en cambio, por constar de agregados de palabras, pueden catalogarse en el grupo anterior, entre los determinantes complejos.

Con la agregación de la voz EL á la palabra *telégrafo,* no se determina ni individualiza el vocablo *telégrafo,* porque no se aumenta el número de sus caracteres, pero se circunscribe sin género de duda la extensión del objeto que se ha visto funcionar :

No era UN *telégrafo : eran* TRES *telégrafos.*

La COMPRENSIÓN de *telégrafo* no aumenta ni disminuye, porque se diga EL *telégrafo,* LOS *telégrafos,* UN *telégrafo,* DOS, TRES, CUATRO, VEINTE, VARIOS, SENDOS, POCOS, MUCHOS *telégrafos,* etc. Con esas agregaciones no aumenta el número de caracteres propios de la voz TELÉGRAFO, pero sí se limita y circunscribe el número de esos aparatos ó su cantidad.

Las palabras que fijan la extensión de un substantivo sin aumentar el número de sus caracteres, se denominan *determinantes de la extensión.* Estos determinantes reciben varios nombres.

Los monosílabos EL, LA, LOS, LAS, se llaman ARTÍCULOS.

Los artículos indican que la palabra que los sigue se toma en toda su extensión, la cual está determinada en la mayoría de los casos por la comprensión respectiva :

EL *hombre,* LOS *hombres*.... { EL *hombre es falible.* / Los *hombres son mortales.*
LA *mujer,* LAS *mujeres* ..... { LA *mujer es voluble.* / LAS *mujeres son veleidosas.*

Los substantivos *hombre* y *mujer* de los anteriores ejemplos están tomados en toda su extensión absoluta :

EL *loro no habla, aunque diga palabras.*
Los *loros no hablan, aunque digan palabras.*

Los caracteres de *loro* no aumentan ni disminuyen porque vayan precedidos de los artículos EL ó LOS.

Véanse ahora otros ejemplos, en que la extensión está determinada por la comprensión :

Los soldados HERIDOS *llegaron anoche al hospital.*

Aquí no se trata de todos los soldados en general, sino solamente de los SOLDADOS HERIDOS :

Los soldados HERIDOS EN EL COMBATE DE AYER *llegaron anoche al hospital.*

Ya no se trata aquí ni siquiera de todos los soldados heridos, sino únicamente de los soldados *heridos en el combate de ayer*.

Sólo excepcionalmente deja de usarse el artículo cuando el sentido indica que una palabra está tomada en toda su extensión:

> .... mas no presumas
> que por eso calló: diserta y come,
> engulle y grita, fatigando á un tiempo
> *estómago* y *pulmón*.
>
> (MORATÍN.)

Claro es que las palabras *estómago* y *pulmón* están tomadas en toda la extensión de esas dos entrañas del charlatán glotón, pues no cabe concebir parte ninguna excluída de ellas.

Pero no siempre la carencia de artículo indica que los substantivos están tomados en toda su extensión. Cuando digo:

> *Tengo pan, carne y vino; deseo dinero, quiero honores,*

nadie entiende que yo tengo todo el pan que hay en el mundo, ni que deseo todo el dinero existente, ni que quiero todos los honores imaginables, sino parte de todas esas cosas en la cantidad asequible.

Los substantivos no precedidos del artículo se dice que están tomados en sentido *partitivo*, y no en toda su extensión.

Los nombres de los grados de la escala de la pluralidad, 1, 2, 3, 4, 5, etc., fijan también el NÚMERO de los objetos que abarca la EXTENSIÓN de un vocablo.

Estos vocablos se llaman NUMERALES CARDINALES: *uno, dos, tres, cuatro... ciento... mil...* :

Ha venido UN *hombre.*	MIL *jinetes.*
Se lo llevaron CUATRO *hombres.*	DOS *zapatos.*
CIEN *soldados.*	TRES *relojes.*

Á esta clase pertenecen los llamados *múltiplos* y *submúltiplos* ó *divisores:*

Múltiplos... DOBLE *ración.* TRIPLE *sueldo.* CUÁDRUPLE *ganancia.*
Divisores... MEDIA *ración.* *Vara y* TERCIA. CUARTA *parte.*

Á estos numerales cardinales se agregan las voces que se refieren indeterminadamente á cantidad ó á número:

MUCHA *manteca*.	ALGUNOS *muchachos*.	TODA *mujer*.
POCA *leche*.	VARIOS *escritores*.	AMBOS *criados*.
Azúcar BASTANTE.	CADA *hombre*.	SENDAS *mulas*.

Estas voces se llaman **numerales indeterminados**.

Ordinales.—Hay palabras que indican el número de orden de las cosas; como 1.º, 2.º, 3.º, etc. Estas palabras se denominan **numerales ordinales,** para diferenciarlas de los numerales que se distinguen con el calificativo de *cardinales* (1, 2, 3...).

Los ordinales aumentan los caracteres de las palabras á que se juntan; son, por tanto, de naturaleza adjetival y de índole distinta de los cardinales, que fijan y circunscriben la extensión de los substantivos. Los ordinales son casi siempre individualizadores:

Tráeme el libro TERCERO *de la* SEGUNDA *tabla del estante* ÚLTIMO.

CAMBIOS DESINENCIALES.—También la extensión de los nombres se circunscribe por las MODIFICACIONES que en ellos introducen los *accidentes del* **número** (1). Estos accidentes son de dos clases, que se denominan **singular** y **plural**.

El **singular** se refiere á un solo individuo; el **plural** á dos ó más:

*Libro, libro*s. *Flor, flor*ES.

El PLURAL se forma agregando S ó ES al singular.

Se agrega S á los singulares terminados en vocal, y ES á los acabados en consonante ó en vocal con acento:

*Gato, gata, gato*s, *gata*s. *León, leona, leon*ES, *leona*s.
*Alelí, alelí*ES. *Reloj, reloj*ES; *virtud, virtud*ES.

El plural no aumenta la COMPRENSIÓN de un singular, pues se refiere sólo á su EXTENSIÓN.

Los adjetivos y los artículos toman el número de las palabras á que se juntan, acomodación á la cual se da el nombre de *concordancia de número* de los substantivos con los adjetivos.

---

(1) Se denominan, en general, ACCIDENTES GRAMATICALES las variaciones que experimentan algunos vocablos por razón de GÉNERO y NÚMERO, y también por la CONJUGACIÓN, de que más adelante se hablará.

CAPÍTULO VI

PRONOMBRES

Con frecuencia se emplean en las cláusulas, en lugar de los nombres, otras palabras que hacen sus veces, y que por esta razón se denominan PRONOMBRES:

Divididos estaban caballeros y escuderos; *éstos,* contándose sus vidas, y *aquéllos,* sus amores.

(CERVANTES.)

ÉSTOS y AQUÉLLOS no son aquí determinantes, sino pronombres, porque están en lugar de los vocablos *escuderos* y *caballeros.*
También son pronombres en las cláusulas siguientes los vocablos ÉSTE, ÉSTA, ÉSE, ESO...:

ÉSTE *(que es mi hermano) me substituirá en mi ausencia.*
ÉSTA *se hallaba presente (mi mujer).*
ÉSE *me lo ha dicho.*
Eso *no será.*
¿*Compraste* AQUÉLLO?
ELLO *podrá ser verdad, pero no lo creo.*
No había qué comer, y LO *buscaron.*

Si en vez de

El zapatero de la capa,   *Los soldados de la guardia,*
La verdulera de ayer,   *Las señoras de antes,* etc.,

se dice

EL *de la capa,*   LA *de ayer,*   LOS *de guardia,*   LAS *de antes,*

resultan pronombres los monosílabos EL, LA, LOS, LAS.

¿*Mató el cazador al lobo?* — Lo *mató.*

Lo está en lugar de *el lobo,* y es por tanto pronombre.

¿*Escribió el ministro al gobernador?* — LE *escribió.*

LE es pronombre, porque está puesto en lugar de *al gobernador.*

Á muchos determinantes corresponden análogos pronombres. Así, á los determinantes posesivos *mi, tu, su, nuestro, a, vuestro,* etc., corresponden los **pronombres posesivos** *el mío, la mía, el tuyo..., las tuyas, los nuestros,* etc., con variantes de género y número para todos ellos:

> *¿Qué libro quieres?* — EL MÍO.
> *¿Qué casas están arreglando?* — LAS NUESTRAS.

EL MÍO, LAS NUESTRAS, que reemplazan respectivamente á los substantivos *libro* y *casas,* son **pronombres posesivos.** Estos pronombres están siempre compuestos de dos voces, puesto que las palabras *mio, tuyos, suyas, nuestros, vuestras,* etc., como pronombres, han de ir necesariamente precedidas del artículo en sus diversas formas *el, la, los, las,* según el género y número de la cosa representada.

También á los determinantes demostrativos corresponden otros tantos pronombres que les son idénticos, y con variantes, por consiguiente, para masculino y femenino, singular y plural:

> *¿Qué pluma quieres?* — *Tráeme* AQUÉLLA.
> *¿Qué libros vendes?* — *Vendo* ÉSTOS.

AQUÉLLA, ÉSTOS, que reemplazan respectivamente á los substantivos *pluma, libros,* son **pronombres demostrativos.** Estos pronombres ofrecen algunos de los casos rarísimos de género neutro en nuestra lengua, ya que en español no existe substantivo alguno perteneciente á dicho género, como ocurre, por ejemplo, en alemán, sin contar el latín y otras lenguas muertas.

Tiene el pronombre demostrativo las formas *este, ese, aquel,* para singular masculino; *esta, esa, aquella,* para singular femenino; *estos, esos, aquellos,* para plural masculino; *estas, esas, aquellas,* para plural femenino, y, por último, y es éste el caso verdaderamente digno de atención en nuestra lengua, *esto, eso, aquello,* siempre en singular, jamás en plural, para el neutro:

> *¿Qué es* ESO *que traes ahí? ¿Qué es* AQUELLO *que arde allá lejos?*

Como en los dos ejemplos precedentes desconozco la naturaleza de las cosas á que hago referencia, é ignoro por lo tanto el género á que puedan pertenecer, les aplico el llamado *género neutro*, es decir, *ni uno ni otro, ni masculino ni femenino*, y expreso esa carencia de género por medio de las formas *eso, aquello:*

> Es *esto* de las estrellas
> el más seguro mentir,
> pues ninguno puede ir
> á preguntárselo á ellas.
>
> (D. Agustín Salazar y Torres) (1).

Los pronombres que reemplazan á las personas reciben por ese motivo la denominación de **pronombres personales**.

Hay pronombres ABSOLUTAMENTE PERSONALES, esto es, que siempre se refieren á personas y jamás á cosas, al paso que otros, aun conservando la denominación de PERSONALES, pueden referirse indistintamente á personas ó á cosas:

¿*Viste á la vecina?* — La *vi* (persona).
¿*Compraste la mesa?* — La *compré* (cosa).
¿*Estimas á ese hombre?* — *No* lo *estimo* (persona).
¿*Has leído el artículo?* — *No* lo *he leído aún* (cosa).
¿*Hablaste al ministro?* — Le *hablé* (persona).
¿*Es ése el título del sainete?* — Le *he cambiado el título* (cosa).
¿*Saludaste á esas señoras?* — Las *he saludado* (persona).
¿*Escribiste las cartas?* — Las *escribí* (cosa).
¿*Elogias á tus amigos?* — Los *elogio* (persona).
¿*Admiras esos edificios?* — Los *admiro* (cosa).
¿*Hablarás á los vecinos?* — Les *hablaré* (persona).
¿*Terminaron los hoteles?* — Les *están agregando algunas habitaciones* (cosa).
¿*Qué das á esa mujer?* — **Le** *doy limosna.*
¿*Qué enviarás á tus amigas?* — **Les** *enviaré flores.*

NOTA.—De los pronombres absolutamente personales, *yo, tú, él*, etc., se trata especialmente en la sección referente á la conjugación. En cuanto á los llamados **pronombres relativos**, *que, quien, cual, cuyo*, considerados desde un punto de vista muy distinto del corriente, son objeto de detenido estudio en otra parte de esta obra.

---

(1) Jornada 1.ª de la comedia *El encanto es la hermosura,* conocida también por *La segunda Celestina.*
La redondilla del ejemplar se recita generalmente como sigue:

> El mentir de las estrellas
> es muy seguro mentir,
> porque ninguno ha de ir
> á preguntárselo á ellas.

CAPÍTULO VII

DETERMINANTES ABREVIADOS

Según hemos visto repetidamente, lo individual no cuenta con nombre hecho en ninguna lengua; y así, cuando tenemos que hablar de algo que haya de resultar concreto y determinado, nos es preciso sacar al correspondiente substantivo de su generalidad vaga é incierta, ya aumentándole la comprensión, ya fijándole la extensión, ó por ambos medios á la vez.

Pero cuando un objeto nos es ya conocido (por cualquier medio que fuere), no se necesita tan circunstanciada determinación; y así, con suma frecuencia aparecen en compendio, cortos y breves, los determinantes, y en ocasiones hasta brevísimos, porque las palabras que con ellos se han de individualizar no tienen ya para nosotros un significado general, incierto y vago que las haga aplicables á infinidad de objetos, sino que (por saberse ya de antemano á qué se refieren) representan para nosotros y nuestros interlocutores un objeto singular, un ser único, una sola cosa, una verdadera indidualidad.

Cuando decimos:

> *Ahí está el* MÉDICO,
> *El* MÉDICO *no ha venido todavía,*
> *Ayer se despidió el* MÉDICO,

la palabra MÉDICO no significa ya para nosotros un facultativo cualquiera de tantos como hay en el mundo, sino precisamente EL MÉDICO DE CASA : ése, y no otro; un ser individualizado, de la mayor comprensión que podemos imaginar. MÉDICO, en este caso, es una ABREVIACIÓN; es un *sumario* de la multitud de palabras de que, en otro caso, habríamos tenido que hacer uso. Pero basta para la individualización uno de los monosílabos EL, LA, LOS, LAS...

Cuando decimos *avisa al* BARBERO, BARBERO es voz determinada ya para nosotros, porque se trata de un solo barbero en el mundo : del que viene ordinariamente á afeitarme. En

> *¿Ha venido el* CARTERO*?,*
> *¿No ha venido el* CARTERO *todavía?,*
> *El* CARTERO *está enfermo,* etc.,

CARTERO no es ya para nosotros ni para los que nos oyen un empleado cualquiera de los muchos que distribuyen la correspondencia; CARTERO es ahora la persona que la reparte en este barrio, y que viene habitualmente á traernos nuestras cartas; ése, y no otro alguno de esos miles de empleados de correos.

Si preguntamos *¿ha venido ya* EL CARTERO?, y nos contestan NO, este NO equivale á toda la cláusula entera EL CARTERO *no ha venido todavía.*

Y, análogamente, si á la pregunta *¿ha llegado ya este año* EL VIAJANTE QUE TRAE DE HUNGRÍA LAS TELAS DE HILO?, contestamos sí, este sí expresará abreviadamente toda la respuesta concordante con la pregunta anterior, respuesta que íntegramente sería *ha llegado ya este año* EL VIAJANTE QUE TRAE DE HUNGRÍA LAS TELAS DE HILO.

Sólo á quien nunca hubiese oído hablar de Napoleón I habría que decirle, v. gr.: Fué un general francés que nació en Córcega el día 15 de agosto de 1769, y que murió prisionero de los ingleses en la isla de Santa Elena el 5 de mayo de 1821, después de haber trastornado á Europa con guerras incesantes, y de ser derrotado en Waterloo por un general inglés llamado Wellington. Mas para quien sabe ya de Napoleón, basta con decir NAPOLEÓN Ó EL DESTERRADO DE SANTA ELENA.

Lo indeterminado es, pues, lo que hay precisión de individualizar.

Nadie, si puede ser comprendido, nombrando á Carlo Magno dirá: *El rey de Francia que fué coronado emperador en Roma el año 800 de la Era cristiana.*

Para designar, entre personas versadas en nuestra literatura clásica, á *Fray Gabriel Téllez, el celebrado autor de tantas maravillas del arte dramático*, basta decir: TIRSO DE MOLINA.

El ahorro de tiempo hace que á veces los determinantes abreviados prescindan hasta de los substantivos, empleando en su lugar los pronombres correspondientes, y se dice:

EL *de la capa,*   LAS *de antes,*   Los *del rancho,*
LA *de ayer,*   Los *de guardia,*   LAS *del otro día.*

en vez de, por ejemplo:

El zapatero DE LA CAPA,   *Las señoras* DE ANTES,
La verdulera DE AYER,   *Los soldados* DE GUARDIA, etc.

En ocasiones, para la abreviación, basta con una sola palabra, el pronombre :

> ÉSTE *(que es mi hermano) me substituirá en mi ausencia.*
> ÉSTA *estaba presente (mi mujer).*
> ÉSE *me lo ha dicho.*
> AQUÉLLA *es mi capa y* ÉSE *mi sombrero.*
> ESO *no será.*
> *¿Compraste* AQUELLO*?,* etc.

En familia, la mayor parte de las palabras usuales representan objetos ya individualizados :

Trae LA SOPERA.
Dame EL AZUCARERO.
Enciende LA ESTUFA.
Pon LAS PLANCHAS *á calentar.*

LA MUCHACHA *está en la compra.*
Dile á TU TÍO *que está puesta la mesa.*
¿Ha vuelto PAPÁ*?*
Dile á TU HERMANO *que venga.*

SECCIÓN 3.ª

DEL VERBO

CAPÍTULO I

COMBINACIÓN DE COMBINACIONES

Las combinaciones parciales, que fijan la comprensión y la extensión de los substantivos, tienen únicamente por objeto formar los nombres propios de cáda individualidad aisladamente.

Pero con sólo los nombres de lo individual no hay lo suficiente para hablar.

Para hablar es preciso CONEXIONAR entre sí ó con determinados conceptos esas combinaciones que constituyen los nombres de lo individual.

Por mucho que se aumente la comprensión de los substantivos, ya por agregación de palabras determinantes, ya por cambios en las desinencias, estos substantivos no entrarán en relación unos con otros sin la intervención de una palabra de índole especialísima y capital importancia, llamada **verbo,** cuya explicación sólo gradualmente puede darse.

En la idea de *coche,* solamente pueden entrar los conceptos referentes á sus propiedades como vehículo: ruedas, asientos, portezuelas, etc.; en la idea de *niña,* solamente pueden entrar los conceptos referentes á una persona del sexo femenino que no ha llegado aún á la juventud. Podrá aumentarse la comprensión de la palabra *coche* diciendo, por ejemplo: *El coche del médico vecino tuyo;* podrá aumentarse la comprensión de la palabra *niña* diciendo: *La niña de la portera de mi casa.* Pero por más que se haga, no podrá entrar en la comprensión de *coche* la idea, por ejemplo, de *atropellar,* ni en la de la palabra *niña* la idea de *ser atropellada.* Sin embargo de lo cual, dadas deplorables circunstancias, cabe decir: *El coche del médico vecino tuyo,* ATROPELLÓ *á la niña de la portera de mi casa.*

Mas no es esto sólo: hay ideas y conceptos no existentes en ninguna individualidad aislada, sino entre dos ó más individualidades, ideas y conceptos que sólo aparecen cuando el VERBO pone en relación á esas individualidades. Ningún objeto, considerado aisladamente, es mayor, ni menor, ni igual. Lo mayor, lo menor ó lo igual, son relaciones entre las cosas, pero no propiedad existente en ninguna de ellas. Así, por ejemplo, una manzana es mayor que una fresa; pero la misma manzana es, á su vez, menor que una cidra. Por donde se ve que las ideas de mayor ó menor no residen de un modo absoluto en la manzana; pueden aparecer únicamente de una manera relativa cuando por medio de un VERBO se la pone en conexión con otro objeto.

Y aún hay más: el VERBO no solamente expresa propiedades existentes entre las cosas, y no en las cosas, sino que pone también de manifiesto que una entidad está incluída en el concepto de otra: *Los leones* SON *animales.* En el concepto de animal está incluído el de león (y no al contrario, pues no todos los animales son leones).

Por último, no siempre conexiona el VERBO dos individualidades; á veces se limita á atribuir un concepto á una sola individualidad: *El caballo* CORRE.

El VERBO, pues, conexiona dos ó más individualidades entre sí, ó atribuye conceptos á una sola individualidad.

Vemos, pues, que los conceptos individuales no pueden entrar en conexión sin el intermedio de un vocablo que los una, llamado VERBO, como un puente une las dos orillas de un río.

En resumen:

Para determinar é individualizar sirven

los AUMENTOS DE LA COMPRENSIÓN.

Para relacionar y conexionar individualidades sirven

los VERBOS.

CAPÍTULO II

FIN ELOCUTIVO

El verbo es una noción tan complicada, que todavía queda por exponer su oficio principal.

Pasa con el verbo lo que con los seres humanos, que son, por naturaleza propia, lo que son : hombres, mujeres, jóvenes, ancianos...; pero al entrar en funciones dentro de la sociedad, adquieren caracteres profesionales ó jerárquicos, como los de albañil, carpintero, arquitecto, modista, lavandera, planchadora, maestra, institutriz, concejal, alcalde, diputado, etc., etc.

El ser hombre ó mujer, por lo *esencial*, es invariable.

El ser alcalde ó institutriz, por lo *funcional*, es variable.

Toda combinación de combinaciones de lo individual se construye con algún FIN ELOCUTIVO.

¿Cuáles son estos fines elocutivos?

Cuando yo digo : ¿SALE *el tren á las doce?*, el fin elocutivo que me propongo al hablar es PREGUNTAR cuál es la hora de salida; y cuándo me contestan, por ejemplo : *El tren* SALE *á la una*, el fin que se propone quien me habla es AFIRMAR que la una es la hora que se desea conocer. Si agrego : APROVECHA *tú ese tren*, el fin que me propongo es ORDENAR, MANDAR. Y si me replican : *Ya no es posible alcanzarlo*, el fin del que me habla es NEGAR la posibilidad de llevar á efecto mi mandato.

Los fines elocutivos del hablar son varios y distintos, según que nos proponemos informar, narrar, aseverar, afirmar, negar, preguntar, indagar, mandar, pedir, rogar, ó bien manifestar deseo, extrañeza, admiración, ironía, desdén, desprecio, etc.

Estos fines dan lugar á varias CONSTRUCCIONES elocutivas, que constituyen la esencia de las combinaciones de sentido cabal é independiente, y que, por no ser muchas, son fáciles de retener en la memoria; á saber :

	Afirmativa............	*Veo el mar.*
	Negativa.............	*No veo el mar.*
Construcción	Interrogativa..........	*¿Ves tú el mar?*
	Interrogativo-negativa.	*¿No ves el mar?*
	Imperativa...........	*Mira al mar.*
	Imperativo-negativa...	*No mires al mar.*

Condicionáda	Afirmativa	*Vosotros miraríais al mar*
	Negativa	*Nosotros no miraríamos al mar*
	Interrogativa	*¿Miraríais al mar?*
	Interrogativo-negativa.	*¿No miraríais al mar?*
	Optativa	*¡Quién pudiera ver el mar!*
	Admirativa	*¡Qué hermoso es el mar!*
	Etc.	Etc.

Obsérvese que se distinguen por su canturía especial la construcción interrogativa, la imperativa, la optativa, la admirativa, la irónica, etc. El tono del que manda es distinto del tono de quien ruega y del que pide, etc. (1).

CAPÍTULO III

CLÁUSULAS

El conjunto de palabras que constituye una combinación de combinaciones, se llama **cláusula.**

De entre las palabras que enunciamos para constituir toda cláusula, hay una capital: el verbo; esto es, la que conexiona individualidades y conceptos.

Las manifestaciones ó exteriorizaciones de lo que el hombre siente, piensa ó quiere, necesitan regularmente de expresiones compuestas de MUCHAS palabras. Y tiene que ser así, por ser combinaciones de combinaciones. Pero el fin elocutivo que nos proponemos al hablar, ya el de AFIRMAR, ya el de PREGUNTAR, ya el de MANDAR, ya el de EXPRESAR DESEO, EXTRAÑEZA, IRONÍA, etc., ha de buscarse en el verbo y en los accidentes que lo acompañan. Cuando digo, por ejemplo: SIENTO *mucho la repentina muerte de tu hermano,* la manifestación de mi dolor no quedaría expresada diciendo únicamente SIENTO, ni menos exteriorizaría yo mi pesar enunciando únicamente el vocablo *mucho,* ni en manera alguna tampoco mencionando alguno de los otros vocablos *repentina, muerte, hermano, la, de, ti.*

---

(1) Recuérdese que las combinaciones de sentido cabal é independiente, cuyo objeto es afirmar, se llaman TESIS; las demás se denominan ANÉUTESIS.

La expresión de mi dolor está íntegramente en el total conjunto de la entidad elocutiva SIENTO *mucho la repentina muerte de tu hermano.*

Toda construcción supone, pues, pluralidad de vocablos. Pero á veces puede abreviarse el número hasta quedar reducido á una palabra solamente.

Si ya se ha enunciado la cláusula *luego* VENDRÁ *la hermana del cartero,* puede abreviarse hasta el extremo de decir: *¿Vendrá? Vendrá.*

La expresión del fin elocutivo requiere sólo un vocablo: el **verbo.** Pero ¿qué es el **verbo?** Es la palabra que no solamente conexiona individualidades y conceptos, sino que también expresa el fin elocutivo de una enunciación.

Si yo digo: *¿Me* VENDES *tu tintero de plata?,* ¿cuál es el fin de mi enunciación? *Preguntar* si se me traspasa el dominio del tintero. Y si me contestan: *No te lo vendo,* ¿cuál es el fin de la enunciación? *Negar* que transmiten la posesión. El fin elocutivo varía en estas dos enunciaciones: en la primera se pregunta, en la segunda se niega. Y, sin embargo, las individualidades y conceptos conexionados por el verbo son siempre los mismos. Porque ¿qué es vender? Traspasar el dominio de una cosa.

El verbo, es, pues, una palabra que condensa en sí dos significados principales: uno invariable, peculiar y exclusivamente suyo; otro funcional, variable y de finalidad elocutiva. El invariable es la significación especial de cada verbo; el variable es el fin elocutivo de la enunciación, el cual puede ser afirmativo, negativo-interrogativo, imperativo, condicional, optativo, etc. Así, por ejemplo, *escribir* significa esencialmente hacer visibles los signos del lenguaje oral, y funcionalmente indica el fin elocutivo que nos proponemos al hablar:

¿Escribe? . . . . Fin interrogativo.
No escribe . . . . . . Fin negativo.
Escribe. . . . . Fin afirmativo.

La idea de escribir es, pues, exclusivamente peculiar é invariable en el verbo de que se trata, y, en contraposición, resulta funcional, y por lo tanto variable, la construcción, ya de pregunta, ya de negación, ya de afirmación, de mandato, de condición, de ironía, etc.

El *significado* es, pues, INVARIABLE; la *función*, VARIABLE.

Apliquense estas observaciones á los ejemplos siguientes:

¿VES *ahora los cisnes del estanque grande?*......	Función interrogativa.
No VEO *ningún cisne*............	Id. negativa.
¿No VISTE *los cisnes al amanecer?*...	Id. interrogativo-negativa.
VI *los cisnes del estanque chico*.....	Id. afirmativa.
¿VERÍAS *los cisnes con estos gemelos?*	Condicionada interrogativa.
Los VERÍA *con estos otros*.........	Id. afirmativa.
¡*Quién los* VIERA!...............	Optativa.

La idea de ver es siempre la misma, la esencial, y por lo tanto, invariable.

El significado de cada cláusula no está en ninguna palabra aislada de las varias que respectivamente la integran, sino en el conjunto de todas ellas y en sus accidentes. Pero el fin elocutivo que nos proponemos al enunciar cada cláusula se encuentra funcionalmente en las formas verbales:

¿Ves? — No veo. ¿No viste? — Vi. ¿Verías? — Vería, viera.

Hay, pues, en cada verbo, considerado aisladamente y fuera de toda cláusula, un significado invariable, exclusivamente suyo propio. Y al entrar en combinaciones con otras palabras para la formación de una cláusula, adquiere un nuevo significado peculiar de la función afirmativa, negatiga, interrogativa, imperativa, etc. Así, repitámoslo, un ser humano es, por naturaleza propia, lo que es, hombre, mujer, anciano...; pero al entrar en FUNCIONES sociales, adquiere caracteres jerárquicos ó profesionales, como los de alcalde, concejal, diputado, arquitecto, carpintero, etc., y variables por mucha que fuere su importancia. El ser hombre, por lo *esencial*, es *invariable;* el ser alcalde, por lo *funcional*, es *variable*.

CAPÍTULO IV

ANÁLISIS DEL FIN ELOCUTIVO

Cualquier fin que nos propongamos al hablar, requiere expresiones complejas y un sistema elocutivo. Si alguien dice: ¿VENDRÁ *el cartero?*, es indudable que el fin elocutivo de la enunciación es *preguntar,* y que la pregunta está indicada por el verbo VENDRÁ, y no por la voz *el* ni por el substantivo *cartero*. Pero ha de observarse que la palabra VENDRÁ, por sí sola, no indica pregunta, pues solamente la expresa cuando se le da la canturía denominada **tono interrogativo**. Así es que lo interrogativo al hablar, está en la *complejidad* resultante del verbo y de su canturía. La expresión del fin elocutivo (entiéndase esto bien), no está precisamente en el vocablo aislado *vendrá* que constituye el verbo, sino á la vez y conjuntamente en el vocablo mismo y en los accidentes que lo acompañan, esto es, en su CANTURÍA, que no se escribe, y en los signos que al verbo se juntan para expresar el fin elocutivo. Lo interrogativo ha de buscarse en el verbo y además en su intonación.

Á veces, dos intonaciones ó más se asocian entre sí, y de su combinación resulta un sentido distinto del de las intonaciones componentes; por ejemplo: *De seguro eres tú quien has roto la lámpara.*—¿Yo!! Este ¿yo!! dicho con tono á la vez *interrogativo,* de *sorpresa* y de *ira,* equivale á una negativa explícita y rotunda (1).

Con frecuencia no basta la canturía para expresar el fin elocutivo. En las construcciones negativas, lo negativo está también en el verbo y en los signos de negación que lo acompañan, así como en las intonaciones á que haya lugar :

¿No *te agrada?*.......	Función	interrogativo-negativa.
Me DESagrada........	Id.	negativa.
NUNCA *me agradó*.....	Id.	íd.
No *me* DESagrada.....	Id.	afirmativa.
No *me gusta*.........	Id.	negativa.
Me DISgusta..........	Id.	íd.
JAMÁS *me gustó*.......	Id.	íd.
¿DESconfías *de él?*.....	Id.	interrogativa.
No *confío en él*.......	Id.	negativa.
¿No *apruebas eso?*.....	Id.	interrogativo-negativa.
Yo NO *lo apruebo*......	Id.	negativa.
Yo lo REpruebo........	Id.	íd.
Yo lo DESapruebo......	Id.	íd.
No *es capaz de hacerlo*.	Id.	íd.
Es INcapaz *de hacerlo*..	Id.	íd.
No *es* REgular........	Id.	íd.
Es IRREgular.........	Id.	íd.

---

(1) No siempre las negaciones se destruyen unas á otras; antes bien, generalmente, todas contribuyen á reforzar el significado negativo de una cláusula : *Yo no he visto* NUNCA JAMÁS *ninguna ballena.*
Cuando NO, NUNCA, JAMÁS, NINGUNA se combinan entre sí, la negación se refuerza. Pero cuando esos mismos signos negativos que siempre se escriben sueltos se combinan con DES, DIS, RE, IN, que nunca se escriben inseparablemente de otra palabra, la negación se anula. Por último, cuando el NO va con SIN, el sentido es afirmativo :

No SIN *dolor,* igual á *dolorosamente.*   No SIN *misterio,* igual á *misteriosamente.*

En las cláusulas anteriores, la negación está conjuntamente con el verbo y la canturía en los signos de negación NO, NUNCA, JAMÁS, DES, DIS, IN, RE.

La expresión, pues, del fin elocutivo ha de buscarse en el verbo, en sus terminaciones, en los signos que lo acompañan y en las intonaciones dadas á la combinación.

Por tanto, el sentido de las cláusulas con que enunciamos lo que sentimos, pensamos ó queremos, está siempre en la totalidad de las muchas palabras que las integran; pero, según se ha dicho, el fin especial que nos proponemos al hablar, reside en el *verbo;* á saber : en su doble sentido peculiar y funcional.

Cláusula es, pues, toda combinación de combinaciones con sentido cabal é independiente.

Y **verbo** es la palabra expresiva del fin elocutivo de cualquier enunciación.

Con lo expuesto se confirma lo ya dicho acerca de que habría sido imposible el hablar inventando un signo para cada cosa, ó para cada una de sus modificaciones, y que sólo es posible exteriorizar lo que pasa en nuestro interior por medio de un sistema que, contando con un número relativamente corto de signos, sea susceptible de inacabables combinaciones, como pasa con el sistema de numeración.

CAPÍTULO V

CLÁUSULAS SIN SUBSTANTIVO

En muchas ocasiones puede una cláusula estar formada por un verbo solamente.

Tal ocurre cuando se trata de ciertos fenómenos naturales :

¿Relampaguea?	Función interrogativa.
Relampaguea.	Id. afirmativa.
¿Amanece?	Id. interrogativa.
Amanece.	Id. afirmativa.

En estos ejemplos, la manifestación contenida en cada cláusula y el fin elocutivo se CONDENSAN en un mismo vocablo : en el verbo. El fin elocutivo *¿relampaguea?* es preguntar, y la enunciación tiene por objeto el fenómeno á que el verbo se refiere.

Lo análogo pasa en los ejemplos que siguen:

¿Hiela ahora?............	Función interrogativa.
No hiela.................	Id. negativa.
¿Helaba?.................	Id. interrogativa.
¿Helaría con más frío?....	Condicional interrogativa.
Helaría..................	Id. afirmativa.
¡Cómo ha helado esta noche!.	Admirativa.

El FIN ELOCUTIVO que nos proponemos en las cláusulas anteriores está en los verbos y sus intonaciones ó canturías:

¿Hiela?—No hiela,   ¿Helaba?—No helaba,   ¿Helaría?—Ha helado,

porque con esas formas y sus accidentes, además del concepto de solidificación del agua propio y exclusivo de ese verbo, se afirma, se niega, se pregunta, etc., algo sobre el fenómeno mismo del *helar*.

SECCIÓN 4.ª

RELACIONES DEL SUBSTANTIVO CON EL VERBO

CAPÍTULO I

NOMINATIVO

Exceptuadas las condensaciones referentes á fenómenos naturales, el verbo necesita de substantivos, porque no puede por sí solo expresar lo que nos proponemos decir.

Las cláusulas, por tanto, además del verbo, necesitan de substantivos que contribuyan al SENTIDO de lo que pretendemos expresar. El significado no está así ni en el substantivo ni en el verbo, sino en el conjunto de ambos, en su resultante elocutiva:

¿*Crece* EL ÁRBOL? ¿*Varía* EL RELOJ? ¿*Consta* ESA DECLARACIÓN?

Es claro que el sentido no quedaría completo enunciando los verbos solamente, y que son indispensables los substantivos ÁRBOL, RELOJ, DECLARACIÓN.

Pues bien: esos substantivos que en unión de los verbos contribuyen á expresar lo que sentimos, pensamos ó queremos, se llaman *nominativos*.

Nominativo es, pues, aquella palabra que unida al verbo fija fundamentalmente el sentido de cualquiera enunciación.

Hay nominativos que entrañan las ideas de agencia, causa ó producción:

EL RÍO *suena*. LA MÚSICA *alegra*. EL PERRO *ladra*.

EL RÍO es el agente del sonido; LA MÚSICA es la causa de la alegría; EL PERRO es el productor del ladrido.

Obsérvese que en los ejemplos del párrafo anterior

¿*Crece* EL ÁRBOL?, ¿*Varía* EL RELOJ?, ¿*Consta* ESA DECLARACIÓN?,

no están contenidas en los nominativos las ideas de agencia, causa ó producción, porque EL ÁRBOL no es el agente del crecer, ni EL RELOJ la causa del variar, ni LA DECLARACIÓN producto del constar.

El nominativo y el verbo no son complementos el uno del otro.

Hay cosas del todo independientes y hasta de naturaleza completamente distinta, y que, sin embargo, tienen que concurrir para un fin determinado. Por ejemplo: los vientos y las velas de los barcos son cosas muy distintas y de índole diversa. El viento no completa la vela, y mucho menos la vela completa al viento; pero la acción y la reacción de ambos producen la marcha de la nave.

El nominativo no completa al verbo, y mucho menos el verbo completa al nominativo; son entidades independientes, pero la concurrencia de ambos da á conocer de una manera clara y distinta el sentido elocutivo de la respectiva enunciación.

CAPÍTULO II

CONCORDANCIA DE NOMINATIVO Y VERBO

El nominativo es palabra de tan capital importancia en las cláusulas, que obliga al verbo á concertar con él. Veamos en qué consiste esta concordancia.

Las terminaciones de los verbos pueden expresar las relaciones de singular y plural:

¿*Viene?—Viene*..... Singular.   ¿*Cantaron?—Cantaron*... Plural.
¿*Vienen?—Vienen*... Plural.   ¿*Escribirá?—Escribirá*... Singular.
¿*Cantó?—Cantó*.... Singular.   ¿*Escribirán?—Escribirán*. Plural.

Por otra parte:

Si el nominativo se refiere al individuo que habla, se dice que el verbo está en primera persona:

Yo alabo.   Yo ofendo.   Yo aplaudo.

Si el nominativo se refiere al individuo á quien se habla, se dice que el verbo está en segunda persona:

Tú alabas.   Tú ofendes.   Tú aplaudes.

Y si el nominativo se refiere á la individualidad de quien se habla, se dice que el verbo se halla en la tercera persona:

El hombre alaba.   El viejo aplaude.   El Código lo prohibe.
La mujer ofende.   La ley lo determina.   El decoro lo exige, etc., etc.

Por tanto, las personas gramaticales son tres, cada una susceptible de singular y plural; á saber:

Primera persona...... *Yo, nosotros, nosotras.*
Segunda   —   ...... *Tú, vosotros, vosotras.*
Tercera   —   ...... *Él, ella, ello, ellos, ellas.*

Los verbos, pues, tienen en español, no solamente terminaciones aplicables á las personas, sino también al singular y al plural. Estas terminaciones se denominan *desinencias verbales*.

Y los nominativos exigen que los verbos acomoden sus desinencias al número y á las personas de esos nominativos; es decir, que si el nominativo está en singular, el verbo ha de ir también en singular; y si el nominativo está en plural, el verbo ha de ir en plural igualmente.

Y, además, si el nominativo es de primera, segunda ó tercera persona, el verbo ha de aparecer respectivamente con desinencias de primera, segunda ó tercera persona:

Esa impresión urge......	Singular y tercera persona..	*Esas impresiones urgen*	Plural y tercera persona.
El árbol crece.	Singular y tercera persona..	*Los árboles crecen....*	Plural y tercera persona.
El reloj varía	Singular y tercera persona..	*Los relojes varían....*	Plural y tercera persona.
Yo aplaudo..	Singular y primera persona.	*Nosotros Nosotras* *aplaudimos.*	Plural y primera persona.
Tú aplaudes.	Singular y segunda persona	*Vosotros Vosotras* *aplaudís...*	Plural y segunda persona.
Él Ella *aplaude*	Singular y tercera persona..	*Ellos... Ellas...* *aplauden...*	Plural y tercera persona.
La ley lo prohibe........	Singular y tercera persona..	*Las leyes lo prohiben..*	Plural y tercera persona.

Este acomodamiento de las desinencias de los verbos á los accidentes de sus nominativos se llama *concordancia de nominativo y verbo*.

Los verbos, pues, conciertan con sus nominativos en número y persona.

Por consiguiente, pueden darse del nominativo dos definiciones:

1.ª Nominativo es la palabra que, unida al verbo, da á conocer clara y distintamente el sentido de una enunciación.

2.ª Nominativo es la palabra con la cual concierta el verbo.

CAPÍTULO III

ACUSATIVO

Regularmente, cuando se trata de actos efectuados por el agente representado por un nominativo, no bastan por sí solos el verbo ni el nominativo para constituir una cláusula. Se necesita, además, otra palabra que designe al SER sobre el cual se ejerce la acción ejecutada por el nominativo. Esta palabra se denomina **acusativo**:

Aquel pícaro muchacho apaleaba Á-SU-PERRO (acusativo).
¿No apaleaba Á-SU-PERRO (acusativo) *aquel pícaro muchacho?*
El lobo mordió AL-PASTOR (acusativo).
¿Mordió el lobo AL-PASTOR? (acusativo).
¿No mordió el lobo AL-PASTOR? (acusativo).

En las cláusulas anteriores, son acusativos *perro* y *pastor*, seres sobre los cuales ejercieron sus actos los nominativos *el muchacho* y *el lobo*.

Acusativo es, pues, la palabra ó conjunto de palabras que designan al ser sobre el cual ejerce su acción el nominativo. El acusativo está respecto del nominativo en la relación de causado á causante, de producido á producente, de modificado á modificante, etc., etc. El verbo, pues, es quien los pone en relación, como un puente une las dos orillas de un río.

CAPÍTULO IV

DATIVO

Asimismo, para la constitución de una cláusula se necesita en muchas ocasiones mencionar otro tercer respecto: el de la persona ó cosa á quien concierne el concepto expresado por el verbo.

Esas encuadernaciones urgen Á LOS CONCEJALES.
La cerveza desagrada Á MUCHAS PERSONAS.
Eso conviene Á MIS HIJOS.

Denomínase **dativo** la individualidad interesada en el concepto expresado por el verbo.

Por tanto, Á LOS CONCEJALES, Á MUCHAS PERSONAS, Á MIS HIJOS, son dativos en las cláusulas anteriores, porque á los concejales interesa la encuadernación, á muchas personas afecta el desagrado que en ellas produce la cerveza, y á mis hijos importa la conveniencia del empleo de que se trata.

Muchos gramáticos dan solamente el nombre de casos á los conceptos de nominativos, acusativos, dativos, etc., cuando esos conceptos aparecen expresados por medio de terminaciones, como sucede en latín. Proceden en esto como si se dijera: en Madrid no hay vehículos, porque no hay sillas de mano, lo cual es verdad si se atiende únicamente á la forma del vehículo. Pero no es cierto si se tiene en cuenta que en Madrid abundan medios de transporte que substituyen con ventajas á las sillas de mano.

El nominativo, el acusativo y el dativo se denominan **casos** (1).

Se ve, pues, que los substantivos, además del significado propio de cada uno y de sus caracteres peculiares de individualización, ejercen también las importantes funciones de nominativo, acusativo y dativo.

---

(1) También, por extensión, se denominan casos el *genitivo*, de que ya se ha hablado en la SECCIÓN 3.ª, el *ablativo*, de que en breve se hablará, y el *vocativo*, de que se tratará más adelante.

Un mismo substantivo puede estar en nominativo, acusativo ó dativo, conforme á los signos que lo indiquen:

El malecón rechaza las olas.................. { MALECÓN, nominativo. / OLAS, acusativo.

Las olas destruyeron el malecón.............. { MALECÓN, acusativo. / OLAS, nominativo.

Esos cimientos no convienen al malecón....... { CIMIENTOS, nominativo. / MALECÓN, dativo.

El acusativo se halla siempre respecto de su nominativo, según se ha dicho y conviene repetirlo, en la relación de producido á producente; de efecto á causa. Así, en el ejemplo *el malecón rechaza las olas,* LAS OLAS son acusativo, porque su desvío es el efecto causado por el nominativo MALECÓN. En el segundo ejemplo, *las olas derribaron el malecón,* EL MALECÓN es acusativo, porque su derribo es el efecto producido por el nominativo OLAS.

Los dativos, como ya se ha explicado, sólo expresan relaciones de interés, conveniencia, etc., y por consiguiente, no están directamente relacionados con su nominativo.

CAPÍTULO V

NOMINATIVOS, ACUSATIVOS Y DATIVOS PRONOMBRES

Los pronombres pueden también, como los substantivos, ejercer las funciones de nominativos, acusativos y dativos:

Yo *leo*................
TÚ *escribes*...........
ELLA *cose*............. } YO, TÚ, ELLA, ESO, nominativos.
Eso *conviene*..........
Eso *no consta*.........

Lo *leo* (el libro).......
LA *escribes* (la carta)...
LAS *cose* (las camisas).. } LO, LA, LAS, ME, TE, NOS, acusativos.
ME *vió*...............
TE *alabaron*..........
Nos *reprendieron*......

LE *hablé*............. } LE, LES, dativos.
LES *escribí*...........

Resumiendo lo que precede, veamos cuáles son los elementos constitutivos de las cláusulas.

No hay cláusulas sin verbo:

Relampaguea, Amanece;

ó sin verbo y nominativo:

El caballo trota, El reloj varía;

ó sin verbo, nominativo y acusativo:

El perro mordió al pastor;
El cazador mató dos lobos;
El caballo tiró al jinete;

ó sin verbo, nominativo, dativo y acusativo:

Tu hermano dió dinero al pobre;
La niña ofreció flores á la maestra;
El sastre envió el uniforme al capitán;

ó tan sólo con verbo, dativo y nominativo:

El diputado habló al ministro;
El ministro escribió al gobernador;
El gobernador pagó al contratista.

Los elementos principales de las cláusulas son, por consiguiente, los verbos y los substantivos en nominativo, acusativo ó dativo.

CAPÍTULO VI

COMPRENSIÓN VERBAL

La comprensión de un verbo no aumenta con la agregación de ninguno de sus casos. Los verbos son palabras de acepciones tan definidas, que su COMPRENSIÓN no admite más caracteres que los incluídos en el significado de las palabras que les sirven de expresión. Y así, sólo es posible fijar los límites de su EXTENSIÓN. La COMPRENSIÓN de un verbo no aumenta por haber ó no, en la correspondiente cláusula, alguno de los casos acusativo, nominativo ó dativo. Cuando yo digo: *Escribí una carta, un billete, una esquela...*, el concepto de *escribir* no se completa con los acusativos *carta, billete, esquela... ¿*Qué es *escribir?* Es hacer VISIBLES las ideas por medio de signos gráficos; y la idea de visibilidad no aumenta su comprensión ni poco, ni mucho, ni nada, cuando se hacen perceptibles las ideas por medio de cartas, esquelas, anuncios, folletos ó libros, etc.

Y es que el acusativo no dice relación al verbo, sino al nominativo, pues el verbo es sólo el medio de poner en relación estos casos, á la manera de un puente.

Amar es tener cariño, y yo no completo la idea de tener cariño cuando digo *el sabio ama el estudio.* Las ideas de *sabio* y *estudio* estaban desligadas é inconexas, hasta que el verbo *amar* las puso en relación.

Aborrecer es tener aversión, y nadie completa la idea de tener aversión cuando dice: *Juan aborrece el vicio.* El que enuncia esta cláusula pone en relación á *Juan* y al *vicio* por medio del verbo *aborrecer.*

Decir es exteriorizar ideas con signos audibles, y quien dice verdad, ó dice mentira, ó dice despropósitos..., no aumenta en poco, en mucho ni en nada el profundo concepto de exteriorizar los pensamientos, haciéndolos perceptibles con signos orales destinados al oído.

Con igual evidencia se patentiza que ninguno de los dos casos nominativo y dativo aumenta el número de los caracteres que integran el significado de un verbo: *Juan escribe á Pedro.* Bien se ve que en nada aumenta el concepto de escribir porque sea Juan ó Diego quien escriba á Pedro ó á Juan.

Las formas expresivas de los fines elocutivos que nos proponemos al hablar, *afirmativa, negativa, interrogativa,* etc., tampoco aumentan la comprensión de un verbo:

¿Escribe Pedro?.....	Finalidad interrogativa.
No escribe.........	Id. negativa.
Escribe............	Id. afirmativa.

Es incuestionable que la idea de escribir no aumenta porque el verbo aparezca en la forma interrogativa, ó en la afirmativa, ó en la negativa, ó en otras cualesquiera (1).

---

(1) El estudio de las combinaciones de los vocablos se denomina, generalmente, SINTAXIS, y se divide por los gramáticos en tres partes: *concordancia, régimen* y *construcción.*
Ya se ha visto en qué consiste la *concordancia.*
En otro lugar de este libro se trata del *régimen.*
En cuanto á la *construcción,* constituye el fin principalísimo de esta obra.

SECCIÓN 5.ª

ADVERBIOS, ABLATIVOS Y DESINENCIAS VERBALES

CAPÍTULO I

ADVERBIOS Y ABLATIVOS EN ESPECIAL

La extensión de un verbo se fija con *adverbios, ablativos* y *modificaciones desinenciales.*

No cabe aumentar, como ya se ha dicho, la comprensión de los verbos; esto es, no cabe aumentar el número de los caracteres contenidos en la raíz, ni el fin expresado por el verbo en cada forma elocutiva. Si decimos ¿*venderá?*, no se aumenta ni varía el concepto de transmisión de dominio contenido en la raíz *vend*, ni tampoco se aumenta ni varía el concepto de pregunta contenido en la forma interrogativa. Pero sí cabe circunscribir y fijar los límites de la enunciación de un acto ó de una atribución. Esto se consigue mencionando el *lugar* donde ocurrió el hecho, ó el *tiempo* en que aconteció, ó el *cómo* se ejecutó, ú otras circunstancias.

La EXTENSIÓN de los verbos se fija y circunscribe principalmente por tres medios : por *adverbios*, por *ablativos* y por *modificaciones desinenciales.*

LIMITACIÓN DE LA EXTENSIÓN VERBAL POR MEDIO DE ADVERBIOS:

Llegó AYER......... Tiempo.   *Llegó* DESPACIO......... Modo.
Llegó ALLÍ.......... Lugar.   *Llegó* PRIMERAMENTE..... Orden.

Los vocablos *ayer, allí, despacio, primeramente*, son adverbios que fijan en los ejemplos anteriores la extensión del verbo *llegar*.

Adverbio es toda palabra circunstancial que fija ó circunscribe la extensión de un verbo.

LIMITACIÓN DE LA EXTENSIÓN VERBAL POR MEDIO DE ABLATIVOS. — La mayor parte de las veces, estos respectos circunstanciales se construyen con substantivos acompañados de voces expresivas de las relaciones de *lugar, tiempo, modo, orden, causa, fin*...

Llegó Á LA ÓPERA.........	Ablativo de lugar.
Llegó POR LA MAÑANA......	Id. de tiempo.
Llegó EN COCHE..........	Id. de modo.

Todo conjunto de palabras con significación adverbial, ó sea de lugar, tiempo, orden, causa, fin, se denomina **ablativo.**

Las palabras que expresan los citados respectos de *lugar, tiempo, modo, causa, fin,* y que sirven para formar los ablativos, se llaman **preposiciones.**

Las principales preposiciones son las siguientes : *á, de, para, por, con, sin, en, entre, desde, hacia, hasta, ante, tras, bajo, sobre, contra, según.*

Por tanto, los ABLATIVOS son expresiones formadas, en general (1), por preposiciones y substantivos (2).

El conjunto de un substantivo precedido de preposición, forma, pues, una **expresión adverbial,** y el substantivo deja de serlo al fusionarse con la preposición, para constituir, por medio del conjunto, un compuesto limitativo de la extensión verbal.

En realidad, no hay más que tres casos : nominativo, acusativo y dativo; pero se da también el nombre de casos á los genitivos y á los ablativos, por más que los ablativos sean verdaderos adverbios que circunscriben, por lo tanto, la extensión de los verbos.

Los significados de los ablativos son muchos y distintos, porque cada preposición puede tener diferentes acepciones.

---

(1) Claro es que puede haber otras palabras :

En aquel famoso valle. Al vago y triste declinar del día.

(2) El substantivo puede ser reemplazado por palabras que hagan sus veces:

Sin mí.	*Conmigo.*
Sin ti.	*Contigo.*
Sin ella.	*Con ella.*
Tras ellos.	*Ante ellos.*

Ejemplos de acepciones diferentes de cada preposición:

Á......	*Voy* Á ROMA (1)...............	Ablativo	de dirección.
	Estaba Á LA DERECHA............	Id.	de posición.
	Cose Á MÁQUINA................	Id.	de modo.
	Se vende Á TRES PESETAS.........	Id.	de precio.
	Duerme AL RASO................	Id.	de lugar.
DE.....	*Viene* DE ARANJUEZ (2)..........	Id.	de procedencia.
	Estudia DE NOCHE..............	Id.	de tiempo.
	Lo hizo DE MALA GANA..........	Id.	de modo.
	Lo hizo DE LÁSTIMA............	Id.	de causa.
	Lo miró DE LOS PIES Á LA CABEZA..	Id.	de límite.
PARA...	*Salgo* PARA PARÍS...............	Id.	de dirección.
	Lo dejamos PARA MAÑANA........	Id.	de tiempo.
	Trabaja PARA COMER (3).........	Id.	de finalidad.
POR....	*Pasea* POR EL CAMPO............	Id.	de lugar.
	Voy POR UN MES................	Id.	de tiempo.
	Le hablé POR TELÉFONO..........	Id.	de instrumento ó medio.
	Lo hizo POR COMODIDAD.........	Id.	de causa.
	Va POR LEÑA...................	Id.	de finalidad.
	Lo vendió POR TREINTA DINEROS...	Id.	de precio.
CON.....	*Escribió* CON LÁPIZ..............	Id.	de instrumento.
	Vivo CON MI PADRE..............	Id.	de compañía.
SIN.....	*Estoy* SIN EMPLEO...............	Id.	de privación.
EN.....	*No está* EN CASA................	Id.	de lugar.
	Estamos EN LA CANÍCULA.........	Id.	de tiempo.
	Salió EN MANGAS DE CAMISA......	Id.	de modo.
ENTRE..	ENTRE *la espada y la pared*......	Id.	de situación.
	ENTRE *dos luces*................	Id.	de tiempo.
	ENTRE *doce y una*...............	Id.	de íd.
DESDE..	*Viene* DESDE GETAFE.............	Id.	de lugar.
	Empezaré DESDE MAÑANA.........	Id.	de tiempo.
	DESDE *la cruz á la fecha*.........	Id.	de límites.
HACIA...	*Navega* HACIA EL NORTE.........	Id.	de dirección.
	HACIA *mediados de mes*..........	Id.	de tiempo.
HASTA..	*Irá* HASTA LONDRES..............	Id.	de dirección.
	Se despidió HASTA LA NOCHE......	Id.	de tiempo.
	Es capaz HASTA DE ROBARNOS.....	Id.	de posibilidad.

---

(1) La Á es signo de DATIVO: *Doy flores* Á LA NIÑA. También es signo de los ACUSATIVOS de persona: *Compadezco* Á LA ENFERMA. Más adelante se explicarán las circunstancias de estas significaciones.

(2) La preposición DE indica posesión en los GENITIVOS: *Esta es la casa* DE JUAN.

(3) La preposición PARA indica finalidad en cierta especie de DATIVOS, de que más adelante se hablará.

Ante...	*Compareció* ANTE EL JUEZ.........	Ablativo	de situación.
	Dímelo ANTE TODO..............	Id.	de tiempo ú orden.
Tras...	*Se escondió* TRAS EL ARMARIO......	Id.	de lugar.
	La adversidad viene TRAS LA FORTUNA.......................	Id.	de orden.
	TRAS *la tarde que muere, la noche avanza*......................	Id.	de íd.
	Como van los pesares TRAS *la alegría*.........................	Id.	de comparación.
	Como va el desengaño TRAS *la esperanza*.......................	Id.	de íd.
Bajo...	*Pasó* BAJO EL PUENTE............	Id.	de lugar.
	Está BAJO TUTELA..............	Id.	de modo.
Sobre...	*Está* SOBRE LA MESA.............	Id.	de lugar.
	Está SOBRE EL TAPETE...........	Id.	de actualidad.
	Habló SOBRE MATEMÁTICAS.......	Id.	de asunto ó finalidad.
Contra.	*Se estrelló* CONTRA LA PARED......	Id.	de oposición.
Según..	*Sentenció* SEGÚN LEY.............	Id.	de conformidad.

Las preposiciones no admiten las modificaciones desinenciales de género ni de número (masculino, femenino, singular y plural); y como no cambian de estructura, se dice que las preposiciones son *palabras invariables* (1).

En una misma cláusula puede haber más de un ablativo:

Juan (nominativo) *va por las tardes* (ablativo de tiempo) *al campo* (ablativo de lugar) *en carretela descubierta* (ablativo de modo) *para respirar aire puro* (ablativo de finalidad) *por estar enfermo* (ablativo de causa).

Hay ablativos que, excepcionalmente, no llevan preposición:

La vi LA SEMANA ANTERIOR.
Allí la vi LA VEZ PRIMERA.
Estuve enferma TODO EL INVIERNO PASADO.

Ni los adverbios ni los ablativos aumentan ni disminuyen la comprensión de los verbos:

Escribo TEMPRANO. *Escribo* CON LÁPIZ.
Escribo EN EL JARDÍN. *Escribo* EN PIE.
Escribo POR LA MADRUGADA. *Llegó* ANTES, DESPUÉS, QUE MI HERMANO.

---

(1) Llámanse preposiciones inseparables ciertos signos que no sirven para formar ABLATIVOS (ni tampoco otros casos). Tales son; por ejemplo: AB, en AB*jurar;* ABS, en ABS*traer;* AD, en AD*venir;* DES, en DES*hacer;* DI, en DI*sonar;* DIS, en DIS*traer*, etc. Las llamadas preposiciones inseparables son solamente signos de composición.

Es patente que la noción de *escribir* no varía porque yo escriba *tarde ó temprano, en el jardín ó en mi gabinete, de noche ó de día, con lápiz ó con pluma, de pie ó sentado...;* ni la idea esencial contenida en el verbo *llegar* se altera por verificarse *antes, despues* ó al *mismo tiempo* que idéntica acción de otra persona, etc.

También los hay sin substantivos:

Llegó PARA ALMORZAR.
No se debe vivir PARA COMER, *sino comer* PARA VIVIR.

CAPÍTULO II

DESINENCIAS VERBALES

LIMITACIÓN DE LA EXTENSIÓN VERBAL POR MEDIO DE MODIFICACIONES DESINENCIALES.— Ya hemos visto que los verbos tienen desinencias especiales que indican el singular y el plural, y además la persona del nominativo:

Tercera persona, singular .... *¿Viene? — Viene.*
   Id.   íd.   plural .... *¿Vienen? — Vienen.*

Primera   íd.   singular .... *Alabo, ofendo, aplaudo.*
 Id.   íd.   plural .... *Alabamos, ofendemos, aplaudimos.*

Segunda   íd.   singular .... *Alabas, ofendes, aplaudes.*
 Id.   íd.   plural .... *Alabáis, ofendéis, aplaudís.*

Tercera   íd.   singular .... { *El hombre alaba.* / *La mujer ofende.* / *El viejo aplaude.* }

 Id.   íd.   plural .... { *Los hombres alaban.* / *Las mujeres ofenden.* / *Los viejos aplauden.* }

Además, antes de estas desinencias, que corresponden á las personas de los nominativos en singular ó plural, pueden intercalarse signos (á veces expresados por una sola letra) relativos al tiempo á que se refiere la elocución, ya al momento en que estamos hablando, ya á época pasada, ya á tiempo que no ha llegado todavía:

Alabo.   Ofendo.   Aplaudo.

Estas tres expresiones se refieren al singular y al momento de la palabra.

Alabé.   Ofendí.   Aplaudí.

Estas otras tres expresiones dicen relación al singular, á la primera persona y al tiempo pasado.

Alabaré. Ofenderé. Aplaudiré.

Las anteriores flexiones verbales se refieren al singular, á la primera persona y á una época que no ha llegado todavía.

Análogas intercalaciones relativas al tiempo pueden hacerse delante de las desinencias referentes á las otras personas gramaticales:

Presente, singular y segunda persona.................. } *Alabas, ofendes, aplaudes.*

Presente, plural y segunda persona................... } *Alabáis, ofendéis, aplaudís.*

Pretérito, singular y segunda persona................... } *Alabaste, ofendiste, aplaudiste* (1).

Pretérito, plural y segunda persona................... } *Alabasteis, ofendisteis, aplaudisteis.*

Futuro, singular y segunda persona................... } *Alabarás, ofenderás, aplaudirás.*

Futuro, plural y segunda persona................... } *Alabaréis, ofenderéis, aplaudiréis* (1).

Conforme á lo anterior, tendremos:

Presente............ { *Alaba, ofende, aplaude* (singular y tercera persona).
Alaban, ofenden, aplauden (plural y tercera persona).

Pretérito............ { *Alabé, ofendí, aplaudí* (singular y primera persona).
Alabamos, ofendimos, aplaudimos (plural y primera persona).

Futuro............... { *Alabará, ofenderá, aplaudirá* (singular y tercera persona).
Alabarán, ofenderán, aplaudirán (plural y tercera persona).

Además de los tiempos *presente, pretérito* y *futuro*, expresados con un solo vocablo, y que por esto se llaman *tiempos simples*,

---

(1) Cuando se trata de época pasada el tiempo se llama *pretérito;* y cuando de época no llegada todavía, el tiempo se denomina *futuro*.

hay otros muchos que se llaman *tiempos compuestos*, por aparecer siempre con dos ó más dicciones, tales como

He alabado.   Habíais alabado.   Habrá alabado, etc.

Existen asimismo terminaciones cuyas desinencias é intercalaciones se refieren á más de un solo tiempo, y de las cuales se tratará más adelante.

CAPÍTULO III

CONJUGACIÓN

Las modificaciones desinenciales de que los verbos son susceptibles, están todas ordenadas por los gramáticos según un sistema denominado **conjugación,** al cual, dada su importancia capitalísima, está consagrada la Parte IV de esta obra, por no caber su completo análisis dentro de los límites de estas PRENOCIONES.

De consiguiente, sólo es aquí posible dar idea del método seguido en la conjugación desinencial. Al efecto, se inserta á continuación un cuadro en que los verbos están indicados por sus desinencias, y ordenados según el sistema á que se ajustan generalmente los gramáticos.

La inteligencia del cuadro se facilita conociendo las siguientes DENOMINACIONES:

Se llaman INFINITIVOS las palabras de la conjugación terminadas en *ar, er, ir:*

*Am*AR.   *Tem*ER.   *Part*IR.

Hay tres clases de conjugaciones por desinencias: á la primera corresponden los verbos cuyo infinitivo acaba en *ar;* á la segunda, aquellos cuyo infinitivo acaba en *er;* y á la tercera, los verbos cuyo infinitivo acaba en *ir.*

Llámanse letras radicales aquellas que preceden á las terminaciones *ar, er, ir* de los infinitivos. Así, las letras radicales de *am*AR, *tem*ER, *part*IR, son *am, tem, part,* respectivamente.

Las palabras de la conjugación acabadas en ANDO ó en IENDO se denominan **gerundios**:

*Am*ANDO.   *Tem*IENDO.   *Part*IENDO.

— 68 —

Las acabadas en *ado* ó en *ido* se denominan **participios pasivos, pasados** ó **de pretérito**:

*Am*ADO. *Tem*IDO. *Part*IDO.

Todas las demás secciones de la conjugación se llaman **tiempos.** Así,

Amo, Amas, Ama, Amamos,. Amáis, Aman,

se llaman **tiempo presente;**

Amaré, Amarás, Amará, Amaremos, Amaréis, Amarán,

se dicen **tiempo futuro,** etc.

Hay también que tener en cuenta los **modos verbales,** ó sea las diferentes maneras que tiene el verbo de expresar su significación. Los modos verbales son: INFINITIVO, INDICATIVO, IMPERATIVO, SUBJUNTIVO y CONDICIONAL. De las peculiaridades inherentes á cada uno de ellos, se trata extensamente en otra parte de esta obra.

Véase á continuación el cuadro de las desinencias verbales:

CUADRO SINÓPTICO DE LAS TRES CONJUGACIONES ESPAÑOLAS POR FLEXIÓN

MODO INFINITIVO			MODO INDICATIVO				MODO IMPERATIVO	MODO SUBJUNTIVO			MODO CONDICIONAL
Presente.	Gerundio.	Participio.	Presente.	Imperfecto ó simultáneo.	Pretérito absoluto.	Futuro absoluto.	Presente.	Presente.	Imperfecto.	Futuro.	Imperfecto.
Ar.....	a ndo..	a do a da a dos a das	...o a s a a mos á is a n	ab a ab a s ab a áb a mos ab a is ab a n	é a ste ó a mos a steis a ron	ar é ar á s ar á ar e mos ar é is ar á n	a e e mos a d e n	e e s e e mos é is e n	a se a se s a se á se mos a se is a se n	ar a ar a s ar a ár a mos ar a is ar a n	ar e ar e s ar e ár e mos ar e is ar e n	ar ía ar ía s ar ía ar ía mos ar ía is ar ía n
Er..	ie ndo..	i do i da i dos i das	...o e s e e mos é is e n	i a í a s í a í a mos i a is í a n	í i ste i ó i mos i steis i eron	er é er á s er á er e mos er é is er á n	e a a mos e d a n	a a s a a mos á is a n	ie se ie se s ie se ié se mos ie se is ie se n	ier a ier a s ier a iér a mos ier a is ier a n	ier e ier e s ier e iér e mos ier e is ier e n	er ía er ía s er ía er ía mos er ía is er ía n
Ir.....	ie ndo..	i do i da i dos i das	...o e s e i mos í s e n	i a í a s í a í a mos í a is í a n	í i ste i ó i mos i steis i eron	ir é ir á s ir á ir e mos ir é is ir á n	e a a mos i d a n	a a s a a mos á is a n	ie se ie se s ie se ié se mos ie se is ie se n	ier a ier a s ier a iér a mos ier a is ier a n	ier e ier e s ier e iér e mos ier e is ier e n	ir ía ir ía s ir ía ir ía mos ir ía is ir ía n

En la conjugación entran además tiempos compuestos, que se dividen en dos clases principales: una formada con el verbo HABER y un participio, y otra con el verbo SER y un participio.

Estos dos verbos HABER y SER, cuando se usan para formar los tiempos compuestos, se donominan AUXILIARES. Hay tiempos compuestos formados con otros AUXILIARES.

Ejemplo de la primera clase con HABER y un participio:

> He........
> Has.......
> Ha........
> Hemos..... } *Amado, temido, partido.*
> Habéis....
> Han.......

Estas combinaciones con el verbo HABER se llaman de la voz ACTIVA.

Ejemplos de la segunda clase con SER y un participio:

> Soy........
> Eres....... } *Amado, a; temido, a; aborrecido, a.*
> Es.........
>
> Somos......
> Sois....... } *Amados, as; temidos, as; aborrecidos, as.*
> Son........

Estas combinaciones con el verbo SER se llaman de la voz PASIVA (1).

El análisis y el estudio que estos tiempos requieren, salen de los límites propios de estas PRENOCIONES, y serán, por tanto, objeto especial de examen en varias secciones de esta obra.

Los tiempos, pues, se dividen en simples y compuestos.

Se llaman SIMPLES á los DESINENCIALES y que constan de una palabra:

Amo, Temías, Partirás;

y COMPUESTOS á los constituídos por más de una palabra:

He amado, Habías amado, Habrá partido.

En resumen:

No es posible aumentar la comprensión de un verbo ni por medio de los casos nominativo, acusativo, dativo, ni por las for-

---

(1) Hay otra manera de expresar la voz pasiva, que será objeto de muy detenidas explicaciones.

mas afirmativa, negativa, interrogativa, imperativa, condicional, etc., ni por la agregación de adverbios, ni ablativos, ni tampoco por modificaciones desinenciales propias del sistema llamado **conjugación.**

Y sin embargo, el verbo es la palabra de mayor comprensión que existe en el lenguaje; pues además de un concepto propio y exclusivamente suyo contenido en la raíz y siempre muy complejo, por abarcar muchos caracteres, condensa en sí las ideas de tiempo, número y persona, y las demás que aparecen en la conjugación. Así, pues, el verbo comprende:

        el concepto radical,
       + tiempo,
       + persona,
       + número,
       + modo,
       + voz,
       + objeto ó fin de la enunciación.

De todos estos caracteres, el primordial es el último, porque ninguna otra palabra es capaz de expresar en las cláusulas el objeto ó fin que nos proponemos al hablar (1).

CONCEPTO PROPIO DEL VERBO. — Por ejemplo:

No VENDERÁS *la Gramática al maestro.*

VENDER (traspasar el dominio de una cosa)....................	Reside en la raíz **vend;** no se aumenta por la agregación de ninguno de los casos: acusativo, *la Gramática;* dativo, *al maestro.*

¿*No* VENDERÁS *la Gramática al maestro?*......	TIEMPO.........	Futuro, residente en la intercalación **er.**
	NÚMERO.........	Singular, residente en la desinencia **as.**
	PERSONA........	Segunda, residente en la **s** del **as.**
	FIN ELOCUTIVO...	Negativo, residente en el **no;** interrogativo, residente en la canturía.
	MODO..........	Indicativo.
	VOZ...........	Activa.

---

(1) El *modo* y la *voz* residen en la forma de la enunciación, de que más adelante se hablará.

Advertencia importante.—El sistema de conjugación contenido en el cuadro precedente y en las anteriores explicaciones es el generalmente seguido por los gramáticos; pero el progreso de las lenguas lo hace insuficiente para expresar todas las necesidades de la elocución, las cuales exigen nuevas combinaciones, que se irán exponiendo á medida que sea necesario.

SECCIÓN 6.ª

PALABRAS DETERMINABLES Y PALABRAS
DETERMINANTES

CAPÍTULO I

CLASIFICACIÓN DE LAS PALABRAS

Resumiendo lo dicho en las secciones anteriores

Las palabras se dividen en........ { Determinables y determinantes.

Las determinables son............ { Los substantivos... { En su comprensión y en su extensión.
y
Los verbos........ En su extensión.

Las determinantes son............ { Los demostrativos.
Los posesivos.
Los adjetivos.
Las desinencias del género.
Los artículos y los numerales.
Las desinencias del plural.
Los adverbios, los ablativos y las palabras ó desinencias que fijan la extensión de los verbos.

Recuérdese que á su vez las palabras mismas analizadas aisladamente están constituídas por dos clases de elementos:

las raíces, que son determinables,
y los afijos, que son determinantes.

En definitiva, el significado DETERMINABLE Ó DETERMINANTE de las palabras depende en gran manera, no de su estructura especial, sino del sentido que se les da en cada cláusula. *Cerca,*

— 74 —

lejos, son adverbios si se atiende á las ideas que representan de *proximidad* cuando circunscriben el significado de un verbo :

Vive CERCA. *No está* LEJOS.

Pero ya esas mismas voces son substantivos en las cláusulas siguientes :

Son admirables los CERCAS *y los* LEJOS *de ese cuadro* (nominativo).
¿No admiras esos CERCAS *y esos* LEJOS? (acusativo).
Hablamos de esos CERCAS *y esos* LEJOS (ablativo).

Indudablemente, en los primitivos tiempos de los orígenes de la lengua, tuvieron las palabras estructura propia para un fin DE-TERMINABLE Ó DETERMINANTE.

Sabemos que los vocablos son complexos de RAÍCES y AFIJOS.

Las RAÍCES son el elemento fundamental de cada vocablo, porque en ellas reside su significado genérico, y que los AFIJOS son signos que se unen á las raíces para especificarlas como *substantivos, verbos, adjetivos ó adverbios.*

Hay POSFIJOS para indicar los verbos, tales como : *ar, er, ir; amos, emos, imos; aste, iste; ría, rías, ría, ríamos, ríais, rían,* etcétera, etc.

Las palabras que tienen estas desinencias resultan verbos en la gran mayoría de los casos :

*Am*AR.	*Am*AMOS,	*Am*ASTE.	*Am*ARÍA.	*Am*ARÍAMOS.
*Tem*ER.	*Tem*EMOS.	*Tem*ISTE.	*Am*ARÍAS.	*Am*ARÍAIS.
*Part*IR.	*Part*IMOS.	*Part*ISTE.	*Am*ARÍA.	*Am*ARÍAN.

Hay otros SUFIJOS destinados á indicar substantivos; como : *dad, iedad, idad; tad :*

*Bon*DAD. *Pie*DAD. *Debil*IDAD, *Varie*DAD, *Liber*TAD;

or, sor, tor, dor, ador, edor, idor :

*Acusa*DOR. *Defen*SOR. *Doc*TOR. *Ora*DOR. *Bebe*DOR. *Bati*DOR.

Existen otros SUFIJOS destinados á indicar adjetivos : *able, eble, ible, uble :*

*Am*ABLE, *End*EBLE, *Pun*IBLE, *Sol*UBLE;

oso, osa :

*Poder*oso, *Poder*OSA.

— 75 —

Pero los sufijos tienen á veces distintos significados: *ada* significa colección en:

*Tor*ADA, *Arm*ADA (escuadra);

capacidad en:

*Tonel*ADA, *Cuchar*ADA;

duración en:

*Jorn*ADA, *Tempor*ADA·

golpe en:

*Corn*ADA, *Lanz*ADA, *Pedr*ADA;

y por último es simple desinencia indicadora de substantivo en

*Esp*ADA, *Az*ADA, *Ceb*ADA.

Las terminaciones *ar, er, ir* se refieren á verbos; pero son signos de substantivos en:

*M*AR, *Muj*ER, *Em*IR,
*Alt*AR, *Plac*ER, *Vis*IR,
*Az*AR; *Uji*ER; *Zaf*IR, etc.

Es muy grande el número de palabras que con el mismo SUFIJO son substantivos, verbos, adverbios, etc.:

Tomo (igual á *yo tomo*).
Tomo (igual á *libro* ó *volumen*).
Pienso (igual á *ración* de una caballería).
Pienso (igual á *yo pienso*).
Como (igual á *yo como*).
¿*Cómo?* (adverbio interrogativo).
¡*Cómo!* (adverbio de admiración).

Por consiguiente, hay que atender al sentido, y no á la estructura solamente en número inmenso de vocablos, para poder decidir si son determinantes ó determinables.

CAPÍTULO II

CAMBIO DE SENTIDO EN LAS PALABRAS

Para satisfacer expeditivamente las necesidades nuevas del pensamiento, la conveniencia de ahorrar tiempo y trabajo, abreviando determinaciones ó ampliando acepciones y significados, ha ido en innumerables ocasiones cambiando el sentido primordial de las palabras que las hacía determinables ó determinantes.

Cuando se dice: *El Rey Profeta, Profeta* no hace oficio de substantivo, sino de determinante de *Rey;* y si dijéramos: *El Profeta Rey,* entonces *Rey* sería la voz determinante; y *Profeta* la voz determinada. Ambas expresiones designan al autor de los Salmos, á David. Por eso puede decirse:

El Rey PROFETA *escribió los Salmos* (PROFETA, determinante de REY);

ó

El Profeta REY *escribió los Salmos* (REY, determinante de PROFETA).

La misma voz *rey* tiene fuerza de adjetivo en

Palacio DE REY (igual á *palacio* REAL);

y valor adverbial en

Vive Á LO REY (igual á *vive* REGIAMENTE).

Á idénticas consideraciones dan lugar conjuntos tales como:

Papa-rey.	*Monja-alférez.*	*Algodón-pólvora.*	*Animales-hembras.*
Rey-papa.	*Gata-mujer.*	*Lengua-madre.*	*Barco-pez.*
Niño-rey.	*Papel-moneda.*	*Presupuesto-verdad.*	*Buque-fantasma.*
Rey-niño.	*Cartón-piedra.*	*Animales-machos.*	*Sombrero-hongo.*

Solamente el sentido puede explicar el significado de las palabras en inmenso número de casos.

Los vocablos, así como los objetos, pueden servir para multitud de usos muy distintos de aquel para que fueron inventados ó construídos. Un hacha suele utilizarse para clavar, y un martillo para hender, ó un tonel vacío y cerrado para salvar á un náufrago arrebatado por el mar. Una mesa ó una silla nos sirven frecuentemente de escalera para alcanzar algo puesto á poca altura. Un objeto pesado cualquiera substituye á los prensapapeles, cuando entran en una habitación corrientes de aire que los desordenan. En las casas, la sala destinada á recibir las visitas suele servir de bufete ó biblioteca. El comedor puede destinarse á dormitorio, y una alcoba á comedor. Un piso bajo, todo entero, suele servir de almacén. De modo que, no de la estructura, sino del uso, resulta á veces que una habitación sea escritorio, comedor, taller, almacén, etc. De modo análogo, las palabras sirven para diferentes oficios : *claro, fuerte, recio, gustoso, alto, silenciosas,* son adverbios en :

Ver CLARO,   *Acceder* GUSTOSO,
Pegar FUERTE,   *Hablar alto,*
Sacudir RECIO,   *Ellas caminaban* SILENCIOSAS;

y esas mismas palabras son adjetivos en :

CLARO *talento,*   *Manjar* GUSTOSO,
Golpe FUERTE,   *Torre* ALTA,
Viento RECIO,   *Noches* SILENCIOSAS.

Sembrado es adjetivo en *terreno* SEMBRADO, y es substantivo en *hay buenos* SEMBRADOS; lo mismo cabe decir de *tejido* respecto de

Paño TEJIDO *en Tarrasa.*   *Se venden buenos* TEJIDOS.

Igual distinción cabe aplicar á

Hombre CRIADO *en la montaña.*   *Los* SENTIDOS *corporales.*
CRIADO *infiel.*   *Pasos no* SENTIDOS.

Véanse algunos otros ejemplos :

El MÁS *y el* MENOS (MÁS, substantivo; MENOS, íd.).
El POCO *y el* MUCHO (POCO, substantivo; MUCHO, íd.).
Los POCOS *y los* MUCHOS (POCOS, substantivo; MUCHOS, íd.).
MUCHOS POCOS *enriquecen* (MUCHOS, adjetivo; POCOS, substantivo).
Más valen MUCHOS POCOS *que* POCOS MUCHOS (MUCHOS, adjetivo; POCOS, substantivo; POCOS, adjetivo; MUCHOS, substantivo).
El SÍ *y el* NO (SÍ, substantivo; NO, íd.).
En aquel ENTONCES (ENTONCES, substantivo).
Es más HOMBRE *que tú* (HOMBRE, adjetivo).
Es muy SEÑORA (SEÑORA, adjetivo).
Un CUARTO *de gallina* (CUARTO, substantivo).
El QUINTO *de sus bienes* (QUINTO, substantivo).
Obra ACABADA (bien hecha) (ACABADA, adjetivo).
Vengo ALMORZADO (ALMORZADO, adverbio de modo).
Tu padre está AQUÍ (AQUÍ, adverbio de lugar).
De AQUÍ *á ocho días* (AQUÍ, adverbio de tiempo).
EL *zapatero de la capa* (EL, artículo).
EL *de la capa* (EL, pronombre).
LA *de ayer* (LA, pronombre).
LOS *soldados de guardia* (LOS, artículo).
LOS *de la guardia* (LOS, pronombre).
LAS *de antes* (LAS, pronombre).
Este LAS *no resulta legible* (LAS, substantivo).
ÉSTA *(mi mujer) se hallaba presente* (ÉSTA es aquí substantivo más bien que pronombre).
ÉSE *me lo había dicho* (ÉSE, substantivo).
AQUÉLLA *es mi capa* (AQUÉLLA, adjetivo demostrativo).
ÉSE *es mi bastón* (ÉSE, adjetivo demostrativo).

ESTO, *Inés, ello se alaba* (ESTO, substantivo).
Eso *no será* (ESO, substantivo).
¿*Compraste* AQUELLO? (AQUELLO, substantivo).
ELLO *podrá ser verdad, pero yo no lo creo* (ELLO, substantivo).
¡*Á* ESOS! ¡*Á* ESOS! ¡*Ladrones!* (ESOS, substantivo).
Divididos estaban caballeros y escuderos : ÉSTOS *contándose sus vidas, y* AQUÉLLOS *sus amores* (ÉSTOS y AQUÉLLOS, pronombres).
Eso sería el sumo BIEN (BIEN, substantivo).
Eso no está BIEN (BIEN, adverbio).
BIEN *triste, tristísimo* (BIEN, signo de superlativo).

Á veces se conserva tan clara la estructura primitiva, que apenas se concibe el cambio de significación: *pagaré, vale, cargareme, tomé-razón, besa-la-mano, visto-bueno,* fueron primitivamente verbos, pero ahora son substantivos cuando se dice :

Déme usted los CARGAREMES.
Hoy he descontado siete PAGARÉS.
Firme usted estos TOMÉ RAZÓN.
He recibido del ministro un BESALAMANO.
Ya no quedan VALES *reales del tiempo de Godoy.*
Los RESULTANDOS *y los* CONSIDERANDOS *de esa sentencia son muy justos.*
Póngame usted aquí el VISTO BUENO, etc.

Frases y hasta cláusulas enteras sirven á veces para otro objeto muy distinto del de su primitiva construcción :

¿*Vivirás permitiendo al* NO ME ATREVO (dativo) *que vaya siempre tras el* YO QUISIERA? (ablativo).
Era un muchachon BUSCA-RUIDOS (adjetivo) *y* MÉTOME-EN-TODO (adjetivo).
Salió Á-HUYE-QUE-TE-ALCANZAN (adverbio de modo).
Nos hablábamos Á-MIRA-QUIEN-VIENE (adverbio de modo).

No es, por tanto, de extrañar que la palabra determinante en una cláusula sea determinable en otra :

El papa-rey.   El rey-papa.

La estructura de las palabras no indica estas variaciones en su oficio, y como su conocimiento depende únicamente del sentido de cada cláusula, resulta en ocasiones sumamente difícil la clasificación de los vocablos y el deslinde de los casos.

Las palabras, pues, pierden con suma facilidad su conciencia etimológica, á pesar de subsistir patente en su estructura el primordial objeto de su formación. Así, *cuarentena* no significa ya, siempre, espacio de *cuarenta días*, sino detención por medida sanitaria, como cuando se dice *impusieron al vápor una* CUARENTENA DE SIETE DÍAS, etc., etc.

En resumen, hay que atender al sentido de las palabras para decidir de su valor : primero, porque un mismo afijo tiene valor, unas veces determinante y otras determinable; segundo, porque el cambio de significado hace variar con el tiempo el valor de los afijos.

Resulta, por lo tanto, inadmisible la clasificación generalmente admitida de *partes de la oración*, tomada de un modo absoluto.

SECCIÓN 7.ª

COMBINACIÓN DE COMBINACIONES

CAPÍTULO I

CON PALABRAS SOLAMENTE NO SE HABLA

La necesidad de sacar á los substantivos de su generalidad vaga é incierta, por no haber en las lenguas nombres expresivos de lo individual, trae como consecuencia obligada que no podamos hablar sino por medio de combinaciones, ya aumentando la comprensión de los substantivos, ya fijando su extensión. De donde resulta que no se habla con palabras, sino con su combinación. Así, sin sonidos no hay música; pero un párvulo, manoteando desaforadamente sobre las teclas de un piano, produce sonidos, mas no música. La música ha de buscarse en la sistemática combinación de los sonidos. De modo análogo, la esencia íntima del hablar no ha de buscarse en las palabras, sino en su apropiada y sistemática CONSTRUCCIÓN ELOCUTIVA.

Sin piedras ni ladrillos, sin hierros, sin maderas, en una palabra, sin materiales, no hay casas ni edificios de ninguna clase. Pero los materiales no son casas. Lo que constituye los edificios es la forma especial que resulta de la CONSTRUCCIÓN hecha con esos materiales.

Lo esencial es el sistema de construcción.

La construcción elocutiva es ese algo invisible que preside á la coordinación de las palabras, y hace que con ellas pueda el hombre comunicar á sus semejantes lo que siente, piensa y quiere.

Con palabras, pues, no se habla, sino con su combinación y coordinación: *Mancha, hidalgo, cuyo, en, un, lugar, nombre, no, de, acordar, quiero, vivía, me,* etc., son palabras, son sonidos, son materiales muertos esparcidos al azar, que aguardan la voz de un arquitecto que los llame á la vida. Este arquitecto es la CONSTRUCCIÓN, que los organiza en frases, oraciones ó períodos.

Pero diga un gran maestro: «¡Organizaos!», y en el acto aparecerá un todo elocutivo que nunca ha de morir. «En un lugar de la Mancha, de cuyo nombre no quiero acordarme, no ha mucho tiempo que vivía un hidalgo de los de lanza en astillero, adarga antigua, rocín flaco y galgo corredor.»

El lenguaje no está, pues, en las palabras, sino en su coordinación sistemática.

Así, los guarismos de la numeración decimal no se escriben con las cifras 1, 2, 3..., sino con el invisible sistema que hace valer á cada cifra situada á la izquierda de otra diez veces más que situada á la derecha. Los guarismos, pues, se escriben con el invisible sistema de numeración, no únicamente con las cifras.

La construcción elocutiva supone generalmente pluralidad de palabras:

Dádivas quebrantan peñas.   *Luego vendrá la mujer del boticario.*
Agua pasada no mueve molino.   *Atrás viene el que las endereza.*

Pero á veces, cuando ya se ha estado hablando de un asunto, puede ABREVIARSE la construcción, y constar de muy pocos materiales, hasta quedar, á veces, reducida á una palabra solamente:

¿Vendrá luego esa mujer? — Luego vendrá. — ¿Vendrá? — Vendrá.
Quiero que me des dinero. — ¿Dinero? — Dinero. — ¿Mucho? — Poco. — ¿Cuándo? — Luego.
Mañana pronunciaré un discurso. — ¿Tú?... — Yo.

Mas cuando esto sucede, la palabra única dotada de sentido cabal é independiente, no es elemento sin vida en el lenguaje. Es mucho más que un signo inerte: es un todo organizado; es una condensación; es nada menos que toda una construcción elocutiva: no es una locomotora con carbón apagado, incapaz de movimiento; es una locomotora con el hogar encendido, que se mueve á toda velocidad; no es aire, es viento; no es agua, es presión.

Las palabras *¿vendrá?, vendrá, dinero, mucho, tú, yo...* de los ejemplos anteriores, tienen por sí propias significado cabal é

6

independiente, y son, por lo tanto, verdaderas cláusulas. *Lugar, un, la, de, Mancha, en...* no tiénen significado ninguno. Unas y otras expresiones se denominan *palabras;* pero es claro que corresponden á clases distintas, y que las palabras de las construcciones abreviadas deben recibir denominación especial que impida confundirlas con la generalidad de los materiales inertes y sin vida del lenguaje, constituídos únicamente por raíces y por afijos, y que aún no forman parte de ninguna cláusula.

CAPÍTULO II

CLASIFICACIÓN DE LAS COMBINACIONES

Con los preliminares establecidos puede ya procederse á clasificar las entidades elocutivas, atendiendo á la complejidad de sus agrupaciones.

No se trata de estudiar ideas nuevas, sino de clasificar las ya estudiadas, á fin de conexionarlas en síntesis general.

Las entidades elocutivas se dividen en agrupaciones de palabras con sentido independiente y en agrupaciones sin tal sentido.

Las entidades elocutivas con verbo (expreso ó suplido) son de dos clases:

1.ª De sentido independiente; se subdividen en **tesis** y en **anéutesis**. Las primeras tienen por objeto el afirmar; las segundas tienen por objeto el expresar los demás fenómenos internos distintos de la afirmación:

Pocas personas llegan á la vejez (tesis).
¿Llegan muchas personas á la vejez? (anéutesis interrogativa).
¿No llegan algunos á la vejez? (anéutesis interrogativo-negativa).
Con otras costumbres, ¿no llegarían muchos á la vejez? (anéutesis condicionada interrogativo-negativa).

Las tesis y las anéutesis tienen, pues, de común el enunciar conceptos con sentido cabal é independiente.

2.ª Por otra parte, existen entidades elocutivas compuestas de varias palabras entre las cuales hay verbo, y que, sin embargo, carecen de sentido independiente; por ejemplo, no habría quien supiera de qué se trataba si alguien entrase en una tertulia y después de llamar la atención de todos los presentes dijera, verbigracia: *Cuyo padre fué boticario en Cuenca,* y sin agregar ni una

— 83 —

palabra más, se marchase en seguida, dejando atónito al concurso. Lo mismo sucedería si dijera solamente : *De ocho dedos sobre la marca,* ó bien *negro,* ú otro determinante por el estilo, sin conexión con antecedente alguno.

Aislados los determinantes, constituídos, ya por una palabra, ya por muchas, con verbo ó sin él, no tienen sentido. Y sin embargo, son elementos indispensables en la composición de las cláusulas:

Ha muerto el vecino CUYO PADRE FUÉ BOTICARIO EN CUENCA.
El capataz ha comprado un potro NEGRO DE OCHO DEDOS SOBRE LA MARCA.

Con ser determinantes, no tienen, pues, sentido cabal é independiente los grupos de palabras destinados á aumentar la COMPRENSIÓN, aunque entre ellas haya verbos. Carecen, por tanto, de sentido por sí solas oraciones tales como las siguientes :

QUE *tiene mucha hambre.*   QUE *no oye poco ni mucho.*
QUE *no tiene padre ni madre.*   CUYO *padre fué boticario en Cuenca.*
QUE *no ve desde hace tres años.* DE QUIEN *me has estado hablando.*

CAPÍTULO III

CLASIFICACIÓN DE LOS DETERMINANTES

Los determinantes de la comprensión y de la extensión se dividen en tres clases: DETERMINANTES-VOCABLO, DETERMINANTES-FRASE y DETERMINANTES-ORACIÓN.

DETERMINANTES-VOCABLO son aquellos que constan de una sola palabra.

DETERMINANTES-FRASE son los que están constituídos por un grupo mayor ó menor de palabras, entre las cuales no hay ningún verbo en desinencia personal.

DETERMINANTES-ORACIÓN son los compuestos de varias palabras, entre las cuales hay verbo en desinencia personal.

DETERMINANTES-VOCABLO

Este, ese, aquel.   *Alto, bajo.*   *Ciego, sordo.*
Mi, tu, su.   *Moreno, azul.*   *Manco, huérfano.*
Bueno, malo.   *Inglés, catalán.*   *Hambriento, sediento.*

EJEMPLOS

Este *niño* (adjetivo demostrativo).
Su *niño* (adjetivo posesivo).
Niño bueno (adjetivo de cualidad).
Niño alto (adjetivo de dimensión).
Niño moreno (adjetivo de color).
Niño inglés (adjetivo de nación).
Niño ciego (adjetivo privativo).
Niño huérfano (adjetivo privativo).
Niño sediento (adjetivo privativo).

Todos los determinantes anteriores de la voz *niño* están constituídos por un solo vocablo.

DETERMINANTES-FRASE

De tres años.   *Sin vista, sin oído.*   *De Pedro.*
De ocho dedos de alzada. *Sin brazos, sin padres.*   *Del cartero.*
De caminos y canales.   *De Juan.*   *De tu padre.*

EJEMPLOS

Potro de tres años.   *Niña* sin padres.
Caballo de ocho dedos de alzada.   *Libro* de Juan.
Ingeniero de caminos y canales.   *Reloj* de Pedro.
Poeta sin vista.   *Viuda* del cartero.
Viejo sin oído.   *Biblioteca* de tu padre.

DETERMINANTES-ORACIÓN

Que tiene hambre.
Que no tiene padres.
Que no ve desde hace tres meses.
Que no oye poco ni mucho.
Cuyo padre fué boticario en Cuenca.
De quien me has estado hablando toda la tarde.

EJEMPLOS

Ese es el hombre que tiene hambre *(hambriento).*
Era la niña que no tiene padres *(huérfana).*
Es una vieja que no ve hace tres meses *(ciega).*
Es un vejancón que no oye poco ni mucho *(sordo).*
Es el estudiante cuyo padre fué boticario en Cuenca.
Es el médico de quien me has estado hablando toda la tarde.

Estos grupos, más ó menos individualizadores, entre los cuales hay verbos, se denominan también oraciones-adjetivo (1).

---

(1) Á todo adjetivo puede corresponder una oración determinante; pero no á toda oración determinante corresponde siempre un adjetivo. Al adjetivo *hambriento* corresponde la oración *que tiene hambre;* pero á la oración *que carece de olfato* no corresponde adjetivo ninguno, etc.

Por causa asimismo de la complejidad, se dividen las palabras que limitan y circunscriben la extensión de los verbos en tres clases, como los determinantes de los substantivos; á saber:

Limitativos formados por un solo vocablo;

Limitativos constituídos por un grupo sin verbo en desinencia personal; y

Limitativos formados por varias palabras entre las cuales haya un verbo en desinencia personal.

DE UN SOLO VOCABLO

Ayer, mañana (tiempo).   *Allí, allá* (lugar).   *Cómodamente* (modo).

EJEMPLOS

La vi AYER ALLÍ.   *Estuvimos* CÓMODAMENTE.

DE UN GRUPO DE VOCABLOS SIN VERBO EN DESINENCIA PERSONAL

Por la madrugada (tiempo).   *Á caballo* (modo).
Al sonar las doce (tiempo).   *Para eso* (fin).
Hasta el teatro (lugar).   *Por ese motivo* (causa).

EJEMPLOS

Fuimos POR LA MADRUGADA *al mercado.*
Entró AL SONAR LAS DOCE.
Vinimos Á CABALLO POR ESE MOTIVO.

DE UN GRUPO DE VARIOS VOCABLOS CON VERBO EN DESINENCIA PERSONAL

Cuando ella salía del teatro (tiempo).
Antes que tú llegaras (tiempo).
Cuando tú llegaste (tiempo).
Después que tú llegaste (tiempo).
Para que te diese la noticia (fin).
Porque necesitaba alimento (causa).
Como tú habías ordenado (modo).

EJEMPLOS

La vimos CUANDO ELLA SALÍA DEL TEATRO.
Le pagué DESPUÉS QUE TÚ LLEGASTE.
Le hablé PARA QUE TE DIESE LA NOTICIA.
Te pedí PORQUE NECESITABA ALIMENTO.
Lo hicimos COMO TÚ HABÍAS ORDENADO.

Estos grupos, más ó menos limitativos de la extensión de los verbos, se denominan ORACIONES-ADVERBIO.

CAPÍTULO IV

NEXOS

En todos los grupos de palabras entre las cuales existe un verbo, ya en las oraciones-adverbio, ya en las oraciones-adjetivo, hay un vocablo de capital importancia: el que principia la oración, ya tenga ésta carácter de adjetivo, ya lo tenga de adverbio. Esta palabra inicial de grupo se llama **nexo**.

Son, pues, nexos de oración-adjetivo en los ejemplos del capítulo anterior los vocablos ó grupos de vocablos *que, cuyo, á quien, á quienes, al cual, á la cual, á los cuales, á las cuales* (1).

Son nexos de oraciones-adverbio los vocablos ó grupos *cuando, antes que, después que, para que, porque,* y todo signo inicial de oración destinada á circunscribir la extensión de un verbo.

En general, es nexo cualquier signo simple ó compuesto que dé al grupo de palabras que le sigue oficio de adjetivo ó de adverbio, aumentando en el primer caso la COMPRENSIÓN de algún nombre, y fijando en el segundo la EXTENSIÓN de algún verbo.

Si decimos:

> *Su padre fué boticario en Cuenca,*
> *Está hambriento,*
> *No tiene padre ni madre,*
> *No ve desde hace tres meses,*
> *No oye poco ni mucho,*
> *Hemos estado hablando de él toda la tarde,*

tendremos seis expresiones elocutivas de sentido perfecto é independiente. Pero si hacemos preceder de otros tantos nexos esas seis elocuciones, de manera que nos resulten seis oraciones, tales como

> Cuyo *padre fué boticario en Cuenca,*
> Que *está hambriento,*
> Que *no tiene padre ni madre,*
> Que *no ve desde hace tres meses,*
> Que *no oye poco ni mucho,*
> De quien *me has estado hablando toda la tarde,*

---

(1) Recuérdese que los vocablos *que, quien, cual, cuyo* son denominados por la generalidad de los gramáticos *pronombres relativos*. Esos mismos vocablos, aislados ó en unión de otros, constituyen los *nexos* de las oraciones-adjetivo, estudiados, naturalmente, en esta obra desde distinto punto de vista, puesto que se trata de un sistema gramatical también diferente.

las seis expresiones, antes independientes, se convertirán en otras tantas locuciones sin sentido, de tal manera que, si entramos en una sala y llamamos la atención de una tertulia enunciándolas sin más antecedente, y en el acto abandonamos la reunión, dejaremos atónito al concurso, sin saber de qué se trata, ni á qué ó á quién nos referimos.

Cualquier nexo tiene la propiedad de privar de sentido independiente á toda tesis ó anéutesis con la cual se junta; por ejemplo:

Tu hija da lecciones. El hijo de la modista fué amigo tuyo.

Estos grupos de palabras tienen sentido independiente; pero si se los hace preceder de un nexo cualquiera, pierden en el acto su carácter de independencia y su sentido elocutivo:

Á QUIEN *tu hija da lecciones.* CUYO *hijo fué amigo tuyo.*

Lo que acaba de explicarse respecto de las oraciones-adjetivo, ha de entenderse también respecto de las oraciones de carácter adverbial. Si tenemos expresiones con sentido cabal é independiente, tales como

Ella salía del teatro, Tú lo habías ordenado,
Necesitaba alimento, Él regresó de París,

y si las hacemos preceder de nexos de modo que nos resulten

CUANDO *ella salía del teatro,* COMO *tú lo habías ordenado,*
PORQUE *necesitaba alimento,* EN CUANTO *él regresó á París,*

en el acto aquellas expresiones perderán su significado cabal é independiente, y adquirirán carácter adverbial por virtud de los nexos.

Por el contrario, si en las oraciones se suprimen los nexos, las agrupaciones de palabras restantes después de la supresión adquieren en el acto sentido cabal é independiente, hechas, por supuesto, las oportunas modificaciones.

Sean las oraciones siguientes:

QUE *tiene sed.* CUYA *hija está enferma.*
Á QUIEN *has ofendido.* EN QUE *fuimos á los baños.*
Á LA CUAL *dimos limosna.* DE QUIEN *hablábamos.*

Si se suprimen los nexos y se hacen las necesarias modificaciones, aparecerán desde luego tesis ó anéutesis; v. gr. :

Él tiene sed.
Tú lo has ofendido.
Tú le diste limosna.

Su hija está enferma.
Nosotros fuimos á los baños.
Hablábamos de ella.

CAPÍTULO V

CARACTERES DISTINTIVOS DE LAS TESIS, LAS ANÉUTESIS Y LAS ORACIONES

Los grupos elocutivos con significado cabal é independiente son instrumentos que exteriorizan no sólo nuestras AFIRMACIONES, sino también los demás fenómenos intelectuales, afectivos y volitivos que NO SON AFIRMACIÓN.

La esencia de toda TESIS es una AFIRMACIÓN· EN ABSOLUTO:

Llueve; amanece.
Veo el mar.
Juan es sabio.

Este caballo saltó la zanja.
El perro mordió al lobo.
Los ricos no estiman comúnmente la ciencia.

Lo propio de las anéutesis es el NO AFIRMAR, y por tanto son anéutesis los siguientes compuestos elocutivos :

¿*Llueve?* (anéutesis interrogativa).
¿*Saltó el caballo la zanja?* (anéutesis interrogativa).
¡*Quién sacara á la lotería!* (anéutesis optativa).
¡*Ven corriendo!* (anéutesis imperativa).

En estas anéutesis yo no afirmo que llueve, pues lo pregunto, ni que el caballo saltó la zanja, ni que he sacado á la lotería, ni tampoco que sacaré : únicamente expreso mi curiosidad de saber si llueve, ó si el caballo saltó, etc.

Se distinguen las ORACIONES por faltarles sentido cabal é independiente :

Á quien me has recomendado.
Que nos habló en el café.

Cuyo amigo es alemán.
Con quien estabas paseando.

CAPÍTULO VI

RESUMEN. — ARQUITECTURA DEL LENGUAJE.

Con lo explicado es ya posible dar á conocer lo que pudiera llamarse la ARQUITECTURA DEL LENGUAJE.

No se habla sino por medio de combinaciones de signos.
Estas combinaciones son de tres clases:

PRIMERA CLASE.—Combinaciones de raíces y afijos.

Estos complexos constituyen los materiales inertes del lenguaje, y son la herencia elocutiva que nos han legado las generaciones que nos precedieron. Son signos de una vaguedad y generalidad inmensas, que pueden referirse á multitud de objetos, y que, por tanto, no constituyen el nombre propio de ninguna individualidad. Únicamente indican, por medio de los afijos, que están destinados á formar *verbos, substantivos, adjetivos* ó *adverbios*. Son, pues, con relación al lenguaje lo que en Arquitectura los materiales que se adquieren ya elaborados para la construcción de los edificios, tales como ladrillos, tejas, baldosines, pestillos, fallebas, cerraduras, goznes, bisagras, etc.

SEGUNDA CLASE.—Los nombres propios de lo individual, los cuales se obtienen combinando las palabras, y son construcciones formadas en los momentos de la elocución por aquel que habla, quien las constituye aumentando la comprensión de las palabras ó fijándoles su extensión, ya agregándoles otros vocablos muy generales, ya por medio de especiales desinencias. Estos complexos elocutivos dan á conocer los objetos con sus caracteres y propiedades. Son como en la construcción de los edificios las puertas, las escaleras, los fogones, los tabiques, los pavimentos, etc., que no se adquieren hechos, sino que es preciso construir según las exigencias de cada casa y que, sin embargo, no bastan aún para constituir la casa misma.

TERCERA CLASE.—La combinación de las combinaciones que constituyen lo individual, da á conocer por medio de la correspondiente CLÁUSULA lo que acerca de esos objetos siente, piensa ó quiere aquel que habla. Estas combinaciones de combinaciones son, como en Arquitectura, el edificio completo que nos guarece de la intemperie y nos permite ejercer nuestros oficios ó profesiones.

Solamente combinando aquel que habla las combinaciones de lo individual, cabe realizar el gran resultado de la elocución, comunicarnos con nuestros semejantes: HABLAR, esto es, afirmar, preguntar, mandar, expresar ironía, desprecio, admiración, etc.

Así (según se ha indicado ya con otro motivo), sin materiales no hay casas; pero las piedras, los ladrillos, las maderas, etc., no son casas. Hay que sujetarlos primeramente á multitud de construcciones parciales que nos hagan obtener los muros, los pilares que sostengan los suelos y la techumbre, los tabiques que determinen la distribución de las habitaciones, los balcones y ventanas con sus puertas respectivas, los peldaños de las escaleras, los fogones, las cocinas, las chimeneas y demás accesorios indispensables.

Y ¿para qué se verifica tan enorme multitud de construcciones parciales? Para obtener un muy reducido número de medios con que satisfacer las generales exigencias de la vida, tanto individuales como sociales: muros y techumbre que nos resguarden de las inclemencias del tiempo; habitación en que trabajar, que sirva de bufete al abogado, de consultorio al médico, de biblioteca al escritor, de aula al maestro, de taller á la modista; alcobas en que dormir, comedor en que tomar el alimento, cocina en que condimentarlo, etc.

La inmensidad, pues, de operaciones que una casa requiere se verifica para obtener, al amparo de muros y techos que preserven de la intemperie, sitios para trabajar, comer y dormir.

De análoga manera, la inmensidad de operaciones necesarias para aumentar la comprensión y fijar la extensión de los vocablos se verifica con el reducido objeto de obtener los respectos de **nominativo, acusativo** y **dativo,** conexionados entre sí por el intermedio del **verbo.**

Tres operaciones sucesivas se necesitan para hablar:

1.ª Emplear convenientemente las palabras en su incierta y vaga generalidad, tales como han llegado hasta nosotros al correr de los siglos en el lenguaje común.

2.ª Combinarlas desde luego entre sí para determinar su comprensión, obteniendo así los nombres propios de lo individual.

3.ª Combinar esas combinaciones para formar con ellas las cláusulas expresivas del fin que, conexionando nominativos, acusativos y dativos con los verbos, nos proponemos al hablar: *afirmar, negar, preguntar, mandar,* etc.

Decir que nosotros hablamos con substantivos, adjetivos, adverbios, etc., valdría tanto como afirmar que vivimos en las casas porque en ellas hay escaleras, balcones, puertas, chimeneas, etc. No; vivimos en las casas porque en ellas hay salas, dormitorios, comedores y cocinas.

Por más caracteres que podamos incluir en el significado general de un objeto, nunca salimos del objeto mismo, ni lo ponemos en relación con otro ú otros. Determinando muchas palabras tenemos los nombres de muchas individualidades, pero desligadas unas de otras. Con los nombres de lo individual no se habla: se habla con su combinación; se habla con la combinación de las combinaciones; se habla con la cláusula.

En la cláusula no hay entidades inconexas, sino nominativos, acusativos y dativos, ligados siempre entre sí y con un verbo. Las palabras aisladas é inconexas carecen de la capacidad indispensable para satisfacer la constante necesidad que el hombre experimenta de exteriorizar cuanto siente, piensa y quiere, á fin de comunicarse con los demás seres inteligentes. Pero esos materiales, desprovistos de toda vida, la adquieren cuando se organizan con el carácter de nominativos, acusativos y dativos, conexionados con sus verbos.

En ningún discurso, para los fines elocutivos, hay meramente palabras sin oficio. No; hay mucho más: hay **verbos** y **nominativos, acusativos** y **dativos.**

La vida elocutiva está sólo en la cláusula.

Y no es esto solamente; queda algo de mayor importancia que consignar.

La combinación de combinaciones pone á las entidades elocutivas en posición que antes no tenían, de donde resultan nuevas propiedades.

Existen conceptos, cualidades ó caracteres que no pertenecen á ninguna individualidad desligada de las demás. Por ejemplo, ningún objeto *aislado* es mayor ni menor. El concepto de mayor ó menor sólo aparece cuando se comparan objetos; lo mayor ó lo menor es una relación *entre* las cosas, pero no cualidad existente *en* ninguna.

Recuérdese que la idea de *atropellar á una niña* no es inherente á ningún vehículo; pero dadas deplorables coincidencias, pueden así ponerse en relación un coche y una criatura.

El aumento de la comprensión de un vocablo da á conocer

todos sus caracteres, y puede individualizarlo por completo. Pero concretándose exclusivamente toda enumeración de caracteres y propiedades á una sola individualidad, ningún aumento de la comprensión da ni puede dar noticia de las conèxiones de una individualidad con otra ú otras, concretas y determinadas.

Únicamente la cláusula realiza el grandioso resultado de dar á conocer propiedades no existentes *en* las cosas, pero sí *entre* las cosas; esto es, entre dos ó más individualidades antes desligadas, pues solamente la cláusula exterioriza conceptos no incluídos en el significado de ninguna individualidad.

Un móvil potentísimo, constante, irresistible, nos impulsa á hablar. Ese móvil es la necesidad de comunicarnos con nuestros semejantes, no con palabras inconexas, sino por medio de las cláusulas. Pensar únicamente en las palabras y prescindir de las cláusulas en que reside esa incontrastable potencia elocutiva, sería tanto como creer que el aire mueve las alas del molino. No; quien hace voltear las alas del molino es algo más que el aire: es el viento; es el aire animado de velocidad.

La cláusula és quien conexiona unas entidades con otras y las pone en relación, y esa relación es la esencia de las exteriorizaciones por cuyo medio nos comunicamos con los demás, infundiendo en las palabras una virtualidad no esencial en ellas por el mero hecho de ser palabras, sino por ser algo superior, como la potencia del agua no existe en ella por ser substancia potable, sino por la presión que ejerce cuando está situada á mayor altura que la rueda motriz que hace girar la piedra del molino. Sin la presión del agua, la rueda estaría en quietud eternamente; y sin la fuerza elocutiva que adquieren las palabras por sus propiedades como nominativos, acusativos y dativos, conexionados por el verbo, estarían eternamente incapacitados los substantivos, adjetivos, adverbios, etc., para constituir el admirable organismo del hablar.

En la combinación de los casos entre sí y con el verbo reside, pues, la esencia del significado de toda construcción oral.

La combinación de combinaciones constituye, por lo tanto, la prodigiosa ARQUITECTURA DEL LENGUAJE.

SECCIÓN 8.ª

ESPECIALIDADES

CAPÍTULO I

CONJUNCIONES

Las cláusulas se enlazan unas con otras:

Él te hace bien, Y *tú le pagas con ingratitud.*
Él te hace bien, PERO *tú le pagas con ingratitud.*
Él te hace bien, AUNQUE *tú le pagas con ingratitud.*
No sólo te hace bien, SINO *que olvida tu ingratitud.*
Si no te hace bien, no te hará mal, Á PESAR *de tu ingratitua.*

Las palabras que enlazan unas cláusulas con otras se llaman **conjunciones**.

Las conjunciones unen á veces, pero sólo en apariencia, nada más que vocablos; en realidad, unen siempre cláusulas. Si decimos *Juan* Y *Pedro van al teatro,* la conjunción Y une en realidad las dos cláusulas siguientes: *Juan va al teatro* Y *Pedro va al teatro.* En el ejemplo *yo enseño á Juan* Y *á Pedro,* hay también dos cláusulas: *Yo enseño á Juan* Y *yo enseño á Pedro.*

En los ejemplos anteriores, la conjunción une siempre cláusulas constituídas por tesis. Igualmente puede unir cláusulas constituídas por anéutesis:

¿Van Pablo Y *Pedro á los toros?*   *No enseño á Juan* NI *á Pedro.*

Las dos anéutesis anteriores pueden descomponerse en las cuatro siguientes, dos á dos:

¿Va Pablo á los toros?   *No enseño á Juan.*
¿Va Pedro á los toros?   *No enseño á Pedro.*

Por determinar las conjunciones una relación de enlace, se dividen principalmente en copulativas, disyuntivas y adversativas.

Las COPULATIVAS SON Y, É (1), NI, QUE:

Juan Y *Pedro,*   NI *compro* NI *vendo.*
Fernando É *Isabel.*   NI *corto* NI *perezoso.*
Compro Y *vendo.*   *Cose* QUE *te cose.*

No hay más que una conjunción DISYUNTIVA, ó, la cual se convierte en ú ante palabra que empiece por o ú HO:

Vencer ó *morir.*   *Compro* ó *vendo.*
Diez ú *once.*   *Juan* ó *Pedro.*
Mujer ú *hombre.*   *Azul* ó *verde.*

Á la conjunción ó se une á veces el vocablo *bien*, y otras veces el vocablo *ya*:

Hay que enmendar este escrito, ó BIEN *copiarlo de nuevo.*
Esto se consigue arreglando esta máquina, ó YA *comprando otra nueva* (2).

Por muchos gramáticos se da el nombre de conjunciones á los nexos adverbiales que unen las entidades elocutivas sin sentido independiente á las tesis ó las anéutesis. Pero atendiendo al oficio de estos nexos, no deben recibir el nombre de conjunciones.

No son, pues, conjunciones propiamente dichas las llamadas CONDICIONALES: *si, como, dado que,* etc.; ni las llamadas CAUSALES: *porque, en virtud de, por causa de;* ni las FINALES: *para que, á fin de que.*

En el curso de esta obra quedará justificada la denominación de nexos dada á estos vocablos de enlace.

CAPÍTULO II

INTERJECCIONES

Sin verbo, y por excepción, puede expresarse el fin elocutivo.
Con frecuencia no expresamos por medio de cláusulas, sino por medio de un monosílabo, la impresión repentina de sorpresa, de admiración, de ira, de entusiasmo, de tristeza, de dolor... que

---

(1) La conjunción Y se convierte en É ante palabra que empiece por *i* ó *hi.*
(2) Los vocablos YA, BIEN, HORA, substituyen á veces, por elegancia, á la conjunción disyuntiva ó; pero en tal caso, dichas tres palabras deberán repetirse delante de cada término, v. g.: *Se pasa la vida* YA *cantando,* YA *durmiendo;* BIEN *cantando,* BIEN *durmiendo;* ORA *cantando,* ORA *durmiendo.*

produce en nuestro ánimo algo que vemos ú oímos, sentimos ó queremos; por ejemplo: ¡ah!, ¡oh!, ¡ay!, ¡uf!, ¡bah!, ¡ca!, ¡quia!, ¡eh!, ¡puf!, ¡pum!... Estos monosílabos se llaman **interjecciones**.

Las interjecciones, en cuanto expresan nuestros sentimientos, equivalen, hasta cierto punto, á las cláusulas; pero se diferencian de éstas en que regularmente sólo expresan de un modo vago fenómenos de la sensibilidad, y no de la inteligencia.

Las palabras catalogadas como interjecciones son pocas, pero sirven para expresar muchos afectos, porque se enuncian con tonos muy diferentes y se acompañan de diversos gestos, ademanes y actitudes, por lo cual una misma interjección suele servir para denotar alegría, tristeza, espanto, admiración, burla, enojo, etc.

Las interjecciones son, por su índole, monosilábicas; pero el uso ha dado valor de interjecciones á otras muchas palabras de otra clase: ¡hola!, ¡zape!, ¡miz, miz!, ¡arre!, ¡so!, etc., y muchas que fueron en su origen verbos, adverbios, etc.: ¡bravo!, ¡cómo!, ¡cuidado!, ¡chito!, ¡diablo!, ¡fuego!, ¡pues!, ¡que!, ¡ya!, ¡anda!, ¡vaya!, ¡calle!, ¡toma!, ¡sopla!, ¡atiza!, ¡apaga y vámonos!, etc.

Las interjecciones, según el tono que las acompaña, pueden expresar un fin elocutivo:

>   *¡Fuego!* (en tono afirmativo).
>   *¿Fuego?...* (en tono interrogativo y de sorpresa).
>   *¡Fuego! ¡Fuego!* (en tono afirmativo y de espanto).

Y siendo esto así, ocurre preguntar:

¿Constituye el verbo el único medio exclusivamente propio para dar á conocer *el fin de una enunciación?*

Como acabamos de ver por los últimos ejemplos, hay que responder negativamente.

CAPÍTULO III

FINALIDAD ELOCUTIVA

La función de finalidad elocutiva puede expresarse por otros medios muy distintos:

¡*Hermosa mujer*!
¡*Buen toro*!
¡*Valiente bicho*!
¡*Bravo animal*!
En casa del herrero, cuchillo de palo.
La mujer casada, la pierna quebrada y en casa.
Académicos votantes, 22.

Bolas blancas, 20.
Bolas negras, 2.
Académico electo por mayoría, D...
— ¿*Muerta?...*
— *No, ¡asesinada!*
— ¿*Asesinada!...*
— ¡*Crimen atroz!*
— ¡*Y por su hijo!*

El fin elocutivo de una enunciación puede, pues, exteriorizarse *sin verbo*, con especialidad en formas análogas á la de la interjección. Y es que hay enunciaciones que más bien son sentimientos que ideas, y en que no es necesaria la claridad y precisión que llevan las cláusulas consigo. Así es que en esas enunciaciones hasta estorban los verbos. ¿Qué verbo puede ponerse en el proverbio *En casa del herrero, cuchillo de palo?* Si se dice *en casa del herrero* HAY *cuchillo de palo*, ó bien HUBO *cuchillo de palo*, ó bien SUELE HABER *cuchillo de palo*, etc., se comete una inexactitud y el proverbio pierde todo su vigor.

Trátese de poner verbo en el otro proverbio: *La mujer casada, la pierna quebrada y en casa*, y se verá en el acto la imposibilidad de hacerlo.

Á esta clase de sentencias populares cuadra perfectamente la indecisión y la vaguedad:

¡*Oh edad nefanda!*
¡*Vicios abominables!* ¡*Oh costumbres!*
¡*Oh corrupción!*

(MORATÍN.)

Tales expresiones tienen que aparecer sin verbo, porque cualquier verbo les daría un sentido concreto y determinado, que no sería expresión de la verdad, porque ninguna edad es del todo nefanda ni todas las costumbres son depravadas, etc.

Pero cuando hay verbo, sólo á esta palabra incumbe exclusivamente expresar el fin de la elocución (afirmar, negar, preguntar, mandar...).

CAPÍTULO IV

VOCATIVO

Entre los medios de expresar un fin elocutivo sin hacer uso de ningún verbo, hay que contar el llamado caso **vocativo**.

El vocativo sirve solamente para invocar ó llamar, con más ó menos énfasis, á una persona ó cosa personificada. Lleva algunas veces antepuesto una de las dos interjecciones ¡ah!, ¡oh!, y á veces ¡eh!:

> JUAN, *ven aqui.*
> PEDRO, *cómprame sellos.*
> *Para y óyeme,* ¡OH *sol! ¡Yo te saludo!*
> ¡EH, *tío!... ¡El de las avellanas!...*
> — ¡CABALLERO! *¡Una limosna por Dios!*
> — *¡Perdone, hermano!*

Los vocativos son susceptibles de determinación:

> *Llorad,* NAVES DEL MAR, *que es destruído*
> *Vuestro soberbio orgullo y fortaleza.*
>
> (HERRERA.)

> ¡OH VOSOTROS DEL MUNDO HABITADORES,
> *Contemplad mi tormento!*
>
> (ESPRONCEDA.)

SECCIÓN 9.ª

ANORMALIDADES

CAPÍTULO I

FRASES HECHAS

Poco habría que ampliar lo ya explicado si las normas generales del hablar no experimentasen en la práctica desvíos, contrarreglas, excepciones y hasta caprichos del lenguaje en tan gran número, que quien solamente fijase en ello su mirada podría admitir que lo normal en la lengua era la anormalidad.

Únase á esto, por ser de capital importancia el tenerlo presente, que expresiones anormales, una vez admitidas, establecen bases de nuevas normalidades que obligan á otras clasificaciones de las palabras y á construcciones de naturaleza especial que, como es consiguiente, no se ajustan á las primitivas, por constituir ya verdaderas reglas organizadoras de tales construcciones. Todo esto produce dificultades de no fácil inteligencia, que pueden ser vencidas por virtud de apropiados ejemplos, expuestos ordenadamente, desde lo más fácil á lo más difícil y de lo sencillo á lo complejo, para que así queden mejor grabados en el convencimiento de cuantos en ellos fijen su atención.

Á veces una palabra se junta á otra, no para modificarla ni para aumentarle la comprensión, sino para recordar cualidades ó caracteres ya incluídos evidentemente en la comprensión misma. Por ejemplo: en una fábula de Iriarte se cuenta que «los zánganos determinaron hacer exequias funerales en honor de una abeja muy hábil y laboriosa cuando vivía, y susurrar elogios

>   de lo ingeniosa que era
>   en labrar DULCE miel y BLANCA cera.»

En la idea de miel está comprendida la de dulce, y en la de cera la de blanco; de modo que con tales calificativos no se aumenta la comprensión. Pero en modo alguno son absurdas. Yuxtaposiciones anormales como las anteriores son muy frecuentes. No siempre, pues, se juntan dos palabras para que la una saque á la otra de su vaga é incierta generalidad.

Hállanse en el mismo caso multitud de ejemplos de autores ilustres, como el conocido de *Las ruinas de Itálica*:

> *Este despedazado anfiteatro*
> *Impío honor de los dioses cuya afrenta*
> *Publica el* AMARILLO *jaramago...*

Todos los jaramagos son amarillos. Pero basta con los anteriores ejemplos, porque todo el que lea algo de Literatura se los encontrará á granel.

Hemos visto que cuando una palabra modifica á otra, como

> *Rey profeta,*   *Lengua madre,*
> *Papa rey,*   *Algodón pólvora,*
> *Papel moneda,*   *Cartón piedra,*

resulta un significado en que se encuentran reunidos los conceptos componentes.

Pero hay expresiones anormales formadas por grupos de palabras que, tomadas al pie de la letra, constituyen compuestos evidentemente absurdos, y que, sin embargo, ostentan significados tan admitidos, que á veces resultan insubstituíbles por locuciones lógicas; por ejemplo:

> *Sangre azul,*   *A pie juntillas,*
> *Sangre de horchata,*   *De vez en cuando,*
> *Gramática parda,*   *Sin más ni más,*
> *Sueldo pelado,*   *Á hurtadillas,*
> *A palo seco,*   *El ojo de la llave,*
> *A garrotazo limpio,*   *Terno seco,*
> *Gente de pergamino,*   *Perra grande* (10 céntimos),
> *A roso y velloso,*   *Perro chico* (5 céntimos),
> *A la chita callando,*   *Una gran cruz,*
> *Salida de pie de banco,*   *Política de campanario,*

y otros muchos compuestos por el estilo, cuyo significado está en el conjunto y no en los vocablos que lo forman.

Son todavía, si cabe, más incongruentes que los anteriores ejemplos, frases y modismos, como

> *Cortar el agua.*   *Andar á tiro limpio.*
> *Creer en Dios á puño cerrado.*   *Andarse por las ramas.*

Estos compuestos anormales se llaman **locuciones.** Su número es muy considerable, y no obedecen á ley ninguna. Son engendros del capricho, únicamente sancionados por el uso, y de carácterin variable. Se dice *premio gordo,* y no cabría decir (á no ser cómicamente) *premio grueso,* ni *premio obeso,* ni *premio voluminoso.* Es frase vulgar y corriente *á tiro limpio,* y no cabría decir *á tiro aseado,* ni *á tiro pulcro,* etc.

Todos los anteriores complexos elocutivos y sus similares reciben la denominación de **frases hechas.**

CAPÍTULO II

CONSTRUCCIONES OBLIGADAS

Hay vocablos que no pueden construirse más que agregándoles, sin arreglo á sistema ninguno, una cierta preposición, mientras que otras palabras necesitan hasta dos preposiciones para formar sentido: ACCEDER no puede emplearse sin la preposición Á:

>Accedí á *lo que se me proponía,*
>El ministro accede á *tu petición;*

AGRACIAR lleva siempre la preposición CON:

>*Lo* agraciaron con *una cruz;*

DEPENDER requiere DE:

>Dependo de *mi familia;*

INCURRIR exige EN:

>Incurrió en *grave falta;*

INCOMPRENSIBLE quiere alguna de las dos preposiciones Á ó PARA:

>Incomprensible á *los hombres,*
>Incomprensibde para *los ignorantes;*

INDULGENTE quiere alguna de las preposiciones CON, PARA, ó las dos: PARA, CON:

>*Es* indulgente con *el prójimo,*
>*Es* indulgente para *el prójimo,*
>*Es* indulgente para con *el prójimo;*

RESBALARSE pide también dos con dativo:

>*Se* le *resbaló* de entre *las manos.*

— 101 —

Á veces una misma palabra puede ir con una de varias preposiciones ó con dos de ellas:

> INCONSECUENTE EN *sus amores,*
> INCONSECUENTE CON *sus amigos,*
> INCONSECUENTE PARA *sus amigos,*
> INCONSECUENTE PARA CON *sus amigos.*

Son muchos los verbos que cambian de significado cuando el uso les agrega una determinada preposición; tales como:

RESPONDER .. { RESPONDO POR *mi sobrino* (en que RESPONDER no significa CONTESTAR).

ESTAR....... { *La mesa me* ESTÁ EN *cien pesetas.*
Estoy CON *usted en esta opinión.*

SALIR....... { *Ya* SALÍ DEL *azúcar averiado.*
Ya SALIMOS DE *acreedores.*
Al fin SALIÓ DE *la loca de su suegra.*
El gabán le SALE EN *treinta duros.*
Sale POR *cuatro duros al día.*
La alameda SALE AL *campo.*
Siempre SALE CON *sandeces.*
Siempre se SALE CON *la suya.*

CAER....... { *La ventana* CAE AL *Mediodía.*
Esa calle CAE HACIA *los barrios bajos.*
Ya CAIGO EN *ello.*
Ese santo CAE POR *la Cuaresma.*
Los guardias CAYERON SOBRE *los ladrones.*

DAR .... { *Al fin* DI CON *tu libro.*
La Policía no ha DADO CON *los ladrones.*
Dió EN *la más rara manía.*
Dió EN *la flor de llegar siempre tarde.*
La puerta DA AL *jardín.*
Los guantes con el uso DAN DE *sí.*
Lo DOY POR *visto.*
Le dió POR *tocar la guitarra.*
Dió SOBRE *el más flaco.*
Ese dinero no DA PARA *todo.*

Según se ve, la agregación de estas preposiciones no obedece á sistema ninguno (1).

Hay palabras y hasta reuniones de palabras que no tienen significado completo por sí solas, y que por tanto resultan como PALABRAS Á MEDIAS.

---

(1) Á esta dependencia en que los adjetivos y los verbos principalmente se hallan respecto de ciertas preposiciones, llaman los gramáticos **régimen,** el cual tiene su capital importancia en los anteriores ejemplos y sus análogos.

Tales son todas las preposiciones que aisladamente nada significan.

También son palabras ó frasés á medias las siguientes: *muy, semejante á, parecido á, mayor que, menor que, igual á, tan, tanto, a, os, as, limítrofe con, oriundo de, perito en, inmediato á, idéntico á,* etc., etc. Ninguno de estos vocablos ó conjuntos de vocablos tienen significado elocutivo sino unidos á otros que se les junten convenientemente; y cuando esto se verifica, el sentido resulta del conjunto, y no de ninguno de los componentes. En la unión de estos COMPONENTES á las palabras necesarias reside el significado de la locución. Pero el conjunto no obedece á sistema.

Hay, por último, anormalidades que, una vez admitidas, se sujetan á una normalidad *sui generis: hacer novillos* es indudablemente un grácioso dislate; pero, una vez admitido, ya quedará sujeto á las reglas generales de la conjugación, y podrá decirse:

> *Yo hago novillos.* *Él hace novillos.*
> *Tú haces novillos.* *Ellos hacen novillos.*

De un modo anormal y fuera de todo sistema, la conjunción *que* se une al verbo *tener* para constituir el verbo *tener que*. Pero una vez constituído, el verbo *tener que* se conjuga en todos sus tiempos (excepto en el imperativo) como si fuera un verbo normal de la segunda conjugación:

> *Tengo que salir.* *Tienen que salir.*
> *Tienes que salir.* *Tenía que salir.*
> *Tiene que salir.* *Tenías que salir.*
> *Tenemos que salir.* *Tenía que salir.*
> *Tenéis que salir.* *Teníamos que salir.*

También anormalmente se forman los verbos *tener de, haber de, deber de, llevar entendido, dejar dicho, estar resuelto,* y otros muchos que luego se emplean conforme á las reglas generales:

> *Tengo de hacer un ejemplar.* *Deberá de estar trascordado.*
> *Hubo de escribir.* *Estoy resuelto á escribirle.*

En los tiempos compuestos, las palabras que los forman tienen significado de por sí, distinto del que resulta de la combinación:

> *He escrito.* *Estás escribiendo.* *No habrá alegrías.*
> *Has escrito.* *Está escribiendo.* *No deja de escribir.*
> *Ha escrito.* *No hay dinero.* *No dejó de escribir.*
> *Estoy escribiendo.* *No había fruta.* *No dejará de escribir.*

Y á este tenor, multitud de expresiones formadas en su origen sin sujeción á sistema, constituyen después reglas del idioma.

Pasa, pues, con el lenguaje lo que en Geografía respecto de las irregularidades de la superficie de nuestro globo. La tierra es redonda, pero la redondez está constantemente interrumpida por montes y valles, cerros y llanuras, que hacen necesario un estudio detenido de sus direcciones y estructuras especiales.

De modo análogo las anormalidades del idioma constantemente modifican nuestras ideas generales sobre la elocución. Lo cual, con el transcurso de los tiempos y las rarezas del capricho humano, ha venido á constituir un SISTEMA DE MODIFICACIONES, cuyo estudio es ineludible y requiere la repetición, desde nuevos puntos de vista, de ideas gramaticales al parecer perfectamente establecidas (1).

---

(1) En esta PRIMERA PARTE sólo se incluyen aquellas nociones generales de Gramática pertinentes al fin de esta obra.

PARTE SEGUNDA

FORMAS DE LAS COMBINACIONES DE SENTIDO CABAL
É INDEPENDIENTE

SECCIÓN 1.ª

ESTUDIO ESPECIAL DE VERBOS, NOMINATIVOS
ACUSATIVOS Y ABLATIVOS

CAPÍTULO I

DIVISIÓN DE LOS VERBOS POR SU SIGNIFICADO

1.º Hay verbos que expresan fenómenos independientes de toda personalidad: *llueve, graniza, nieva, anochece.*

Estos verbos se denominan IMPERSONALES ABSOLUTOS, porque los fenómenos que con ellos se designan no dependen de la energía de ninguna persona ni ocurren en ningún ser humano.

2.º Hay verbos que expresan fenómenos afectivos ó conceptos del entendimiento, independientes de toda agencia personal.

Ejemplos referentes á fenómenos afectivos:

>   ADMIRA *su energía.*
>   EMBELESAN *sus conversaciones.*
>   REPUGNA *su fealdad.*
>   SORPRENDE *su hermosura.*
>   DESAGRADA *su testarudez.*

Ejemplos referentes á conceptos del entendimiento:

>   IMPORTAN *sus declaraciones.*
>   URGE *el remedio.*
>   CONVIENE *su aquiescencia.*
>   CONSTAN *sus retractaciones.*
>   BASTA, FALTA, SOBRA, QUEDA *un duro.*

Estos verbos referentes á afecciones de la sensibilidad y á conceptos del entendimiento se denominan IMPERSONALES RELATIVOS, porque, aunque independientes de los fenómenos volitivos, no están en absoluto desligados de toda personalidad.

Quiérase ó no se quiera, una cosa ADMIRA, EMBELESA, REPUGNA, SORPRENDE, DESAGRADA, etc., etc.; ó bien IMPORTA, URGE, CONVIENE, CONSTA, BASTA, SOBRA...

3.º Hay verbos que expresan cambios ó variaciones no intencionales en las cosas ni en las personas:

> *El reloj* VARÍA.
> *El árbol* CRECE.
> *La niña* ENFERMÓ.
> *El cartero* HA ENFLAQUECIDO.
> *El organismo* MUERE.

Estos verbos se denominan *verbos del acaecer, del acontecer, del ocurrir*.

El reloj nada hace intencionalmente para VARIAR, ni el árbol para CRECER, ni la niña ejecuta acto alguno consciente ni inconsciente para ENFERMAR, ni el cartero para ENFLAQUECER, ni el organismo para MORIR. Lo que hay es que en el reloj, en el árbol, en la niña, en el cartero, en el organismo, acaecen, acontecen, ocurren los fenómenos de variar, crecer, enfermar, enflaquecer, morir.

4.º Hay verbos de acción que, para expresar el fin elocutivo que les es propio, necesitan designar tan sólo el AGENTE del acto á que ellos se refieren:

> *El pájaro* VUELA.   *El caballo* GALOPA.
> *El pez* NADA.   *El hombre* TRABAJA.

Estos verbos se llaman INTRANSITIVOS.

5.º Hay verbos, también de acción, que además de designar al agente, pueden conexionar dos entidades elocutivas, como un puente une las márgenes opuestas de un río:

> *La costurera* COSE *los trajes.*
> *El escultor* MODELA *una estatua.*
> *El sabio* AMA *la verdad.*
> *Tu hermano* BARNIZA *los muebles.*
> *El hacha* RAJA *el leño.*
> *Esa mala lengua* CALUMNIA *á todos.*

En los ejemplos anteriores, los verbos COSER, MODELAR, AMAR, etc., conexionan las entidades elocutivas *costura* y *trajes*, *escultor* y *estatua*, *sabio* y *verdad*, etc.

Estos verbos, que expresan acciones transmitidas por el agente á otra persona ó cosa, se llaman TRANSITIVOS (1), si bien todos esos mismos verbos pueden existir sin conexionar gramaticalmente dos entidades:

La costurera COSE.   *El escultor* MODELA.   *El sabio* AMA (2).

6.º De entre los verbos transitivos, forman especial clase los que se denominan *verbos de voluntad, verbos de pasión* y *verbos de entendimiento*, según que los actos dependen más ó menos directamente del *sentir,* del *querer* ó del *entender :*

DESEA *el regreso de su consocio* (verbo de voluntad).
DEPLORA *el regreso de su consocio* (verbo de pasión).
SUPONE *el regreso de su consocio* (verbo de entendimiento).

Estos verbos de *voluntad, pasión* y *entendimiento* son de capital importancia, por tener la propiedad de admitir, como acusativos, conjuntos de palabras; por ejemplo:

Desea QUE REGRESE SU CONSOCIO (voluntad).
Deplora QUE REGRESE SU CONSOCIO (pasión).
Supone QUE REGRESARÁ SU CONSOCIO (entendimiento).

El estudio de estos verbos de *voluntad, pasión* y *entendimiento* es tan complicado y ofrece tan grandes dificultades, que á su examen se consagra casi por completo la Sección 3.ª de la Tercera Parte de esta obra (3).

· (1) Con esta denominación se da á entender que la acción ejecutada por el agente nominativo trasciende al acusativo:

Aquel pícaro muchacho apaleaba á su perro.

El acto del *muchacho* (nominativo-agente) se efectuaba sobre *el perro* (acusativo).
En los verbos que no llevan acusativo no recae la acción del nominativo sobre un acusativo que no existe, y por eso los verbos sin acusativo se denominan INTRANSITIVOS:

El caballo galopa.   *El hombre trabaja.*

(2) Claro es que, en la realidad, resulta forzoso que *la costurera, el escultor*, etc., *cosan, modelen* algo.
(3) Las desinencias de estos verbos en acusativo no indican solamente un tiempo, sino dos; por ejemplo: *Hoy lunes* ORDENO *que el jueves* VENGAN *los albañiles.*
La relación entre los verbos ORDENAR y VENIR es: hoy lunes, de presente á futuro; pero el próximo sábado, cuando el jueves sea ya pretérito, se conservará la misma relación, por admirable propiedad de la lengua, diciendo como sigue: *El lunes* ORDENÉ *que el jueves* VINIERAN *los albañiles:* donde VINIERAN es á la vez futuro del ORDENÉ y pretérito del momento actual.

7.º Hay un verbo, el verbo SER, que tiene por oficio definir correlaciones de igualdad ó comparación entre las ideas de cosas ó conceptos de personas, ó expresar simplemente atribuciones:

Los triángulos son *superficies cerradas por tres líneas...* \
La esfera es *un cuerpo redondo cuyos radios son iguales.* \
El Sol es *el astro central de nuestro sistema planetario..* } Correlaciones.
Los hombres son *animales racionales..................* /
El telégrafo es *útil................................* Atributo.

Este verbo SER se llama SUBSTANTIVO. Las cláusulas de verbo substantivo, cuando consignan relaciones de igualdad ó comparación, son reversibles:

Superficies cerradas por tres líneas son *los triángulos.*
El cuerpo redondo cuyos radios son *iguales es la esfera.*
El astro central de nuestro sistema planetario es *el Sol.*
Animales racionales son *los hombres.*

La reversibilidad de los términos es propiedad exclusiva de las definiciones.

8.º El verbo SER tiene también por oficio consignar que en la extensión de un concepto está incluído otro:

Los leones son *animales.*
Las ballenas son *mamíferos.*
La Tierra es *redonda.*

Las cláusulas de verbo substantivo, cuando sólo consignan que un concepto está incluído en otro, no son reversibles.

En los conceptos de *animal,* de *mamífero* y de *redondo* caben, respectivamente, los de *león*, *ballena* y el del planeta llamado *Tierra,* por lo cual las tres últimas cláusulas son ciertas. Pero no son reversibles, pues siendo mayor la extensión de los conceptos de *animal, mamífero* y *redondo* que la de *león, ballena* y *Tierra,* no cabe decir propiamente:

Los animales son *leones.*
Los mamíferos son *ballenas.*
Lo redondo es *la Tierra.*

9.º Por ampliación, el verbo SER forma con otras palabras conceptos en cuya extensión cabe incluir otros:

Es posible *que lo diga.*
Es imposible *que lo haga.*

En la idea de posibilidad cabe incluir la del dicho de una persona; y en la de imposibilidad la de que ejecute cierto acto; y, análogamente, á estas expresiones pueden agregarse las siguientes :

>Es VERDAD *que lo dijo.*
>Es CIERTO *que se retractó.*
>Es ÚTIL *que trabaje.*
>Es PROBABLE *que regrese.*
>Es IMPROBABLE *que vuelva.*
>Es JUSTO *que el crimen sea castigado.*
>Es NECESARIO *que sigas una carrera.*
>Es FUERZA *que te ganes la vida.*
>Es INDUDABLE *que hay antípodas.*

10.º El verbo substantivo expresa también la existencia; y en este sentido equivale á otros verbos, especialmente el verbo EXISTIR y el verbo HABER empleado unipersonalmente:

Los pocos sabios que en el mundo HAN SIDO. (FRAY LUIS DE LEÓN.)
Los pocos sabios que en el mundo HA HABIDO.
Los pocos sabios que en el mundo HAN EXISTIDO.

Tal señora no ES *en el mundo.* (CERVANTES.)
Tal señora no EXISTE *en el mundo.*
No HAY *señora tal en el mundo.*

FUÉ *Zaragoza :* FUERON *sus valientes.* (MARTÍNEZ DE LA ROSA.)
EXISTIÓ *Zaragoza :* EXISTIERON *sus valientes.*

Aun HAY *patria, Veremundo.* (JOVELLANOS.)
Aun EXISTE *la patria, Veremundo.*

>*Aquí* FUÉ *Troya.*
>*Aquí* EXISTIÓ *Troya.*
>*Aquí* HUBO *una ciudad llamada Troya.*
>
>*La virtud* ES.
>*La virtud* EXISTE.
>HAY *virtud.*
>
>*El eclipse* SERÁ *el martes.*
>*El eclipse* OCURRIRÁ *el martes.*
>HABRÁ *eclipse el martes.*
>
>*En la escalera* ES *el fuego.*
>HAY *fuego en la escalera.*

11.º Cuando el verbo SER indica ESTADO, es substituíble por el verbo ESTAR :

ERA *rico; pero ahora* ESTÁ *pobre* (es decir, su estado es el de pobre).
ERA *la salud misma; pero ahora* ESTÁ *enfermo.*

La riqueza de la lengua permita reemplazar el verbo ESTAR y hasta el mismo SER por otros verbos :

¿Dónde ESTÁ *mi bastón?*
¿Dónde PARA *mi bastón?*
¿Dónde ANDA *mi paraguas?*
¿Dónde SE HABRÁ METIDO *mi paraguas?*
Eso no RESULTA *cierto.*
El joven RESULTÓ *un grandísimo bribón.*
Nos SALIÓ *un grandísimo bribón.*
Esos guantes HAN RESULTADO *muy buenos.*
Esos guantes HAN SALIDO *muy buenos.*

En resumen:

Los verbos expresan :

1.º Lo que percibimos como fenómenos externos é independientes en absoluto de la actividad humana :

Graniza, anochece.

2.º Lo que percibimos como afecciones de la sensibilidad ó concepto del entendimiento, independientes de toda energía personal :

Admira, embelesa (sensibilidad). *Consta, conviene* (concepto).

3.º Lo que acaece en las personas ó las cosas :

Nace, crece, varía, muere.

4.º Lo que se percibe como actos ó EFECTOS de las energías de los seres :

Anda, corre, trota.

5.º Lo que se ejecuta por un ser sobre otro :

El carpintero BARNIZA *la mesa.* *El bueno* ABORRECE *el vicio.*

6.º Lo que ES y CÓMO ÈS :

El triángulo ES *una figura.* *Los leones* SON *animales.*

7.º Lo que EXISTE, HAY ó ESTÁ :

La virtud ES, HAY *virtud.* Es *rico,* ESTÁ *rico.*

CAPÍTULO II

DIVISIÓN DE LOS VERBOS POR SU ESTRUCTURA

Los verbos, atendiendo á su estructura, se dividen en dos clases :

Verbos que con un solo vocablo tienen SIGNIFICADO COMPLETO; y Verbos que para tener SIGNIFICADO COMPLETO requieren más de un vocablo.

Los de la primera clase comprenden en el solo vocablo de que constan todos los caracteres precisos para que la significación resulte completa sin necesidad de aumento en su comprensión :

HABLAR *(habló bien).*   ADORNAR *(adornó la casa).*
DECIR *(dijo mucha verdad).* BORDAR *(bordó un pañuelo).*
ESCRIBIR *(escribió un libro).* FIRMAR *(firmó la credencial).*

Estos verbos no aumentan su comprensión agregándoles ninguno de los casos acusativo, nominativo ni dativo.

Los verbos de la segunda clase ó de significado incompleto, constan siempre de más de un vocablo, y se subdividen en seis especies; á saber:

1.ª Verbos á los cuales se agrega un substantivo que á primera vista parece acusativo, pero que sólo sirve para formar parte de un modismo especial que nada tiene que ver con el significado del verbo; por ejemplo :

Hacer cara,   Hacer frente;

CARA y FRENTE no son aquí acusativos, pues no se trata ahora de hacer ó construir caras ni frentes. De manera que el modismo resulta del conjunto de los vocablos que lo forman, para significar la idea de resistir ú oponerse á enemigos, peligros, dificultades, etc. (1).

Hacer cama.

Tampoco CAMA es acusativo en esta cláusula, sino parte del

---

(1) ¿Te hizo cara?—Cara no; antes bien, me la deshizo.

correspondiente modismo. Y si dijésemos «hacer la cama» ya tendríamos acusativo:

Hacer tortilla (aplastar) (1).

Y de la misma manera resulta la infinidad de modismos análogos en que los substantivos componentes no son acusativos, aunque adopten su forma:

Hacer blanco.	*Hacer calor.*	*Pedir gollerías.*
Hacer tiempo.	*Hacer humedad* (2)	*Pedir peras al olmo.*
Hacer frío.	*Coger un resfriado.*	*Pedir cotufas al golfo.*

Hay muchos de estos verbos de modismos que pueden construirse con dativos, lo que da al substantivo correspondiente mayor apariencia de acusativo:

Dar tiempo.	*Dar que decir.*	*Dar, pegar cachetes.*
Dar ocasión.	*Dar quejas.*	*Dar, pegar bofetadas.*
Dar oídos.	*Dar, pegar voces.*	*Dar, pegar coces.*

LE *dió tiempo suficiente para la copia.*
El juez no LE *dió oídos.*
Bien LE *dió ocasión para ello.*
LE *fueron dadas quejas del empleado.*
LE *di una voz al albañil, para que bajara del andamio.*

Juanito LE $\begin{cases} pegó \\ arreó \end{cases}$ *un cachete á su hermano.*

La mula LE $\begin{cases} dió \\ pegó \end{cases}$ *una coz al arriero.*

En ocasiones, parece que se agrega un nominativo, que, en realidad, sólo forma parte de un modismo; como:

Ponerse el sol (ocultarse bajo el horizonte) (3).

2.ª Hay verbos, á modo de palabras de sentido incompleto, que no pueden construirse sin una preposición, y á veces más,

---

(1) *La carreta hizo tortilla á la rana* (la aplastó). La rana fué hecha tortilla por la carreta.
(2) Ni el *frío* ni el *calor* ni la *humedad* se hacen; por tanto, ni *calor*, ni *frío*, ni *humedad* son acusativos.

(3)   *Púsose el sol; mas miento; no se puso.*
    ¡Qué presto he tropezado en el abuso!
    Dime, inventor de frase tan maldita:
    ¿Cómo SE PONE *el sol cuando* SE QUITA?

                 (SOLÍS.)

por lo cual la palabra que va tras la preposición parece un ablativo, aun cuando no lo sea.

INCURRIR. — No puede construirse sin la preposición EN :

> Incurrió en *grave falta.*

Este verbo por sí solo nada significa. Si alguien dijera únicamente INCURRIR, nadie sabría de qué se trataba.

Véanse más ejemplos de verbos sin sentido completo :

> Depender. *(Depende* de *su familia.)*
> Agraciar. *(Lo agraciaron* con *una cruz.)*
> Optar. *(Optó* por *el reloj, y no* por *la sortija.)*
> Brindar. *(Brindó* por *su salud.)* (1).
> Cejar. *(No cejó* en *su empeño.)*
> Chocar. *(Chocó* con *el barco.)*
> Resbalar. *(Se le resbaló* de entre *las manos.)* (2).

De estar sola ó acompañada de artículo la preposición, dependen otros modismos; como :

Estar en cama (donde en cama no es ablativo, como lo sería si se dijese estar en la cama).
Poner en *capilla* (donde en capilla tampoco es ablativo, como lo sería diciendo poner en la capilla).

Y á este respecto otros modismos :

> *Ir* á *palacio* (distinto de *ir* al *palacio*).

3.ª Hay verbos que varían de significado, según las preposiciones que se les juntan. Tampoco en esta circunstancia la preposición y el substantivo que la sigue forman ablativo:

$$La\ ventana \begin{Bmatrix} DA \\ CAE \\ MIRA \end{Bmatrix} AL\ río.$$

La ventana no CAE, ni DA, ni MIRA. El significado es que «la ventana está situada frente al río». Y en los ejemplos que siguen el verbo CAER no significa DESCENDER :

> *Esa calle* cae hacia *los barrios bajos.*
> *Ya* caigo en *ello.*
> *Ese santo* cae por *la Cuaresma.*
> *Los guardias* cayeron sobre *los ladrones.*

---

(1) BRINDAR puede ser también transitivo : *Le brindó hospedaje.*
(2) RESBALAR puede ser también intransitivo : *Resbaló en la pendiente.*

En los siguientes ejemplos el verbo DAR, á causa de las preposiciones que se le juntan, no significa REGALAR ni otra acepción análoga:

Al fin DI CON *tu libro.*
La Policía no ha DADO CON *los ladrones.*
DIÓ EN *la más rara manía.*
La puerta DA AL *jardín.*
Los guantes con el uso DAN DE *sí.*
Lo DOY POR *visto.*
DIÓ SOBRE *el más flaco.*
Ese dinero no DA PARA *tanto,* etc.

4.ª Hay verbos de significado incompleto que para tener sentido han de incorporarse á uno ó más infinitivos. Tal sucede con el verbo PODER, que por sí solo carece de significado cabal, pues si alguien dijese únicamente: *Yo* PUEDO, todo el mundo le preguntaría: *¿Qué?*

Lo mismo ocurre con el verbo SOLER: *Yo* SUELO.—*¿Qué?*

Y también pasa lo propio en este sentido abstracto con los verbos DEBER, QUERER, MANDAR, HACER, que para formar cláusula cabal é independiente, necesitan incorporarse á alguno ó algunos infinitivos:

Yo PUEDO TRABAJAR.   *Yo* QUIERO ENTERARME.
Yo SUELO PASEARME.   MANDÉ VENIR *el coche.*
Yo DEBO ABSTENERME.   HICE VENIR *el coche.*

Á veces la incorporación de un verbo con otro exige otra nueva incorporación:

Yo PUEDO HACER VENIR *mi coche.*
Él PUDO HACER TROTAR *el caballo.*
Ni él QUISO HACER TROTAR *el caballo, ni* PUDO QUERER HACERLE TROTAR, *porque él entonces estaba en África.*

5.ª Hay también incorporaciones de verbos de preposición con uno ó más infinitivos, ó bien de verbos consistentes en modismos:

HE DE *castigarlos.*
TENGO QUE *castigarlos.*
DEBIÓ *castigarlos.*
DEJÓ DE *escribir.*
QUEDÓ EN *volver.*
TIENE QUE *mandar componer el sombrero.*
DEBE DE TENER *prestada fianza.*
QUEDÓ RESUELTO *hacer venir dos caballos,* etc.

El sentido de los verbos incorporativos, como se ve en las anteriores expresiones, no está en ninguno de los verbos componentes, sino en el conjunto de todos ellos, los cuales forman una especie de complexo en que entran, no una sola idea, sino las de todos los verbos componentes: *poder, querer, mandar, hacer, trotar*, etc.:

>*Yo no* PUDE QUERER MANDAR HACER TROTAR *el caballo.*

6.ª Hay, por último, verbos que no pueden conjugarse sin un pronombre de la misma persona gramatical que el nominativo. Así, por ejemplo, el verbo ABSTENERSE no se puede conjugar sin alguno de los pronombres *me, te, se* (singular); *nos, os, se* (plural). No tendría sentido decir:

>*Yo abstengo, tú abstienes, él abstiene.*
>*Nosotros abstenemos, vosotros abstenéis, ellos abstienen.*

Es preciso conjugar diciendo:

>*Yo* ME *abstengo.*   *Nosotros* NOS *abstenemos.*
>*Tú* TE *abstienes.*   *Vosotros* os *abstenéis.*
>*Él* SE *abstiene.*   *Ellos* SE *abstienen.*

Estos verbos se llaman PRONOMINALES, y son muy numerosos.

En resumen:

Los verbos, POR SU ESTRUCTURA, se dividen en dos clases:

1.ª Verbos consistentes en un solo vocablo.
2.ª Verbos consistentes en más de un vocablo.

Estos últimos verbos se subdividen:

a) En verbos que parecen de acusativo:

>*Hacer cara. Hacer frente. Hacer blanco. Hacer tiempo.*

b) En verbos de preposición, que parecen de ablativo ú otros casos:

>*Le* AGRACIARON CON *una cruz.*
>*Lo* PUSIERON EN *capilla.*
>*Se le* FUÉ DE *la memoria,* etc., etc.

c) En verbos cuyo significado varía por una preposición y que también parecen de ablativo:

>*Ya* CAIGO EN *ello.*

d) En verbos incorporativos:

>*No* PUEDO QUERER MANDAR HACER VENIR *el coche.*

e) En verbos de modismos, que también se incorporan infinitivo:

Debe DE TENER *prestada fianza.*

En verbos pronominales:

Yo ME *abstengo.* *Yo* ME *arrepiento.*

CAPÍTULO III

DIVISIÓN DE LOS NOMINATIVOS POR SU SIGNIFICADO

Se ha visto ya que los verbos *impersonales absolutos* expresivos de fenómenos naturales no llevan nominativo (1) por no necesitar de otras palabras para expresar el fin de la elocución (2):

¿*Relampaguea?* — *Relampaguea.*
¿*Graniza?* — *No graniza.*
¿*No llueve?* — *Llueve.*

Nominativos no agentes. — Los verbos *impersonales relativos* que expresan afecciones de la sensibilidad ó conceptos independientes de toda agencia personal, llevan nominativo porque *solos* no les es dado expresar ninguno de los fines elocutivos que les pueden estar encomendados; pero estos nominativos no son nunca agentes:

Afecciones de la sensibilidad ....
{ *Admira* SU HERMOSURA.
Embelesa SU CONVERSACIÓN.
Encantan SUS OCURRENCIAS.

Conceptos del entendimiento ....
{ Eso *consta á todos.*
Consta LA RETRACTACIÓN.
Importan poco SUS ASEVERACIONES.
Conviene SU AQUIESCENCIA.
ESOS POCOS Y ESOS MUCHOS *no importan nada.*

Tampoco son agentes los nominativos del verbo SER:

La esfera ES *un cuerpo redondo.*
Las ballenas SON *mamíferos.*

---

(1) Aunque anticipando ideas, hay que decir, por vía de preparación, que tampoco llevan nominativo las cláusulas expresivas de la PASIVA EN ABSOLUTO.
(2) Los que se dediquen al estudio de idiomas extranjeros, podrán ver que en otras lenguas estos verbos tienen nominativo puramente gramatical: *Il* PLEUT; *it* RAINS; *es* REGNET; *es hungert* MICH, MICH *hungert.*

Ni los del verbo HABER usado impersonalmente :

> *Aun* HAY *patria, Veremundo.*
> HAY *hechos gloriosos.*
> HAY *días aciagos.*

Tampoco son agentes los nominativos de los verbos NEUTROS ó del ACONTECER que expresan CAMBIOS en los seres por virtud de energías interiores independientes de todo acto volitivo. Estos verbos (como los anteriores) necesitan nominativos :

> ¿*Varía* EL RELOJ?　　EL VIEJO *enfermó.*
> EL NIÑO *nace.*　　　EL ORGANISMO *se desarrolla.*
> EL ÁRBOL *crece.*　　LOS MUNDOS *nacen, crecen* y *mueren.*

Nominativos agentes y causantes. — 1.º Los verbos *intransitivos* llevan siempre nominativo agente, pero no pueden tener acusativo :

> EL CABALLO *trota.*
> EL NIÑO *nadaba.*
> ¿*Volaría* ESTE PÁJARO *cortándole la cola?*

2.º Los verbos *transitivos* no pueden expresar el fin de la elocución sin un nominativo y un acusativo, si bien á veces el acusativo puede no ir expreso :

Estos sastres (nominativo) *cosen* LOS UNIFORMES (acusativo).
Estos periodistas (nominativo) *escriben* BUENOS VERSOS (acusativo).
Estos sastres (nominativo) *cosen á máquina* (sin acusativo, aunque pudiera haberlo) (1).
Estos periodistas no escriben ahora (sin acusativo, aunque pudiera haberlo) (2).

Los nominativos de los verbos transitivos son también AGENTES.

3.º La idea de AGENTE no es la de mero ejecutor.
Se considera como nominativo agente al causante de algo:

> EL VIRREY *construyó diez galeras* (3).
> EL ALMIRANTE *apresó diez bajeles* (4).
> ESE ARQUITECTO *construyó el hospital* (5).

---

(1) Como por ejemplo : *Estos sastres cosen á máquina* LOS UNIFORMES.
(2) Como por ejemplo : *Estos periodistas no escriben ahora* ARTÍCULOS LITERARIOS.
(3) Claro es que el virrey personalmente no pudo construirlas.
(4) El almirante no pudo personalmente apresarlos.
(5) El hospital fué construído por los operarios.

Se ve, pues, que los nominativos de los verbos transitivos son siempre agentes (1).

Formas reflejas.—El nominativo tiene significado especial en las cláusulas llamadas de forma reflexiva.

Estas cláusulas dependen de sus acusativos, por lo cual, aunque ahora se está tratando del nominativo, hay que anticipar ideas referentes á los acusativos, para hacer comprender los nominativos de las cláusulas reflejas, por la dependencia en que tales nominativos están de estos acusativos especiales (2).

1.º Un agente puede ejecutar un acto sobre otra persona ó cosa:

> *Yo afeito* Á MI PADRE (Á MI PADRE, acusativo).
> *Mi madre* ME *peina* (ME, acusativo).
> *Mi abuela* ME *alaba* (ME, acusativo).
> *La niñera* NOS *lavaba* (NOS, acusativo).
> *La niñera lava* Á LA NIÑA (Á LA NIÑA, acusativo).
> *El carpintero elogia* LA MESA (LA MESA, acusativo).
> *El carpintero* ME *elogia* (ME, acusativo).

2.º Un agente puede ejecutar un acto sobre sí mismo:

> *Yo* ME *lavo* (ME, acusativo).
> *La niñera* SE *lava* (SE, acusativo).
> *El carpintero* SE *elogia* (SE, acusativo).

Las cláusulas en que se manifiesta que un agente ejecuta un acto sobre sí propio, se denominan de verbos reflejos ó reflexivos. Así, son de verbo reflexivo las cláusulas siguientes:

> *Yo* ME *afeito.*   *Tú* TE *afeitas.*
> *Yo* ME *peino.*   *Tú* TE *peinas.*
> *Yo* ME *lavo.*   *Vosotros os lavais.*
> *Yo* ME *alabo.*   *Vosotros os alabáis,* etc.

Estas cláusulas reflexivas son también expresiones generales de verbo transitivo.

3.º Varios agentes pueden ejecutar actos recíprocamente los unos sobre los otros:

> *Las niñeras* SE *peinan* (unas á otras).
> *Estos carpinteros* SE *elogian* (unos á otros).

Las cláusulas en que se manifiesta que varios agentes efec-

(1.) Excepto en ciertos casos de estructura reflexiva que en breve se indicarán.
(2) El significado y la forma de los *acusativos reflejos,* ó sea el completo estudio de los mismos, será objeto de otro capítulo.

túan actos unos sobre otros, se denominan de verbo recíproco.
Así, son de verbo recíproco las cláusulas siguientes:

> *Las niñas* SE *besan.*
> *Los niños* SE *tutean.*
> *Mi padre y yo* NOS *abrazamos* (al despedirnos).

También estas cláusulas son expresiones construídas con verbos transitivos.

Los nominativos de las cláusulas genuinamente reflexivas y recíprocas, son agentes, como todos los anteriores, de los verbos transitivos.

Nominativos seudo-agentes.—1.º Es claro que cuando un nominativo ejecuta un acto sobre sí propio, ese nominativo es agente, y lo manifiesta con las formas de las cláusulas reflejas. Pero hay ocasiones en que, conservándose la forma refleja, varía el significado del nominativo; por ejemplo: cuando se dice

> *Juan* SE *afeita en casa de un barbero sevillano,*

nadie entiende que Juan con sus manos se afeita allí á sí mismo. La forma de la cláusula es indudablemente REFLEXIVA; pero atendiendo al sentido, resulta que el nominativo no es agente, sino SEUDO-AGENTE, pues nada hace Juan: él no se afeita; lo afeitan.

2.º No es éste el solo caso en que un nominativo varía de significado por causa del acusativo de una forma reflexiva.

Supongamos la cláusula siguiente:

> *El río* SE *ha helado.*

Nadie entiende que el río haya hecho algo para helarse á sí mismo, sino que el gran frío de la atmósfera ha solidificado el agua.

Tampoco aquí el nominativo Río es agente, sino SEUDO-AGENTE.

3.º Por último, cuando se dice, v. gr.,

> *Juan* SE *entristeció,*

nadie piensa tampoco que con esa forma reflexiva se quiera significar que Juan hiciera algo para entristecerse, pues ninguno se entristece porque quiere, sino que sentimientos y pasiones no dependientes de la voluntad lo entristecen, á pesar suyo. En

> *Juan* SE *entristeció*

el nominativo Juan es sólo SEUDO-AGENTE.

Nominativos indeterminados.—Á veces no interesa, ó no importa, saber quién es el AGENTE de un acto; y entonces van sin nominativos los verbos, aun cuando en ellos se sobrentienda siempre una poderosa agencia personal:

> Le dieron *una paliza* (¿una persona ó muchas?).
> ¡Allá van! (dice el mismo que va á abrir) (1).
> Están haciendo *un teatro.*

Estas construcciones se llaman de nominativo indeterminado. En resumen:

Hay verbos sin nominativo (*Llueve*).
Hay nominativos no agentes (*Aquello embelesa; eso consta*).
Los hay agentes (*El hombre trabaja*).
Los hay causantes (*El virrey construyó diez galeras*).
Los hay seudo-agentes (*Juan se afeita en la Puerta del Sol*).
Y los hay, en fin, *indeterminados* (*¡Allá van!; le dispararon un tiro*) (2).

CAPÍTULO IV

DIVISIÓN DE LOS NOMINATIVOS POR SU ESTRUCTURA. NOMINATIVOS PRONOMINALES Y NOMINALES

La persona que habla puede ser nominativo:

> Yo *estudio.*

También puede serlo aquella á quien se habla:

> Tú *estudias.*

Y por último, puede serlo igualmente cualquier entidad distinta de quien habla ó de aquel á quien se habla:

> Él *estudia.*   Ella *estudia.*
> La mujer *estudia.*   El hombre *estudia.*

---

(1) Aun constándole que por ser él un solo individuo (y no muchos) cabe usar el verbo en singular.
(2) No cabe suponer que muchas personas oprimieron al mismo tiempo un solo disparador.

Los nominativos son, pues:

De primera persona... { Singular... Yo amo.
{ Plural...... Nosotros amamos.

De segunda persona... { Singular... Tú amas.
{ Plural...... Vosotros amáis.

De tercera persona ... { Singular... Él ama.
{ Plural...... Ellos aman.

Son PRONOMINALES los NOMINATIVOS siguientes:

Yo.   Nosotros.   Nosotras.
Tú.   Vosotros.   Vosotras.
Él.   Ellos.
Ella. Ellas.
Ello, esto, eso, aquello (neutros).
Que, quien, quienes, etc.

La inmensa multitud de los no pronominales de tercera persona son NOMINATIVOS NOMINALES:

Lo ha prohibido EL ALCALDE (EL ALCALDE, nominativo nominal).
¿Ha venido ya EL CARTERO? (EL CARTERO, nominativo nominal).
¿Lo has hecho TÚ? (TÚ, nominativo pronominal).
¿Lo habéis comprado VOSOTRAS? (VOSOTRAS, nominativo pronominal).
ELLA *lo compró* (ELLA, nominativo pronominal).
ÉSTA *se hallaba presente* (ÉSTA, nominativo pronominal).

Nominativos desinenciales.—1.º En las primeras y segundas personas de los verbos, el nominativo (la mayor parte de las veces) va embebido en la terminación verbal, según se evidencia en las PRENOCIONES con el CUADRO DE LA CONJUGACIÓN:

Escribes.

¿Quién es quien escribe? Tú.—¿Y en qué se conoce ese TÚ?—En que el verbo acaba en s.—Luego ¿qué es *escribes?*—Verbo y nominativo.—¿Está expreso el nominativo?—Sí.—¿Qué lo expresa?— La s desinencial.

Hablo.

¿Qué es hablo?—Verbo y nominativo.—¿Cuál es el nominativo?—Yo.—En qué se conoce que el nominativo es YO?—En que el verbo acaba en o desinencial (1).

---

(1) Si la O estuviese acentuada, el verbo se referiría á tercera persona: *habló*, y entonces el nominativo sería ÉL.

Entré.

¿Qué es entré?—Verbo; y nominativo, YO.—¿En qué se conoce que el nominativo es YO?—En la É acentuada final.

Hay, pues, en los verbos terminaciones especiales que indican el nominativo (según lo patentiza el citado cuadro de las PRE-NOCIONES).

Estos nominativos embebidos en las terminaciones de los verbos se llaman NOMINATIVOS DESINENCIALES (1).

2.º Se dice que los verbos están en DESINENCIA PERSONAL cuando las terminaciones llevan en sí expresa (ó indicada) la persona del nominativo (primera, segunda ó tercera del singular ó del plural); por ejemplo, *aprend*o : *aprend*es, *aprend*eMOS, *aprender*eMOS, etc. Son verbos en DESINENCIA PERSONAL porque las terminaciones O, S, MOS indican respectivamente que los nominativos son YO, TÚ, NOSOTROS, AS; VOSOTROS, AS; pero las desinencias AR, ER, IR, ANDO, IENDO, etc., no son desinencias personales, porque no indican necesariamente ningún nominativo. Las frases

AL SALIR *del teatro,*
ENTRANDO *en la iglesia,*

no son frases en DESINENCIA PERSONAL, porque para su perfecta inteligencia necesitan de un nominativo no desinencial, esto es, nominal ó pronominal; como AL SALIR YO *del teatro,* AL SALIR TÚ *de la escuela,* ENTRANDO NOSOTRAS *en la iglesia, sucedió tal cosa.*

Doble indicación del nominativo.—Cuando se dice YO *madrug*O, se expresa dos veces la idea de primera persona del nominativo: una, al enunciar el nominativo suelto, pronominal, YO; y otra al pronunciar el nominativo DESINENCIAL O, embebido en la terminación del verbo. Dos veces también se indica la segunda persona al decir TÚ *madruga*S, y análogamente ocurre en NOSOTROS *madruga*MOS, VOSOTROS *madrug*ÁIS.

No siendo, pues, en la mayor parte de los casos necesario reforzar la idea de persona gramatical, cuando la desinencia la

---

(1) Estas letras desinenciales traen su origen de las lenguas madres muy antiguas de que proceden las actuales, y entre éstas la nuestra, la española.

indica suficientemente, suele omitirse en español, sin menoscabo de la claridad, el nominativo pronominal; y así, en vez de YO *madrug*O, TÚ *madruga*S, NOSOTROS *madruga*MOS, VOSOTROS *madrug*ÁIS, se dice *madrug*O, *madruga*S, *madruga*MOS, *madrug*ÁIS, etc.

Pero las terminaciones de tercera persona no individualizan á sus nominativos personales ó nominales. En efecto, cuando decimos *madrug*A, no podemos saber por la sola desinencia A de quién se trata, si de un hombre ó de una mujer, y mucho menos de qué clase de individuos; por lo cual hay que decir, v. gr. :

> ÉL *madruga*, ó ELLA *madruga*.
> EL CARTERO *madruga*, LA MODISTA *madruga*.

Las desinencias de tercera persona sólo indican determinadamente que el nominativo no es de primera ni de segunda persona, y tan sólo dejan de ir acompañadas de nominativos pronominales cuando los antecedentes ó el sentido no permiten duda ni ambigüedades (1).

Nominativos por posición.— El nominativo no se indica por preposición ninguna; pero á veces se distingue de su acusativo por la POSICIÓN que ocupa.

Cuando el nominativo y el artículo son de cosa, el nominativo va delante del verbo:

> EL VASO *rompió la botella* (VASO, nominativo).
> LA BOTELLA *rompió el vaso* (BOTELLA, nominativo).

La posición ante el verbo es signo de nominativo, cuando nominativo y acusativo son igualmente de cosa:

> DÁDIVAS *quebrantan peñas* (DÁDIVAS, nominativo).
> AGUA PASADA *no mueve molino* (AGUA PASADA, nominativo).

---

(1) También necesitan determinación las primeras personas del singular cuando son iguales á las terceras del mismo número; como YO *hablab*A, ÉL *hablab*A, ELLA *hablab*A; YO *hablarí*A, ÉL *hablarí*A, etc.

Ni aun agregando los pronombres nominativos NOSOTROS ó NOSOTRAS, tenemos lo necesario para distinguir las primeras personas del plural del presente de indicativo de los verbos de la primera y de la tercera conjugación, de las primeras personas del plural del pretérito perfecto de las mismas conjugaciones. Por ejemplo: ESTUDIAMOS *ahora alemán;* ESTUDIAMOS *latín cuando éramos niños;* ESCRIBIMOS *ahora traducciones alemanas;* ESCRIBIMOS *traducciones latinas cuando éramos niños.*

Solamente no existe esta ambigüedad en los verbos de la segunda conjugación. Ejemplo: *Á principios de año* TEMIMOS *perder el curso; pero ahora no* TEMEMOS *ya perderlo.*

Nominativo por razón de las concordancias.—1.º El nominativo, según se explicó en las PRENOCIONES, es palabra de tan capital importancia que obliga al verbo á concertar con él en número y persona:

Ese antecedente (singular) *no consta* (singular).........
Esos antecedentes (plural) *no constan* (plural).......... } Verbos im-
Ese libro (singular) *es* (singular) *mayor que éste* (singular). } personales
Esos libros (plural) *son* (plural) *mayores que éstos* (plural). } relativos.

El árbol (singular) *crece* (singular)................... } Verbos del
Los árboles (plural) *dan frutos* (plural).............. } acontecer.

El niño (singular) *corre* (singular)................... } Verbos in-
Los caballos (plural) *trotan* (plural).................. } transitivos.

El sabio (singular) *ama* (singular) *las ciencias*.........)
Los sabios (plural) *aman* (plural) *las ciencias*.......... (Verbos tran-
El sabio (singular) *trabaja*........................... (sitivos.
Los sabios (plural) *trabajan*.........................)

2.º Los verbos impersonales absolutos no llevan nominativo, pero las terminaciones de sus verbos aparecen siempre en tercera persona de singular:

¿*Amanece?* — *No amanece.*
¿*Truena?* — *No truena.*

Por extensión de significado, aparecen alguna vez estos verbos impersonales, excepcionalmente, con nominativo:

Amaneció lluvioso EL DÍA (DÍA, nominativo).
Llovían CHUZOS (CHUZOS, nominativo).
Llovían CAPUCHINOS DE BRONCE (CAPUCHINOS DE BRONCE, nominativo).

3.º El verbo substantivo SER lleva dos nominativos cuando manifiesta que una idea está comprendida en otra:

La esfera (nominativo) ES *un cuerpo redondo* (nominativo).
La ballena (nominativo) ES *un mamífero* (nominativo).
Los leones (nominativo) SON *animales* (nominativo).
Eso (nominativo) ES *verdad* (nominativo).

Cuando el verbo SER tiene el significado de EXISTIR ó de HABER, no lleva más que un nominativo:

Los pocos SABIOS (nominativo) *que en el mundo han sido.*
Ha habido pocos SABIOS (nominativo).
Han existido pocos SABIOS (nominativo).

4.º   El verbo HABER en su acepción de existir sólo se usa en tercera persona de singular, si bien los nominativos de este verbo pueden aparecer en singular ó en plural:

Este mes HAY UN ECLIPSE (nominativo en singular con verbo en singular).
Este año HAY VARIOS ECLIPSES (nominativo en plural con verbo en singular).
HUBO IMPERIO *en Francia al empezar el siglo XIX* (nominativo en singular con verbo en singular).
HABRÁ BUENA COSECHA (nominativo en singular con verbo en singular).
HABRÁ BUENAS COSECHAS (nominativo en plural con verbo en singular).

El verbo HABER en la acepción de existir se denomina IMPERSONAL, y como se ve, no obedece á la regla de la concordancia de nominativo y verbo.

5.º   En las cláusulas de nominativo indeterminado, el verbo va siempre en tercera persona de plural, aun cuando el agente sólo pueda concebirse como singular:

Le PEGARON *un tiro.* (Sólo una persona pudo hacerlo.)
¡ALLÁ VAN! (Sólo una persona va á abrir.)

En esta clase de construcciones, la tercera persona de plural indica indeterminación del nominativo, y en ella se falta abiertamente en gran número de ocasiones á la concordancia de nominativo y verbo. Pero con gran frecuencia el nominativo, por más que resulte indeterminado, se concibe como plural:

ESTÁN CONSTRUYENDO *un acueducto.*
ESTÁN DERRIBANDO *el teatro.*

Claro que el construir y el derribar son operaciones que solamente pueden ejecutarse por nominativos agentes en plural.

Á veces la indeterminación es tanta, que no aparece individualizado el nominativo:

LE DIERON *una paliza.* (La agresión pudo llevarse á cabo por una persona ó por muchas.)
LE HAN REGALADO *una espada.* (¿El coronel?, ¿el regimiento?, ¿quién?...)

Nominativo-frase y nominativo-oración.— Además de los nominativos pronominales, nominales y desinenciales, hay otra clase importante de nominativos no formados por un solo vocablo, como la inmensa multitud de NOMINATIVOS NOMINALES de tercera persona en singular ó plural, sino constituídos por entidades elocutivas compuestas de conjuntos de palabras CON verbo ó SIN él :

> *Conviene* LA RESERVA *respecto de esas noticias* (1).
> *Interesa* RESERVAR ESAS NOTICIAS ALARMANTES (2).
> *Importa* QUE RESERVEMOS TAN ALARMANTES NOTICIAS (3).

Los nominativos formados por entidades elocutivas compuestas de muchas palabras se subdividen en

NOMINATIVOS-FRASE y
NOMINATIVOS-ORACIÓN

Son NOMINATIVOS-FRASE las entidades elocutivas sin sentido independiente ni verbo en desinencia personal, y son NOMINATIVOS-ORACIÓN las entidades elocutivas sin sentido independiente, pero con verbo en desinencia personal :

Nos conviene IR ALLÁ MAÑANA (nominativo-frase).
Nos conviene mucho QUE VAYAMOS ALLÁ MAÑANA (nominativo-oración).
Me basta ESTAR CONTENTA (nominativo-frase).
Me alegra QUE ESTÉS CONTENTA (nominativo-oración).
Urge TENER IMPRESAS ESAS HOJAS ESTA NOCHE (nominativo-frase).
Urge QUE LOS CONCEJALES RECIBAN IMPRESAS ESAS HOJAS ESTA NOCHE (nominativo-oración).

Significado indivisible de los nominativos-conjunto.
Para estimar como nominativo al compuesto de vocablos que integran una oración, hay que considerar á ese conjunto como una agrupación de sentido único, como un todo de significado indivisible, como el nombre propio de un concepto individual, pues sólo por su unidad pueden ser nominativos de una tesis ó anéutesis los agregados de muchas palabras.

Así, como ya se ha dicho con otro motivo, el conjunto de las piezas de un reloj mide el tiempo por la unidad de fin con que todas fueron fabricadas. Esa unidad de fin es indescomponible, y no reside en ninguna de las piezas componentes.

Por consecuencia, en la cláusula *Urge* QUE ENTREGUEMOS IMPRESAS ESTA NOCHE ESAS HOJAS Á LOS CONCEJALES DEL AYUNTAMIENTO, la larga oración QUE ENTRE-

---

(1) RESERVA, nominativo-vocablo.
(2) RESERVAR ESAS NOTICIAS ALARMANTES, nominativo-frase.
(3) QUE RESERVEMOS TAN ALARMANTES NOTICIAS, nominativo-oración.

GUEMOS IMPRESAS ESTA NOCHE ESAS HOJAS Á LOS CONCEJALES DEL AYUNTAMIENTO, únicamente puede ser nominativo, considerado como un todo indescomponible, el concepto de nuestra entrega á los concejales, con todas sus circunstancias de modo y de tiempo. Esto no quita que en análisis secundario se descubran en esos conjuntos constituyentes de los nominativos-oración los elementos que los componen. Así, en la oración QUE VAYAMOS ALLÁ MAÑANA, encuentra el análisis secundario el nominativo *nosotros* embebido en la desinencia MOS del verbo VAYAMOS; y además los adverbios ALLÁ y MAÑANA, correspondientes al mismo verbo VAYAMOS de la oración, no de la tesis. En la oración QUE LOS CONCEJALES RECIBAN IMPRESAS ESAS HOJAS Á LA NOCHE, el análisis secundario descubre lo siguiente: *los concejales* (nominativo del verbo secundario *recibir*), *estas hojas* (acusativo del mismo verbo), *impresas* (palabra que hace oficio de adverbio de modo del verbo *recibir*) *á la noche* (ablativo de tiempo del mismo verbo *recibir*). Pero prescíndase de este análisis secundario, y considérese á la oración entera como UN TODO ELOCUTIVO, y se verá claramente que ESE TODO es el nominativo del verbo principal *urge*, y que el sentido podría compendiarse en la siguiente cláusula: ESO *urge;* donde ESO es un evidente nominativo. Así se condensa en la palabra *reloj* el fin único de medir el tiempo, á que concurre la multitud de piezas que componen tan admirable mecanismo.

Nominativo-conjunto de los verbos impersonales relativos.—No todos los verbos existentes en la lengua admiten nominativos-oración; únicamente los exigen los verbos denominados IMPERSONALES RELATIVOS, que son los que se refieren á afecciones de la sesibilidad ó á conceptos del entendimiento, independientes de la energía de las personas. Tales son, entre otros muchos, *convenir, importar, urgir, constar, ser de temer, ser de desear, gustar, entristecer.* Ejemplos:

Conviene HACER ESO (frase).
Conviene QUE TÚ LO HAGAS (oración).
Importaba PAGAR ESA DEUDA (frase).
Importaba QUE PAGÁSEMOS ESA DEUDA (oración).
Urgía SABER SU OPINIÓN (frase).
Consta HABERLO DICHO (frase).
Consta QUE LO DIJO (oración).
Era de temer QUE LO DIJESE (oración).
Sería de DESEAR QUE LO COMPRASE (oración).

Resumen.

Las personas gramaticales son tres ....
- Primera.. { Singular. / Plural.
- Segunda. { Singular. / Plural.
- Tercera.. { Singular. / Plural.

Los nominativos, por su ESTRUCTURA, son:

Pronominales... Yo *trabajo*, TÚ *trabajas*, NOSOTROS *trabajamos*.
Nominales...... EL HOMBRE *trabaja*, LAS MUJERES *trabajan*.
Desinenciales... *Trabaj*o, *trabaj*AS, *trabaj*AMOS.

POSICIÓN

EL VASO *rompió la botella*. LA BOTELLA *rompió el vaso*.

EXCEPCIONALES POR RAZÓN DE LA CONCORDANCIA

HABRÁ *cuatro* ECLIPSES. ¡*Allá* VAN!

FRASE

Urge IMPRIMIR ESAS HOJAS.

ORACIÓN

Urge QUE IMPRIMAMOS ESAS HOJAS.

El significado de los nominativos-conjunto es indivisible.

Á veces sólo es posible el empleo de nominativos-oración; por ejemplo:

Conviene QUE RECAPACITES SOBRE EL PARTICULAR.

No cabría decir:

Conviene TU RECAPACITACIÓN.

Con frecuencia son posibles un nominativo, consistente en un solo vocablo, y un nominativo-oración. Ejemplo:

Conviene LA LLUVIA. *Conviene* QUE LLUEVA.

También pueden coexistir el nominativo-palabra, el nominativo-frase y el nominativo-oración. Ejemplo:

Urge LA TERMINACIÓN. *Urge* TERMINAR. *Urge* QUE TERMINEMOS.

CAPÍTULO V

DIVISIÓN DE LOS ACUSATIVOS POR SU SIGNIFICADO

Acusativos de cosa y de persona.—1.º Hay acusativos referentes á cosas, y acusativos referentes á personas, unos y otros expresados por substantivos.

Los ACUSATIVOS DE COSA no llevan preposición ninguna que los dé á conocer ni les sirva de signo ó de índice:

> *Estos labradores siegan* EL TRIGO (acusativo de cosa).
> *El vaso rompió* LA BOTELLA (acusativo de cosa).
> *La botella rompió* EL VASO (acusativo de cosa).

Los ACUSATIVOS DE PERSONA van precedidos de la preposición Á:

El maestro censura Á SUS DISCÍPULOS (acusativo de persona).
Los espectadores aplaudieron Á LAS ACTRICES (acusativo de persona).

2.º Á veces se considera á las personas como objetos, y entonces no llevan Á, como debieran, por ser acusativos de persona:

Tu madre busca COCINERA (persona objetivada).
La modista busca TRES COSTURERAS Y UNA APRENDIZA (personas objetivadas).
La patrona admite PUPILOS (personas objetivadas).
El capitán envió CUATRO SOLDADOS Y UN CABO (personas objetivadas).

3.º Otras veces se personifica á las cosas, y entonces el correspondiente acusativo lleva, como si se tratase de persona, Á:

Quien no ha visto Á SEVILLA *no ha visto maravilla* (cosa personificada).
Yo no he visitado Á ROMA (cosa personificada).
Así arruináis Á LA NACIÓN (cosa personificada).

Acusativos pronominales.—1.º Hay otros acusativos no expresados por substantivos que se refieren á personas y no llevan Á. Estos son los seis monosílabos siguientes:

> ME, TE, SE (singular), NOS, OS, SE (plural):

> *Él* ME *elogia y ella* TE *censura.*
> *Tu maestro* NOS *alaba, pero la maestra* OS *vitupera.*
> *El criado* SE *afeita* (SE, singular).
> *Las niñas* SE *tutean* (SE, plural).

2.º Hay también otros acusativos no expresados por substantivos que también sin la preposición Á pueden referirse á personas lo mismo que á cosas; éstos son los pronombres

LE, LA, LO, LOS, LAS :

Yo LO *recogí* (refiriéndose el que habla á un huérfano).
Yo LO *recogí* (refiriéndome á un libro).
Yo LA recogí (refiriéndome á una niña).
Yo LA *recogí* (refiriéndome á una moneda).
Yo LOS *recogí* (huérfanos).
Yo LOS *recogí* (libros).
Yo LAS *recogí* (huérfanas).
Yo LAS *recogí* (monedas).

CAPÍTULO VI

DIVISIÓN DE LOS ACUSATIVOS POR SU ESTRUCTURA

Acusativos nominales y pronominales.—Los acusativos se dividen en PRONOMINALES y NOMINALES.

Son PRONOMINALES todos los acusativos monosilábicos enumerados en el capítulo anterior, ninguno de los cuales, como se acaba de ver, lleva el índice ó signo Á :

Tu maestro ME *llama*..........
Mi amigo TE *compadece*.......
Mi padre LA *vió*............. } ME, TE, LA, LAS, LO, LOS (acusativos).
Los policías LAS *prendieron*...
ME *vió*, TE *vió*, LO *vió*.........
Nos *vió*, LOS *vió*.............

Los demás acusativos formados con substantivos se llaman NOMINALES; de entre ellos, unos se refieren á personas y otros á cosas, y se distinguen por su estructura; pues los referentes á personas llevan Á y los otros no, según también se ha visto en el capítulo anterior :

Mi amigo compadece Á TU YERNO.
Mi amigo compadece SU LOCURA.
Este testigo vió LAS GANZÚAS.
La Policía prendió Á LOS REVOLTOSOS.
La Policía aprehendió EL CONTRABANDO.
Recogió Á LA HUÉRFANA.
Recogió LA HERENCIA.

No se olvide que, como se ha dicho al tratar de la significación, cuando un objeto se personifica, lleva Á en el acusativo, como si fuera una persona:

Quien no ha visto Á SEVILLA *no ha visto maravilla.*
He visto Á PARÍS.

Inversamente, si una persona se objetiva no lleva Á, como si fuera acusativo de cosa:

La patrona admite HUÉSPEDES.
¿No distingues allí TRES MARINEROS*?*

Acusativos-frase y acusativos-oración.—Muchos de los verbos transitivos tienen por acusativo una frase ó una oración, esto es, un grupo de palabras con ó sin verbo en desinencia personal:

Quiero HACERLO (acusativo-frase).
Quiero QUE LO HAGAS (acusativo-oración).
Pienso HACERLO (frase).
Pienso QUE LO HARÉ (oración).
Deplora HABERLO HECHO (frase).
Deplora QUE TÚ LO HAYAS HECHO (oración).

Como pasa con los nominativos, se denominan ACUSATIVOS-FRASE los acusativos formados por varias palabras SIN verbo en desinencia personal:

Yo creía LLEGAR TARDE Á LA ESTACIÓN (acusativo-frase).
El alcalde prohibe FIJAR AQUÍ CARTELES (acusativo-frase).
El pobre siempre busca medios de GANAR LA VIDA (acusativo-frase).

Y hay, en fin, acusativos formados por muchas palabras entre las cuales aparece un verbo en desinencia personal:

Yo creía QUE LLEGARÍAMOS TARDE Á LA ESTACIÓN (acusativo-oración).
El alcalde prohibe QUE LOS MUCHACHOS JUEGUEN AQUÍ Á LA PELOTA (acusativo-oración).
El pobre nunca sabe SI TENDRÁ PAN EL DÍA DE MAÑANA (acusativo-oración).
La Policía ignora aún SI ERAN MUCHOS Ó POCOS LOS LADRONES (acusativo-oración).
El alcalde ha averiguado ya CUÁNTOS ERAN LOS CRIMINALES (acusativo-oración).

Estos acusativos se denominan ACUSATIVOS-ORACIÓN.

Más ejemplos:

Dice NO HABER ESTADO PRESENTE (acusativo-frase).
Dice QUE NO ESTUVO PRESENTE (acusativo-oración).
Veo LLOVER Á CÁNTAROS (acusativo-frase).
Veo QUE LLUEVE Á CÁNTAROS (acusativo-oración).
Siento ENCENDÉRSEME LA IRA (acusativo-frase).
Siento QUE SE ME ENCIENDE LA IRA (acusativo-oración).
Me aseguró SABERLO POSITIVAMENTE (acusativo-frase).

Me aseguró QUE LO SABÍA POSITIVAMENTE (acusativo-oración).
Me prometió HACERLO PRONTO Y BIEN (acusativo-frase).
Me aseguró QUE LO HARÍA PRONTO Y BIEN (acusativo-oración).
Espero VERLOS (acusativo-frase).
Espero QUE LOS VERÉ (acusativo-oración).

Significado indivisible de los acusativos-conjunto.—
Corresponde ahora repetir aquí, respecto de los ACUSATIVOS-FRASE y de los ACUSATIVOS-ORACIÓN, la misma doctrina que se expuso con respecto á los nominativos constituídos por muchas palabras con ó sin verbo en desinencia personal.

Estos acusativos han de ser considerados EN SU CONJUNTO como un TODO ELOCUTIVO, como una ENTIDAD ÚNICA, como un COMPUESTO DE SENTIDO INDESCOMPONIBLE, como el NOMBRE PROPIO DE UNA INDIVIDUALIDAD:

La Policía sabe ya QUE LOS LADRONES EMPEÑARON LAS ALHAJAS EN EL MONTE DE PIEDAD.

¿Qué es lo que sabe ya la Policía? UN HECHO: QUE LOS LADRONES EMPEÑARON LAS ALHAJAS EN EL MONTE DE PIEDAD.

Solamente tomado ese conjunto como una ENTIDAD ELOCUTIVA única é indescomponible es como puede tenerse por ACUSATIVO del verbo SABER tan compleja combinación de palabras.

Un análisis secundario nos hace ver en esa oración:

Un nominativo: *los ladrones.*
Un verbo: *empeñaron.*
Un acusativo: *las alhajas.*
Un ablativo: *en el Monte de Piedad.*

Resumen.

Los acusativos, por su ESTRUCTURA, se dividen en:

Pronominales.. { ME, TE, SE (singular); NOS, OS, SE (plural); LO, LE, LA; LOS, LAS: TE *veo,* ME *ves,* SE *ve,* etc.

Nominales.... { De cosa (sin Á): *Veo* LAS MESAS; *La patrona admite* PUPILOS.
De persona (con Á): *Vi* Á TUS PRIMAS.
De cosa personificada: *He visto* Á LISBOA (1).

Frase......... *Creí* LLEGAR CON TIEMPO AL TREN.
Oración....... *Creí* QUE LLEGARÍAMOS CON TIEMPO.

---

(1) Es grave falta decir sin Á: *He visto* PARÍS; *he visitado* BERLÍN, etc.

SECCIÓN 2.ª

FORMAS REFLEJAS

CAPÍTULO I

CONCORDANCIA DE NOMINATIVO Y VERBO
ACTIVA.—PASIVA

Relación de producente á producido.—Las personas ó las cosas pueden estar conexionadas entre sí por la relación de producente á producido, ó de modificante á modificado:

>El SASTRE (nominativo) *hace* LOS UNIFORMES (acusativo).
>El HERRERO (nominativo) *forja* EL HACHA (acusativo).
>El SABIO (nominativo) *ama* LAS CIENCIAS (acusativo).

La relación puede á veces ser de causante á causado; no de ejecutante á ejecutado:

El VIRREY *construyó* TREINTA Y OCHO GALERAS (claro es que él no pudo con sus manos construir los treinta y ocho buques).
El GENERAL *pasó á cuchillo* LA GUARNICIÓN.
El ALCALDE *construyó* ESTE PUENTE.

Voces verbales.—Los verbos transitivos, esto es, de acción con acusativo, son susceptibles de dos VOCES: la ACTIVA y la PASIVA:

>*Estos sastres* COSEN *los uniformes* (voz activa).
>*Los uniformes* SON COSIDOS *por los sastres* (voz pasiva).
>*Los uniformes* SE COSEN POR *los sastres* (voz pasiva).

Está una cláusula en la voz ACTIVA cuando el agente, esto es, lo producente, modificante ó causante aparece en nominativo, y lo producido, modificado ó causado resulta en acusativo:

EL SEGADOR (nominativo) *hacina* LAS MIESES (acusativo sin Á).
LOS PERIÓDICOS (nominativo) *instruyen* Á LAS MASAS (acusativo con Á).
EL CAPITÁN (nominativo) *hizo* DIEZ PRISIONEROS (acusativo sin Á).
EL GUERRILLERO (nominativo) *capturó* EL CONVOY (acusativo sin Á).

Está una cláusula en voz PASIVA cuando lo ejecutado, lo producido ó modificado, ó bien lo causado, aparecen en nominativo, y el agente, esto es, lo producente, modificante ó causante resulta en ablativo con la preposición POR:

Los uniformes (nominativo) SON HECHOS POR LOS SASTRES (ablativo).
Los uniformes (nominativo) SE HACEN POR LOS SASTRES (ablativo).
Las ciencias SON AMADAS POR EL SABIO.
Las ciencias SE AMAN POR EL SABIO.
La guarnición FUÉ PASADA Á CUCHILLO POR EL GENERAL.
Se pasó á cuchillo la guarnición POR EL GENERAL (1).

Como se ve, hay dos medios generales de expresar la voz pasiva:

1.º Con el verbo SER y un participio.
2.º Con el signo SE y los tiempos y terminaciones propios de la voz activa.

Hay otros medios menos generales, por ser más especiales ó

---

(1) No obstante ser hoy lo normal el empleo de la preposición POR para estos casos, se hallan ejemplos como los siguientes, con DE y no con POR, en autores irrecusables:

> Ni del dorado techo
> se admira fabricado
> DEL sabio moro, en jaspe sustentado.
>
> (FRAY LUIS DE LEÓN.)

> ... y vieras conducida
> DEL rústico gallego que me sirve
> ancha bandeja con tazón chinesco.
>
> (MORATÍN.)

> Fué recogido DE los cabreros.
>
> (CERVANTES.)

Este giro de Cervantes significaría hoy que los cabreros se hallaban en posesión de algo que les fué recogido.

concretos de expresar la pasiva por medio de participios con los verbos *estar, ir, hallar, quedar, resultar,* etc, como, por ejemplo:

IBA *mandado el ejército* POR *aquel célebre caudillo,*

en vez de:

ERA *mandado el ejército* POR *aquel célebre caudillo* (1).

QUEDARON *derrotados* POR *la sangre fría del general,*

en vez de:

FUERON *derrotados* POR *la sangre fría del general.*

El escuadrón ESTABA *amedrentado* POR *los enemigos,*

en vez de:

El escuadrón ERA *amedrentado* POR *los enemigos.*

RESULTÓ *así demostrada la verdad de mi aserto,*

en vez de:

Así FUÉ *demostrada la verdad de mi aserto.*

Al fin QUEDÓ *patentizada su inocencia,*

en vez de:

Al fin FUÉ *patentizada su inocencia* (2).

Cuando en una cláusula construída con verbo transitivo están expresos el nominativo y el acusativo, la cláusula se llama *primera de activa*.

---

(1) Estos ejemplos no son del todo equivalentes, porque además de la dea de ser el ejército mandado por un célebre caudillo, entraña la cláusula primera la idea de moverse, la de caminar, de ir, al decir *iba mandado*.
Y así de los demás ejemplos:

> Y cuando el rostro volvió,
> halló la respuesta, viendo
> que otro sabio iba cogiendo
> las hojas que él arrojó.
>
> (CALDERÓN DE LA BARCA.)

(2) Muchas veces los adjetivos substituyen á los participios, cuando son equivalentes los significados:

Al fin quedó PATENTE *su inocencia.*

Y cuando se omite el acusativo, la cláusula se denomina *segunda de activa*:

Estos periodistas (nominativo) *no escriben buenos versos* (acusativo, primera de activa).
Estos periodistas (nominativo) *no escriben ahora* (segunda de activa).
Este hombre no ha visto nunca el mar (acusativo, primera de activa).
El topo (nominativo) *no ve* (segunda de activa).

El nominativo de una cláusula en la voz ACTIVA se llama, como ya se ha dicho, NOMINATIVO-AGENTE:

EL CARPINTERO (nominativo-agente) *trabaja* LA MADERA (acusativo).

El nominativo de una cláusula en la voz PASIVA se llama NOMINATIVO-PACIENTE, y el correspondiente ablativo se denomina ABLATIVO-AGENTE.

LA MADERA (nominativo-paciente) *es trabajada* POR EL CARPINTERO (ablativo-agente).
LA MADERA (nominativo-paciente) SE *trabaja* POR EL CARPINTERO (ablativo-agente).

ADVERTENCIA. — Este ablativo de la pasiva no tiene nada que ver con los ablativos estudiados en las PRENOCIONES y el significado de un verbo con relación á determinado LUGAR, TIEMPO, MODO, CAUSA, FIN, etc. Tales ablativos únicamente expresan circunstancias; mientras que el ABLATIVO-AGENTE señala una función importantísima: la de CAUSANTE ó EJECUTANTE del acto expresado por el verbo de la voz pasiva (ó sea nominativo-agente de la voz activa) (1).

Cuando en una cláusula de la voz activa (esto es, formada con un verbo que puede llevar acusativo) falta este acusativo, la cláusula no puede ponerse en la voz pasiva con el verbo SER y un participio; pero sí con el signo de pasiva SE:

El carpintero trabaja (voz activa sin acusativo).
SE *trabaja por el carpintero* (pasiva con SE) (2).

Estas cláusulas con el signo SE sin NOMINATIVO-PACIENTE, se llaman *segundas de pasiva;* por manera que en las segundas de

---

(1) Al ablativo-agente debería darse otra denominación.
(2) No podría decirse:

Es trabajado por el carpintero.

activa falta el acusativo, y en las segundas de pasiva falta el NOMINATIVO-PACIENTE :

Las costureras cosen (falta el acusativo : segunda de activa).
SE *cose por las costureras* (falta el nominativo-paciente : segunda de pasiva).

OBSERVACIÓN.—Los verbos intransitivos son, como se ha visto, los que no llevan acusativo:

Los caballos andan, trotan y galopan. *Los pájaros vuelan.*

Y, naturalmente, las cláusulas formadas con estos VERBOS INTRANSITIVOS no pueden ponerse en la voz pasiva con el verbo SER y un participio; pero sí pueden ir á pasiva con el signo SE:

SE *trota por los caballos.* SE *vuela por los pájaros.*

Todos los verbos pueden aparecer en la voz pasiva con el signo SE; pero forman excepción los impersonales absolutos y relativos.

No puede, pues, decirse :

SE *relampaguea,* SE *anochece,* SE *nieva,*

ni tampoco

Esto SE *consta, Eso* SE *urge, Eso* SE *es mayor que aquello.*

Tampoco es posible llevar á pasiva con el signo SE los verbos que tengan necesariamente un SE desinencial. Así, en vez de

Cuando uno SE *desvela, medita,*

no cabe decir :

Cuando SE SE *desvela, medita.*

CAPÍTULO II

PASIVA CON EL VERBO «SER»

Concurrencia de nominativo-paciente y verbo.—Hay una concordancia especial de nominativo y verbo, propia de la voz pasiva construída con el verbo SER y un participio. El verbo de la pasiva por medio del verbo SER concierta en número y persona con el nominativo-paciente, según la regla general; pero además estas pasivas están sujetas á otra especial concordancia.

El participio concierta en género con el nominativo, además de concertar con él necesariamente en número.

Así, tratándose de un hombre se dirá:

Yo *soy am*ADO. Tú *eres am*ADO. ÉL *es am*ADO.

Y en plural:

NOSOTROS *somos am*ADOS. VOSOTROS *sois am*ADOS. ELLOS *son am*ADOS.

Y tratándose de mujer se diría:

Yo *soy am*ADA. Tú *eres am*ADA. ELLA *es am*ADA.

Y en plural:

NOSOTRAS *somos am*ADAS. VOSOTRAS *sois am*ADAS. ELLAS *son am*ADAS.

Así, pues, los verbos pasivos construídos con el verbo SER y un participio, conciertan con sus nominativos en género, número y persona.

Activa por pasiva y viceversa.—Las primeras de activa se vuelven por pasiva cuando se usa del verbo SER, poniendo en nominativo-paciente el acusativo de la activa, concertando en género, número y persona con el nominativo-paciente el verbo en pasiva, y poniendo el nominativo de la activa en ablativo-agente, precedido de uno de los signos DE ó POR.

Activa.—*El general* (nominativo) *arengó* (verbo) *á los soldados* (acusativo).
Pasiva.—*Los soldados* (nominativo) *fueron arengados* (verbo) *por el general* (ablativo).
Activa.—*El cocinero* (nominativo) *condimentó* (verbo) *las perdices* (acusativo).
Pasiva.—*Las perdices* (nominativo) *fueron condimentadas* (verbo) *por el cocinero* (ablativo).

ADVERTENCIA.—Al convertir una cláusula de la voz activa en otra cláusula de la voz pasiva, el verbo SER en la pasiva ha de ponerse en el mismo TIEMPO en que aparezca el de la voz activa, y viceversa:

Activa.—*Yo* ESCRIBO *la comedia* (tiempo presente de la voz activa).
Pasiva.—*La comedia es* ESCRITA *por mí* (ídem de la pasiva).
Activa.—*Yo* ESCRIBIRÉ *la comedia* (tiempo futuro de la voz activa).
Pasiva.—*La comedia* SERÁ ESCRITA *por mí* (ídem de la pasiva).

Cuando en la voz activa está expresado el nominativo por sólo una desinencia, es preciso dar á esta desinencia la forma de ablativo.

Las terminaciones del verbo expresivas de nominativo			Se convierten en los ablativos pasivos siguientes.
Primera persona de singular			*Por mí.*
Segunda	—	—	*Por ti.*
Tercera	—	— masculino	*Por él.*
Tercera	—	— femenino	*Por ella.*
Primera	—	plural, masculino	*Por nosotros.*
Primera	—	— femenino	*Por nosotras.*
Segunda	—	— masculino	*Por vosotros.*
Segunda	—	— femenino	*Por vosotras.*
Tercera	—	— masculino	*Por ellos.*
Tercera	—	— femenino	*Por ellas.*

Voz activa.	Voz pasiva.
Comí *el pan* (1)	*El pan* fué comido *por mí.*
Beberás *el vino* (2)	*El vino* será bebido *por ti.*
¿Trajo *la corbata?*	¿Fué traída *la corbata por* { *él?* / *ella?*
Hicimos *una gorra*	*Una gorra* fué hecha *por* { *nosotros.* / *nosotras.*
Odiabais *á esa mujer*	*Esa mujer* era odiada *por* { *vosotros.* / *vosotras.*
No aman *á esa niña*	*Esa niña* no es amada *por* { *ellos.* / *ellas.*

Para pasar á la pasiva los acusativos pronominales *lo, la, los, las, me, te, se, nos, os,* esos acusativos se convierten en los nominativos *él, ella, ellos, ellas, tú, nosotros, nosotras, vosotros, vosotras; que* permanece invariable.

Y, al contrario, estos nominativos se convierten en aquellos acusativos.

Activa.	Pasiva.
Yo te veo	*Tú* eres visto *por mí.*
Tú la viste	*Ella* fué vista *por ti.*
¿*Qué* compraron?	¿*Qué* fué comprado *por* { *ellos?* / *ellas?*

---

(1) El nominativo es yo, embebido en la í acentuada de *comí.*
(2) El nominativo es tú, embebido en la s de *beberás.*

De entre las muchas combinaciones de pasiva que pueden formarse, todas gramaticalmente correctas, unas suenan mejor que otras. Y si al hacerse una conversión se hubiese escrito:

Por el niño de la portera los peros de mi huerto fueron llevados en la bandeja del comedor al hermano del general esta mañana,

cabría decir: la conversión está hecha con exactitud y corrección gramaticales; pero ¿no podríamos distribuir más elegantemente esas palabras? ¿No sonaría mejor, por ejemplo,

Esta mañana fueron llevados en la bandeja del comedor por el niño de la portera los peros de mi huerto al hermano del general?

Al entendimiento gusta que una cláusula no termine en una locución circunstancial; que se coloquen hacia el fin las expresiones más rotundas; que la distribución de los casos se haga con cierta igualdad antes y después del verbo de la tesis, etc. Por último, deben evitarse muchas construcciones pasivas, por ser decididamente desagradables, ó estar fuera de uso, aunque resulten ajustadas á los preceptos gramaticales (1).

---

(1) Las concordancias y las conversiones de las pasivas formadas con el signo SE, obedecen á otras reglas que las construídas con el verbo SER y un PARTICIPIO; y su complejidad es tanta, que ellas solas constituyen el especial objeto de las ampliaciones, estudio y análisis que van á continuación, en la siguiente SECCIÓN 3.ª

SECCIÓN 3.ª

FORMAS REFLEJAS

CAPÍTULO I

NOMINATIVOS-AGENTES DE LAS CONSTRUCCIONES REFLEJAS

En el Capítulo III, Sección 1.ª de esta Parte II, vimos que resultan seudo-agentes los nominativos de las cláusulas de forma reflexiva y recíproca en construcciones tales como *yo me visto con un sastre de París; el río se ha helado; yo me arrepiento,* etc., construcciones en que el nominativo no resulta agente, sino seudo-agente.

No siendo aquél el capítulo correspondiente á los acusativos, sólo se trató allí de ellos en lo estrictamente necesario para dar á entender la cuestión referente á los nominativos, y se suspendió hablar de las formas reflexivas en toda su extensión para cuando de estas formas se tratase en particular.

Estructura refleja. — La construcción refleja es un caso particular de la voz primera de activa; pues en ella hay nominativo, verbo y acusativo:

Yo (nominativo) ME (acusativo) *afeito* (verbo).
Tú (nominativo) TE (acusativo) *afeitas* (verbo).
El cocinero (nominativo) SE (acusativo) *afeita* (verbo).
Los cocineros (nominativo) SE (acusativo) *afeitan* (verbo).

Naturalmente, el verbo en la estructura reflexiva concierta en número y persona con su NOMINATIVO-AGENTE:

Activa.— *Yo peino (á la señora).*
Reflexiva.— *Yo* ME *peino (á mí misma).*

Combinaciones reflexivas.—Dedicaremos este párrafo á la forma reflexiva, y dejaremos para el siguiente las formas recíprocas.

Las combinaciones reflexivas son las siguientes:

Yo ME.
Tú TE.
Él SE.
Ella SE.
Un substantivo (en singular), SE.
¿*Quién* SE?
Nosotros NOS.
Nosotras NOS.
Vosotros OS.
Vosotras OS.
Ellos SE.
Ellas SE.
Un substantivo (en plural), SE.
¿*Quiénes* SE?

(1) {
Yo ME *alabo (á mí mismo).*
Tú TE *alabas (á ti mismo).*
El SE *alaba (á si mismo).*
Ella SE *alaba (á sí misma).*
El hombre SE *alaba (á sí mismo).*
La mujer SE *alaba (á sí misma).*
}

¿*Quién* SE *alaba? (á sí propio).*
Nosotros NOS *alabamos (á nosotros mismos).*
Nosotras NOS *alabamos (á nosotras mismas).*
Vosotros OS *alabáis (á vosotros mismos).*
Vosotras OS *alabáis (á vosotras mismas).*
Ellos SE *alaban (á sí mismos).*
Ellas se alaban (á sí mismas).
Los hombres SE *alaban (á sí mismos).*
Las mujeres SE *alaban (á sí mismas).*
¿*Quiénes* SE *alaban? (á sí mismos).*

Los nominativos de las combinaciones reflexivas van unas veces en singular, y otras en plural.

Forma recíproca.—También la construcción recíproca es un caso particular de la forma primera de activa; pues en ella hay nominativo, verbo y acusativo:

Nosotros (nominativo) NOS (acusativo) *tuteamos* (verbo).
Vosotras (nominativo) os (acusativo) *carteasteis* (verbo).
Ellos (nominativo) SE (acusativo) *pelearon* (verbo).

---

(1) Cabe suprimir los nominativos pronominales cuando no pueda haber lugar á dudas ni dificultades en suprimirlos:

ME *alabo.* SE *alaba.*
TE *alabas.* NOS *alabamos,* etc.

También, y naturalmente, el verbo en la estructura recíproca concierta en número y persona con su NOMINATIVO-AGENTE :

Activa.—*Nosotras peinamos* Á LAS BAILARINAS.
Recíproca.—*Nosotras* NOS *peinamos unas á otras.*

Las combinaciones recíprocas son :

Nosotros NOS.
Nosotras NOS.
Vosotros OS.
Vosotras OS.
Ellos SE.
Ellas SE.
Un substantivo (en plural), SE.
¿*Quiénes* SE?

} Los nominativos pronominales se suprimirán cuando la supresión no perjudique á la claridad.

Nosotros NOS *tuteamos.*
Nosotras NOS *tuteamos.*
Vosotros OS *tutedis.*
Vosotras OS *tutedis.*
Ellos SE *tutean.*
Ellas SE *tutean.*
Estos hombres SE *tutean.*
Estas mujeres SE *tutean.*
¿*Quiénes* SE *tutean?*

Como se ve, en las construcciones recíprocas el nominativo va siempre en plural.

CAPÍTULO II

ESENCIA DE LAS CONSTRUCCIONES REFLEJAS Y RECÍPROCAS

Lo reflexivo y lo recíproco resultan, pues, de alguna de las combinaciones de los acusativos pronominales

ME, TE, SE (singular), NOS, OS, SE (plural),

con los correspondientes nominativos de su propia persona gramatical,

YO, TÚ, ÉL, ELLA,
NOSOTROS, AS, VOSOTROS, AS, ELLOS, AS.

ya expresos, ya embebidos en la terminación disinencial.

10

No está, por tanto, lo reflejo ó lo recíproco en ninguno de los componentes; ni en los acusativos pronominales

ME, TE, SE, etc.;

ni en los nominativos pronominales

YO, TÚ, ÉL, ELLA, etc.;

sino en su adecuada correlación:

Yo ME *afeito*....	NOSOTROS NOS *afeitamos*.
TÚ TE *peinas*....	VOSOTROS OS *peináis*.
ÉL SE *lava*......	ELLOS SE *lavan*.
ELLA SE *lava*....	ELLAS SE *lavan*.
EL NIÑO SE *lava*..	LOS HOMBRES SE *lavan*.
¿QUIÉN SE *lava?*..	¿QUIÉNES SE *lavan?*

Y en general, en las combinaciones de

Un substantivo masculino en singular y SE..	EL HOMBRE SE *elogia*.
Un substantivo masculino en plural y SE...	LOS HOMBRES SE *elogian*.
Un substantivo femenino en singular y SE..	LA MUJER SE *alaba*.
Un substantivo femenino en plural y SE.....	LAS MUJERES SE *alaban*.

Véase el siguiente ejemplo de conjugación referido al PRESENTE DE INDICATIVO:

CONJUGACIONES

REFLEXIVOS

Yo ME *lavo*	ME *lavo*.
Tú TE *lavas*.............	TE *lavas*.
Él SE *lava*...............	
Ella SE *lava*.	
El hombre SE *lava*........	SE *lava*.
La mujer SE *lava*	
¿*Quién* SE *lava?*	
Nosotros NOS *lavamos*.....	NOS *lavamos*.
Nosotras NOS *lavamos*.....	
Vosotros OS *laváis*	OS *laváis*.
Vosotras OS *laváis*........	
Ellos SE *lavan*............	
Ellas SE *lavan*	SE *lavan*.
Los hombres SE *lavan*	
Las mujeres SE *lavan*......	
¿*Quiénes* SE *lavan?*	

RECÍPROCOS

Nosotros NOS *carteamos....* } Nos *carteamos.*
Nosotras NOS *carteamos....* }
Vosotros OS *cartedis.......* } Os *cartedis.*
Vosotras OS *cartedis.......* }
Ellos SE *cartean..........* ⎫
Ellas SE *cartean..........* ⎬ SE *cartean.*
Estos hombres SE *cartean...* ⎪
Estas mujeres SE *cartean...* ⎭
¿*Quiénes* SE *cartean?*

OBSERVACIÓN.— Los nominativos, ya pronombres, ya substantivos, de las formas reflejas y recíprocas, son AGENTES de los actos expresados por sus verbos:

Yo ME *alabo* (YO es el agente del *alabar*).
Ellas SE *cartean* (ELLAS es el agente del *cartearse*).

CAPÍTULO III

NOMINATIVOS SEUDO-AGENTES DE LAS CONSTRUCCIONES REFLEJAS

Construcciones deponentes.— Los nominativos de las cláusulas de forma refleja ó recíproca son en muchas ocasiones SEUDO-AGENTES. En efecto, cuando una persona dice:

Yo ME *afeito en la calle Mayor,*
Yo ME *calzo en la zapatería de Fernández,*
Yo ME *visto con un sastre de París,*

nadie entiende que ese individuo SE afeite á sí mismo, ni SE calce á sí propio, ni que él personalmente SE haga sus vestidos, sino que un barbero lo afeita en la calle Mayor, un zapatero lo calza en casa de Fernández, y un sastre de París le hace la ropa.

El verbo, como normalmente ocurre, concierta en este significado especial con el nominativo de la cláusula, el cual no puede ser ya NOMINATIVO-AGENTE, por no ser la persona á quien ese nominativo representa el productor del hecho en cuestión.

Este nominativo se llama DEPONENTE (1) porque abandona

---

(1) En latín se llama *deponentes* á los verbos que, con terminaciones de la voz pasiva, tienen significado activo. Pero aquí no se trata de VERBOS que aban-

su significado propio de ejecutor ó causante, para tomar el de la persona en que algo resulta ejecutado por otra actividad distinta de la suya. Es, pues, atendiendo al sentido, un nominativo SEUDO-AGENTE:

Yo ME *afeito.* ....⎫
Tú TE *afeitas.*.........⎬ *Con un barbero.*
Él SE *afeita.*......... ⎭

Nosotras NOS *vestimos..*⎫
Vosotras OS *vestís*.....⎬ *Con una modista de París.*
Ellas SE *visten*........⎭

De la actividad propia del ser á quien el nominativo se refiere, sólo queda su CONSENTIMIENTO y VOLUNTAD en que el resultado se obtenga; pues es claro que nadie se dejaría *á la fuerza* afeitar por un barbero, ni vestir por una modista, etc., sino en casos muy excepcionales.

La forma refleja (cuando no manifiesta un acto ejecutado por un agente sobre sí propio) se emplea, pues, para indicar LO RESULTANTE, esto es, para significar que un agente cualquiera distinto del indicado por el nominativo ha obtenido, con el CONSENTIMIENTO de éste, el mismo resultado que el nominativo habría obtenido ejecutando un cierto acto sobre sí. Pero el verbo no concierta nunca con el verdadero agente que en realidad llevó á efecto el acto ejecutado, sino que concierta con el individuo sobre el cual el acto se ejecutó.

Construcciones de lo adventicio en las cosas.—Hay otra clase de nominativos NO-AGENTES, por más que el verbo concierte con ellos en número y persona. Cuando decimos:

EL RÍO SE *hiela*,	LA TABLA SE *alabea,*
LAS NIEVES SE *derriten,*	EL ÁRBOL SE *tuerce,*
LAS ESPIGAS SE *doran,*	LA FRUTA SE *pudre,*

no aseguramos, ni siquiera creemos, que el árbol SE tuerza á sí mismo, sino que una fuerza cualquiera lo desvió de su posición primitiva; ni que la tabla haga nada para alabearse, sino que la humedad ú otra causa externa la alabeó; ni que las espigas SE

---

donen el significado pasivo de sus terminaciones, sino de CONSTRUCCIONES que abandonan el significado activo propio de la estructura gramatical refleja, para indicar únicamente el de resultado ocurrido en el nominativo, el cual parece agente porque con él concierta el verbo en número y persona.

doran á sí mismas; ni que por efecto de actos propios las nieves SE derritan ni los ríos SE hielen; sino que, á causa de la temperatura, las nieves entran en el estado líquido, y el agua de los ríos en el sólido.

Los fenómenos, pues, que ocurren en las cosas por la acción de agencias no residentes en ellas mismas, sino fuera de ellas y sin intervención de voluntad ninguna, se expresan con la forma reflexiva:

>   Las medias se *encogen*.   El agua se *evapora*.

Pero como el objeto designado por el nominativo nada hace para el cambio que en él se verifica, de aquí que ese nominativo no pueda llamarse AGENTE, y reciba el nombre de ADVENTICIO, porque en él ocurre la modificación del verbo expreso.

Las nieves, de sólidas se hacen líquidas cuando se derriten. El agua, de líquida se hace sólida cuando el río se hiela, etc.

Y no puede llamarse DEPONENTES á esta clase de nominativos seudo-agentes, porque lo deponente entraña la idea de CONSENTIMIENTO, que no cabe atribuir á los objetos carentes de voluntad. Salvo rarísimas excepciones, á nadie se pela ni se afeita sin su aquiescencia y beneplácito; pero sería absurdo imaginar que el río se hiela, ó las nieves se licuan, etc., mediante su consentimiento ó solicitud.

Ni tampoco puede llamarse neutros á los verbos que en forma no reflexiva expresan lo adventicio. Cuando se dice:

>   *El reloj* varía,   *El árbol* crece,   *El niño* enfermó,

sabemos que esos cambios se verifican en virtud de agencias residentes EN los seres de que se trata; mientras que cuando se enuncia que el

>   *El río* se hiela,   *La nieve* se derrite,   *Las medias* se encogen,

nos consta que esos fenómenos ocurren por la acción de energías exteriores á los cuerpos en que tales fenómenos se verifican.

Nominativos de lo adventicio de las cosas. — El tránsito de la significación refleja á la adventicia tiene muy fácil explicación. Nada más natural en el hombre que el personificar las cosas, atribuyéndoles cualidades de que carecen, como seres inanimados que son, sin conciencia ni voluntad:

> *La locomotora* SE *puso en marcha.*
> *La locomotora* SE *paró.*
> *La locomotora* SE *precipitó en el túnel.*
> *La luna* SE *mueve alrededor de la tierra.*
> *El sol* SE *ocultó bajo el horizonte,* etc.

Por efecto, pues, de personificaciones de las cualidades que concebimos ó supónemos EN los objetos, la forma reflexiva adquiere significación ADVENTICIA cuando el hecho de que se habla OCURRE en el nominativo por la acción de fuerzas exteriores no perceptibles; pues entonces el nominativo no es ni ejecutor ni causante de lo que en él ocurre, sino que en él reside una receptividad excipiente de lo que pasa relacionado con él, en virtud de energías exteriores. Pero, elocutivamente, la estructura gramatical entraña en lo adventicio la idea (aunque no sea verdad) de que el nominativo funciona á estilo de las criaturas capaces de realizar actos sobre sí:

> *Las rosas* SE *abren.* *Las flores* SE *secan.* *La fruta* SE *pudre.*

El nominativo nada ejecuta ciertamente en lo adventicio; pero la forma reflexiva se ha hecho tan preponderante, que en muchas ocasiones ese significado adventicio se sobrepone al genuinamente gramatical. Así, por ejemplo, la cláusula

> *El albañil* SE *mató,*

no significa, generalmente, que

> *El albañil* SE *suicidó,*

como exige la construcción directa, sino que ocurrió la muerte del albañil por accidente desgraciado. Y si fuera preciso restablecer expresamente la exactitud de la construcción refleja, habría que agregar voces explicativas; v. gr.:

> *El albañil* SE MATÓ Á SÍ MISMO.

Nominativo de lo adventicio en las personas.—Existe otra clase importantísima de nominativos NO-AGENTES, por más que el verbo, como antes, concierte con ellos en número y persona.

Hay (como ya se ha visto) considerable número de verbos que no pueden conjugarse sin alguno de los pronombres *me, te, se* (en singular), *nos, os, se* (en plural), y un nominativo de su propia persona gramatical:

Yo me *abstengo*.
Tú te *abstienes*.
Él se *abstiene*.
El hombre se *abstiene*.
¿Quién se *abstiene?*
Nosotros nos *abstenemos*.
Vosotros os *abstenéis*.
Ellos se *abstienen*.
Los hombres se *abstienen*.
¿Quiénes se *abstienen?*

Yo me *obstiné*.
Tú te *obstinaste*.
Ella se *obstinó*.
La mujer se *obstinó*.
¿Quién se *obstinó?*
Nosotras nos *obstinamos*.
Vosotras os *obstinasteis*.
Ellas se *obstinaron*.
Las mujeres se *obstinaron*.
¿Quiénes se *obstinaron?*

Estas construcciones son idénticas á las de las formas genuinamente reflejas

Yo me *lavo,   Tú* te *lavas,   Ella* se *lava,   ¿Quién* se *lava?,* etc.

Pero hay una grandísima diferencia respecto á la índole de estos verbos, y los genuinamente reflejos.

Las formas reflejas de verbos, tales como

*Lavar*se, *peinar*se, etc.,

son casos particulares de la voz activa, puesto que puede decirse

Yo lavo al niño,   Tú peinas á tu hija,

mientras que no es posible decir

Yo abstuve á la niña.   Tú abstuviste á tu hija.   Juan abstuvo á Pedro.
Yo obstino á la niña.   Tú obstinaste á tu hija.   Juan obstinó á Pedro.

Á esta clase de verbos, que no pueden conjugarse sin alguno de los pronombres

me, te, se (singular), nos, os, se (plural),

y un nominativo de su propia persona gramatical, se da el nombre de VERBOS PRONOMINALES (1).

---

(1) Verdaderamente, pronominales son todas las estructuras de forma refleja, puesto que en todas aparecen los acusativos desinenciales me, te, se, nos, os, se. Pero se designa particularmente con esta denominación á los verbos que nunca pueden conjugarse sin estos acusativos desinenciales.

— 152 —

Los verbos pronominales sirven para expresar lo adventicio en las personas.

Cuando alguien dice:

> Yo me *arrepiento*, ó bien, me *arrepiento*.
> Yo me *resigno*, — me *resigno*.
> Yo me *descorazono*, — me *descorazono*.
> Yo me *entristezco*, — me *entristezco*.
> Yo me *engaño*, — me *engaño*, etc.,

no quiere significar, ni significa, que hizo actos especiales para arrepentirse, ni para resignarse, ni para entristecerse, ni para engañarse á sí mismo, etc., sino que se produjeron en su ánimo cambios tales, que sin hacer él nada intencionalmente, ocasionaron en su conciencia *el arrepentimiento, la resignación, el descorazonamiento, la tristeza ó la equivocación.*

¿Qué acto puede hacer un ser dotado de razón para engañarse á sí mismo, para entristecerse, ni para resignarse? ¿Puede alguien decir *voy á entristecerme?*

Los verbos pronominales, pues, no expresan relación de producente á producido, ni de modificante á modificado, y, por tanto, sus nominativos no pueden ser denominados agentes. Son, pues, una clase especial de seudo-agentes que expresan cambios de ánimo en las personas, por efecto de sentimientos no dependientes de la voluntad. Son verbos adventicios que expresan lo que ocurre en el ser designado por el nominativo.

Pero lo adventicio á que se refieren los verbos pronominales es de muy distinta índole que lo adventicio expresado por las formas reflejas con que se describen los cambios en las cosas. Estos cambios en las cosas dependen de agencias exteriores que siempre nos es dable señalar con mayor ó menor exactitud, ó que por lo menos nos es dado presumir. Las tablas se alabean por exceso de humedad; las medias se encogen por exceso de sequedad; el río se hiela por mengua de calor, y la nieve se derrite por aumento de temperatura.

Mas los cambios de ánimo no obedecen sino á causas interiores, y la mayor parte de las veces, ni aun razones pueden asignárseles. Después de un arrebato de furia, por ejemplo, ¿cómo mi cólera se ha ido apaciguando poco á poco, hasta el extremo de haberse trocado mi arranque pasional en un estado de inercia deprimente?

Lo adventicio en las cosas depende, pues, de causas exteriores. Lo adventicio en las personas procede de estados interiores no dependientes de la voluntad. Los VERBOS PRONOMINALES son, por tanto, expresiones de significado adventicio, porque manifiestan lo que ocurre EN el ser designado por el nominativo, y jamás se refieren á las cosas externas. Ningun río se abstiêne, ni se obstina, ni se resigna, ni se entristece...

Ni tampoco es dado confundir á estos verbos pronominales con los verbos *del acontecer*, porque si bien cuando decimos *el organismo crece, enferma* y *muere*, tenemos que atribuir los cambios á agencias interiores independientes de toda voluntad, es de toda evidencia que los agentes interiores del crecer, enfermar y morir son de naturaleza física, mientras que los agentes del entristecerse, encolerizarse, arrepentirse..., son de naturaleza moral.

Es, por último, de notar que existen verbos pronominales en una acepción, y no en otras. Yo puedo afligir á una persona, y en esta acepción AFLIGIR es verbo transitivo; pero AFLIGIR es sólo VERBO ADVENTICIO cuando digo: *Yo me aflijo, tú te aflijes, él se aflige*, etc. Puede decirse en sentido activo: *Yo la encolericé:* pero sólo en sentido adventicio cabe manifestar que *yo me encolericé;* pues nadie dispone de su cólera. Y como los verbos de los anteriores ejemplos son

Aburrir y *aburrir*SE, *Engañar* y *engañar*SE,
Apesadumbrar y *apesadumbrar*SE, *Enfurecer* y *enfurecer*SE, etc.,

no hay que confundir la ocasión de un estado de ánimo con el estado de ánimo mismo. Por haber muerto un amigo mío, yo experimento tristeza; pero yo me entristezco, no por mi gusto ni por haber querido hacerlo.

Estudiadas en particular las formas *reflexiva, recíproca, deponente, adventicia en las cosas* y *adventicia en las personas*, corresponde pasar al estudio de la VOZ PASIVA construída con el signo SE.

SECCIÓN 4.ª

VOZ PASIVA CON EL SIGNO «SE»

CAPÍTULO I

SIGNIFICADO PASIVO

La forma refleja adquiere significación pasiva cuando el sentido de la cláusula hace ver que el hecho de que se habla NO OCURRE EN el nominativo, sino que se refiere á ese nominativo, no como á productor, sino como á producido ó modificado: el nominativo (entiéndase bien) no aparece entonces como AGENTE, sino COMO PACIENTE:

> SE *han abierto dos cafés.*   SE *han cerrado las tiendas.*

Ni los cafés ni las tiendas hacen acto ninguno para abrirse ni para cerrarse: son cerrados ó abiertos.

> *Mañana* SE *suspenderán las sesiones de las Cortes.*

Las sesiones no harán nada para suspenderse. Las suspenderá una fuerza superior: el Gobierno. Lo que se enuncia es que

> *El Gobierno suspenderá mañana las sesiones.*

Así, pues, el acusativo de la voz activa se convierte en nominativo de la voz pasiva con SE en la cláusula

> *Mañana* SE *suspenderán las sesiones de Cortes* POR *el Gobierno.*

LAS SESIONES es, pues, NOMINATIVO-PACIENTE, y ellas no hacen nada. Pero la palabra SESIONES está en nominativo, porque ese vocablo impone al verbo su número y persona. El verbo va en plural, porque el nominativo «las sesiones» está en plural.

El AGENTE de algo puede, pues, ser nominativo ó ablativo. El AGENTE es nominativo cuando el verbo está en la voz activa; y cuando el verbo está en la voz pasiva, el AGENTE aparece en la forma de ablativo, precedido de la preposición POR; nunca DE.

La palabra ó conjunto de palabras *paciente* puede ser acusativo ó nominativo: acusativo, cuando el verbo está en la voz activa; y nominativo, cuando el verbo está en la voz pasiva.

Los demás casos que pueda haber en una cláusula pasiva (dativos, genitivos y ablativos) (1) no experimentan variación ninguna en las conversiones de la activa á la pasiva, ó viceversa:

Activa.... { EL NIÑO *de la portera* LLEVÓ *esta mañana en la bandeja del comedor* LOS PAÑUELOS *de mi hermano al amigo del pianista.*

Pasiva... { *Esta mañana* SE LLEVARON POR EL NIÑO *de la portera* LOS PAÑUELOS *de mi hermano en la bandeja del comedor al amigo del pianista.*

Solamente cambian en la conversión desde la activa á la pasiva: el verbo LLEVÓ, que en la pasiva con SE es SE LLEVARON; el nominativo EL NIÑO, que en la pasiva es POR EL NIÑO, y el acusativo LOS PAÑUELOS, que en la pasiva es NOMINATIVO-PACIENTE; los demás casos de la activa pasan á la pasiva sin variar de forma ni de oficio:

Los genitivos . { *De la portera* / *De mi hermano* / *Del pianista* / *Del comedor* } siguen siendo genitivos en la pasiva.

Los ablativos comunes.... { *Esta mañana* / *En la bandeja* } — ablativos —

Y el dativo ... *Al amigo* — dativo —

---

(1) Claro es que no se habla aquí de los ablativos-agentes de la voz pasiva en que se convierten los nominativos de la voz activa, sino de los ablativos circunstanciales de tiempo, lugar, modo, causa...

La vi LA SEMANA ANTERIOR (ablativo de tiempo).
Estaba EN EL JARDÍN (ablativo de lugar).
Vino EN CARRUAJE (ablativo de modo).
No salió POR ENFERMO, etc. (ablativo de causa).

CAPÍTULO II

CONCORDANCIA DE LA PASIVA CON «SE»

Siempre que en las cláusulas de forma reflexiva hay un vocablo nominativo, ya reflejo, ya recíproco, ya deponente, ya adventicio de cosas, ya adventicio de personas, ya, en fin, paciente, el verbo concierta en número con ese nominativo; esto es, que si el vocablo nominativo está en singular, el verbo va también en singular; y si el nominativo está en plural, el verbo va igualmente en plural (1):

Nominativo reflexivo..	Singular..	*Ella* SE *alaba.*
	Plural....	*Ellas* SE *alaban.*
Nominativo recíproco............	*Ellos* SE *tutean.*	Claro es que en
	Elias SE *cartean.*	plural.
Nominativo deponente.	Singular..	*Él* SE *viste en París.*
	Plural....	*Ellos* SE *visten en París.*
Nominativo adventicio en las cosas........	Singular..	*El río* SE *ha helado.*
	Plural....	*Las fuentes* SE *han helado.*
Nominativo adventicio en las personas.....	Singular..	SE *ha condolido de mí.*
	Plural....	SE *han entristecido.*
Nominativo-paciente (2)	Singular..	SE *vende un piano.*
	Plural....	SE *venden dos pianos.*
	Singular..	SE *admite un pupilo.*
	Plural....	SE *admiten pupilos.*
	Singular..	*Aquí* SE *come buena trucha.*
	Plural....	*Aquí* SE *comen buenas truchas.*
	Singular..	SE *bebe buen vino.*
	Plural....	SE *beben buenos vinos.*
	Singular..	SE *fuma buen tabaco.*
	Plural....	SE *fuman buenos tabacos.*

Recuérdese que los acusativos pueden ser nominales de cosa ó de persona, ó bien pronominales:

Vitupero EL VICIO. *Vitupero* LOS VICIOS. Los *vitupero.*

---

(1) Claro es que, además, las terminaciones verbales son las correspondientes á la persona gramatical del nominativo.
(2) El nominativo de una cláusula pasiva, esto es, el nominativo-paciente (como pronto se verá), puede no ser un VOCABLO solo, sino una FRASE, ó bien una ORACIÓN.

Recuérdese también que hay dos formas principales de la voz pasiva: una con el verbo SER y un participio; otra con el signo SE y las terminaciones verbales de la voz activa:

> *El vicio* ES VITUPERADO *por mí.*
> *Los vicios* SON VITUPERADOS *por mí.*
> *Por mí* SE VITUPERA *el vicio.*
> *Por mí* SE VITUPERAN *los vicios.*

Ahora bien: si la pasiva se construye con el verbo SER, siempre hay concordancia, ya proceda el nominativo-paciente de un acusativo de cosa, ya proceda de uno de persona:

ACTIVA	PASIVA
El maestro ALABA *la virtud.*	*La virtud* ES ALABADA *por el maestro.*
El maestro ALABA *las virtudes.*	*Las virtudes* SON ALABADAS *por los maestros.*
La maestra PREMIA *á la niña.*	*La niña* ES PREMIADA *por la maestra.*
Las maestras PREMIAN *á las niñas.*	*Las niñas* SON PREMIADAS *por las maestras.*

Pero no sucede siempre lo mismo cuando la pasiva resulta construída con el signo SE. Entonces, sólo hay concordancia si el nominativo-paciente procede de un acusativo de cosa (ó de persona considerada como objeto):

SE *alquila* UN PIANO.   } Objetos.
SE *venden* LIBROS.

SE *admite* UN PUPILO.
SE *admiten* PUPILOS.
SE *busca* UNA COSTURERA.   } Personas objetivadas.
SE *buscan* COSTURERAS.
SE *busca* COCINERO.
SE *buscan* COCINEROS (1).

Los ricos beben... { *vino excelente.* / *vinos excelentes.* }   SE *bebe vino excelente* POR *los ricos.* / SE *beben vinos excelentes* POR *los ricos.*

Los ricos fuman. { *buen tabaco.* / *buenos tabacos.* }   SE *fuma buen tabaco* POR *los ricos.* / SE *fuman buenos tabacos* POR *los ricos.*

Los ricos compran lujosos pianos.   SE *compran lujosos pianos* POR *los ricos.*

La patrona admite pupilos.   SE *admiten pupilos* POR *la patrona.*
La modista busca costureras.   SE *buscan costureras* POR *la modista.*

---

(1) Claro es que esta palabra sería un evidente acusativo si en la voz activa se dijese, por ejemplo: —

La patrona alquila un piano.	*La patrona admite pupilos.*
La patrona vende libros.	*La modista busca una costurera.*
La patrona admite un pupilo, etc.	*La modista busca costureras,* etc.

CAPÍTULO III

CONCORDANCIA EN PLURAL CON EL SIGNO «SE» DE PASIVA. ANTIGÜEDAD DE ESTA CONCORDANCIA

La concordancia de número entre el verbo y el nominativo-paciente en las construcciones de forma refleja con SE, cuenta muchos siglos de establecida en nuestra lengua, y nos es común con los idiomas neolatinos, francés, portugués, italiano, catalán...

Es innumerable la copia de autoridades que pudieran aducirse en justificación de este aserto; y, así, únicamente se citarán unas cuantas.

Mas como no ofrecen dificultad para la concordancia los casos en que el verbo de la voz pasiva con SE aparece en singular, se suprimirán las autoridades que resulten en este número singular, tales como la siguiente de D. Enrique de Villena en su *Arte de Trovar*:

El Consistorio de la Gaya Sçiençia SE FORMÓ *en Francia en la cibdad de Tolosa, por Ramón Vidal de Besalú.*

He aquí ahora ejemplos de concordancia en plural:

FICIÉRONSE *en este tiempo mui señaladas* OBRAS.
(D. ENRIQUE DE VILLENA, *Arte de Trovar.*)

En metros los EPITALAMIOS *que en loor de los novios en las bodas* SE CANTAN *son compuestos.*
(MARQUÉS DE SANTILLANA, *Proemio e carta al Condestable de Portugal.*)

Quien piensa las COSAS *que por armas* SE HAN ACABADO...
(JUAN DEL ENCINA, *Arte de Poesía castellana.*)

Todas las otras (SÍLABAS) SE PRONUNCIAN *por acento grave.*
(ANTONIO DE NEBRIJA, *Gramática castellana.*)

Donde SE PONEN *los* VERSOS *desesperados del difunto pastor con otros no esperados* SUCESOS.
(CERVANTES, *Don Quijote*, Parte I, cap. XIV.)

Don Enrique de Villena nació en 1384 y murió en 1434; de donde resulta que desde 500 años por lo menos, es de uso constante en las cláusulas pasivas construídas con el signo SE la concordancia de número entre el verbo y el NOMBRE DE COSA que hace de acusativo en la correspondiente cláusula de la voz activa (1).

CAPÍTULO IV

FALTA DE CONCORDANCIA EN LA PASIVA CON «SE»

¿Qué sucede cuando en la voz activa el ACUSATIVO no es de COSA? ¿No hay acusativos de PERSONA? ¿No los hay PRONOMINALES? ¿No falta muchas veces el ACUSATIVO? ¿No hay ACUSATIVOS-FRASE? ¿No hay ACUSATIVOS-ORACIÓN?

Respuesta general.—Nunca existe concordancia de nominativo y verbo cuando la pasiva con SE procede de una cláusula activa SIN ACUSATIVO DE COSA, ó SIN ACUSATIVO. Entonces, el verbo de la pasiva con SE aparece siempre en singular.

Los casos que pueden ocurrir son cinco:

1.º No hay concordancia, y el verbo con SE va en singular, cuando esta pasiva procede de una cláusula de la voz activa con acusativo de persona precedido de la preposición Á:

> *Todos elogian á la hermosa actriz* (singular).
> *Todos elogian á las hermosas actrices* (plural).
> *Todos vituperan AL lenguaraz* (singular).
> *Todos vituperan á los lenguaraces* (plural).
>
> SE *elogia* (singular) *á la hermosa actriz* (persona).
> SE *elogia* (singular) *á las hermosas actrices* (persona).
> SE *vitupera* (singular) AL *lenguaraz* (persona).
> SE *vitupera* (singular) *á los lenguaraces* (persona).

Por extensión, un acusativo de cosa puede ir precedido de Á cuando está personificado. También va entonces el verbo en singular (2):

> *Quien no ha visto á* SEVILLA (singular), *no ha visto maravilla.*
> *Los malos gobernantes arruinan así á* LA NACIÓN.
> *Así los malos gobernantes arruinan á* LAS NACIONES.

---

(1) Por tratarse aquí tan sólo de Gramática española, no se aducen autoridades tomadas del francés, del italiano... y demás idiomas neolatinos.
(2) Recuérdese que las personas pueden ser consideradas como objetos, y los objetos como personas:

> *Se admiten pupilos.*   *Así se arruina á las naciones.*
> *Se necesitan costureras.*   *Así se calumnia á la virtud.*

Si no SE *ha visto* Á SEVILLA (singular), *no* SE *ha visto maravilla.*
Así SE *arruina* Á LA NACIÓN POR *los malos gobernantes.*
Así SE *arruina* Á LAS NACIONES POR *los malos gobernantes.*

2.º También va en singular el verbo con SE cuando esta pasiva procede de una cláusula de la voz activa cuyo acusativo es alguno de los pronominales ó desinenciales

LE, LOS, ME, TE, NOS, OS, LA, LAS,

ya se refieran á cosas ó á personas.

Las combinaciones son las siguientes:

SE ME, SE TE, SE LE, SE LA, SE NOS, SE OS, SE LOS, SE LAS.

SE ME *elogia.*   SE NOS *elogia.*
SE TE *elogia.*   SE OS *elogia.*
SE LA *elogia* (á una actriz) (persona).
SE LA *elogia* (una comedia) (cosa).
SE LAS *elogia* (á varias actrices) (persona).
SE LAS *elogia* (varias comedias) (cosa).

3.º Cuando falta acusativo en la correspondiente voz activa, va asimismo en singular el verbo de la pasiva con SE. El acusativo puede faltar, bien por ser intransitivo el verbo no pasivo, ó bien por omisión, si el verbo es transitivo:

Intransitivos.
{ SE *nada mejor en la mar que en el río.*
  SE *miente mucho por los noticieros* (1).
  SE *murmura y se calumnia por los maldicientes.* }
Sin acusativo. No hay concordancia.

Transitivos..
{ *Aquí* SE *cose á máquina.*
  Aquí SE *imprime poco y se lee menos* (2).
  Aquí SE *come mal.*
  Aquí SE *bebe bien.*
  Aquí SE *fuma mejor.*
  En invierno SE *viaja mal.*
  En París SE *vive bien.* }

---

(1) No cabe poner acusativo en las cláusulas de la voz activa con verbo intransitivo:

Los noticieros mienten mucho.
Los maldicientes murmuran y calumnian.

(2) Pero sí podría ponerse acusativo en las cláusulas de verbo transitivo, donde faltase por omisión ú otra causa:

Este niño no ha visto nunca (sin acusativo).
Este niño no ha visto nunca EL MAR (con acusativo).
Aquí SE *escribe á máquina* (sin acusativo).
Aquí SE *escriben* CARTAS *á máquina* (con acusativo).
Aquí SE *imprime poco y* SE *lee menos* (sin acusativo).
Aquí SE *leen pocos* PERIÓDICOS *y* SE *imprimen menos* LIBROS (con acusativo).

4.º También por falta de acusativo en la voz activa, va asimismo en singular la pasiva con SE, cuando el correspondiente verbo exige preposición necesariamente:

Los malos Gobiernos prescinden DE *la opinión.*	SE *prescinde* DE *la opinión por los malos Gobiernos.*
Los malos Gobiernos prescinden DE *las Cortes.*	SE *prescinde* DE *las Cortes,* etc.
Ningún hombre sensato insiste EN *el error.*	*No* SE *insiste* EN *el error,* etc.
Ningún hombre sensato insiste EN *los errores.*	*No* SE *insiste* EN *los errores,* etc.

5.º Igualmente va en singular el verbo de una pasiva con SE, cuando procede de una cláusula de la voz activa cuyo acusativo es una frase, ó bien una oración:

El Ayuntamiento permite TENER ABIERTOS LOS CAFÉS HASTA LA MADRUGADA.	SE *permite* TENER ABIERTOS LOS CAFÉS HASTA LA MADRUGADA.
El alcalde prohibe FIJAR AQUÍ CARTELES.	SE *prohibe* FIJAR AQUÍ CARTELES.
Los hombres industriosos no siempre encuentran DONDE GANAR EL PAN.	*No siempre* SE *encuentra* DONDE GANAR EL PAN.
Ignoramos todavía SI ERAN MUCHOS Ó POCOS.	SE *ignora todavía* SI ERAN MUCHOS Ó POCOS.
El juez no ha averiguado todavía CUÁNTOS ERAN.	*Todavía no* SE *ha averiguado* CUÁNTOS ERAN.
Ya sabe la Policía QUIÉNES FUERON.	*Ya se sabe* QUIÉNES FUERON.
Los agraciados desean QUE VENGAN LAS ÓRDENES.	SE *desea* POR *los agraciados* QUE VENGAN LAS ÓRDENES.

En resumen:

El verbo de la voz pasiva con el signo SE, solamente va en plural cuando la correspondiente cláusula de la voz activa tiene ACUSATIVO DE COSA NO PERSONIFICADA Y EN PLURAL.

Por consiguiente, si el acusativo es de

>persona,
>pronominal,
>frase ú
>oración,

ó bien si no hay acusativo, el verbo de la pasiva con SE aparece siempre en singular:

>SE *aplaude* Á ESTAS ACTRICES (acusativo de persona).
>SE LAS *aplaude* (acusativo pronominal).
>*No* SE *permite* JUGAR Á LA RULETA (acusativo-frase).

Se *permite* QUE JUGUEMOS Á LOS BOLOS (acusativo-oración).
No SE *sabe si vendrán* (acusativo-oración).
SE *ignora quiénes eran* (acusativo-oración).

Aquí SE *miente mucho* (verbo intransitivo). ⎫
Allí no SE *fuma* (verbo intransitivo).   ⎬ Sin acusativo.
Allí SE *insiste* EN *ello* (de preposición). ⎭

Así, pues, en la voz pasiva con SE, sólo hay CONCORDANCIA en plural cuando el acusativo correspondiente está en plural y es de COSA (ó de persona considerada como objeto).

OBSERVACIÓN.—Cuando en la voz activa hace de acusativo una entidad elocutiva, ya frase, ya oración, pudiera pensarse que en la correspondiente pasiva con SE esa entidad elocutiva hace de NOMINATIVO-PACIENTE EN SINGULAR, y que, por tanto, hay concordancia, como cuando se dice:

Se bebe buen vino.   Se fuma buen tabaco.

En efecto: las locuciones interrogativas y dubitativas anteriormente aducidas en los ejemplos, aun con palabras en plural, expresan un hecho solo, especial y concreto, al cual se refiere lo interrogativo ó lo dudoso:

Ya se sabe QUIÉNES ERAN.
Ya se ha averiguado CUÁNTOS VINIERON.
Todavía se ignora SI LOS BANDIDOS ERAN MUCHOS Ó POCOS.

Por tanto, considerando como real y efectiva la concordancia, cabe decir que, en estas construcciones, el verbo pasivo con SE va en singular, por ser singular el hecho de que se trata en cada oración: de uno solo, y no de muchos.

Es evidente que lo que se sabe es un hecho en singular: «quiénes eran»; es obvio que lo averiguado es otro hecho en singular: «cuántos vinieron»; lo que se ignora es la circunstancia en singular de «si los bandidos eran muchos ó pocos». De consiguiente, refiriéndose esas locuciones á hechos en singular, es necesario que el verbo de cada una vaya en singular, concertando con cada concepto singular, aunque «quiénes», «cuántos» y «bandidos» sean vocablos en plural.

CAPÍTULO V

CONCORDANCIA EN LA PASIVA DE SIGNO «SE» CUANDO LOS VERBOS SON INCORPORATIVOS

Los verbos PODER, QUERER, DEBER, SOLER... y varios más, se unen á los infinitivos de otros para incorporar en los significados de esos infinitivos las ideas de POSIBILIDAD, VOLUNTAD, OBLIGACIÓN, MANDATO, PERMISIÓN, etc.:

> *Yo no* PUEDO VIOLAR *la ley.*
> *El presidente* QUIERE CUMPLIR *con su obligación.*
> *El hijo* DEBE HONRAR *padre y madre.*
> *El alcalde* MANDÓ SUSPENDER *las tareas del adoquinado,* etc.

Estos conglomerados verbales pueden aparecer en las formas reflexiva, recíproca y adventicia, con sujeción á las reglas correspondientes ya dadas:

No PUEDEN AFEITARSE (sentido reflexivo).
No DEBEN TUTEARSE (sentido recíproco).
No QUIEREN PELARSE *en esa peluquería* (sentido deponente).
No PUEDEN AFEITARSE (sentido reflexivo, recíproco ó deponente).
No SUELEN *en este mes* DERRETIRSE *las nieves* (sentido adventicio en las cosas).
No SUELEN ARREPENTIRSE *tales hombres* (sentido adventicio en las personas).
No PUEDEN SECARSE *aquí las uvas* (sentido adventicio ó pasivo).

También es posible que estos conglomerados verbales aparezcan en la forma pasiva con SE, y entonces las concordancias se ajustan á las reglas dadas para esta pasiva; es decir, que el verbo de la pasiva con SE va en plural sólo cuando el infinitivo lleva en plural ACUSATIVO DE COSA (ó de persona considerada como objeto). Y, naturalmente, va en singular el verbo en todos los demás casos:

Allí SE SUELEN ALQUILAR *pianos.* *Allí* SE PUEDEN ALQUILAR *balcones.*	Acusativo en la voz activa de cosa en plural.
No SE PUEDEN ADMITIR *más costureras.* *No* SE DEBEN ADMITIR *más pupilos.*	Acusativo de persona considerada como objeto.
SE PUEDE ALQUILAR *un piano.* SE DEBE VENDER *esta vajilla.*	Acusativo de cosa en singular.

SE PUEDE ADMITIR *un pupilo más*. PUEDE BUSCARSE *otra costurera*.	Acusativo de persona considerada como objeto en singular.
SE DEBE VITUPERAR á *los jugadores*. *No* SE QUISO OFENDER á *tus hermanas*.	Acusativo de persona con á.
Así DEBE GOBERNARSE á *las naciones*. *Así* SE SUELE ARRUINAR á *las naciones*.	Acusativo de cosa personificada con á.
SE LAS DEBE VITUPERAR (esas comedias). *No* SE LAS QUISO OFENDER (á esas actrices).	Acusativo pronominal.
¿SE PUDO SABER *quiénes eran?*	Acusativo-frase-interrogativa.
No SE HA PODIDO AVERIGUAR *si eran muchos ó pocos*.	Acusativo-frase-dubitativa.
Aquí SE SUELE COMER *mal*. *Aquí* SE SUELE FUMAR *mucho*.	Falta el que sería acusativo en la voz activa.
No SE PUEDE *aquí* NADAR. *No* SE DEBE TRABAJAR *sin descanso*.	Sin acusativo en la activa.
No SE DEBE INSISTIR EN *errores*. *No* SE PUEDE PRESCINDIR DE *las creencias*. *No* SE PUEDE RESPONDER POR *hombres venales*. *No* SE DEBE ATENDER á *tales exigencias*.	Verbos de preposición en la voz activa.

No todos los verbos pueden incorporarse los infinitivos ó entidades elocutivas indisolubles, según pasa con los verbos PODER, DEBER, QUERER, etc., y de ahí la necesidad de distinguir entre estos verbos incorporativos y los que no lo son, tales como PROHIBIR, PERMITIR, ORDENAR, LOGRAR, CONSEGUIR, etc. Esto es de la mayor importancia, porque los VERBOS INCORPORATIVOS conciertan con los acusativos de cosa que los infinitivos lleven en plural, mientras que los verbos NO INCORPORATIVOS no conciertan:

En aquel sitio PUEDEN FIJARSE *carteles*.	SE PROHIBE FIJAR *carteles en aquel sitio*.
SUELEN TENERSE *abiertas las tabernas hasta la una de la noche*.	SE PROHIBE TENER *abiertas las tabernas hasta la una de la noche*.
No PUDIERON ADQUIRIRSE *los informes*.	No SE CONSIGUIÓ ADQUIRIR *los informes*.

Cuando puede interponerse el artículo EL delante del infinitivo, este infinitivo no es incorporable al verbo anterior, y no puede, por tanto, formar con él entidad indisoluble, ni concertar con su acusativo. Por lo tanto, siempre que entre el primero y el segundo infinitivo siguiente no quepa intercalar el artículo EL, el primer verbo no es incorporativo: SE PERMITE EL TENER *abiertos los cafés hasta la madrugada*. (PERMITIR no es verbo incorporativo, porque ha podido intercalarse en el ejemplo el artículo EL.)

SE PROHIBE EL TENER ABIERTAS *las tabernas hasta las dos de la madrugada*. (Como también en este ejemplo cabe la intercalación del artículo EL, tampoco PROHIBIR es verbo incorporativo.)

Contrapongamos ejemplos:

PUEDE BUSCARSE *otra costurera*. (Como en este ejemplo no cabría la intercalación del artículo EL, porque nadie diría PUEDE EL BUSCARSE *otra costurera*, el verbo PODER es incorporativo.)

SE DEBE VENDER *esta vajilla*. (Como tampoco en este ejemplo cabe la intercalación del artículo EL, también DEBER es verbo incorporativo.)

Se dispone, pues, de un medio seguro para distinguir los verbos incorporativos de los que no lo son.

CAPÍTULO VI

CONCORDANCIAS EN LA PASIVA DE SIGNO «SE» CUANDO LOS VERBOS CONSTITUYEN IDIOTISMOS

Todas las anteriores reglas de concordancia se aplican también á los idiotismos, ó maneras especiales de decir, ya el sentido sea reflexivo, recíproco, deponente, adventicio, pronominal ó pasivo:

Reflexivo..... *Los vencedores* SE CONSIDERAN CON DERECHO Á ELLO.
Recíproco..... *Los camaradas* SE HABLAN DE TÚ (los unos á los otros).
Deponente.... *Los pobres* SE VISTEN DE DESECHOS.
Pronominal.... *Ellas* SE CORRIERON DE VERGÜENZA.
Pasivo concordante....... { SE HAN CORRIDO LAS ÓRDENES.
Los techos SE ENCUENTRAN EN RUINA.

CAPÍTULO VII

AMBIGÜEDADES

Confúndese muchas veces el significado de la construcción pasiva por medio del signo SE con el de las cláusulas de significación reflexiva, recíproca, deponente ó adventicia:

Al fin SE SALVARON *los náufragos.*

Esta cláusula puede significar que

cada uno se salvó á sí mismo (sentido reflexivo);

ó bien que

los unos salvaron á los otros (sentido recíproco);

ó bien que

resultaron salvados por azar (sentido adventicio);

ó bien, últimamente, que

fueron salvados porque alguien los salvó (sentido pasivo).

Las anfibologías ó sentidos equívocos suelen desaparecer cuando en la cláusula se expresa el causante del hecho de que se habla. Este causante se construye en ablativo-agente y la preposición POR (nunca DE):

Al fin SE SALVARON *los náufragos* POR *los esfuerzos de la tripulación de un buque inglés.*

En la pasiva con SE hay á veces condensación del significado adventicio y el pasivo, cuando en una cláusula que, sola y escueta, sería adventicia, se introduce una circunstancia que no depende de las fuerzas naturales, sino de la voluntad de un agente dotado de razón:

La fruta SE SECA *en estufa prontamente.*
La humedad SE DISIPA *con la calefacción de las habitaciones.*

CAPÍTULO VIII

PASIVA EN ABSOLUTO CON EL SIGNO «SE» CUANDO HAY NOMINATIVO

Con el signo SE, resulta absolutamente pasivo el sentido de la correspondiente cláusula cuando con el SE no va nominativo de ninguna clase (ni agente, ni recíproco, ni deponente, ni adventicio, ni tampoco PACIENTE) (1).

Esto ocurre en los casos que siguen:

1.º Cuando el SE va con un verbo que en la voz activa aparecería sin acusativo (2):

Activa sin acusativo.......... *Los ricos comen y beben bien.*
Pasiva sin nominativo-paciente. *Aquí* SE *come y* SE *bebe bien.*

Activa sin acusativo.......... *Los concurrentes murmuran de lo lindo.*
Pasiva sin nominativo-paciente. *En esa tertulia* SE *murmura de lo lindo.*

2.º También el sentido es pasivo en absoluto:
Cuando el signo SE va con alguno de los acusativos pronominales

ME, TE, LE, LA, NOS, OS, LOS, LAS,

formando las combinaciones

SE ME, SE TE, SE LE, SE LA, SE NOS, SE OS, SE LOS, SE LAS.

---

(1) Conviene recordar que no es circunstancia exclusiva de lo pasivo, en absoluto, la carencia de nominativo. Tampoco lo tienen en la estructura activa las cláusulas impersonales, absolutas é impropias, ni las de agente indeterminado:

Impersonales absolutos ...... { *Llueve.* / *Graniza.* / *Relampaguea.* }

De nominativo indeterminado. { *Le pegaron un tiro.* / *Le dieron una paliza.* / *Están derribando una casa.* }

(2) La falta de nominativo-paciente no implica que no pueda haberlo:

SE *fuma buen tabaco por los ricos.*
SE *fuman buenos puros por los ricos.*

Ejemplos:

SE ME *censura.* SE NOS *envidia.*
SE TE *censura.* SE OS *envidia.*
SE LE *ofende* (1). SE LOS *vitupera.*
SE LA *ofende.* SE LAS *vitupera.*

Obsérvese que éstas no son formas reflejas; pues tales formas exigen que cada acusativo-pronombre tenga un nominativo de su misma persona gramatical:

Yo ME *afeito* (forma reflexiva). SE ME *afeita* (forma pasiva.
Tú TE *afeitas* — — SE TE *afeita* — —
ÉL SE *afeita* — — SE LE *afeita* — —

3.º Igualmente el sentido pasivo es absoluto cuando el acusativo de la activa sea de persona precedido de Á:

SE *aplaude* á *los artistas.*
SE *elogia* á *los héroes.*
SE *compadece* á *los ciegos.*
Si no SE *ha visto* á *Sevilla, no se ha visto maravilla.*

CAPÍTULO IX

VERDADERA VOZ PASIVA EN ESPAÑOL

El signo de pasiva SE, por virtud de la evolución de sus significados, al pasar por las cláusulas deponentes, adventicias de COSAS y adventicias de PERSONAS, ha perdido su primitiva significación reflexiva de tercera persona aplicable á los dos números y á los dos géneros; y si bien conserva á veces aquel primer significado, ha venido á convertirse, desde hace muchos siglos, en el SIGNO DE PASIVA POR EXCELENCIA (2).

El oficio insubstituíble de este singularísimo vocablo SE, es QUITAR á las desinencias de la conjugación normal española su sig-

---

(1) Este LE ha de ser necesariamente acusativo, pues siendo dativo, pudiera haber nominativo-paciente, y por tanto concordancia:

SE LE *saltaron las lágrimas* (LE, dativo; LAS LÁGRIMAS, nominativo).
SE LE *olvidaron los cigarros* (LE, dativo; LOS CIGARROS, nominativo).

(2) Tanto en castellano como en los demás idiomas neolatinos, francés, portugués, italiano, catalán.

nificación activa, y darles sentido eminentemente pasivo y por excelencia (1).

Posposición del «se» como signo absoluto de pasiva. — Obligatoria la posposición con

infinitivo (*hacer*SE)
y gerundio (*haciéndo*SE)

é incorporativos correspondientes.

De este modo resulta haber en español verdadera conjugación pasiva agregando á las terceras personas de la conjugación normal castellana el signo SE, ya antepuesto ya pospuesto (2):

Presente de indicativo.... { SE *alquila*, SE *vende*, SE *mide*.
SE *alquilan*, SE *venden*, SE *miden*.

Imperfecto.............. { SE *alquilaba*, SE *vendía*, SE *medía*.
SE *alquilaban*, SE *vendían*, SE *medían*.

Pretérito perfecto........ { SE *alquiló*, SE *vendió*, SE *midió*.
SE *alquilaron*, SE *vendieron*, SE *midieron*.

Futuro................. { SE *alquilará*, SE *venderá*, SE *medirá*.
SE *alquilarán*, SE *venderán*, SE *medirán*.

Véase un ejemplo de conjugación pasiva aplicable á todas las personas de la activa:

Yo busco... { *cocinero, a*.... SE *busca cocinero, a*.... } *por mí* (3).
  cocineros, as.. SE *buscan cocineros, as*..

Tú buscas.. { *cocinero, a*.... SE *busca cocinero, a*.... } *por ti* (3).
  cocineros, as.. SE *buscan cocineros, as*..

Él busca... { *cocinero, a*.... SE *busca cocinero, a*.... } *por él, ella* (3).
  cocineros, as.. SE *buscan cocineros, as*..

---

(1) Así la sílaba UR del latín (la cual tuvo también significado reflejo en remotísimas épocas) quita á las desinencias de su conjugación normal significado activo, y les da sentido de pasiva:

*am*At, *am*ATu*r*; *am*ANt, *am*ANTu*r*
*am*ABAt, *am*ABATu*r*; *am*ABANt, *am*ABUNTu*r*
*am*ABIt, *am*ABITu*r*, *am*ABINt, *am*ABINTu*r*.

(2) Ventaja sobre el UR latino, que no puede anteponerse á desinencia verbal de la voz activa. Los gramáticos de la antigua Roma, nunca supieron (ni aun lo sospecharon siquiera) que su UR había tenido en remotas épocas existencia independiente con significado reflejo, como nuestro SE. Este descubrimiento constituye uno de los más valiosos triunfos de la FILOLOGÍA COMPARADA, debido al insigne lingüista BOPP.

(3) En la práctica corriente de la conversación se suelen omitir los ablativos *por mí, por ti, por él, por nosotros*, etc.

Buscamos .. {*cocinero, a* ...   SE *busca cocinero, a* ....} *por nosotros, as* (1).
{*cocineros, as*..   SE *buscan cocineros, as*..}

Buscáis.... {*cocinero, a*....   SE *busca cocinero, a*....} *por vosotros, as* (1).
{*cocineros, as*..   SE *buscan cocineros, as*..}

Buscan..... {*cocinero, a*....   SE *busca cocinero, a*....} *por ellos, ellas* (1).
{*cocineros, as*..   SE *buscan cocineros, as*..}

Por tanto, el oficio especialísimo é insubstituíble del signo SE en castellano (2) es DOBLE (3):

1.º QUITAR á las terminaciones de la conjugación su significado activo.

2.º DARLES significación pasiva.

Este doble oficio es general, y abarca todos los casos de pasiva que pueden ocurrir. Así, mientras que con el verbo SER Y UN PARTICIPIO no es posible volver por pasiva las construcciones segundas de activa, no hay nada más fácil que hacer la conversión por medio del signo SE, cuando en la activa no hay acusativo:

El domingo no SE *trabaja.*   SE *miente mucho.*
SE *cose á máquina.*   SE *lee poco.*
SE *dibuja al carbón.*   SE *imprime menos.*
Aquí no SE *fuma.*   *No* SE *debe insistir en el error.*

CAPÍTULO X

EXCEPCIONES Á LA PASIVA CON «SE»

1.º Recuérdese que únicamente no cabe convertir á PASIVA CON EL SIGNO SE las cláusulas impersonales, ya absolutas, ya relativas:

Graniza, hiela.   *Ni consta, ni urge.*

2.º Además de esto, la construcción pasiva con SE no se emplea en español cuando en la cláusula hay otro SE PRONOMINAL. El SE pronominal no consiente el SE pasivo.

Y cuando tal sucede, hay que recurrir á otras construcciones distintas de la pasiva. Entonces se usa el pronombre UNO ó UNA

---

(1) En la práctica corriente de la conversación se suelen omitir los ablativos *por mí, por ti, por él, por nosotros*, etc.
(2) Lo mismo que en los demás idiomas neolatinos.
(3) Como el del UR en latín.

inderterminado, según el género de la persona que habla; ó bien se recurre á expresiones impersonales, como *es preciso, hay que*...

> *Cuando* UNO SE *arrepiente, siente pesar.*
> *Cuando* UNO SE *despierta, suele cavilar.*
> *Es preciso abstener*SE *del placer de la venganza.*
> *Hay que atener*SE *á lo posible.*

En resumen :

Las construcciones pasivas son de dos especies :

> pasivas de nominativo-paciente, y
> pasivas sin ningún nominativo

1.º Pasiva con SER y nominativo-paciente :

> *Las ciencias* SON ELOGIADAS POR *los sabios.*

Pasiva con SE y nominativo-paciente :

> *Las ciencias* SE *elogian* POR *los sabios.*

2.º Pasivas cón SE y sin nominativo :

> SE *elogia á las hermosas.*   *No* SE *sabe cuántos eran.*
> SE LAS *elogia.*   SE *prohibe fijar carteles.*
> *Aquí sólo* SE *elogia.*   SE *suspende esa publicación.*

CUADRO SINÓPTICO

NOMINATIVOS Y ACUSATIVOS

CLÁUSULAS CON NOMINATIVO

- **No agente**
  - Imperativo relativo...
    - *Eso no consta.*
    - *Este libro es mayor que aquél.*
    - *Urge cortar esos abusos.*
    - *Urge que cortemos esos abusos.*
- **Agente sin acusativo**
  - Verbos del acontecer...
    - *Los árboles nacen, crecen y mueren.*
    - *El reloj varía.*
  - Intransitivo...
    - *Los caballos andan, trotan y galopan.*
    - *Ellos insisten en sus errores.*
- **Agente y acusativo**
  - Primera de activa...
    - *Este joven nunca ha visto el mar.*
    - *Este joven quiere escribir versos.*
    - *Este joven quiere que escribamos versos.*
  - Segunda de activa...
    - *Este joven nunca ha visto.*
    - *Este joven nunca ha querido.*
  - Reflexiva...
    - *Yo me lavo.*
    - *Ella se peina.*
  - Recíproca...
    - *Nosotros nos tuteamos.*
    - *Esas jóvenes se cartean.*
- **Causante** — Estructura activa
  - *El general construyó diez galeras.*
  - *El general pasó á cuchillo la guarnición.*
- **Seudo-agente**
  - Deponente...
    - *Yo me calzo en París.*
    - *Ellos se visten en Londres.*
  - Adventicio...
    - *La tabla se alabea.*
    - *Las medias se encogen.*
  - Pronominal...
    - *Yo me arrepiento.*
    - *Aquellos hombres se entristecieron.*

PASIVA

CLÁUSULAS SIN NOMINATIVO

- **Paciente**
  - Con SER y un participio...
    - *El ejército fué mandado por aquel caudillo.*
    - *La hueste fué mandada por él.*
  - Con otros auxiliares...
    - *El ejército iba mandado por aquel caudillo.*
    - *La hueste iba mandada por él.*
  - Con el signo SE...
    - *Se venden pianos.*
    - *Se buscan costureras.*
    - *Se prohibe fijar carteles.*
    - *Se prohibe que fijemos carteles.*
    - *No se sabe si eran muchos ó pocos.*
- **Estructura de activa**
  - Impersonales absolutas...
    - *Llueve.*
    - *Graniza.*
  - Impersonales impropias...
    - *Le dieron una paliza.*
    - *¡Allá van!*
    - *Le pegaron un tiro.*
- **Estructura pasiva con SE**
  - Acusativo con Á...
    - *Se elogia á las hermosas.*
    - *Se desacredita á los Gobiernos.*
  - Acusativo pronominal...
    - *Se las elogia.*
    - *Se los desacredita.*
  - Sin acusativo...
    - *Se fuma bien por los ricos.*
    - *Se miente mucho por los noticieros.*
    - *Se lee poco.*
    - *Se cose á máquina.*
    - *Se alquila.*
    - *No se puede responder de hombres venales.*

NOTA.—No pueden ponerse en pasiva con SE los impersonales absolutos ni los relativos, ni tampoco los verbos que llevan otro SE pronominal.

SECCIÓN 5.ª

DATIVOS

CAPÍTULO I

CLASIFICACIÓN DE LOS DATIVOS

Por su significación.—Los DATIVOS, atendiendo á su significación, pueden ser:
1.º De daño ó provecho (que son los más comunes).
2.º De finalidad.
3.º De posesión.
4.º De pasión.

Yo envío vestidos Á ESE POBRE (dativo común).
He comprado este libro PARA TI (dativo de finalidad).
Yo curo las heridas Á MI HERMANO (dativo de posesión).
Ese chiquillo SE NOS *está comiendo las natillas* (dativo pasional).

Por su estructura.—Los DATIVOS, atendiendo á su forma, se dividen en NOMINALES y PRONOMINALES (ó desinenciales).

Los NOMINALES van precedidos de la preposición Á, como si fueran acusativos de persona (lo que á veces da lugar á ambigüedades):

Nosotras damos socorros Á LOS POBRES.
¿Escribirás cartas Á TUS HIJOS?

Los PRONOMINALES ó DESINENCIALES no van precedidos de preposición ninguna:

Nosotros LES *damos socorros.*
*¿*LES *escribirás las cartas?*
SE *las escribiré.*

DATIVOS NOMINALES pueden ser todos los substantivos precedidos de la preposición Á, si expresan una relación de daño ó provecho resultante de la atribución expresada por un verbo:

> *El maestro da lección* AL DISCÍPULO.
> *¿Enviaste el dinero* AL POBRE?
> *Ese destino conviene* Á MI HERMANO.

LOS DATIVOS PRONOMINALES son los siguientes:

LE......
LES..... } Son dativos (1).

Singular.. { ME......
TE......
SE...... }
Plural.... { NOS ....
OS......
SE...... } Pueden ser dativos ó acusativos.

LO......
LA (2)...
LOS.....
LAS (2).. } Son siempre acusativos.

> *Yo* LE *di el libro.*
> *Yo* LES *regalé la fruta.*
> *Él* ME *envió las plumas.*
> *Ella* TE *remitió un espejo.*
> *Él capitán* SE *hizo un uniforme.*
> *Él* NOS *envió el papel.*
> *Ella* OS *mandó un ramillete.*
> *Los capitanes* SE *hicieron uniformes nuevos.*

CAPÍTULO II

DATIVOS COMUNES

DATIVOS COMUNES son todos los nominales y pronominales que expresan conceptos de DAÑO Ó PROVECHO no resultantes de un modo directo y gramaticalmente de actos ejecutados por un no-

---

(1) LE suele emplearse también como acusativo, refiriéndose á personas. Los castellanos prefieren el LE al LO como acusativo; pero el resto de los españoles prefiere para acusativo el LO al LE.

(2) Los castellanos emplean á veces como dativos los pronombres LA y LAS, lo que no es digno de imitación. No son admisibles construcciones como las siguientes:

> LA *di dos duros.*
> LAS *dije que no vinieran.*

minativo. El acto ejecutado gramaticalmente de un modo directo, se refiere siempre á un acusativo:

>*Juan golpeó* AL RATERO (AL RATERO, acusativo).
>*Juan dió golpes* AL RATERO (AL RATERO, dativo).

Lo que ocurre con los anteriores ejemplos puede aplicarse á todos los ejemplos análogos. Si el verbo precede inmediatamente al substantivo precedido á su vez de la preposición Á, dicho su'tantivo será un acusativo. Pero si entre éste y el verbo hay in calado otro substantivo, éste recaba para sí el papel de acusativ(y el anterior pasa á ser dativo.

En el ejemplo *Juan golpeó* AL RATERO, AL RATERO es acusativo, porque va inmediatamente precedido del verbo *golpeó*. En el ejemplo *Juan dió* GOLPES AL RATERO, AL RATERO es dativo, porque entre él y el verbo *dió* se ha intercalado el substantivo GOLPES, que pasa ahora á ser acusativo (1).

Nos (dativo) *conviene mucho* SU AQUIESCENCIA (nominativo).
No ME (dativo) *basta* SU NEGATIVA (nominativo).
No NOS (dativo) *quedan apenas* VÍVERES (nominativo).
TE (dativo) *sobran* CUATRO DUROS (nominativo).
LE (dativo) *falta* VALOR (nominativo).
Nos (dativo) *urge* EL REMEDIO (nominativo).
Mucho importa Á LA NACIÓN (dativo) QUE SE HAGA EL EMPRÉSTITO (nominativo-oración).
No LE (dativo) *conviene* HACERLO (nominativo-frase).
No LE (dativo) *conviene* QUE LO HAGA (nominativo-oración).

Pero no siempre estos verbos van con dativo, aun cuando á veces pudieran llevarlo:

>*Es justo* QUE LO DIGA (nominativo-oración). }
>*Es cierto* QUE LO NIEGA (nominativo-oración). } Sin dativos.
>*Es natural* ACEPTARLO (nominativo-frase). }

CAPÍTULO III

DATIVOS DE FINALIDAD

Los DATIVOS DE FINALIDAD indican la persona ó cosa PARA la cual se ejecuta un acto. Esta persona ó cosa se designa por medio de la preposición PARA.

---

(1) Véanse más adelante los ejemplos dudosos:

>*Recomiendo* Á USTED AL GENERAL, etc.

Con frecuencia acompaña otro dativo de los comunes á los dativos de finalidad :

Á LOS INFRACTORES (dativo común) *impondrá el alcalde multas* PARA LOS POBRES (dativo de finalidad).
Eso no es lo que el jefe ME (dativo común) *ha dicho* PARA TI (dativo de finalidad).
Han remitido Á LA REDACCIÓN (dativo común) *estas pruebas* PARA TI (dativo de finalidad).
Ya TE (dativo común) *he comprado los libros* PARA TU SOBRINA (dativo de finalidad).

Á veces sólo se expresa el dativo de finalidad :

> *Nadie construye casas* PARA LOS RATONES.
> *Haz un cajón* PARA ESA MESA (1).
> *La modista está haciendo una blusa* PARA EL NIÑO (2).

CAPÍTULO IV

DATIVOS DE POSESIÓN

Un agente puede ejecutar un acto sobre una parte de otro ser, ó de sí mismo:

> *Yo pinté las patas* DE LA MESA.
> *Yo puse las cerraduras* DE LA CÓMODA.
> *Él cortó los cabellos* DE MI TRENZA.
> *Ella peina* SUS TRENZAS.
> *Ella misma cura* SUS HERIDAS.

Y como de hacerse algo en una parte de un ser resulta á éste daño ó provecho (gramaticalmente), casi siempre para estas cláusulas se emplea en español el DATIVO, en vez del GENITIVO:

> *Yo* LE *pinté las patas* Á LA MESA.
> *Yo* LE *puse las cerraduras* Á LA CÓMODA.
> *Él* ME *cortó los cabellos.*
> *Ella* SE *peina las trenzas.*
> *Él mismo* SE *cura las heridas.*

---

(1) Lo cual puede no significar :

> *Haz*(ME) *un cajón* PARA ESA MESA.

(2) Lo que puede no significar :

> *La modista* (ME) *está haciendo una blusa* PARA EL NIÑO.

Á veces pueden usarse conjuntamente el DATIVO y el GENITIVO:

Él mismo SE *cura* SUS HERIDAS.   *Él mismo* SE *venda* SUS HERIDAS.

De todo lo dicho resulta que, en ocasiones, el acusativo, el dativo, el genitivo y, en general, formas gramaticales muy distintas, pueden y suelen expresar un mismo y único concepto: no son más que maneras diferentes de decir.

Por extensión se emplea tambien el dativo en substitución del genitivo cuando se trata de los objetos de vestir que, por efecto de una rara personificación, casi pueden considerarse como partes de uno propio. Así, en vez de decirse, con genitivo:

Yo pongo los guantes DE MIS MANOS,
Tú quitas el sombrero DE TU CABEZA,
Él quita su levita DE SU CUERPO,

se dice, con los correspondientes dativos de posesión:

Yo ME *pongo los guantes,*
Tú TE *quitas el sombrero,*
Él SE *quita la levita.*

Y siguiendo la analogía, se dirá, correspondientemente:

Yo LE *puse los guantes.*
Tú ME *sacaste las botas.*
Tú TE *debiste quitar las medias húmedas.*
Los soldados SE *curan las heridas* (unos á otros).
Nosotros no NOS *escaseamos los elogios* (unos á otros).
Vosotros os alabáis cuanto hacéis (los unos á los otros).

Los dativos de esta clase se denominan DATIVOS DE POSESIÓN.

Los dativos de posesión pueden entrar en todas las construcciones de forma refleja:

Reflexivos....
Yo ME *afeité el bigote*.......... *Yo* ME *lo afeité.*
Tú TE *curaste el brazo*........ .... *Tú* TE *lo curaste.*
Él SE *puso los guantes*.......... *Él* SE *los puso.*
Nosotros NOS *pusimos las camisas.* *Nosotros* NOS *las pusimos.*
Vosotros os cortasteis el cabello.. *Vosotros os lo cortasteis.*
Ellos SE *tiñeron el bigote* (1)..... *Ellos* SE *lo tiñeron.*

Deponentes....
Ayer SE *orificó dos muelas*....... *Ayer* SE *las orificó.*
Ayer SE *operó las cataratas*...... *Ayer* SE *las operó.*

---

(1) Estos ejemplos pudieran ser deponentes.

Adventi-
cios....
> *El soldado* SE *rompió el brazo.*
> *Al soldado* SE LE *gangrenó la pierna.*
> SE LE *mejoró la vista* (1).
> SE ME *quitó la sordera.*
> *El candelero* SE ME *cayó de las manos.*
> SE ME *olvidó el pañuelo.*
> SE ME *han secado las fauces.*
> *Las horas muertas* SE LE *pasan en propósitos.*

Las cláusulas con los dativos de posesión pronominales parecen reflexivas ó recíprocas:

> *Yo* ME *operaré las cataratas.*
> *Ella* SE *riza el cabello.*
> *Ellos* SE *curan las heridas.*

Estas construcciones en que

ME, TE, SE (singular), NOS, OS, SE (plural)

son dativos de pasión y tienen parecido con las genuinamente reflejas, pudieran llamarse SEUDO-REFLEJAS y SEUDO-RECÍPROCAS respectivamente.

CAPÍTULO V

DATIVOS DE PASIÓN

El interés que pone la persona que habla en los hechos que refiere, ó bien el interés que supone en aquella á quien ó de quien habla, suele manifestarse por medio de dativos, que, por tanto, se denominan PASIONALES:

El agresor salió huyendo, pero los guardias lo alcanzaron y ME *lo amarraron codo con codo* (ME, dativo pasional).

Indudablemente, los guardias no lo amarraron PARA MÍ; pero con ese ME patentizo yo mi interés en que el agresor no escapara impune.

*¡Á ése!... ¡Á ése!... ¡Trínca*ME*lo ahí, y que no* SE NOS *escape!*

---

(1) Estos ejemplos pudieran ser de pasiva, diciendo:

> SE ME *mejoró la vista con aquel tratamiento.*
> SE ME *quitó la sordera con aquella medicina.*

Aquí ME y NOS son también dativos pasionales. Los guardias no han de trincar á un delicuente ni PARA MÍ ni PARA NOSOTROS.

> *El niño* SE *aprendió muy bien su lección.*
> *¡Á que no* ME *lo aciertas!*
> Nos *bebimos dos vasos de lo viejo.*
> SE *comió cuatro huevos cocidos.*

Á veces se pone más de un dativo de estos pasionales. En vez de

> *El perro está comiendo la carne* (sin dativos),

ó

> *El perro* SE *está comiendo la carne* (con el dativo SE),

se dice con frecuencia :

El perro SE NOS *está comiendo la carne* (con los dos dativos : SE y NOS).

Los ministros paseaban ayer por la Castellana (sin dativo).
Los ministros SE *paseaban ayer por la Castellana* (con un dativo pasional : SE).
Los ministros SE TE *estaban paseando ayer por la Castellana* (con dos dativos pasionales : SE y TE).

Ha marchado el director á baños (sin dativo).
SE *ha marchado el director á baños* (con un dativo pasional : SE).
SE NOS *ha marchado el director á baños* (con dos dativos pasionales : SE y NOS).

Fué á Sevilla (sin dativo).
SE *fué á Sevilla* (con un dativo pasional : SE).
SE NOS *fué á Sevilla* (con dos dativos pasionales : SE y NOS).

Él habla ya de tú con ella (sin dativo).
Él SE *habla ya de tú con ella* (con un dativo pasional : SE).
Él SE NOS *habla ya de tú con ella* (con dos dativos pasionales: SE y NOS).

Estos dativos pasionales serían perfectamente suprimibles no habiendo interés en lo que se dice. Pero de que sean suprimibles no se deduce que sean superfluos para la energía ó gracejo de la elocución. Por ejemplo, puede decirse sin ofender á la Gramática:

> *Fueron con la música á otra parte.*

Pero la expresión resulta floja y sosa, por la costumbre de decir con un dativo pasional :

> SE *fueron con la música á otra parte.*

Obsérvese que no serían idiotismos llenos de expresión

Salí con la mía,
Saliste con la tuya,
Salió con la suya,

porque lo esencial de ellos está en los dativos pasionales

ME, TE, SE (singular), NOS, OS, SE (plural),

que siempre se usan en estas locuciones, y que consignan la terquedad de quien, venciendo toda clase de oposiciones, logra al fin imponer su voluntad.

Si, hablando de una persona sin carácter y á quien llevan á su perdición los que la rodean, decimos

SE *la van á comer,*

la expresión resulta llena de gracejo, que no tendría la elocución verdaderamente absurda

La van á comer.

Los dativos pasionales pueden entrar en todas las construcciones de forma refleja:

Reflexivos.....	*Esos niños son tan limpios, que siempre* SE TE *están lavando.*
	Que esos criados SE ME *laven los pies, porque me huelen á demonios.*
Recíprocos.....	*Son tan pulcros esos criados, que muy de mañana* SE TE *afeitan* (los unos á los otros).
	Las dos SE ME *peinan primorosamente á primera hora* (una á otra).
Adventicios en las cosas ó personas objetivadas........	*La perrita* SE NOS *ahogó en la alberca.*
	La tabla SE ME *alabeó.*
	El tonel SE NOS *rezuma.*
	Ya SE TE *están abriendo las rosas.*
	SE ME *mató un albañil.*
Adventicios en las personas..	*Tanto le dije, que al fin* SE ME *arrepintió.*
	SE NOS *obstinó en su negativa.*
	Amenázala y SE TE *abstendrá.*
Idiotismos......	SE NOS *pondrán en escena tres sainetes.*
	Los generales SE NOS *quedaron en tierra.*
	Él no SE TE *anda con chiquitas.*
	No SE NOS *venga usted con andróminas.*

Á veces los dativos pasionales revelan tan escasa pasión ó tan escaso interés personal, que más bien que pasionales merecen sólo el nombre de EXPLETIVOS:

>Me *anduve el camino á pie.*
>Te *dejaste el libro sobre la mesa.*
>Nos *fuimos á esperarlo.*
>Os *entrasteis á caballo en el patio del cortijo.*
>Se *gastó una peseta.*

Á veces estos dativos pasionales entran en las locuciones substituyendo á CASOS que, con mas propiedad, requiere la Gramática en ablativo. Tal anormalidad es de la mayor importancia. En vez de

>*Ir* EN POS DE ÉL,

escribió Jovellanos:

>... *Debióselas al bueno de su ayo mosén Marco, sólo ajustado para* IRLE EN POS *cuando era señorito;*

y el duque de Frías:

>*Y Europa* os *tiemble,*

en vez de

>*Y Europa tiemble* ANTE VOSOTROS;

y Cienfuegos:

>¿Te me *vas á ocultar?*,

en vez de

>¿*Te vas á ocultar* DE MÍ?;

y Arriaza:

>¡*Oh pobre corazón!...*
>¿*La presunción altiva qué se ha hecho*
>*Con que quisiste á veces*
>*Salír*TEME *del pecho?*,

en vez de

>*Quisiste salirte* DE MI *pecho* (ablativo).

Nada más común que oir:

>*No* TE ME *vayas,*   *No* TE ME *huyas,*

en lugar de

>*No te vayas* DE MÍ (de mi lado),   *No huyas* DE MÍ, etc.

CAPÍTULO VI

CONCURRENCIA DE DATIVOS Y ACUSATIVOS

Pueden ocurrir cuatro variantes:
1.ª Que dativo y acusativo sean nominales.
2.ª Que dativo y acusativo sean pronominales.
3.ª Que el dativo sea pronominal y el acusativo nominal.
4.ª Que el dativo sea nominal y el acusativo pronominal.

1.ª *Yo regalé* Á LA NIÑA (dativo nominal) TODA LA FRUTA (acusativo nominal).
2.ª *Yo* SE (dativo pronominal) LA (acusativo pronominal) *regalé*.
3.ª *Yo* TE (dativo pronominal) *regalé* LA FRUTA (acusativo nominal).
4.ª *Yo* LA (acusativo pronominal) *regalé* Á LA NIÑA (dativo nominal).

No ofrecen dificultad ninguna las cláusulas en que el acusativo es de cosa y el dativo de persona.

Pero ya puede existir dificultad:
1.º Cuando dativo y acusativo son nominales y referentes ambos á persona; y
2.º Cuando dativo y acusativo son ambos pronominales.

Veamos un ejemplo de acusativo y dativo nominales y referentes á personas. Si yo he hecho á un amigo la recomendación de un sobrino mío, no podré decir

Yo recomendé á mi amigo á mi sobrino

sin incurrir en ambigüedad; porque habiendo de ir precedidos de la preposición Á tanto el acusativo (por serlo de persona), como el dativo (por necesitarla siempre), no puede saberse si mi amigo fué el recomendado á mi sobrino, ó mi sobrino al amigo. Sólo cuando la persona en acusativo puede ser objetivada, es cuando, suprimiendo la Á, cabe evitar la ambigüedad:

Recomendé el herido al médico del hospital.
Presenté el asistente al capitán.

Estas confusiones se evitan prescindiendo de la construcción directa, y recurriendo á la pasiva:

El herido fué recomendado por mí al médico.
El asistente fué presentado por mí al capitán.

Acusativos y dativos pronominales.—Recuérdese que

LO
LA
LOS
LAS } son siempre acusativos y nunca dativos.

LE
LES } son dativos. { LE puede ser acusativo.
{ LES nunca.

ME
TE
SE
NOS
OS
SE } pueden ser dativos ó acusativos.

Pues bien: los dativos LE y LES se convierten en el dativo pronominal SE cuando han de juntarse á alguno de los acusativos LO, LA, LOS, LAS; y las combinaciones, así de estos dativos como de todos los demás, con esos acusativos, son como sigue:

ME (dativo)..	LO (acusativo)	....	ME LO *envió.*
ME	—	.. LA	—	.... ME LA *envió.*
ME	—	.. LOS	—	.... ME LOS *envio.*
ME	—	.. LAS	—	.... ME LAS *envió.*
TE	—	.. LO	—	.... TE LO *enviará.*
TE	—	.. LA	—	.... TE LA *enviará.*
TE	—	.. LOS	—	.... TE LOS *enviará.*
TE	—	.. LAS	—	.... TE LAS *enviará.*
SE	—	.. LO	—	.... SE LO *ofreció.*
SE	—	.. LA	—	.... SE LA *ofreció.*
SE	—	.. LOS	—	.... SE LOS *ofreció.*
SE	—	.. LAS	—	.... SE LAS *ofreció.*
NOS	—	.. LO	—	.... NOS LO *dará.*
NOS	—	.. LA	—	.... NOS LA *dará.*
NOS	—	.. LOS	—	.... NOS LOS *dará.*
NOS	—	.. LAS	—	.... NOS LAS *dará.*
OS	—	.. LO	—	.... OS LO *referí.*
OS	—	.. LA	—	.... OS LA *referí.*
OS	—	.. LOS	—	.... OS LOS *referí.*
OS	—	.. LAS	—	.... OS LAS *referí.*
SE	—	.. LO	—	.... SE LO *prometimos.*
SE	—	.. LA	—	.... SE LA *prometimos.*
SE	—	.. LOS	—	.... SE LOS *prometimos.*
SE	—	.. LAS	—	.... SE LAS *prometimos.*

Se ve, pues, que en la concurrencia de algunos de los dativos monosilábicos LE y LES con alguno de los acusativos, también monosilábicos, LO, LA, LOS, LAS, el LE y el LES se convierten en SE (dativo, no signo de pasiva).

Y que los dativos monosilábicos se colocan delante de los acusativos.

CAPÍTULO VII

DATIVOS DETERMINANTES Y PLEONÁSTICOS

El dativo SE, que substituye á los dativos LE y LES, cuando concurre con los acusativos LO, LA, LOS, LAS, carece, por su estructura, de género y número; pero puede, según su sentido, referirse á un hombre ó á una mujer, ó bien á varios hombres ó varias mujeres.

El SE de la locución SE LO, puede tener los significados siguientes:

SE
{
Á ÉL.
Á ELLA.
Á ELLOS.
Á ELLAS.
Á USTED.
Á USTEDES.
Á SÍ MISMO.
Á SÍ MISMA.
Á SÍ MISMOS.
Á SÍ MISMAS.
Á *un substantivo masculino en singular.*
Á *un substantivo femenino en singular.*
Á *un substantivo masculino en plural.*
Á *un substantivo femenino en plural.*
}

Así es que si alguien dijese YO SE LO ENTREGARÉ, habría que determinar ese SE para saber la persona á la CUAL había de hacerse la entrega, construyendo alguna de las cláusulas siguientes, conforme al género y al número del correspondiente dativo SE:

Y el mismo número de combinaciones que con SE LO puede obtenerse con SE LA, ó con SE LOS, ó bien con SE LAS :

SE LA *ofreceré* { Á ÉL.
Á ELLA.
Á ELLOS.
Á ELLAS, etc.

SE LOS *ofreceré* { Á ÉL.
Á ELLA.
Á ELLOS.
Á ELLAS, etc.

SE LAS *ofreceré* { Á ÉL.
Á ELLA.
Á ELLOS.
Á ELLAS, etc.

La necesidad de determinar el dativo SE con otro dativo, para obviar ambigüedades, ha hecho que, comúnmente, se pongan en las cláusulas dos dativos, de los cuales uno resulta verdaderamente pleonástico, pues pudiera muy bien omitirse, sin perjuicio de la claridad, la mayor parte de las veces :

ME *los envió* Á MÍ (pleonástico).
TE *lo remitirá* Á TI (pleonástico).
OS *lo pagaré* Á VOSOTROS (pleonástico).
NOS *lo dará* Á NOSOTRAS (pleonástico), etc.

Pero, aunque no enteramente precisos, los dativos pleonásticos contribuyen muchas veces á la energía de las locuciones; por lo cual no son siempre de omitir. Por ejemplo :

Así se LE *irá tomando el pulso á la opinión* (LE, dativo pleonástico).

Los dativos LE y LES únicamente se cambian en SE cuando concurren con los acusativos pronominales LO, LA, LOS, LAS.

Pero no siendo necesarios para la claridad ó la energía los dativos redundantes, deben omitirse, porque en ello ganan la concisión y la rapidez :

ME *envió los libros.* ME *los envió.*
TE *remitirá las obras.* TE *las remitirá.*
LE *mandaré la fruta.* SE *la mandaré.*
NOS *escribieron las cartas.* NOS *las escribieron.*
OS *dieron los recibos.* OS *los dieron.*

La supresión de los dativos pleonásticos es preferible, siempre que no se perjudique la claridad ni lo exija el énfasis:

SE *ha anunciado* Á EUROPA *una tormenta por el director del Observatorio* (1).
SE TE *nombrará un tutor.*
SE LES *ha levantado la incomunicación.*
SE LE *consumieron diez pipas de vino al año* (2).
SE TE *atribuye importancia.*
SE ME *admitieron todos los artículos para la revista.*
SE LE *niega competencia.*
En vano SE LE *administró la medicina.*
Así SE *tomará el pulso á la opinión.*
SE LE *preparan suntuosos funerales.*

CAPÍTULO VIII

DATIVOS EN LA PASIVA CON EL SIGNO «SE»

Las reglas de las concordancias de verbo y nominativo-paciente empleadas en las pasivas construídas por medio del signo SE, no sufren alteración ninguna cuando en las correspondientes cláusulas entran dativos, ya sean éstos de los comunes, nominales ó pronominales, ó bien de finalidad, de posesión ó de pasión, en concurrencia con acusativos.

Pasiva con dativos comunes.

Dativos nominales en singular......
- *Ayer* SE *pagó la cuenta* Á LA MODISTA.
- *Ayer* SE *pidió el libro* AL CORRESPONSAL............ } Concordancia en singular.
- *Ayer* SE *pagaron las cuentas* Á LA MODISTA............
- *Ayer* SE *pidieron los libros* AL CORRESPONSAL............ } Ídem en plural.

Dativos nominales en plural........
- *Ayer* SE *pagó la cuenta* Á LAS MODISTAS............
- *Ayer* SE *pidió el libro* Á LOS CORRESPONSALES............ } Ídem en singular.
- *Ayer* SE *pagaron las cuentas* Á LAS MODISTAS............
- *Ayer* SE *pidieron los libros* Á LOS CORRESPONSALES............ } Ídem en plural.

---

(1) Mejor que

SE LE *ha anunciado á* EUROPA...

(2) Esta cláusula pudiera ser adventicia, y no pasiva con dativo, si se quisiera decir, no que se le hace á un abastecedor el gasto de diez pipas anuales, sino que al poseedor se le evaporaban ó perdían.

— 187 —

Dativos pronominales en singular... { *Ayer* SE LE *pagó la cuenta*.......... | Concordancia en singular.
Ayer SE LE *pidió el libro*.......... |
Ayer SE LE *pagaron las cuentas*..... | Ídem en plural.
Ayer SE LE *pidieron los libros*...... |

Dativos pronominales en plural..... { *Ayer* SE LES *pagó la cuenta*......... | Ídem en singular.
Ayer SE LES *pidió el libro*.......... |
Ayer SE LES *pagaron las cuentas*.... | Ídem en plural.
Ayer SE LES *pidieron los libros*..... |

Pasiva con dativos pronominales.—Las combinaciones que el signo de pasiva SE puede formar con dativos pronominales, son las siguientes:

SE ME, SE TE, SE LE, SE NOS, SE OS, SE LES (1).

Pronominales... {
SE ME *pidió la cuenta*............ \
SE TE *pidió la cuenta*............ |
SE LE *pidió la cuenta*............ | Concordancia en singular.
SE NOS *pidió la cuenta*........... |
SE OS *pidió la cuenta*............ |
SE LES *pidió la cuenta*........... /
SE ME *pagaron los libros*......... \
SE TE *pagaron los libros*......... |
SE LE *pagaron los libros*......... | Concordancia en plural.
SE NOS *pagaron los libros*........ |
SE OS *pagaron los libros*......... |
SE LES *pagaron los libros*........ /

Pasiva con dativos de finalidad.

SE *han encargado* AL ESCULTOR (dativo nominal) *las estatuas* PARA EL JARDÍN (dativo de finalidad).
SE *impondrán esas multas* Á LOS PANADEROS (dativo nominal) PARA LOS POBRES (dativo de finalidad).
Eso no es lo que SE ME (dativo pronominal) *ha dicho* PARA TI (dativo de finalidad).
SE NOS (dativo pronominal) *mandaron esos ejemplares* PARA LA ACADEMIA (dativo de finalidad).
SE OS (dativo pronominal) *extenderá pronto el poder* PARA EL PROCURADOR (dativo de finalidad) (2).

---

(1) Las combinaciones del SE con los acusativos pronominales, son:

SE ME, SE TE, SE LO, SE LA, SE NOS, SE OS, SE LOS, SE LAS.

(2) Claro es que no hay necesidad de que todo dativo de finalidad vaya acompañado de otro dativo nominal ó pronominal:

Pronto se extenderá el poder PARA VUESTRO PROCURADOR.
No se edifican casas PARA LOS RATONES.

— 188 —

Pasiva con dativos de posesión.

SE *tonsuró la cabeza* AL ORDENANDO.
SE LE *rapó á navaja la cabeza.*
SE LE *operaron las cataratas.*
SE LE *curaron las heridas.*
SE LE *quitó la sordera por el especialista.*

Pasiva con dativos de pasión.

Aquí no SE ME *bebe, ni* SE ME *fuma, ni* SE ME *juega.*
SE NOS *engordará á esas vacas con estos pastos.*
Así SE NOS *minan los fundamentos sociales.*
SE ME *mataron dos albañiles.*

Pasiva con dativos dobles: reduplicación.—En todas las pasivas con SE cabe la reduplicación de los dativos, ya para determinar, ya para dar pleonásticamente mayor energía á las cláusulas:

Ayer SE LE *pagó la cuenta* Á LA MODISTA.
Ayer SE LE *pidió el libro* AL CORRESPONSAL.
Ayer SE LES *pagaron las cuentas* Á LAS MODISTAS.
Ayer SE LES *pidieron los libros* Á LOS CORRESPONSALES.
SE ME *pidió la cuenta* Á MÍ *(á mí mismo).*
SE TE *pidió la cuenta* Á TI *(á ti misma).*
SE NOS *pidió la cuenta* Á NOSOTROS *(á nosotros mismos).*
SE OS *pidió la cuenta* Á VOSOTRAS *(á vosotras mismas).*
SE LE *han encargado* AL ESCULTOR *las estatuas* PARA EL JARDÍN.
Eso no es lo que SE ME *ha dicho á mí mismo para tí propio.*
SE LES *tonsuró la cabeza* Á LOS ORDENANDOS.
SE LE *operaron las cataratas* Á MI TÍO.
Así SE NOS *minan* Á NOSOTROS LOS HOMBRES DE ORDEN *los fundamentos sociales.*
Á MÍ *no* SE ME *dan facultades extraordinarias.*
SE LE *ha conferido el cargo* Á SU HERMANO.
Á ELLAS SE LES *dará honrosa sepultura.*
Á LOS DOS LES *ocuparon billetes de Banco falsos.*
SE LES *achaca* Á ESOS PERIODISTAS *una premeditación imposible.*
No SE ME *oculta* Á MÍ *su situación.*
Á MÍ *no* SE ME *viene con esas.* (Idiotismo.)

Excepciones.— En la construcción pasiva formada con el signo SE, no entra ninguna de las combinaciones que pueden resultar de la concurrencia de los seis dativos pronominales

ME, TE, SE (singular), NOS, OS, SE (plural),

con los cuatro acusativos, también pronominales,

LO (1), LA, LOS, LAS.

No es, pues, posible esta pasiva con ninguna de las veinticuatro combinaciones

ME LO,	ME LA,	ME LOS,	ME LAS.	
TE LO,	TE LA,	TE LOS,	TE LAS.	SE, singular.
SE LO,	SE LA,	SE LOS,	SE LAS.	
NOS LO,	NOS LA,	NOS LOS,	NOS LAS.	
OS LO,	OS LA,	OS LOS,	OS LAS.	SE, plural.
SE LO,	SE LA,	SE LOS,	SE LAS.	

Pero son posibles las combinaciones de los seis dativos pronominales con cualquiera de los acusativos nominales.

Así es que puede decirse:

SE ME pagó EL LIBRO,
SE TE <i>envió</i> EL ENCARGO,
SE LE <i>ofreció</i> UN REGALO, etc.,</p>

y no cabe decir:

SE ME LO pagó,   SE TE LO envió,   SE LE LO ofreció, etc.

Cuando en estas combinaciones el acusativo debe ser

LO, LAS, LOS, LAS,

es preciso entonces recurrir á las construcciones de nominativo indeterminado y verbo en tercera persona de plural:

SE LA raparon (la cabeza).
SE LOS <i>cortaron</i> (los cabellos).
ME LOS <i>cortaron</i> (y no <i>se me los cortó</i>).
TE LAS <i>curaron</i> (y no <i>se te las curó</i>), etc.</p>

Pero si las combinaciones en que concurren dativos y acusativos pronominales no son susceptibles de entrar en cláusulas pasivas construídas con el signo SE, ciertamente lo son cuando la pasiva puede formarse con el verbo SER y un participio.

Mas ha de tenerse en cuenta que cuando en la activa debiera combinarse alguno de los dativos LE y LES con alguno de los acu-

---

(1) Ó bien LE.

sativos LO, LA, LOS, LAS, esos dativos LE y LES son substituídos por el dativo SE:

Yo SE LO *escribí* (en vez de *yo* LE LO *escribí*).
Nosotros SE LOS *ofrecimos* (en vez de *nosotros* LE LOS *ofrecimos*).
Ustedes SE LO *dijeron* (en vez de *ustedes* LE LO *dijeron*).

Conversión.—Ahora bien: cuando haya que convertir á la voz pasiva por medio del verbo SER y un participio alguna cláusula de la voz activa donde se halle ese dativo SE en concurrencia con alguno de los acusativos LO, LA, LOS, LAS, entonces, en vez del substituto SE, vuelven á parecer los dativos LE ó LES en la conversión:

Voz activa.		Voz pasiva.	
SE LO *pagaré*....	á él. / á ella.	*Eso le será pagado por mí*.....	á él. / á ella.
SE LA *pagarás*...	á ellos. / á ellas.	*Eso les será pagado por ti*.....	á él. / á ella.
SE LAS *pagarás*..	á él. / á ella.	*Le serán pagadas por él*....... á él, á ella. / *Le serán pagadas por ti*...... á ellos, á ellas.	
SE LOS *pagaremos*	á ellos. / á ellas.	*Les serán pagados por nosotros*. á ellos. / *Les serán pagados por nosotras*. á ellas.	
SE LO *pagaréis*...	á él. / á ella.	*Le será pagado por vosotros*... / *Le será pagado por vosotras*...	á él, á ella.
SE LAS *pagarán*..	á ellos. / á ellas.	*Les serán pagados por ellos*. / *Les serán pagadas por ellas* (1).	

Anfibologías.— Los muchos oficios que tienen los dativos pronominales, hacen que en las construcciones de pasiva con SE haya lugar con frecuencia á equívocos y anfibologías, que deben evitarse, porque siempre perjudican á la claridad y precisión.

SE LE *quitó la sordera*, SE LE *mejoró la vista*, SE LE *presentó*,

pueden ser construcciones de sentido adventicio ó pasivo ó reflejo. Y para no dar ocasión á dudas, deben hacerse las correspondientes aclaraciones:

SE LE *quitó la sordera con aquel tratamiento*.
SE LE *mejoró la vista con el descanso*.
Él mismo SE *presentó al juez*.
SE LE *presentó el plano por el ingeniero*.
SE LE *presentó un tumor en una pierna*, etc.

---

(1) Nótese que los acusativos LO, LA, LOS, LAS, aunque no convertidos expresamente en los nominativos ESO, ELLA, ELLOS, ELLAS, lo están tácitamente, pues conciertan con ellos los respectivos participios *pag*ADO, *pag*ADA, *pag*ADOS, *pag*ADAS.

CUADRO SINÓPTICO DE LOS DATIVOS

La introducción de dativos en las pasivas con SE no produce alteración ninguna ni en las reglas ni en las excepciones referentes á dicha pasiva.

		Activa	Pasiva
Dativos comunes.	Nominales	*Daré instrucciones* AL ADMINISTRADOR.	SE *darán instrucciones* AL ADMINISTRADOR.
	Pronominales	*Exigirás garantías* Á LOS INQUILINOS. LE *daré instrucciones*. LES *exigirás garantías*.	SE *exigirán garantías* Á LOS INQUILINOS. SE LE *darán instrucciones*. SE LES *exigirán garantías*.
Dativos de finalidad.	Con otro dativo	TE *he comprado ya los libros* PARA TU SOBRINO.	SE TE *han comprado ya los libros* PARA TU SOBRINO.
	Sin otro dativo.	*Ya están encargadas las estatuas* PARA EL JARDÍN.	*Ya se han encargado las estatuas* PARA EL JARDÍN.
Dativos de posesión.	En las personas	*El doctor* LE *operó ayer las cataratas*. *El especialista* LE *ha curado la sordera*.	SE LE *operaron ayer las cataratas*. SE LE *ha curado la sordera*.
	En las cosas	*El* ME *sacó las botas*. *Yo* LE *puse los guantes*.	SE ME *sacaron las botas* POR TU CRIADO. SE TE *pusieron los guantes*.
Dativos personales.	Un solo dativo.	*El perro* SE *comió la carne*.	
	Dos dativos	*La perrita* SE *ahogó en la alberca*. *El perro* SE NOS *comió la carne*. *La perrita* SE NOS *ahogó en la alberca*. SE ME *mató el albañil*.	
Dativos de repetición.	Pleonásticos	LE *daré instrucciones* AL ADMINISTRADOR. LES *exigirás garantías* Á LOS INQUILINOS.	SE LE *darán instrucciones* AL ADMINISTRADOR. SE LES *exigirán garantías* Á LOS INQUILINOS.
	Determinantes.	*El doctor* LE *operó* Á ELLA LAS CATARATAS. *Yo* LE *puse los guantes* Á ELLA MISMA.	SE LE *operaron* Á ELLA LAS CATARATAS. SE LE *pusieron los guantes* Á ELLA MISMA.

NOTA.—Hay otros dativos que apenas son pasionales, por lo cual se les da el nombre de expletivos: *Me dejé el libro sobre la mesa.* Hay otros dativos pasionales que substituyen á los ablativos: *¿Te me vas á ocultar? No te me hayas.*

PARTE TERCERA

SISTEMAS ORACIONALES

DETERMINANTES-ORACIÓN

GENERALIDADES

Con los vocablos de carácter adjetivo no hay siempre lo bastante para determinar los substantivos.

Ni con los vocablos de carácter adverbial basta en toda ocasión para limitar el significado de los verbos.

Ni tampoco, por último, con los vocablos substantivos hay generalmente lo necesario para formar los nominativos, acusativos y dativos que las cláusulas exigen.

Es, por consiguiente, indispensable construir expresiones complejas que tengan el carácter de

ADJETIVOS,
ADVERBIOS,
y SUBSTANTIVOS,

para que suplan á tales deficencias.

Estos complexos necesitan de verbo en desinencia personal.

El sistema oracional comprende tres tratados, que se denominan

SISTEMA ORACIONAL DE CARÁCTER ADJETIVO,
SISTEMA ORACIONAL DE CARÁCTER ADVERBIAL,
y SISTEMA ORACIONAL DE CARÁCTER SUBSTANTIVO.

De cada uno de estos sistemas se tratará en especial Sección.

SECCIÓN 1.ª

SISTEMA ORACIONAL DE CARÁCTER ADJETIVO

CAPÍTULO I

ADJETIVOS-ORACIÓN

Sabemos por las PRENOCIONES que principalmente se individualiza á los substantivos relacionándolos con la POSICIÓN DE LOS INTERLOCUTORES, por medio de signos demostrativos:

ESTE *libro*,   ESA *pluma*,   AQUEL *tintero*,

ó con la idea de PERTENENCIA, por medio de simples POSESIVOS ó de GENITIVOS:

MI *libro*.   *El libro* DE MI MAESTRO.
TU *pluma*.   *La pluma* DE TU TÍO.
SU *tintero*.   *El tintero* DE SU AMIGA.

Sabemos también que, cuando estos medios no bastan, se recurre á los vocablos llamados adjetivos ó á la indicación de marcas ó caracteres propios exclusivamente de los objetos cuya individualización nos proponemos :

El VIEJO *albañil* ANDALUZ.
La pluma DE PUNTOS DE IRIDIO.
La hermana SOLTERA DE TU AMIGO EL PORTUGUÉS.
Mi primo EL INGENIERO DE CAMINOS Y CANALES.
No eran dos PERROS, *eran dos* PERRAS.

Pero los anteriores medios no son bastantes en gran número de ocasiones para individualizar completamente á un ser y formarle de una manera inequívoca su nombre propio y exclusivo.

Con frecuencia, pues, para determinar por completo y con

toda precisión, hay que manifestar, por medio de entidades elocutivas completas, aunque no independientes, y compuestas de muchas palabras, entre las cuales se encuentra constantemente un verbo en desinencia personal:

> lo que un ser ejecuta (como nominativo);
> ó lo que resulta ejecutado respecto de él (como acusativo ó bien como dativo);
> ó alguna circunstancia de posesión (genitivo);
> ú otras cualesquiera de causa, modo, lugar, tiempo, fin, etc. (determinación por ablativo).

Esto se consigue por medio de los complexos llamados ORACIONES-ADJETIVO-DETERMINANTES, y, mejor aún, ADJETIVOS-ORACIÓN, por ser su oficio equivalente ó análogo al de los vocablos adjetivos calificadores; pero que se distinguen en que, además, expresan las nociones de nominativo, acusativo, dativo, genitivo ó ablativo.

Ejemplos:

Tesis ó anéutesis.	Oraciones-adjetivo-determinantes.
Veo al niño	QUE TIENE SED (1).
¿No escribes tú al hombre	Á QUIEN (2) HAS OFENDIDO?
Esa es la pobre	Á LA CUAL (3) DIMOS LIMOSNA.
¿Viene allí la portera	CUYA (4) HIJA ESTÁ ENFERMA?
Compremos las tartanas	EN QUE (5) FUIMOS Á LOS BAÑOS.

El oficio de estas oraciones es equivalente ó análogo al de los adjetivos calificadores, en cuanto aumentan la comprensión de los correspondientes substantivos.

Si se dice: *mujer* QUE TIENE HAMBRE, se enuncia el mismo concepto que si se dijera *mujer* HAMBRIENTA.

La oración ó conjunto de palabras QUE NO TIENE PADRE NI MADRE, es de cierto equivalente á la sola voz HUÉRFANO, A, por ser iguales sus oficios de determinar al individuo de que se trata: ése y no otro. Pero el concepto ú oración QUE NO TIENE AHORA

---

(1) La noción de nominativo está en el QUE.
(2) La noción de acusativo está en Á QUIEN.
(3) La noción de dativo está en el conjunto Á LA CUAL.
(4) La noción de genitivo está en CUYA.
(5) La noción de ablativo está en los dos vocablos EN QUE.

PADRE NI MADRE, expresa una idea de nominativo y de tiempo que no existe en el simple vocablo HUÉRFANO, A:

Pobre QUE NO VE es igual á POBRE CIEGO.
Viejo QUE NO OYE es igual á VIEJO SORDO.

Estas oraciones difieren de las tesis y de las anéutesis en que NO TIENEN SENTIDO COMPLETO POR SÍ MISMAS, ni pueden aparecer solas en el discurso.

Las oraciones-adjetivo son, pues, entidades elocutivas enteras, pero no independientes, destinadas á determinar un substantivo cualquiera ú otra palabra que haga oficio de substantivo.

Indudablemente el oficio de estas oraciones es el mismo que el de los adjetivos equivalentes, puesto que unas y otros tienen por objeto AUMENTAR LA COMPRENSIÓN; pero, por necesidad, las ORACIONES abarcan MÁS ideas que los ADJETIVOS: *Hombre* HAMBRIENTO no es lo mismo que *hombre* QUE TENÍA HAMBRE, Ó QUE TENDRÁ HAMBRE, Ó QUE TUVO AYER HAMBRE, etc., porque á la idea de NECESIDAD DE ALIMENTO se agrega en esas oraciones la idea de nominativo y la de tiempo presente, pasado ó futuro, etc. Y análogamente de todos los demás complexos oracionales.

CAPÍTULO II

NEXOS: SUS CASOS.—CINCO CLASES.—VEINTICINCO ESPECIES

Los adjetivos oración se unen á las palabras que ellos determinan por medio de los siguientes vocablos, denominados NEXOS:

QUE, QUIEN, CUYO, CUAL,

en masculino y femenino, en singular y en plural, unas veces solos y otras acompañados de preposiciones (1).

---

(1) QUE es invariable; QUIEN sólo admite la variante del número (singular ó plural); CUYO, CUAL pueden variar por género y número (masculino y femenino, singular y plural).

Clasificación por especies.—Supongamos cinco substantivos, cada uno en caso diferente:

¿*Viene* EL HOMBRE? (nominativo).
Veo AL HOMBRE (acusativo).
Hablo AL JOVEN (dativo).
¿*Oyes la voz* DEL JARDINERO? (genitivo).
¿*Viniste* CON EL CAPATAZ? (ablativo).

Pudiendo estar cada substantivo en caso distinto, cabe, pues, distribuir los substantivos en cinco clases. Y pudiendo determinarse cada clase de substantivos por el mismo caso, de necesidad tienen que resultar veinticinco especies, ó sea el resultado de multiplicar cinco por cinco, que es el número de casos: nominativo, acusativo, dativo, genitivo y ablativo:

¿*Viene* EL HOMBRE (nominativo) QUE (nominativo) *sembró los naranjos.*
Veo AL HOMBRE (acusativo) QUE (nominativo) *sembró los naranjos.*
Hablo AL JOVEN (dativo) QUE (nominativo) *sembró los naranjos.*
¿*Oyes* LA VOZ DEL JARDINERO (genitivo) QUE (nominativo) *sembró los naranjos?*
¿*Viniste* CON EL CAPATAZ (ablativo) QUE (nominativo) *sembró los naranjos?*

¿*Viene* EL HOMBRE (nominativo) Á QUIEN (acusativo) *ofendiste?*
Veo AL HOMBRE (acusativo) Á QUIEN (acusativo) *ofendiste.*
Hablo AL JOVEN (dativo) Á QUIEN (acusativo) *ofendiste.*
¿*Oyes* LA VOZ DEL JARDINERO (genitivo) Á QUIEN (acusativo) *ofendiste?*
¿*Viniste* CON EL CAPATAZ (ablativo) Á QUIEN (acusativo) *ofendiste?*

¿*Viene* EL HOMBRE (nominativo) Á QUIEN (dativo) *enviaste la carta?*
Veo AL HOMBRE (acusativo) Á QUIEN (dativo) *enviaste la carta.*
Hablo AL JOVEN (dativo) Á QUIEN (dativo) *enviaste la carta.*
¿*Oyes* LA VOZ DEL JARDINERO (genitivo) Á QUIEN (dativo) *enviaste la carta?*
¿*Viniste* CON EL CAPATAZ (ablativo) Á QUIEN (dativo) *enviaste la carta?*

¿*Viene* EL HOMBRE (nominativo) CUYO (genitivo) *hijo está enfermo?*
Veo AL HOMBRE (acusativo) CUYO (genitivo) *hijo está enfermo.*
Hablo AL JOVEN (dativo) CUYO (genitivo) *hijo está enfermo.*
¿*Oyes* LA VOZ DEL JARDINERO (genitivo) CUYO (genitivo) *hijo está enfermo?*
¿*Viniste* CON EL CAPATAZ (ablativo) CUYO (genitivo) *hijo está enfermo?*

¿*Viene* EL HOMBRE (nominativo) CON EL CUAL (ablativo) *te paseabas ayer?*
Veo AL HOMBRE (acusativo) CON EL CUAL (ablativo) *te paseabas ayer.*
Hablo AL JOVEN (dativo) CON EL CUAL (ablativo) *te paseabas ayer.*
¿*Oyes* LA VOZ DEL JARDINERO (genitivo) CON EL CUAL (ablativo) *te paseabas ayer?*
¿*Viniste* CON EL CAPATAZ (ablativo) CON EL CUAL (ablativo) *te paseabas ayer?*

Especialidades. — Pero el número de variantes de estas veinticinco especies tiene que pasar necesariamente de veinticinco, porque las palabras que han de ser determinadas, aun sin variar de caso, han de ser distintas cuando varíen de género ó de número, ó de ambas cosas á la vez, ó por ser excepciones. Así, las últimas veinticinco especies pueden aparecer en muchas ocasiones como sigue.

Determinación por nominativo.— El determinante por nominativo es siempre el vocablo QUE, sin variación de singular á plural ni de masculino á femenino (1):

¿*Viene* EL HOMBRE (nominativo) QUE (nominativo) *sembró los naranjos?*
¿*Viene* LA MUJER (nominativo) QUE (nominativo) *sembró los naranjos?*
¿*Vienen* LOS HOMBRES QUE *sembraron los naranjos?*
¿*Vienen* LAS MUJERES QUE *sembraron los naranjos?*

Ha de tenerse en cuenta que el nexo QUE, cuando va en nominativo, se refiere, sin variación de forma, lo mismo á las personas que á las cosas; y que aun cuando no cambia nunca la estructura, lleva constantemente consigo la fuerza y significación, ya de singular, ya de plural, ya de masculino, ya de femenino, por lo cual obliga al verbo de la correspondiente oración á concertar con él siempre en número. También lleva las ideas de género y número al participio en la pasiva por medio del verbo SER.

Concordancia de número en la voz activa:

Yo veo EL CABALLO *que te* LLEVÓ *al cortijo* (LLEVÓ, en singular).
Yo veo LOS CABALLOS *que te* LLEVARON *al cortijo* (LLEVARON, en plural).
Yo veo LA YEGUA *que te* LLEVÓ *al cortijo* (LLEVÓ, en singular).
Yo veo LAS YEGUAS *que te* LLEVARON *al cortijo* (LLEVARON, en plural).

Concordancia de género y número en la voz pasiva:

Yo veo al HOMBRE *que es* ALABADO *por ti* (ALABADO, en masculino y singular).
Yo veo á la MUJER *que es* ALABADA *por ti* (ALABADA, en femenino y singular).
Yo veo á los HOMBRES *que son* ALABADOS *por ti* (ALABADOS, en masculino y plural).
Yo veo á las MUJERES *que son* ALABADAS *por ti* (ALABADAS, en femenino y plural).

Determinación por acusativo.—Hay dos nexos que sirven para las determinaciones por acusativo: QUE (invariable con

---

(1) Se trata aquí solamente de los determinantes por nominativo, no de otras palabras que pueden ser nominativos, pero no determinantes. (V. ORACIONES EXPLICATIVAS.)

aplicación á personas y cosas), y Á QUIEN (susceptible de plural, y aplicable solamente á personas):

Nexo QUE...
- Para personas..
  - ¿*Viene* EL HOMBRE (nominativo) QUE *tú ofendiste?*
  - ¿*Viene* LA MUJER (nominativo) QUE *tú ofendiste?*
  - ¿*Vienen* LOS HOMBRES (nominativo) QUE *tú ofendiste?*
  - ¿*Vienen* LAS MUJERES (nominativo) QUE *tú ofendiste?*
- Para cosas......
  - *Yo aprecio* EL LIBRO QUE *elogias.*
  - *Yo aprecio* LA COMEDIA QUE *elogias.*
  - *Yo aprecio* LOS LIBROS QUE *elogias.*
  - *Yo aprecio* LAS COMEDIAS QUE *elogias.*

Nexo Á QUIEN, para personas (1).
- *Yo aprecio al* HOMBRE Á QUIEN *tú elogias.*
- *Yo aprecio á* LA MUJER Á QUIEN *tú elogias.*
- *Yo aprecio á* LOS HOMBRES Á QUIENES *tú elogias.*
- *Yo aprecio á* LAS MUJERES Á QUIENES *tú elogias.*

Determinación por dativo. — En la determinación por dativo se emplean los siguientes nexos: para personas, Á QUIEN, Á QUIENES; para personas y cosas, AL CUAL, Á LA CUAL, Á LOS CUALES, Á LAS CUALES; para cosas, Á QUE. Ejemplos:

Para personas.
- *Ese es* EL NIÑO Á QUIEN *das lecciones.*
- *Esa es* LA NIÑA Á QUIEN *das lecciones.*
- *Esos son los* NIÑOS Á QUIENES *das lecciones.*
- *Esas son* LAS NIÑAS Á QUIENES *das lecciones.*
- *Ese es* EL NIÑO AL CUAL *has de dar lecciones.*
- *Esa es* LA NIÑA Á LA CUAL *has de dar lecciones.*
- *Esos son* LOS NIÑOS Á LOS CUALES *has de dar lecciones.*
- *Esas son* LAS NIÑAS Á LAS CUALES *has de dar lecciones.*

Para cosas....
- *Ese es* ASUNTO AL CUAL *debes prestar mucha atención.*
- *Esa es* MATERIA Á LA CUAL *debes prestar mucha atención.*
- *Esos son* ASUNTOS Á LOS CUALES *debes prestar mucha atención.*
- *Esas son* MATERIAS Á LAS CUALES *debes prestar mucha atención.*
- *Ese es* ASUNTO Á QUE *debes prestar mucha atención.*
- *Esa es* MATERIA Á QUE *debes prestar mucha atención.*
- *Esos son* ASUNTOS Á QUE *debes prestar mucha atención.*
- *Esas son* MATERIAS Á QUE *debes prestar mucha atención.*

---

(1) Obsérvese que este nexo para personas va precedido de Á.

Determinación por genitivo. — Para la determinación por genitivo hay los nexos CUYO, CUYA, CUYOS, CUYAS (masculino, femenino, singular, plural), según el género y número de la palabra siguiente.

La palabra que siga al NEXO puede estar en nominativo, acusativo, dativo ó ablativo:

Esa es la lavandera { CUYO HERMANO *es panadero* (1).
CUYA HERMANA *es costurera* (2).
CUYOS HERMANOS *son panaderos.*
CUYAS HERMANAS *son costureras.*

Si la palabra que sigue al CUYO está en acusativo, hay que distinguir si ese acusativo es de cosa ó si es de persona que exija Á.

Si el acusativo es de cosa, la construcción es como las anteriores:

Esa es la modista CUYA HABILIDAD *has encomiado* (HABILIDAD, acusativo de cosa) (3).

Pero si el acusativo es de los de persona que exigen Á, entonces esta preposición Á va delante del nexo CUYO, CUYA, etc.:

Esa es la modista Á CUYA HERMANA *has elogiado* (HERMANA, acusativo de persona) (4).

Y si la palabra que va detrás del CUYO debe llevar preposición por estar en dativo ó en ablativo, también entonces la preposición ha de colocarse delante del nexo CUYO, CUYA, etc.:

Esa es la modista Á CUYOS HIJOS *proporcionas recursos* (HIJOS, dativo).
Esa es la modista CON CUYOS HIJOS *te paseas* (HIJOS es ahora ablativo).
Ese es asunto en CUYA TERMINACIÓN *no tengo interés* (ablativo).

Estos genitivos admiten además otra variante.

En vez de los ADJETIVOS-ORACIÓN que empiezan por CUYO,

---

(1) *El hermano de la lavandera es panadero (hermano* es nominativo).
(2) *La hermana de la lavandera es costurera (costurera* es nominativo).
(3) *Tú has encomiado* LA HABILIDAD (acusativo) DE LA MODISTA (genitivo)
(4) *Tú has elogiado* Á LA HERMANA DE LA MODISTA (genitivo).

CUYA, CUYOS, CUYAS, pueden emplearse construcciones como las siguientes:

Esa es la lavandera LOS HERMANOS DE LA CUAL *son panaderos.*
Esa es la modista AL HERMANO DE LA CUAL *has elogiado.*
Ese es asunto EN LA TERMINACIÓN DEL CUAL *no tengo interés.*
Esas son cuestiones EN LA SOLUCIÓN DE LAS CUALES *no tengo interés* (1).

Determinación por ablativo.—Para la determinación por ablativo hay los nexos siguientes: QUIEN, QUIENES, para personas; EL CUAL, LA CUAL, LOS CUALES, LAS CUALES, para personas y cosas; QUE, para cosas. Estos nexos van siempre acompañados de preposiciones; por ejemplo:

Para personas. { *Es muy simpático* EL PERIODISTA CON QUIEN *te paseas.*
Son muy simpáticos LOS PERIODISTAS CON QUIENES *te paseas.*
Es muy simpático EL DOCTOR CON EL CUAL *te paseas.*
Es muy simpática LA ACTRIZ CON LA CUAL *te paseas.*
Son muy simpáticos LOS ACTORES CON LOS CUALES *te paseas.*
Son muy simpáticas LAS ACTRICES CON LAS CUALES *te paseas.*

Para cosas.... { *Ese es* UN ASUNTO POR EL CUAL *no siento interés.*
Esa es UNA MATERIA POR LA CUAL *no siento interés.*
Esos son ASUNTOS POR LOS CUALES *no siento interés.*
Esas son MATERIAS POR LAS CUALES *no siento interés.*
Ese es ASUNTO EN QUE *no tengo participación.*
Esa es MATERIA EN QUE *no tengo participación.*
Esos son ASUNTOS EN QUE *no tengo participación.*
Esas son MATERIAS EN QUE *no tengo participación.*

La preposición Á (que, como sabemos, es signo de los nexos de acusativo cuando se trata de persona, y que lo es siempre de los nexos que empiezan por dativo) puede ser además una de las que empiezan adjetivo-oración que haga oficios de ablativo:

Elogio merece el alto fin Á QUE ASPIRAS.

Pero cuando esa Á de ablativo se junta á alguno de los nexos QUIEN ó QUIENES, en la forma Á QUIEN, Á QUIENES, puede confun-

---

(1) Como se ve, al nexo CUAL ha de preceder siempre el correspondiente artículo (masculino, femenino, singular ó plural), precedido á su vez de la preposición DE.

dirse (y á veces se confunde) con los nexos de iguales formas que hacen oficio de acusativo ó de dativo:

Ese es el capitán Á QUIEN *estarás subordinado* (Á QUIEN es aquí ablativo).
Ese es el capitán Á QUIEN *has de obedecer* (Á QUIEN es acusativo).
Ese es el capitán Á QUIEN *has de escribir* (Á QUIEN es dativo).

La igualdad de formas con significados tan distintos aumenta las confusiones á que antes se aludió:

Esos son los vicios . . . . . { Á QUE *das culto* (Á QUE, dativo).
{ Á QUE *te has entregado* (Á QUE, ablativo).

Esa es la indigna mujer { Á LA CUAL *se ha unido* (Á LA CUAL, ablativo).
{ Á LA CUAL *elogias* (Á LA CUAL, acusativo).
{ Á LA CUAL *escribes* (Á LA CUAL, dativo).

Según se ve, el número de nexos excede con mucho de veinticinco, y aun pasa de ciento.

En realidad, son inasignables, por causa de las combinaciones á que se prestan, los nexos de ablativo, dado el gran número de preposiciones con que pueden combinarse.

Á veces y por excepción, pueden faltar algunas preposiciones de ablativo:

Fué muy caluroso el verano QUE *estuvimos en París;*

en vez de

Fué muy caluroso el verano durante EL CUAL *estuvimos en París.*

Hizo mucho frío el invierno QUE *fuimos á Londres;*

en vez de

Hizo mucho frío el invierno EN QUE *fuimos á Londres.*

Clasificación por variantes.—Como se ha visto, las oraciones-adjetivo se dividen en cinco clases:

1.ª Determinantes que empiezan por un nexo en NOMINATIVO.
2.ª — — — en ACUSATIVO.
3.ª — — — en DATIVO.
4.ª — — — en GENITIVO.
5.ª — — — en ABLATIVO.

Pero, por razón de los accidentes gramaticales de singular y plural, masculino y femenino, el número de variantes que puede ocurrir pasa de ciento. No se pondrán ejemplos de todas las variantes, pero se indicará el método que ha de seguirse en la clasificación.

PRIMERA CLASE.—Determinar con un ADJETIVO-ORACIÓN que empiece por un nexo en nominativo una palabra puesta en nominativo, acusativo, dativo, genitivo ó ablativo:

Ese es el maestro (nominativo) QUE (nominativo) *no tenía dinero.*
Vendí el fusil (acusativo) QUE (nominativo) *pesaba mucho.*
Di pan al pobre (dativo) QUE (nominativo) *pedía limosna.*
Ese es el libro del profesor (genitivo) QUE (nominativo) *te enseñó á escribir.*
Escribió con la pluma (ablativo) QUE (nominativo) *estaba muy usada* (1).

ADVERTENCIA.—Recuérdese que al hablar de las especialidades de las determinaciones por nominativo, se dijo que el nexo QUE de nominativo no indica por su estructura número ni género. Sólo el sentido de la palabra determinada por el adjetivo-oración á que corresponde ese nexo es el que designa si el QUE tiene significación de singular ó plural, masculino ó femenino. Pero hecha la indicación, el número trasciende al verbo de la oración, el cual va en singular ó en plural, según el número que se atribuya al QUE, y también trasciende al PARTICIPIO si lo hubiere; esto es, si se trata de una oración de pasiva por medio del verbo SER:

¿Son muy ricos los niños (nominativo) QUE (nominativo en plural) *vienen* (plural) *por la orilla del río?*
Los niños (nominativo) QUE (nominativo en plural) *vienen por la orilla del río son muy ricos.*
La mujer (nominativo) QUE (nominativo en singular) *vende* (singular) *las ostras no ha venido.*
Estos son los armarios de caoba (masculino plural) QUE *serán* (verbo en plural) *barnizados* (participio masculino en plural) *por los ebanistas.*
Esas son las niñas (femenino plural) QUE *fueron* (verbo en plural) *premiadas* (participio femenino en plural) (2).

---

(1) El sitio de la pausa tiene gran importancia en esta clase de ejemplos. Las pausas tienen en español valor gramatical, como se comprobará al tratarse de las ORACIONES EXPLICATIVAS.
(2) Claro es que pudieran incluirse á continuación todas las variantes posibles; pero no siendo necesarias para la inteligencia de la clasificación, se suprimen, á fin de no abrumar con la multiplicidad de ejemplos.

SEGUNDA CLASE.—Determinar con una oración que empiece por un nexo en acusativo una palabra puesta en nominativo, acusativo, dativo, genitivo ó ablativo:

Ese es el maestro (nominativo) QUE, Á QUIEN (acusativo) *saludó tu hermano.*
Vendí el fusil (acusativo) QUE (acusativo) *tú me enviaste.*
Di pan á los pobres (dativo) QUE, Á QUIENES (acusativo) *tú socorriste.*
Ese es el libro del general (genitivo) Á QUIEN (acusativo) *tu hermano alabó.*
Escribí con la pluma (ablativo) QUE (acusativo) *mi padre compró.*

Los adjetivos-oración determinantes por acusativo empiezan con Á QUIEN, Á QUIENES ó QUE cuando se trata de personas, y con QUE solamente cuando se trata de cosas.

ADVERTENCIA PRIMERA.—Se ve que los nexos de acusativo pueden ser tres: QUE, Á QUIEN (singular) ó Á QUIENES (plural).

ADVERTENCIA SEGUNDA.—Cuando el nexo QUE de acusativo pueda confundirse con el QUE de nominativo, conviene usar para el acusativo los nexos Á QUIEN, Á QUIENES, si se trata de personas. Y en todo caso, dar á la cláusula una construcción tal que evite toda anfibología.

TERCERA CLASE.—Determinar con una oración que empiece por un nexo en dativo una palabra puesta en nominativo, acusativo, dativo, genitivo ó ablativo:

Ese es el maestro (nominativo) Á QUIEN (dativo) *diste dinero.*
Vendí el fusil (acusativo) AL CUAL (dativo) *habías quitado la llave.*
Di pan á los pobres (dativo) Á QUIENES (dativo) *tu amigo dió limosna.*
Esa es la consigna del general (genitivo) Á QUIEN (dativo) *tu amigo escribió.*
Volvió con el loro (ablativo) AL CUAL (dativo) *dabas azúcar.*

Los adjetivos-oración determinantes por dativo empiezan con Á QUIEN, Á QUIENES cuando se trata de personas. También pueden empezar por PARA QUIEN, PARA QUIENES, PARA EL CUAL, PARA LA CUAL, PARA LOS CUALES, PARA LAS CUALES. En fin, tratándose de cosas, pueden empezar por Á QUE.

ADVERTENCIA.—LOS nexos AL CUAL, Á LA CUAL, Á LOS CUALES, Á LAS CUALES, tienen género y número; Á QUIEN tiene sólo número (Á QUIENES). Cuando el nexo Á QUIEN de dativo puede confundirse con el Á QUIEN de acusativo, debe construirse la cláusula de modo que no ofrezca ambigüedad.

CUARTA CLASE.—Determinar con oraciones que empiecen por un nexo en genitivo una palabra puesta en nominativo, acusativo, dativo, genitivo ó ablativo:

Ese es el maestro (nominativo) CUYA (genitivo) *hija no tenía dinero.*
Vendí el fusil (acusativo) CUYO (genitivo) *cañón pesaba mucho.*
Di pan al pobre (dativo) CUYOS (genitivo) *hijos pedían limosna.*
Ese es el libro del profesor (genitivo) CUYAS (genitivo) *hijas te enseñaron á coser.*
Escribí con la pluma (ablativo) CUYO (genitivo) *mango es de marfil.*

Los adjetivos-oración determinados por genitivo empiezan con CUYO, CUYA, CUYOS, CUYAS (1).

ADVERTENCIA.—En español, la palabra CUYO hace perder el artículo al substantivo con que se junta, pues no se dice *cuyo el almacén,* sino *cuyo almacen,* etc. Además, CUYO concierta en género y número con la palabra á que hace referencia, y no con el poseedor. Recuérdese que si la palabra determinada por CUYO debe llevar preposición, esta preposición precede al nexo CUYO.

La serie de oraciones que antecede puede variar como sigue:

Ese es el maestro la hija DEL CUAL *te pidió limosna.*
Ese es el fusil el cañón DEL CUAL *pesaba mucho.*
Dí pan al pobre los hijos DEL CUAL *pedían limosna.*
Ese es el libro del general el hijo DEL CUAL *te enseñó á escribir.*
Esa es la modista á los hijos DE LA CUAL *proporcionaste recursos.*

Tratándose de cosas, esta clase de variaciones aumentan los recursos elocutivos del español:

Es una torre CUYOS *ladrillos son ingleses.*
Es una torre los ladrillos DE LA CUAL *son ingleses.*

QUINTA CLASE. — Determinar con una oración que empiece por un nexo en ablativo una palabra puesta en nominativo, acusativo, dativo, genitivo ó ablativo:

Esa es la maestra (nominativo) CON LA CUAL (ablativo) *te paseabas.*
Vendí el fusil (acusativo) CONTRA EL CUAL (ablativo) *se rompió la botella.*
Di pan al pobre (dativo) DE QUIEN (ablativo) *me habló tu amiga.*
Ese es el libro del general (genitivo) POR EL CUAL (ablativo) *lograste tu pretensión.*
Escribí con la pluma (ablativo) CON QUE (ablativo) *acabas tú de escribir.*

---

(1) Con la variante ya conocida DEL CUAL, DE LA CUAL, etc.

Los adjetivos-oración por ablativo empiezan siempre con algunos de los nexos QUE, QUIEN, CUAL, acompañados generalmente de una preposición que no sea DE indicando genitivo, ni Á (ó PARA) indicando dativo ó acusativo.

ADVERTENCIA.—Es claro que los adjetivos-oración determinantes por ablativo pueden empezar por DE indicando procedencia, y por Á no siendo esta preposición signo de acusativo ni de dativo:

> *Vengo del mismo café* DE QUE *tú vienes.*
> *Es el hombre* Á QUIEN *te abalanzaste.*

Los nexos de ablativo van casi siempre precedidos de preposición, aun cuando ésta puede faltar alguna vez, según ya se ha dicho:

Fué muy caluroso el verano QUE *estuvimos en París* (en vez de DURANTE EL CUAL *estuvimos en París*, ó EN QUE *estuvimos en París*).

Cuando se trata de personas, deben emplearse como nexos de ablativo QUIEN ó QUIENES con preferencia á CUAL, CUALES, según también queda dicho.

El número de variantes de las determinaciones por los nexos de ablativo es inasignable, á causa de las modificaciones de género y número y las demás que se indican en las DETERMINACIONES POR ABLATIVO, las cuales deben considerarse como pertenecientes á esta quinta clase.

CAPÍTULO III

RESUMEN DE LOS ADJETIVOS-ORACIÓN

Cuando en la lengua no existen adjetivos que determinen suficientemente un substantivo, se forman al efecto oraciones ADJETIVO-DETERMINANTES. De estas oraciones hay cinco clases:

1.ª En que el nexo está en nominativo, y es { QUE.......... } Para personas y cosas.

2.ª En que el nexo está en acusativo, y es.. { QUE.......... / Á QUIEN....... / Á QUIENES...... } Para personas.

3.ª En que el nexo está en dativo, y es.....
- Á QUIEN........ } Para personas.
- Á QUIENES......
- AL CUAL......
- Á LA CUAL.....
- Á LOS CUALES..
- Á LAS CUALES..
- Á QUE........ } Para personas y cosas.

4.ª En que el nexo está en genitivo, y es...
- CUYO........
- CUYA........
- CUYOS........
- CUYAS........

5.ª En que el nexo está en ablativo precedido de preposición, y es
- QUE.......... Para cosas.
- QUIEN....... } Para personas.
- QUIENES......
- EL CUAL.......
- LA CUAL.......
- LOS CUALES.... } Para personas y cosas.
- LAS CUALES....
- CUYO, A, OS, AS.

Cada una de estas cinco clases se subdivide en cinco especies:

PRIMERA CLASE		SEGUNDA CLASE		TERCERA CLASE		CUARTA CLASE		QUINTA CLASE	
Determinado	Determinante	Determinado	Determinante	Determinado	Determinante	Determinado	Determinante	Determinado	Determinante
Nom.	Nom.	Nom.	Acus.	Nom.	Dat.	Nom.	Gen.	Nom.	Abl.
Acus.	Nom.	Acus.	Acus.	Acus.	Dat.	Acus.	Gen.	Acus.	Abl.
Dat.	Nom.	Dat.	Acus.	Dat.	Dat.	Dat.	Gen.	Dat.	Abl.
Gen.	Nom.	Gen.	Acus.	Gen.	Dat.	Gen.	Gen.	Gen.	Abl.
Abl.	Nom.	Abl.	Acus.	Abl.	Dat.	Abl.	Gen.	Abl.	Abl.

El cuadro anterior manifiesta claramente el número 25 de las combinaciones que cabe formar con los cinco casos nominativo, acusativo, dativo, genitivo y ablativo, tomados de dos en dos. Pero tiene el inconveniente de no indicar las variantes que pueden ocurrir. Para suplir esa falta de indicación, servirá el siguiente cuadro, en el cual ha de entenderse que con la abreviatura *prep.* se indica toda preposición de ablativo que el sentido de la oración haya de exigir:

PRIMERA CLASE		SEGUNDA CLASE		TERCERA CLASE		CUARTA CLASE		QUINTA CLASE	
DETERMINADO	DETERMINANTE (NOMINATIVO)	DETERMINADO	DETERMINANTE (ACUSATIVO)	DETERMINADO	DETERMINANTE (DATIVO)	DETERMINADO	DETERMINANTE (GENITIVO)	DETERMINADO	DETERMINANTE (ABLATIVO)
Nominativo.	*Que.*	Nominativo.	*Que. A quien. A quienes.*	Nominativo.	*A quien. A quienes. Al cual. A la cual. A los cuales. A las cuales. A que.*	Nominativo.	*Cuyo. Cuya. Cuyos. Cuyas.*	Nom.-prep.	*Que. Quien. Quienes. El cual. La cual. Los cuales. Las cuales. Cuyo.*
Acusativo...	*Que.*	Acusativo....	*Que. A quien. A quienes.*	Acusativo....	*A quien. A quienes. Al cual. A la cual. A los cuales. A las cuales. A que.*	Acusativo....	*Cuyo. Cuya. Cuyos. Cuyas.*	Acus.-prep...	*Que. Quien. Quienes. El cual. La cual. Los cuales. Las cuales. Cuyo.*
Dativo......	*Que* (1).	Dativo......	*Que. A quien. A quienes.*	Dativo......	*A quien. A quienes. Al cual. A la cual. A los cuales. A las cuales. A que.*	Dativo......	*Cuyo. Cuya. Cuyos. Cuyas.*	Dat.-prep....	*Que. Quien. Quienes. El cual. La cual. Los cuales. Las cuales. Cuyo.*
Genitivo....	*Que.*	Genitivo....	*Que. A quien. A quienes.*	Genitivo....	*A quien. A quienes. Al cual. A la cual. A los cuales. A las cuales. A que.*	Genitivo....	*Cuyo. Cuya. Cuyos. Cuyas.*	Gen.-prep....	*Que. Quien. Quienes. El cual. La cual. Los cuales. Las cuales. Cuyo.*
Ablativo....	*Que.*	Ablativo....	*Que. A quien. A quienes.*	Ablativo....	*A quien. A quienes. Al cual. A la cual. A los cuales. A las cuales. A que.*	Ablativo....	*Cuyo. Cuya. Cuyos. Cuyas.*	Abl.-prep...	*Que. Quien. Quienes. El cual. La cual. Los cuales. Las cuales. Cuyo.*

(1) En vez de *á* pudiera ser *para*. PARA EL QUE, PARA LA QUE, etc.

El estudioso, con estos cuadros á la vista, debe, para ejercitarse, formar series de oraciones adjetivo-determinantes comprensivas de todas las especies que normalmente puedan ocurrir.

Los adjetivos-oración pueden aparecer en la voz pasiva. Pero recuérdese que las cláusulas de la voz pasiva, aunque gramaticalmente correctas, no son siempre en español agradables al oído, por lo cual se usan con cierta reserva en pasiva las oraciones-adjetivo.

Además, contribuye á esta relativa escasez la imposibilidad de convertir á la voz pasiva con el verbo SER y un participio las segundas de activa, por carecer del caso acusativo.

De cualquier modo, las reglas de la conversión son las siguientes, cuando la conversión se hace por medio del verbo SER y un participio:

1.ª Todo adjetivo-oración determinante por nominativo empieza siempre por el nexo QUE. Pues bien: este QUE se cambia para la conversión en POR QUIEN, POR QUIENES, POR EL CUAL, POR LA CUAL, POR LOS CUALES, POR LAS CUALES:

Activa.... *Esta es la maestra* QUE *educó á tu amiga.*
Pasiva..... *Esta es la maestra* { POR QUIEN / POR LA CUAL } *tu amiga fué educada.*

Activa.... *Debo alabar á los maestros* QUE *educaron á mis hijos.*
Pasiva..... *Debo alabar á los maestros* { POR QUIENES / POR LOS CUALES } { *mis hijos fueron educados.* }

2.ª Todo adjetivo-oración determinante por acusativo empieza por alguno de los tres nexos siguientes: QUE, para personas ó cosas; Á QUIEN, Á QUIENES, acusativos de personas.

Cualquiera de los tres nexos anteriores se traduce por el nominativo paciente QUE:

Activa.... *Ese es el joven* { QUE (acusativo) / Á QUIEN (acusativo) } *educaron tus maestros.*
Pasiva..... *Ese es el joven* QUE (nominativo) *fué educado por tus maestros.*
Activa.... *Estos son los libros* QUE (acusativo) *compraron tus hermanos.*
Pasiva...... *Estos son los libros* QUE (nominativo) *fueron comprados por tus hermanos.*

3.ª Si la activa no empieza por QUE (nominativo), QUE (acusativo), Á QUIEN, Á QUIENES (acusativos), entonces no varía el nexo inicial de la oración determinante; y en el caso de ser posible la conversión, ésta se verifica dentro del adjetivo-oración, conforme á las reglas generales, en cuya virtud los demás casos que hubiere no sufren variación ninguna:

Activa.... *Ese es el joven* Á QUIEN (dativo) *en el teatro ofreciste mi cooperación.*
Pasiva..... *Ese es el joven* Á QUIEN *fué por ti ofrecida mi cooperación en el teatro.*

Activa.... *Yo conozco al abogado* CUYOS *libros tú compraste anoche en el casino.*
Pasiva. ... *Yo conozco al abogado* CUYOS *libros fueron comprados por ti anoche en el casino* (1).

Activa.... *No concurro al casino* EN EL CUAL *te vió mi arquitecto.*
Pasiva..... *No concurro al casino* EN EL CUAL *fuiste visto por mi arquitecto.*

Como se ve, para que con el verbo SER pueda haber conversión de activa á pasiva, es absolutamente necesario que el verbo de oración-adjetivo determinante sea transitivo:

Ese es el general QUE (nominativo) *te* (acusativo) *alaba* (POR QUIEN *eres alabado*).
Ese es el general Á QUIEN (acusativo) *usted* (nominativo) *aprecia tanto* (QUE ES *por usted tan apreciado*).
Ese es el general Á QUIEN (dativo) *usted tributó elogios* (Á QUIEN *por usted fueron tributados elogios*).
Ese es el general CUYO (genitivo) *hijo* (nominativo) *te* (acusativo) *alaba* (POR CUYO *hijo eres alabado*).
Ese es el general CUYO (genitivo) *coche* (acusativo) *usted* (nominativo) *compró* (CUYO *coche fué comprado por usted*).
Ese es el general CON CUYA (genitivo) *espada usted* (nominativo) *hirió al ladrón* (acusativo) (CON CUYA *espada fué herido por usted el ladrón*).

---

(1) Claro es que el nexo tiene que ir precedido de POR ó DE, si la conversión exige que se cambie en ablativo-agente:

Activa.... *No conozco al abogado* CUYO *pasante te elogiaba.*
Pasiva..... *No conozco al abogado* POR CUYO *pasante eras elogiado.*

Activa.... *No conozco al hombre* QUE *te seguía.*
Pasiva..... *No conozco al hombre* DE, POR QUIEN *eras seguida.*

CAPÍTULO IV

CONDENSACIONES. — CUATRO CLASES. — CATORCE ESPECIES

En español un solo nexo suele CONDENSAR dos casos correspondientes á dos entidades distintas: uno de la tesis ó de la anéutesis, y otro de una oración-adjetivo.

De fuera vendrá QUIEN *de casa nos echará*

es una cláusula proverbial, substituíble por la siguiente:

Ya vendrá de fuera ALGUNO QUE *de casa nos echará.*

El nexo QUIEN del proverbio condensa las palabras ALGUNO QUE, la primera nominativo de *vendrá*, y la segunda nominativo de *echará;* QUIEN condensa, pues, dos nominativos.

QUIEN *bien te quiera, te hará llorar*

es una cláusula igual, por ejemplo, á

Te hará llorar LA PERSONA QUE *te quiera bien.*

Aquí QUIEN condensa los dos nominativos LA PERSONA y QUE, el uno nominativo de *te hará llorar* de la tesis LA PERSONA *te hará llorar*, y el otro nominativo del adjetivo-oración QUE *te quiera bien.*

Robaron Á CUANTOS *pudieron* es igual á *ellos robaron* Á TODAS LAS PERSONAS Á QUIENES *pudieron robar.*

En este ejemplo el nexo Á CUANTOS condensa los dos acusativos Á TODAS LAS PERSONAS Á QUIENES, esto es, Á TODAS LAS PERSONAS, acusativo de la tesis *ellos robaron* Á TODAS LAS PERSONAS, y Á QUIENES, nexo en acusativo del adjetivo-oración Á QUIENES *pudieron robar.*

Nominativo y no-minativo..... { *Huyeron* CUANTOS *iban de cacería* (igual á *huyeron* TODOS LOS QUE *iban de cacería,* donde TODOS LOS es nominativo de la tesis HUYERON TODOS LOS, y QUE nominativo del adjetivo-oración QUE IBAN DE CACERÍA).

Nominativo y acusativo.....	*Es cierto* CUANTO *has dicho* (igual á *es cierto* TODO LO (nominativo) QUE (acusativo) *has dicho).*
Acusativo y nominativo.....	*Supe* CUANTO *ocurrió* (igual á *supe* TODO LO (acusativo) QUE (nominativo) *ocurrió).*
Acusativo y acusativo........	*Veo* Á QUIEN *buscas* (igual á *veo* Á AQUEL (acusativo) Á QUIEN (acusativo) *tú buscas).*
Acusativo y dativo	*Veo* Á QUIEN *hablas* (igual á *veo* Á AQUEL (acusativo) Á QUIEN *tú* (dativo) *hablas.)*
Acusativo y ablativo	*Acertó* DONDE *estabas* (igual á *acertó* EL LUGAR (acusativo) EN QUE (ablativo) *estabas).*
Dativo y nominativo	*Compro* Á QUIEN *vende* (igual á *yo compro* Á AQUEL (dativo) QUE (nominativo) *vende).*
Dativo y acusativo	*Yo no hablo* Á QUIEN *no estimo* (igual á *yo no hablo* Á AQUEL (dativo) Á QUIEN (acusativo) *no estimo).*
Dativo y dativo.	*Doy* Á QUIEN *das* (igual á *doy* Á AQUEL (dativo) AL CUAL (dativo) *tú das).*
Genitivo y nominativo	*Olvida las injurias* DE QUIEN *te ha ofendido* (igual á *olvida tú las injurias* DE AQUEL (genitivo) QUE (nominativo) *te ha ofendido).*
Genitivo y acusativo.........	*Ella habla bien de las acciones* DE CUANTOS *conoce* (igual á *ella habla bien de las accionos* DE TODAS LAS PERSONAS (genitivo) Á QUIENES (acusativo) *conoce).*
Ablativo y nominativo	*Desconfía* DE QUIEN *te adula* (igual á *desconfía tú* DE LA PERSONA (ablativo) QUE (nominativo) *te adula).*
Ablativo y acusativo.........	*Ella habla bien* DE CUANTOS *conoce* (igual á *ella habla bien* DE TODAS LAS PERSONAS (ablativo) QUE (acusativo) *conoce).*
Ablativo y ablativo	*Lo envié* ADONDE *estabas* (igual á *lo envié* AL LUGAR (ablativo) EN EL CUAL (ablativo) *tú estabas).*

Condensaciones de nominativo y nominativo.

Se forman con los nexos QUIEN, QUIENES, CUANTOS:

Hablaron cuantos quisieron.	{Tesis...... / Adjetivo-oración...	Hablaron TODOS LOS QUE quisieron hablar.
Dispararon CUANTOS iban cazando.	{Tesis...... / Adjetivo-oración...	Dispararon TODOS LOS QUE iban cazando.
¡Viva QUIEN venza!	{Anteúsis optativa. / Adjetivo-oración...	¡Viva AQUEL QUE venza!
Quien rompe paga.	{Tesis...... / Adjetivo-oración...	AQUEL paga QUE rompe.
Sálvese QUIEN pueda.	{Anteúsis optativa. / Adjetivo-oración...	Sálvese AQUEL QUE pueda salvarse.
Ya vendrá QUIEN nos hará buenos.	{Tesis...... / Adjetivo-oración...	Ya vendrán PERSONAS QUE nos harán buenos.
Quien la sigue la mata.	{Tesis...... / Adjetivo-oración...	La mata AQUEL QUE la sigue.
Hable QUIEN sepa.	{Anteúsis imper.ª / Adjetivo-oración...	Hable AQUEL QUE sepa.

Condensaciones de nominativo y acusativo.

Se hacen con los nexos QUIEN, CUANTO, A, OS, AS:

Es falso CUANTO dijeron.	{Tesis...... / Adjetivo-oración...	Es falso TODO LO QUE dijeron.
Comieron CUANTOS convidaste.	{Tesis...... / Adjetivo-oración...	Comieron TODOS AQUELLOS Á QUIENES convidaste.
Aconteció CUANTO predije.	{Tesis...... / Adjetivo-oración...	Aconteció TODO LO QUE predije.
Sucedió CUANTO temías.	{Tesis...... / Adjetivo-oración...	Sucedió TODO LO QUE temías.
Me habló QUIEN tú sabes.	{Tesis...... / Adjetivo-oración...	Me habló LA PERSONA QUE tú sabes.

Condensaciones de acusativo y nominativo.—Se hacen con CUANTO, QUIEN, QUIENES, CUANTO, A, OS, AS, QUIEN, Á QUIENES:

...Se echó de un golpe cuanto en el hondo cangilón quedaba......	Tesis............ Adjetivo-oración...	Se echó de un golpe TODO LO (acusativo) QUE (nominativo) quedaba en el cangilón.
Escucho CUANTO me agrada...............	Tesis............ Adjetivo-oración...	Escucho TODO LO (acusativo) QUE (nominativo) me agrada.
Digo CUANTO me place..................	Tesis............ Adjetivo-oración...	Digo TODO LO (acusativo) QUE (nominativo) me place.
Negué CUANTO era falso..................	Tesis............ Adjetivo-oración...	Negué TODO LO (acusativo) QUE (nominativo) era falso.
Temía CUANTO sucedió..................	Tesis............ Adjetivo-oración...	Yo temía TODO LO (acusativo) QUE (nominativo) sucedió.
Esperaba CUANTO ocurrió.................	Tesis............ Adjetivo-oración...	Yo esperaba TODO LO (acusativo) QUE (nominativo) ocurrió.
Comprendí CUANTO pasaba...............	Tesis............ Adjetivo-oración...	Comprendí TODO LO (acusativo) QUE (nominativo) pasaba.
Recibían Á CUANTOS llegaban.............	Tesis............ Adjetivo-oración...	Recibían Á TODOS LOS (acusativo) QUE (nominativo) llegaban.
Castigó Á QUIEN lo merecía	Tesis............ Adjetivo-oración...	Castigó Á AQUEL (acusativo) QUE (nominativo) lo merecía.
Crea usted á QUIEN la estima............	Anácutesis imper.ª Adjetivo-oración...	Crea usted Á AQUEL (acusativo) QUE (nominativo) la estima.
Compadezco Á QUIENES sufren............	Tesis............ Adjetivo-oración...	Compadezco Á TODOS AQUELLOS (acusativo) QUE (nominativo) sufren.
Miro Á QUIENES me miran...............	Tesis............ Adjetivo-oración...	Miro Á AQUELLOS (acusativo) QUE (nominativo) me miran.
Castigaré á QUIENES hablen mal de ella.....	Tesis............ Adjetivo-oración...	Castigaré Á TODOS LOS (acusativo) QUE (nominativo) hablen mal de ella.

Ya te diré QUIÉNES *son*............	Tesis...............	*Ya te diré* LAS PERSONAS (acusativo)
	Adjetivo-oración...	QUE (nominativo) *son*.
Dime QUIÉNES *te envían*...........	Tesis...............	*Dime* LAS PERSONAS (acusativo)
	Adjetivo-oración...	QUE (nominativo) *te envían*.

Condensaciones de acusativo y acusativo y de acusativo y dativo. — Se hacen con CUANTO, A, OS, AS, Á QUIEN, Á QUIENES, y las variantes AL CUAL, Á LA CUAL, Á LOS CUALES, Á LAS CUALES:

Llevó CUANTO *ordenaste*...........	Tesis...............	*Llevó* TODO LO (acusativo)
	Adjetivo-oración...	QUE (acusativo) *ordenaste*.
Recibió CUANTO *le enviaron*.......	Tesis...............	*Recibió* TODO LO (acusativo)
	Adjetivo-oración...	QUE (acusativo) *le enviaron*.
Pierdo CUANTO *gano*................	Tesis...............	*Pierdo* TODO LO (acusativo)
	Adjetivo-oración...	QUE (acusativo) *gano*.
Presta CUANTO *tiene*...............	Tesis...............	*Presta* TODO LO (acusativo)
	Adjetivo-oración...	QUE (acusativo) *tiene*.
Apostaré CUANTO *usted quiera*.....	Tesis...............	*Apostaré* TODO LO (acusativo)
	Adjetivo-oración...	QUE (acusativo) *usted quiera*.
Entiende CUANTO *lee*...............	Tesis...............	*Entiende* TODO LO (acusativo)
	Adjetivo-oración...	QUE (acusativo) *lee*.
Asegure usted CUANTAS *fincas tenga*.	Anécutesis imper.ª	*Asegure usted* TODAS LAS *fincas* (acusativo)
	Adjetivo-oración...	QUE (acusativo) *tenga*.
Le robaron CUANTO *tenía*..........	Tesis...............	*Le robaron* TODO LO (acusativo)
	Adjetivo-oración...	QUE (acusativo) *tenía*.
Ellos saben CUANTO *tú ignoras*....	Tesis...............	*Ellos saben* TODO LO (acusativo)
	Adjetivo-oración...	QUE (acusativo) *tú ignoras*.
Veo Á QUIEN *no veis*...............	Tesis...............	*Veo* Á LA PERSONA (acusativo)
	Adjetivo-oración...	Á QUIEN (acusativo) *no veis*.
Busco Á QUIEN *no encontráis*......	Tesis...............	*Busco* Á LA PERSONA (acusativo)
	Adjetivo-oración...	Á QUIEN (acusativo) *no encontráis*.

Yo veo á quien buscas................	Antítesis negativa. Adjetivo-oración...	*No veo* LA PERSONA (acusativo) Á LA CUAL (acusativo) *buscas.*
Recompensaré á QUIENES *tú designes*.	Tesis.................. Adjetivo-oración...	*Recompensaré* Á LAS PERSONAS (acusativo) Á QUIENES (acusativo) *tú designes.*
Yo siempre reconozco á QUIENES *he visto una vez.*	Tesis.................. Adjetivo-oración...	*Siempre reconozco* Á LAS PERSONAS (acusativo) Á LAS CUALES (acusativo) *he visto una vez.*
Conocí á QUIEN *hablabas*............	Tesis.................. Adjetivo-oración...	*Conocí* Á LA PERSONA (acusativo) Á LA CUAL (dativo) *tú hablabas* (1).

Condensaciones de acusativo y ablativo.—Se hacen con DONDE, Ó QUIEN, QUIENES, precedidos de preposición:

Dime DÓNDE *está oculto*.............	Antítesis imper.ª Adjetivo-oración...	*Dime* EL SITIO (acusativo) EN QUE (ablativo) *está oculto.*
Rastreó DONDE *estaba la pieza*.......	Tesis.................. Adjetivo-oración...	*Rastreó* EL LUGAR (acusativo) EN QUE (ablativo) *estaba la pieza.*
Siempre huele DONDE *guisan*.........	Tesis.................. Adjetivo-oración...	*Siempre huele* EL LUGAR (acusativo) EN QUE (ablativo) *guisan.*
Acertó DONDE *se hallaban*...........	Tesis.................. Adjetivo-oración...	*Acertó* EL SITIO (acusativo) EN QUE (ablativo) *se hallaban.*
Vió DONDE *tropezaste*................	Tesis.................. Adjetivo-oración...	*Vió* EL OBSTÁCULO (acusativo) EN EL CUAL (ablativo) *tropezaste.*
Averiguó ADONDE *fuiste*.............	Tesis.................. Adjetivo-oración...	*Averiguó* EL LUGAR (acusativo) AL CUAL (ablativo) *fuiste.*
Acertó DONDE *estaba*...............	Tesis.................. Adjetivo-oración...	*Acertó* EL SITIO (acusativo) EN EL CUAL (ablativo) *estaba.*
Al cabo averiguó DÓNDE *se encontraba su mujer.*	Tesis.................. Adjetivo-oración...	*Al cabo averiguó* EL PARAJE (acusativo) EN EL CUAL (ablativo) *se encontraba su mujer.*

(1) Análogamente á este ejemplo se construyen las condensaciones de acusativo y dativo.

Dime CON QUIÉN *andas*............ { Tesis............... *Dime* LA PERSONA (acusativo)
                                     { Adjetivo-oración. CON LA CUAL (ablativo) *andas*.

Dime DE QUIÉNES *hablas*........... { Tesis............... *Dime* LAS PERSONAS (acusativo)
                                     { Adjetivo-oración. DE LAS CUALES (ablativo) *hablas*.

Condensaciones de dativo y dativo. — Se hacen con Á QUIEN, Á QUIENES:

Hablo Á QUIENES *tú hablas*......... { Tesis............... *Hablo* Á LAS PERSONAS (dativo)
                                  { Adjetivo-oración. Á LAS CUALES (dativo) *tú hablas*.

Entrega estas medicinas á quienes das socorros. { Tesis............... *Entrega estas medicinas* Á LAS PERSONAS (dativo)
                                     { Adjetivo-oración. Á LAS CUALES (dativo) *das socorros*.

Regalo Á QUIENES *tú prestas*....... { Tesis............... *Regalo* Á LAS PERSONAS (dativo)
                                  { Adjetivo-oración. Á LAS CUALES (dativo) *tú prestas*.

Pagas Á QUIEN *no debes*........... { Tesis............... *Pagas* Á LA PERSONA (dativo)
                                  { Adjetivo-oración. Á LA CUAL (dativo) *no debes pagar*.

Doy Á QUIEN *das*................. { Tesis............... *Doy* Á AQUEL (dativo)
                                  { Adjetivo-oración. AL CUAL (dativo) *tú das*.

Pago Á QUIEN *pagas*.............. { Tesis............... *Pago* Á AQUEL (dativo)
                                  { Adjetivo-oración. AL CUAL (dativo) *pagas*.

Escribo Á QUIEN *escribes*.......... { Tesis............... *Escribo* Á AQUEL (dativo)
                                  { Adjetivo-oración. AL CUAL (dativo) *escribes*.

Vendo Á QUIEN *compras*........... { Tesis............... *Vendo* Á LA PERSONA (dativo)
                                  { Adjetivo-oración. Á LA CUAL (dativo) *compras*.

Condensaciones de dativo y acusativo. — Se hacen con Á QUIEN, Á QUIENES y Á CUANTOS, Á CUANTAS:

Facilito recursos Á QUIENES *aprecio*. { Tesis............... *Facilito recursos* Á TODAS LAS PERSONAS (dativo)
                                   { Adjetivo-oración. Á QUIENES (acusativo) *aprecio*.

Doy Á QUIENES *admiro*............ { Tesis............... *Doy* Á LAS PERSONAS (dativo)
                                  { Adjetivo-oración. Á QUIENES (acusativo) *admiro*.

Di los libros Á QUIEN *usted designó*. { Tesis............... *Di los libros* Á LA PERSONA (dativo)
                                   { Adjetivo-oración. Á QUIEN (acusativo) *usted designó*.

Él traducía PARA QUIEN *tú le designabas*....	{Tesis............ {Adjetivo-oración...	*Él traducía* PARA AQUEL (dativo) QUE (acusativo) *tú le designabas*.
Presto auxilios Á QUIENES *compadezco*........	{Tesis............ {Adjetivo-oración...	*Presto auxilios* Á AQUELLOS (dativo) QUE (acusativo) *compadezco*.
Regalo Á QUIENES *aborrezco*.................	{Tesis............ {Adjetivo-oración...	*Regalo* Á LAS PERSONAS (dativo) Á QUIENES (acusativo) *aborrezco*.
Escribo Á QUIEN *desprecias*.................	{Tesis............ {Adjetivo-oración...	*Escribo* Á LA PERSONA (dativo) QUE (acusativo) *desprecias*.
Hablé Á QUIEN *me recomendaste*.............	{Tesis............ {Adjetivo-oración...	*Hablé* Á LA PERSONA (dativo) QUE (acusativo) *me recomendaste*.
Hace bien Á CUANTOS *odia*..................	{Tesis............ {Adjetivo-oración...	*Hace bien* Á TODAS LAS PERSONAS (dativo) Á QUIENES (acusativo) *odia*.
Remitiré las circulares Á CUANTAS *redacciones me indicas*........................	{Tesis............ {Adjetivo-oración...	*Remitiré las circulares* Á TODAS LAS REDACCIONES (dativo) QUE (acusativo) *me indicas*.

Condensaciones de dativo y nominativo.—Se hacen con Á QUIEN, Á QUIENES y Á CUANTOS, Á CUANTAS:

Compro pan Á QUIEN *lo vende*..............	{Tesis............ {Adjetivo-oración...	*Compro pan* Á LA PERSONA (dativo) QUE (nominativo) *lo vende*.
Di pan Á QUIEN *tenía hambre*..............	{Tesis............ {Adjetivo-oración...	*Di pan* Á LA PERSONA (dativo) QUE (nominativo) *tenía hambre*.
Da razones Á QUIENES *te las exijan*........	{Anćutesis imper.ª {Adjetivo-oración...	*Da razones* Á LAS PERSONAS (dativo) QUE (nominativo) *te las exijan*.
Presta atención Á QUIEN *está explicando*....	{Anćutesis imper.ª {Adjetivo-oración...	*Presta atención* Á LA PERSONA (dativo) QUE (nominativo) *está explicando*.
Yo presto mis libros Á QUIENES *los necesitan*.	{Tesis............ {Adjetivo-oración...	*Yo presto mis libros* Á TODOS LOS (dativo) QUE (nominativo) *los necesitan*.
Dad gracias Á QUIEN *nos trajo las gallinas*.	{Anćutesis imper.ª {Adjetivo-oración...	*Dad gracias* AL VIAJERO (dativo) QUE (nominativo) *nos trajo las gallinas*.
Daba memorias para mí Á CUANTAS *personas iban á verlo*.........................	{Tesis............ {Adjetivo-oración...	*Daba memorias para mí* Á TODAS LAS PERSONAS (dativo) QUE (nominativo) *iban á verlo*.

Daba esperanzas á quien las necesitaba.....	Tesis............ Adjetivo-oración...	*Daba esperanzas á aquel* (dativo) *que* (nominativo) *las necesitaba.*
Contestaron á cuantos les escribieron......	Tesis............ Adjetivo-oración...	*Contestaron á todas las personas* (dativo) *que* (nominativo) *les escribieron.*
Pagarás á cuantos vengan esta tarde.......	Anéutesis imper.ª Adjetivo-oración...	*Pagarás á todos los acreedores* (dativo) *que* (nominativo) *vengan esta tarde.*

Condensaciones de genitivo y nominativo. — Se hacen con los nexos de quien, de quienes y de cuantos, de cuantas:

Acepta tú el dinero de quien pueda dártelo..	Anéutesis imper.ª Adjetivo-oración...	*Acepta tú el dinero de la persona* (genitivo) *que* (nominativo) *pueda dártelo.*
Tráeme un lápiz de quien lo tenga..........	Anéutesis imper.ª Adjetivo-oración...	*Tráeme un lápiz de la persona* (genitivo) *que* (nominativo) *lo tenga.*
Guardo aún el dinero de quien me lo regaló..	Tesis............ Adjetivo-oración...	*Guardo aún el dinero de la persona* (genitivo) *que* (nominativo) *me lo regaló.*
Quiero la virtud de quien la practica, no de quien la predica...........................	Tesis............ Anéutesis......... Adjetivo-oración...	*Quiero la virtud de la persona que* (nominativo) *la practica* ...*no de la persona* (genitivo) *que* (nominativo) *la predica* (1).
Dame los postres de cuantas personas se han ido..	Tesis............ Adjetivo-oración...	*Dame los postres de todas las personas* (genitivo) *que* (nominativo) *se han ido.*
Lo he oído de boca de cuantos lo presenciaron.	Tesis............ Adjetivo-oración...	*Lo he oído de boca de todas las personas* (genitivo) *que* (nominativo) *lo presenciaron.*
Salvé las alhajas de cuantos estaban allí....	Tesis............ Adjetivo-oración,..	*Salvé las alhajas de todas las personas* (genitivo) *que* (nominativo) *estaban allí.*

Condensaciones de genitivo y acusativo. — Se hacen con los nexos de quien, de á quien y de cuantos, de cuantas:

Recuerdo las facciones de cuantas personas he visto...	Tesis............ Adjetivo-oración...	*Recuerdo las facciones de todas las personas* (genitivo) *á quienes* (acusativo) *he visto.*

Ese es el dinero DE CUANTOS estafó........	{ Tesis............... Adjetivo-oración...	Ese es el dinero DE TODAS LAS PERSONAS (genitivo) Á QUIENES (acusativo) estafó.
Recibo obsequios DE QUIEN estimas.......	{ Tesis............... Adjetivo-oración...	Recibo obsequios DE LA PERSONA (genitivo) Á QUIEN (acusativo) estimas.
Tú imploras el favor DE QUIENES odias...	{ Tesis............... Adjetivo-oración...	Tú imploras el favor DE LAS PERSONAS (genitivo) Á QUIENES (acusativo) odias.
Me admiran los adelantos DE CUANTOS enseñas...	{ Tesis............... Adjetivo-oración...	Me admiran los adelantos DE TODOS LOS DISCÍPULOS (gen.) Á QUIENES (acusativo) enseñas.
No quiero ver el ceño DE Á QUIEN la sangre ensalza. (Fray Luis de León)........	{ Tesis............... Adjetivo-oración...	No quiero ver el ceño DE LA PERSONA (genitivo) Á QUIEN (acusativo) la sangre ensalza.

Condensaciones de ablativo y nominativo. — Se hacen con preposiciones seguidas de QUIEN, QUIENES, CUANTOS, CUANTAS:

Desconfía DE QUIENES te adulan.......	{ Anéutesis imper.ª.. Adjetivo-oración...	Desconfía { DE TODAS LAS PERSONAS (ablativo) / DE CUANTOS (ablativo) / DE AQUELLOS (ablativo) QUE (nominativo) te adulan.
Es atrevido CON QUIENES no lo conocen.....	{ Tesis............... Adjetivo-oración...	Es atrevido CON AQUELLOS (ablativo) QUE (nominativo) no lo conocen.
Se desvive POR QUIEN no lo agradece.......	{ Tesis............... Adjetivo-oración...	Se desvive POR LA PERSONA (ablativo) QUE (nominativo) no lo agradece.
Lo juro POR QUIEN soy...............	{ Tesis............... Adjetivo-oración...	Lo juro POR LO (ablativo) QUE (nominativo) soy.
Recela DE QUIENES te alaban..........	{ Tesis............... Adjetivo-oración...	Recela DE LAS PERSONAS (ablativo) QUE (nominativo) te alaban.
Hablas mal DE CUANTAS personas te favorecen...................	{ Tesis............... Adjetivo-oración...	Hablas mal DE TODAS LAS PERSONAS (ablativo) QUE (nominativo) te favorecen.
Sólo hablas bien DE CUANTOS te adelan.....	{ Tesis............... Adjetivo-oración...	Sólo hablas bien DE TODOS AQUELLOS (ablativo) QUE (nominativo) te adulan.

(1) La segunda anéutesis del ejemplo sería *no quiero la virtud*, etc.

Condensaciones de ablativo y acusativo. — Se hacen con preposiciones seguidas de CUANTO, CUANTOS, CUANTAS Y DONDE:

Habló de cuanto le prohibí.	Tesis................ Adjetivo-oración...	*Habló de todo lo* (ablativo) QUE (acusativo) *le prohibí.*
Se olvidó de cuanto le encargué.	Tesis................ Adjetivo-oración...	*Se olvidó de todo lo* (ablativo) QUE (acusativo) *7e encargué.*
Duda de cuanto él te diga.	Tesis................ Adjetivo-oración...	*Duda de todo lo* (ablativo) QUE *él* (acusativo) *te diga.*
Escribe sobre cuanto sabe.	Tesis................ Adjetivo-oración...	*Escribe sobre todo lo* (ablativo) QUE (acusativo) *sabe.*
Comió de cuanto apetecía.	Tesis................ Adjetivo-oración...	*Comió de todas las cosas* (ablativo) QUE (acusativo) *apetecía.*
Le di de cuanto pidió.	Tesis................ Adjetivo-oración...	*Le di de todo lo* (ablativo) QUE (acusativo) *pidió.*
Fué adonde ordenaste.	Tesis................ Adjetivo-oración...	*Fué al paraje* (ablativo) QUE (acusativo) *ordenaste.*

Condensaciones de ablativo y ablativo. — Se hacen con preposiciones seguidas de DONDE, CUANDO Y QUIEN, QUIENES:

Aseguraré el dinero donde usted quiera.	Tesis................ Adjetivo-oración...	*Aseguraré el dinero en el Banco* (ablativo) EN QUE (ablativo) *usted quiera que yo lo asegure.*
Le envié la correspondencia adonde estaba.	Tesis................ Adjetivo-oración...	*Le envié la correspondencia al sitio* (ablativo) EN EL CUAL (ablativo) *estaba.*
Paséate únicamente con quienes te mando.	Anéutesis imper.ª Adjetivo-oración...	*Paséate únicamente con las personas* (ablativo) CON QUIENES (ablativo) *te mando pasearte.*
Encontré donde menos esperaba.	Tesis................ Adjetivo-oración...	*Encontré en el sitio* (ablativo) EN EL CUAL (ablativo) *menos pensaba yo encontrar.*
Tropezó donde no esperaba.	Tesis................ Adjetivo-oración...	*Tropezó en el sitio* (ablativo) EN QUE (ablativo) *no esperaba tropezar.*

Es osado CON QUIENES *puede serle*...... } Tesis............ *Es osado* CON LAS PERSONAS (ablativo)
                                                     Adjetivo-oración... CON LAS CUALES (ablativo) *puede ser osado*.

Hallarás desengaños DONDE *menos lo esperes*. } Tesis............ *Hallarás desengaños* EN LAS OCASIONES (ablativo)
                                                     Adjetivo-oración... EN QUE (ablativo) *menos lo esperes*.

He aquí los nexos de las condensaciones:

Nom.-Nom.... { QUIEN.
                CUANTOS.   Nom.-Acus... { QUIEN.
                                                       CUANTOS.

Acus.-Nom... { QUIEN.
                 CUANTOS.   Acus.-Acus... { CUANTO.
                                                       Á QUIEN.   Acus.-Dat.... Á QUIEN.

Dat.-Nom.... { Á QUIEN.
                 Á CUANTOS.   Dat.-Acus... { Á QUIEN.
                                                        Á CUANTOS.   Dat.-Dat..... Á QUIEN.

Gen.-Nom... { DE QUIEN.
                DE CUANTOS.   Gen.-Acus... { DE QUIEN.
                                                         DE CUANTOS.

Abl.-Nom.... { Prep. QUIENES.
                 Prep. CUANTOS.   Abl.-Acus... { Prep. CUANTOS.
                                                       Prep. DONDE.   Abl.-Abl..... { Prep. QUIEN.
                                                                                                   { Prep. DONDE.

                                                                                                      Acus.-Abl.... { QUIEN.
                                                                                                            DONDE.

Los nexos de las condensaciones son, como se ve, QUIEN, CUANTO, DONDE, en singular, plural, masculino, femenino (cuando haya lugar á ello), precedidos de preposiciones conforme los CASOS lo exijan.

Los nexos de las condensaciones resultan, pues, distintos de los nexos de los adjetivos-oración, que, como se recordará, son QUE, Á QUIEN, AL CUAL, CUYO, con sus singulares y plurales, masculinos y femeninos y las preposiciones á que haya lugar.

Por una parte, los nexos de los adjetivos-oración QUE, CUAL, CUYO no entran en las condensaciones.

Y por otra parte, los nexos de las condensaciones CUANTO, DONDE no entran en los adjetivos-oración.

Únicamente es común á las dos series el nexo QUIEN; pero ha de advertirse que QUIEN no es jamás nominativo en la serie de los adjetivos-oración.

Por último, se ha de observar que las condensaciones se dividen en cuatro clases, y todas ellas en catorce especies:

Nom. Nom.	Nom. Acus.		
Acus. Nom.	Acus. Acus.	Acus. Dat.	Acus. Abl.
Dat. Nom.	Dat. Acus.	Dat. Dat.	
Gen. Nom.	Gen. Acus.		
Abl. Nom.	Abl. Acus.		Abl. Abl.

CAPÍTULO V

ABERRACIONES

En español, cuando una palabra debe ser determinada por una oración cuyo nexo ESTÉ EN ABLATIVO, suele ponerse la preposición CORRESPONDIENTE AL NEXO delante de la palabra que este nexo debe determinar. Por ejemplo, todos decimos:

Sé Á LO QUE *vienes* (Cervantes);

debiendo decir

Sé LO Á QUE *vienes*.

Y el poder del hábito es tal en estas excepcionales construcciones, que no habrá español ninguno á quien, procediendo espontáneamente, le ocurra colocar esas palabras por el orden en que deberían aparecer. Así es que nadie dice:

Sé LO Á QUE *vienes,*

esto es, sé, conozco á qué vienes. Ni tampoco diría nadie:

Lo *sé* Á QUE *vienes,*

esto es, el asunto conozco á que vienes. Todo el mundo diría:

Sé Á LO QUE *vienes,*

en vez de

Presumo POR LO QUE *vienes.*

En vez de

Adivino POR LO QUE *la defiendes,*

debería decirse:

Adivino LO POR QUE *la defiendes* (1).

Sé AL *blanco* QUE *tiras* (Cervantes) (2) (en vez de *sé el blanco* Á QUE *tiras*).
Mirad, en hora mala, dijo á este punto el ama, si me decía á mí bien mi corazón del pie QUE *cojeaba mi señor* (Cervantes) (en vez de *el pie* DE QUE *cojeaba mi señor*).
Ven y verás AL *alto fin* QUE *aspiro* (Rioja) (en vez de *verás* EL *alto fin* Á QUE *aspiro*).

Y en autores de menos importancia se leen las cláusulas siguientes:

Si sabré yo CON *los bueyes* QUE *aro* (en vez de *los bueyes* CON QUE *aro*).
Observe usted CON *la atención* QUE *escuchan* (en vez de *la atención* CON QUE *escuchan*).
¿Y puede usted calcular CON *las zancadillas* QUE *le derribarán por tierra?* (en vez de *las zancadillas* CON QUE *le derribarán*).
Mira CON *la madeja* QUE *jugaba el gatito* (en vez de *la madeja* CON QUE *jugaba*).
No puedes imaginar CON *el desparpajo* QUE *nos contestó* (en vez de *el desparpajo* CON QUE *nos contestó*).

Los escritores modernos cuidan algo de evitar esas construcciones, en las que la preposición con que empieza el nexo de la

---

(1) *Adivino el motivo* POR $\begin{cases} \text{QUE} \\ \text{EL CUAL} \end{cases}$ *la defiendes.*
(2) *Conozco el blanco* Á QUE *tiras.*

oración-adjetivo se coloca antes de un substantivo de la tesis. Pero el uso prosigue tenaz y sin variación ninguna si la voz modificable por el adjetivo-oración es un pronombre. Este pronombre puede estar en nominativo ó en acusativo. Los siguientes están en nominativo :

Aquella casa era Á LA QUE *nos dirigían* (en vez de *aquella era la casa á* QUE *nos dirigían*).
Caricias eran DE LAS QUE *necesitaba el pobre niño* (en vez de *eran caricias* LAS DE QUE *el pobre niño necesitaba*).
Las clases desheredadas son Á LAS QUE *menos puede aplicarse esa calificación* (en vez de *las clases desheredadas son* LAS Á QUE *menos puede aplicarse esa calificación*).
Un machete fué DE LO QUE *se valió el asesino* (en vez de *un machete fué* LO DE QUE *se valió*).

Los siguientes pronombres están en acusativo :

¿Sabes DE LO QUE *me acuerdo?* (en vez de *¿sabes* LO DE QUE *me acuerdo?*).
Sospecho EN LO QUE *consiste* (en vez de *sospecho* LO EN QUE *consiste*).
Infiero EN LO QUE *estriba* (en vez de LO EN QUE *estriba*).
Calculo DE LO QUE *depende* (en vez de LO DE QUE *depende*).
Ya sé yo Á LO QUE *debo atenerme* (en vez de LO Á QUE *debo atenerme*).
No sabe ni Á LO *que va, ni* Á LO *que viene* (en vez de *ni* LO Á *que va, ni* LO Á *que viene*).
Mira EN LO *que vendremos á parar* (en vez de LO EN *que vendremos á parar*).

La costumbre de poner la preposición del ablativo delante de la voz que el ablativo ha de determinar, puede decirse que predomina en absoluto cuando la palabra determinable es LO :

Nosotros haremos Á LO QUE *venimos* (Cervantes) (en vez de *nosotros haremos* AQUELLO Á QUE *venimos*).
Sé muy bien POR LO QUE *me empeño* (en vez de *sé muy bien* LO POR QUE *me empeño*).
Muy bien me figuro Á LO QUE *me expongo* (en vez de *muy bien me figuro* LO Á QUE *me expongo*).
Muy claro se ve Á LO QUE *has ido* (en vez de *muy claro se ve* LO Á QUE *has ido*).
Te sobra DE LO QUE *me falta* (en vez de *te sobra* LO DE QUE *me falta*).

Á veces en las aberraciones hay también condensación :

¿Cómo imaginar DE CUÁNTO *malo es capaz esa mujer?* (en vez de TODO LO *malo de que es capaz*).
Acierta DE CUÁNTO *bueno me felicito* (en vez de *acierta* TODO LO *bueno de que me felicito*).
Piensa bien DE CUÁNTO *vas á privarte* (en vez de *todo* LO DE QUE *vas á privarte*).

> ...*No te puedo*
> *decir* CON CUÁNTAS *indirectas frases*
> *y tropos elegantes y floridos*
> *me pidió de almorzar.*
>
> (MORATÍN.)

(En vez de *no te puedo decir* TODAS LAS *frases* CON QUE *me pidió de almorzar.*)

Por último, hay casos en que las aberraciones se resisten al análisis :

Sólo EN *un caso es* EN EL QUE *el consejo interviene* (en este ejemplo sobra un EN).

Hay, pues, aberraciones que no consienten el análisis.

CAPÍTULO VI

ORACIONES INCIDENTALES

Diferencia entre lo determinante y lo incidental. — Hay en español oraciones que no tienen por objeto sacar á los substantivos de su vaga é incierta generalidad, aumentándoles la comprensión para constituir los nombres propios de las individualidades; por ejemplo :

Esta es ahora mi huerta (tesis), LA CUAL *antes estaba casi inculta* (oración incidental).
He visto en Sevilla la Giralda (tesis), LA CUAL *es efectivamente altísima* (oración incidental).
Estos son los pormenores de mi naufragio (tesis), EL CUAL *te horrorizará seguramente* (oración incidental).
Vivo en Barcelona (tesis), QUE *es la segunda capital de España* (oración incidental).
Allí estaban nuestro amigo y su criado (tesis), QUIENES *miraban con gran lástima al herido* (oración incidental).

En estas cláusulas es evidente que las oraciones

> LA CUAL *estaba casi inculta,*
> LA CUAL *es efectivamente altísima,*
> EL CUAL *te horrorizará seguramente,*
> QUE *es la segunda capital de España,*
> QUIENES *miraban con lástima al herido,*

no son determinantes de las palabras á que se refieren : *mi huerta, la Giralda, mi naufragio, Barcelona, nuestro criado*, por estar ya tales palabras suficientemente determinadas, pues yo no tengo otra huerta, ni he sufrido otro naufragio, ni hay otra Giralda ni otra Barcelona... Así, pues, esas oraciones únicamente tienen por objeto mencionar INCIDENTALMENTE algo relacionado con las palabras *huerta, Giralda, Barcelona, amigo* y *criado*.

Las oraciones incidentales, aunque no destinadas á sacar las palabras de su vaga é incierta generalidad aumentándoles la comprensión, tienen á primera vista estructura muy parecida, y á veces al parecer idéntica á las construcciones determinantes, pues en muchas ocasiones hasta constan de las mismas palabras, por lo cual con frecuencia el sentido solamente las puede dar á conocer:

Vivo en Barcelona, QUE *es la segunda capital de España.*

Aquí es muy fácil discernir que no se trata de determinar el vocablo *Barcelona* (ya determinado con sólo su enunciación), sino únicamente de recordar que esa ciudad es como una segunda capital.

Pero en otros ejemplos no es ya tan fácil decidir; v. gr.:

Llegaron las mujeres QUE *estaban cansadas.*

Si las mujeres eran muchas (veinte, por ejemplo), y si queremos decir que de entre ellas llegaron únicamente LAS QUE estaban cansadas (diez, por ejemplo), entonces la oración QUE *estaban cansadas* ES DETERMINANTE, pues no se designan y entresacan de entre las veinte mujeres más que á las QUE estaban cansadas: á ésas solamente, y no á ninguna más. Pero si todas las veinte mujeres estaban cansadas y queremos manifestar que TODAS ELLAS LLEGARON, entonces la oración será INCIDENTAL, pues no determinará á ninguna de las veinte mujeres en particular, sino que se limitará á anunciarnos INCIDENTALMENTE la circunstancia de que todas venían cansadas. Mas entonces la ORACIÓN INCIDENTAL tendría que ir precedida de PAUSA en la enunciación oral, y de COMA colocada antes del nexo QUE en la enunciación escrita; las palabras serán las mismas para lo DETERMINANTE y para lo INCIDENTAL, pero la pausa las distinguirá esencialmente:

Determinante... *Llegaron las mujeres* QUE *estaban cansadas.*
Incidental...... *Llegaron las mujeres,* QUE *estaban cansadas.*

Se ve, pues, que el uso de la pausa en lo hablado y el de la correspondiente coma en lo escrito son indispensables cuando la oración es INCIDENTAL. El nexo QUE, SOLO ó AISLADO, no es signo de ORACIÓN INCIDENTAL, pues (repitámoslo) para serlo necesita en lo oral la pausa y en lo escrito la coma.

La PAUSA es, pues, un verdadero elemento gramatical en las oraciones incidentales.

Las oraciones determinantes que empiezan por el nexo QUE podrán parecer idénticas á las incidentales que empiezan por el mismo nexo, pero únicamente á quienes no se fijen en que la detención que hay que practicar antes de enunciarlas las hace en realidad muy diferentes, pues no es lo mismo sacar de su generalidad á las palabras para expresar algo INDIVIDUAL que mencionar INCIDENTES con ellas relacionados.

CAPÍTULO VII

DIFERENCIA ENTRE LOS NEXOS DE LO DETERMINANTE Y LO INCIDENTAL

Los nexos de las ORACIONES INCIDENTALES no son los mismos que los de las ORACIONES DETERMINANTES.

Por ejemplo:

Las oraciones determinantes por NOMINATIVO empiezan SIEMPRE por el nexo QUE, ÚNICO para esta determinación, y ya hemos visto que las incidentales pueden empezar, no solamente por el nexo QUE (precedido de pausa), sino también por los nexos EL CUAL, LA CUAL, LOS CUALES, LAS CUALES, y QUIEN, QUIENES:

Ese es el ingeniero QUE *desea conocerte* (determinante).
Ese es nuestro ingeniero, QUE *desea conocerte* (incidental).
Ese es nuestro ingeniero, EL CUAL *desea conocerte* (incidental).
Ese es nuestro ingeniero, QUIEN *desea conocerte* (incidental).

Además de los nexos citados (EL CUAL, LA CUAL, LOS CUALES, LAS CUALES, QUIEN, QUIENES), hay otros varios propios exclusivamente de las incidentales, que muy pronto se darán á conocer, y que mientras más difieren de los nexos de las correspondientes oraciones determinantes, más fáciles son de dominar; por manera que sólo ofrece dificultad el nexo QUE, porque siendo igual en las oraciones determinantes y en las incidentales, hay que distinguirlo por medio de la pausa cuando haya de aplicarse á las incidentales.

Examínese bien el poder de las pausas en las oraciones siguientes, iniciadas por el nexo QUE. Pronunciadas de corrido son adjetivo-determinantes, y parándose el lector antes de enunciar el nexo QUE, resultarán incidentales.

Léase dos veces cada uno de los ejemplos que siguen, una vez sin pausa antes del QUE y otra con ella, y se verá que en el primer caso cada una es oración determinante, y en el segundo incidental:

Vi las tres cruces QUE *señalan el sitio donde los tres reposan.*
La virtud QUE *resplandece en la frente de las mujeres buenas, brillaba como una aureola en la de aquella infeliz.*
Concluído que fué el reconocimiento de aquellas bellezas, los cuatro QUE *no se cansaban de celebrarlas se sentaron.*
Los que somos rectos y honrados, no podemos menos de bendecir á las personas justas y equitativas QUE *se convierten en defensores de la inocencia.*
Aquella circunstancia QUE *no habrán olvidado nuestros lectores le daba entrada franca en los salones.*
El gato QUE *se hallaba rondando el fogón aprovechó el descuido de la cocinera.*

Como el vocablo QUE es el único nexo determinante por nominativo, es evidente que no bien se reemplace el QUE por cualquiera de los otros nexos EL CUAL, LA CUAL, QUIEN, etc., las oraciones correspondientes no podrán ser ya más que incidentales, y nunca determinantes. Si en el ejemplo

Vi las tres cruces QUE *señalan el sitio donde los tres reposan*

substituímos el nexo QUE por el nexo LAS CUALES, la oración

Vi las tres cruces, LAS CUALES *señalan el sitio donde los tres reposan,*

no puede ser ya más que incidental, y en manera ninguna determinante.

CAPÍTULO VIII

CLASIFICACIÓN DE LAS ORACIONES INCIDENTALES

Las oraciones incidentales destinadas á expresar algo referente á un substantivo, pero no para determinarlo, se dividen en cinco clases (como pasa con las determinantes):

1.ª Incidentales cuyo nexo empieza por NOMINATIVO.
2.ª — — — ACUSATIVO.
3.ª — — — DATIVO.
4.ª — — — GENITIVO.
5.ª — — — ABLATIVO.

Recuérdese que todas las oraciones incidentales van precedidas de pausa en la enunciación oral, y de coma en la expresión escrita.

PRIMERA CLASE. — **Oraciones incidentales por nominativo.** — Empiezan con alguno de los nexos QUE, EL QUE, LOS QUE, LAS QUE, para personas y cosas; QUIEN, QUIENES, para personas; EL CUAL, LA CUAL, LOS CUALES, LAS CUALES, para personas y cosas:

Nom.-Nom.. *Esta es mi madre,* { QUE...... / QUIEN...... / LA CUAL..... / LA QUE..... } *deseaba hace tiempo conocerte.*

Acus.-Nom.. *He visto á su padre,* { QUE...... / QUIEN...... / EL CUAL..... / EL QUE..... } *me ha parecido excelente persona.*

Dat.-Nom... { *Pidió perdón á sus padres,* } { QUE...... / QUIENES.... / LOS CUALES. / LOS QUE.... } *se lo concedieron cariñosamente.*

Gen.-Nom... { *Tal era el deseo de aquellas mozas,* } { QUE...... / QUIENES.... / LAS CUALES. / LAS QUE.... } *preparaban el casino para el baile del Carnaval.*

Abl.-Nom... { *Hablé con tus corresponsales,* } { QUE...... / QUIENES.... / LOS CUALES. / LOS QUE.... } *me facilitaron los datos de seguida.*

Ninguna de las anteriores oraciones es determinante.

Como nadie tiene más padres que los suyos, es claro que en las tesis de las tres primeras cláusulas están perfectamente singularizados el NOMINATIVO *mi madre,* el ACUSATIVO *á su padre* y el DATIVO *á sus padres;* y en las dos últimas están también individualizados el GENITIVO *de aquellas mozas* y el ABLATIVO *con tus corresponsales.*

Por consiguiente, las cinco últimas oraciones que empiezan por los nexos QUE, QUIEN, CUAL (con artículos, preposiciones, etcétera), aunque parecen determinantes si no se atiende á la pausa, no aumentan la comprensión de las palabras á que se refieren, y no hacen otra cosa que manifestar incidentalmente: *que mi madre deseaba conocerte; que tu padre me ha parecido una excelente persona; que sus padres lo perdonaron,* etc.

Como QUIEN, QUIENES son nexos referentes á personas, claro es que no pueden empezarse con ellos las oraciones incidentales que mencionan algo relativo á cosas. Así es que en las cinco cláusulas siguientes sólo cabe emplear los nexos QUE ó EL CUAL (singular ó plural, masculino ó femenino):

Nom.-Nom...	Este es nuestro hospicio,	QUE .... EL CUAL....	puede contener 500 albergados.
Acus.-Nom..	Vendí mi casa,	QUE .... LA CUAL....	valía 1.000 duros.
Dat.-Nom....	Esto corresponde á vuestro jardín,	QUE .... EL CUAL....	ahora está helado.
Gen.-Nom...	Esas estatuas eran de mi casa,	QUE .... LA CUAL....	ahora está en ruinas.
Abl.-Nom...	Venían en tus caballos,	QUE .... LOS CUALES.	llejaron jadeantes.

Como el objeto de las oraciones incidentales no es determinar, sino manifestar·incidentes, estas últimas oraciones se refieren á objetos ya determinados ó individualizados, según habrá de observarse, no sólo en los ejemplos precedentes, sino en los del capítulo anterior.

Es evidente que los substantivos *hospicio, casa, jardín, caballos,* de los últimos ejemplos, se hallan determinados respectivamente por los posesivos *nuestro, mi, vuestro, tus.*

Por de contado, todos los nexos de las oraciones incidentales van precedidos de pausa en la enunciación oral, y de coma (indicadora de la pausa) en la enunciación escrita.

Este poder de las pausas, que cambia el valor de las masas elocutivas, no es exclusivo de las oraciones incidentales.

Trae los dibujos QUE HACEN FALTA.

Sin pausa, lo impreso en letra versalita es una oración determinante del vocablo *dibujos*.

Trae esos dibujos, y no otros.

Con pausa antes del QUE (y con coma en lo escrito), QUE HACEN FALTA es una oración causal: un adverbio equivalente á *trae los dibujos,* PORQUE HACEN FALTA.

Los compañeros de los heridos, QUE TALES LOS VIERON, *comenzaron á llover piedras sobre él* (D. Quijote).

(CERVANTES.)

Aquí lo adverbial predomina: *Porque los vieron heridos, comenzaron los compañeros á llover piedras.*

SEGUNDA CLASE. —**Oraciones incidentales por acusativo.** — Estas oraciones empiezan por los nexos Á QUIEN, Á QUIENES, AL CUAL, Á LA CUAL, Á LOS CUALES, Á LAS CUALES, AL QUE, Á LA QUE, Á LOS QUE, Á LAS QUE, para personas; QUE, EL CUAL, LA CUAL, LOS CUALES, LAS CUALES, para cosas.

Obsérvese que el nexo QUE no se emplea para las personas en las oraciones INCIDENTALES, mientras que es de uso corriente en las DETERMINANTES:

Nom.-Acus.	*Me lo dijo entonces Carlos,*	Á QUIEN ..... AL CUAL ..... AL QUE	*tenían abandonado sus hijos.*
Acus.-Acus.	*Todos censuran á tu maestro,*	Á QUIEN ..... AL CUAL ..... AL QUE	*tú tanto alabas.*
Dat.-Acus.	*Da algo para esa pobre,*	Á QUIEN ...... Á LA CUAL .... Á LA QUE	*nunca socorre su familia.*
Gen.-Acus.	*Lamento el fracaso de esos miserables,*	Á QUIENES .... Á LOS CUALES . Á LOS QUE	*odian los vecinos.*
Abl.-Acus.	*Vivo con estas señoras,*	Á QUIENES .... Á LAS CUALES . Á LAS QUE	*sin razón ofendes.*

Tratándose de cosas, los nexos de acusativo no van precedidos de la preposición Á:

Nom.-Acus.	*Me tocó en la frente una de sus huesudas manos,*	QUE......... LA CUAL.....	*tenía yerta.*
Acus.-Acus.	*Alisóse el cabello,*	QUE......... EL CUAL,.....	*tenía recogido con alfileres de oro.*
Dat.-Acus..	*Esos campos corresponden á tu molino,*	QUE......... EL CUAL......	*casi tienes ahora abandonado.*
Gen.-Acus.	*Era padre de una dilatada familia,*	QUE......... LA CUAL.....	*tuvo la desgracia de ver emigrar.*
Abl.-Acus..	*Había muchos portales con farolas,*	QUE......... LAS CUALES ..	*ellas estaban mirando á través de las persianas.*

En lo antiguo, tras el QUE de acusativo se ponía un pronombre pleonástico, también de acusativo:

Le limpió el rostro, QUE LO *tenía lleno de polvo.*

(CERVANTES.)

Ahí está Lope Tocho, el hijo de Juan Tocho, mozo rollizo y sano, QUE LE *conocemos.*

(IDEM.)

Los autos para el día de Dios, QUE LOS *representaban los mozos de nuestro pueblo.*

(IDEM.)

Quiero decirte unos versos que se me han venido á la memoria, QUE LOS *oí en una comedia moderna.*

(IDEM.)

Ya tenía comprados de su propio dinero dos famosos perros para guardar el ganado, el uno llamado Barcino y el otro Butrón, QUE SE LOS *había vendido un ganadero de Quintanar.*

(IDEM.)

Comenzaron á comer con grandísimo gusto y muy despacio, saboreándose con cada bocado, QUE LE *tomaban con la punta del cuchillo.*

(IDEM.)

Sanchica hace puntos de randas, gana cada día ocho maravedís horros, QUE LOS *va echando en una alcancía para ayuda de su ajuar.*

(IDEM.)

Tan fea práctica es hoy cuidadosamente evitada por cuantos escriben con algún esmero. También alguna de estas oraciones podía tener carácter adverbial:

No porque yo muriese del parto, QUE LE *tuve derecho y en sazón* (pues lo tuve...).

Según las reglas dadas, estas oraciones pueden volverse por pasiva (como todas aquellas en que hay acusativo, siempre convertibles).

Y convertidas, ya no pertenecen á esta segunda clase, sino á la primera, por empezar con un nexo en nominativo paciente:

Carlos, QUE *tan amado fué por mí, no era digno de mi estimación* (verbo SER y un participio).
Fueron inútiles tales observaciones, QUE SE *hicieron por los prácticos* (signo SE de pasiva).

TERCERA CLASE. —**Oraciones incidentales por dativo.**—
Empiezan con los nexos Á QUIEN, Á QUIENES, para personas; AL CUAL, Á LA CUAL, Á LOS CUALES, Á LAS CUALES, AL QUE, Á LA QUE, Á LOS QUE, Á LAS QUE, para personas y cosas; Á QUE, para cosas:

Nom.-Dat..	*Así murió aquel gran personaje,*	AL QUE ...... Á QUIEN...... AL CUAL......	*todos hasta entonces habían rendido culto.*
Acus.-Dat..	*Voy buscando á tus hermanas,*	Á LAS QUE.... Á QUIENES.... Á LAS CUALES.	*no he podido hablar todavía.*
Dat.-Dat ..	*Di consejos á Arturo,*	AL QUE ...... Á QUIEN...... AL CUAL......	*todos sacaban dinero.*
Gen.-Dat..	*Ha llegado el padre de tus primas,*	Á LAS QUE.... Á QUIENES.... Á LAS CUALES.	*ya había ofrecido mi madre alojamiento.*
Abl.-Dat...	*Ya he hablado con tus padres,*	Á LOS QUE ... Á QUIENES.... Á LOS CUALES.	*he prometido recomendar tu pretensión.*

Claro es que si las oraciones incidentales por dativo se hubiesen referido á cosas, no habrían debido emplearse los nexos Á QUIEN, Á QUIENES:

Nom.-Dat..	*Este es mi jardín,*	AL QUE ...... AL CUAL......	*pienso agregar la huerta.*
Acus.-Dat..	*He comprado un coche,*	AL QUE ...... AL CUAL......	*he mandado poner llantas de goma.*
Dat.-Dat...	*Agregaré tu nombre á esta lista,*	Á LA QUE..... Á LA CUAL....	*ya había yo agregado el mío.*
Gen.-Dat..	*Esta es la factura de tus mercancías,*	Á LAS QUE.... Á LAS CUALES. Á QUE.......	*corresponde la declaración.*
Abl.-Dat...	*Ya vivo en mi huerta,*	Á LA QUE..... Á LA CUAL ...	*enviaré mis muebles de campo.*

Los antiguos solían cometer la (ni aun entonces disculpable) falta de hacer al nexo QUE signo de dativo, agregándole el solecismo de un LE (!!!) :

Por tomar muchos juntos (libros), se le cayó uno á los pies del barbero, QUE LE tomó gana de ver quién era.
(CERVANTES.)

En la actualidad ningún escritor cometería solecismo tan repelente.

CUARTA CLASE. — **Oraciones incidentales por genitivo.** — Empiezan por los nexos CUYO, CUYA, CUYOS, CUYAS :

Nom.-Gen... *Así les habló mi padre,* CUYA *lógica logró convencerlos.*
Acus.-Gen... *He visto aquella torre,* CUYOS *ladrillos son rojos.*
Dat.-Gen.... *Llevé las medicinas á nuestro enfermo,* CUYA *miseria partía el corazón.*
Gen.-Gen ... *Admiré la limpieza de aquel asilo,* CUYA *grandiosidad no era fácil presumir.*
Abl.-Gen.... *Me he trasladado á esta población,* CUYO *clima me sienta bien.*

En vez de los nexos CUYO, CUYA, CUYOS, CUYAS, pueden emplearse los nexos DEL CUAL, DE LA CUAL, DE LOS CUALES, DE LAS CUALES, pospuestos á las palabras CUYO, CUYA, CUYOS, CUYAS.

Así, las cinco anteriores cláusulas pueden substituirse por las siguientes :

Así les habló mi padre, la lógica DEL CUAL *logró convencerlos.*
He visto aquella torre, los ladrillos DE LA CUAL *son rojos.*
Llevé las medicinas á nuestro enfermo, la miseria DEL CUAL *partía el corazón.*
Admiré la limpieza de aquel asilo, la grandiosidad DEL CUAL *no era fácil presumir.*
Me he trasladado á esta población, el clima DE LA CUAL *me sienta bien.*

Obsérvese que entre los nexos de las oraciones incidentales por genitivo no se cuentan los nexos QUIEN ni QUIENES.

QUINTA CLASE.—**Oraciones incidentales por ablativo.**— Empiezan por una preposición de ablativo, á la que sigue siempre alguno de los nexos QUIEN, QUIENES, para personas; EL CUAL, LA CUAL, LOS CUALES, LAS CUALES, para personas y cosas, ó QUE, también para personas y cosas, pero con preferencia para cosas :

Nom.-Abl.. *Ese es aquel viajante,* { EN QUE...... / EN QUIEN..... / EN EL CUAL... / EN EL QUE ... } *puse tan sin razón mi confianza.*

Acus.-Abl.. { *Ya he visto á tu costurera,* } { DE QUE...... / DE QUIEN .... / DE LA CUAL... / DE LA QUE.... } *me habló tan mal tu nodriza.*

Dat.-Abl... { *Ya he enviado el libro á tu maestro,* } { DEL QUE..... / DE QUIEN .... / DEL CUAL..... } *estoy muy disgustado.*

Gen.-Abl .. { *Recibí el reloj de tus jefes,* } { Á LOS QUE.... / Á QUIENES ... / Á LOS CUALES . } *estoy subordinado.*

Abl.-Abl... { *Me paseo con esas mujeres,* } { DE QUE...... / DE QUIENES... / DE LAS CUALES / DE LAS QUE... } *tanto bueno me has contado.*

Claro es que tratándose de cosas no pueden usarse los nexos QUIEN y QUIENES, y que con referencia á personas no puede muchas veces usarse el nexo QUE.

Así, en las cinco cláusulas siguientes estarían mal usados los nexos que en ellas se indican :

Nom.-Abl ... *Bien situado está ese huerto,* EN QUE *tanto abundan los árboles frutales* (y no EN QUIEN *tanto abundan*).
Acus.-Abl... *Vi á tu carpintero,* DE QUIEN *en verdad hablaré con elogio* (y no DE QUE).
Dat.-Abl.... *Ya he escrito á tu primo,* CON QUIEN *hice conocimiento en mi último viaje* (y no CON QUE *hice conocimiento*).
Gen.-Abl.... *Me enseñaron las alhajas de la Catedral,* EN LA CUAL *me pasé casi todo el día* (y no EN QUIEN *me pasé casi todo el día*).
Abl.-Abl.... *Así salió del error* EN QUE *había incurrido* (y no EN QUIEN).

Los nexos de ablativo referentes á lugar pueden substituirse á veces por el nexo DONDE :

Bien dirigido el golpe, la botella hirió á la criada en la frente, DE DONDE *corría la sangre en abundancia* (ó bien DE LA CUAL, ó DE LA QUE *corría la sangre en abundancia*).

CAPÍTULO IX

NEXOS DE LAS ORACIONES INCIDENTALES. — SUBSTITUCIÓN DE UNOS NEXOS POR OTROS

Los nexos que empiezan las oraciones incidentales son:

Por nominativo..
- QUIEN, QUIENES, para personas.
- EL CUAL, LA CUAL, LOS CUALES, para personas y cosas.
- QUE, para cosas.

Por acusativo...
- Á QUIEN, Á QUIENES, para personas.
- AL CUAL, Á LA CUAL, Á LOS CUALES, Á LAS CUALES, EL CUAL, LA CUAL, LOS CUALES, LAS CUALES, para personas y cosas.
- QUE, para cosas.

Por dativo......
- Á QUIEN, Á QUIENES, para personas.
- AL CUAL, Á LA CUAL, Á LOS CUALES, Á LAS CUALES, AL QUE, Á LA QUE, Á LOS QUE, Á LAS QUE, para personas y cosas.
- Á QUE, para cosas.

Por genitivo....
- CUYO, CUYA, CUYOS, CUYAS, DEL CUAL, DE LA CUAL, DE LOS CUALES, DE LAS CUALES; para personas y cosas.

Por ablativo.....
- Preposición y QUIEN, preposición y QUIENES, para personas.
- Preposición y EL CUAL, LA CUAL, LOS CUALES, LAS CUALES, para personas y cosas.
- Preposición y QUE, para personas y cosas, pero con preferencia cosas.

Substitución. — Cuando los nexos están destinados solamente á las personas, no pueden usarse para cosas; y cuando están destinados únicamente á cosas, no pueden aplicarse á las personas. Pero cuando son referibles á personas y cosas, pueden los unos ser substituídos por los otros. ¡Preciosa cualidad que facilita á los buenos escritores recursos variados para dar precisión á las locuciones y evitar ambigüedades!

Antes de presentarse Jorge, QUIEN PUNTUALMENTE ACUDÍA Á LA CASA, *tuvo tiempo doña Encarnación de marear por completo á oyente tan sufrido.*
Entre los espectadores se hallaba nuestro amigo acompañado de su dependiente, QUIENES PARECÍAN INTERESADOS COMO NADIE EN LA SUERTE DEL NÁUFRAGO BAJEL.
Notó el silencio que guardaba Magdalena, QUIEN SÓLO CON UN SUSPIRO HARTO ELOCUENTE HABÍA CONTESTADO.
Rita pedía á Dios que la muchacha agradase á su ama y señora, QUIEN LE HABÍA EXIGIDO COMO CONDICIÓN PRECISA QUE LA MUCHACHA FUESE NUEVA ENTERAMENTE EN MADRID.
El estado de las cosas le fué revelado por el maestro Benito, QUIEN, *como puede presumirse*, RECIBIÓ LA COMUNICACIÓN CON MÁS DOLOR QUE SORPRESA.
Fué educada con el mayor esmero por su padre, QUIEN LE INCULCÓ LOS SENTIMIENTOS MÁS ELEVADOS.
Así le sucedió á D. Raimundo, QUIEN HABÍA TENIDO SUS INTRIGUILLAS Y AMORCILLOS Á MANERA DE ENTREACTOS EN EL CURSO DE LA VIDA.
Isabel se prestó maquinalmente á las indicaciones del cajero, QUIEN PROSIGUIÓ HABLANDO DE ESTA SUERTE.
Grande fué el efecto de estas palabras en el joven, QUIEN PERMANECIÓ COMO PETRIFICADO EN SU ASIENTO.

En todos los ejemplos precedentes el nexo QUIEN puede ser substituído por cualquiera de los otros dos: EL CUAL ó QUE.

No tenía más bienes de fortuna que los que había de heredar de su suegra, LA CUAL REBOSABA INSULTANTE SALUD.
Pidióle entonces el padre, EL CUAL NADA SABÍA DE TAN OCULTOS AMORES, *que se casara con el indiano.*
Jubilada la antigua nodriza por su señora, LA CUAL VIVÍA AÚN, *disfrutaba de un bienestar desahogado que la dejaba á la vez en libertad completa.*

En estas tres cláusulas cabe la substitución del nexo EL CUAL por el nexo QUE, y también por el nexo QUIEN, pues se trata de personas.

Habíale peinado y arreglado el cabello, EL CUAL, *como una franja de oro*, GUARNECÍA CABEZA TAN HERMOSA.
Adquirió así creciente resolución, LA CUAL LLEGÓ Á SU LÍMITE CUANDO PENETRARON EN LA TÉTRICA MORADA.

En estas oraciones puede el nexo QUE substituir sin inconveniente á EL CUAL.

Pero el nexo QUIEN no puede entrar en ellas, por tratarse de cosas y no de personas.

Especialidad del nexo «que». — Se ve que el nexo QUE puede substituir á todos los demás; pero no siempre los demás pueden substituir al nexo QUE.

Cuando el nexo QUE introduce una oración incidental á modo de historia del personaje al cual la oración se refiere, entonces rara vez puede el nexo ser propiamente substituído por ninguno de los otros con agrado del oído:

> *Próculo,* QUE SE VISTE Y CALZA Y COME
> DE CALUMNIAR Y DE MENTIR, *publica*
> *centones de moral.*
> (MORATÍN.)

> NEVIO, QUE PUSO
> PLEITO Á SU MADRE Y LA ENCERRÓ POR LOCA,
> *dice que ya la autoridad paterna*
> *ni apoyos tiene ni vigor.*
> (IDEM.)

> CENÓN, QUE TRATA
> DE NO PAGAR Á SU PUPILA EL DOTE,
> *dice que no hay justicia, y se conduele*
> *de que la probidad es nombre vano.*
> (IDEM.)

Carlos, QUE ES BUENO Y QUE ME QUIERE, *se porta conmigo como un caballero.*
El maestro, QUE CONOCÍA Á TODO MADRID, *había hecho del estreno de la nueva cantante española un verdadero acontecimiento teatral.*
El conde, QUE TAN ENAMORADO ESTUVO, *había tenido que sacrificar su libertad.*
Carlos y ella hacían los honores debidos á la habilidad culinaria, QUE NO ERA MUCHA, *de la sirviente.*
El carruaje, QUE ERA UNA BERLINA DE PROPIEDAD PARTICULAR, *se paró delante de la puerta.*
Rita, QUE NO PODÍA ACEPTAR COSA MEJOR, *no titubeó en acceder.*
Vicente le tendió una de sus largas y huesudas manos, QUE TENÍA YERTAS.

Como se ha dicho, tan sólo en uno ó dos ejemplos de los anteriores podría ser propiamente substituído el nexo QUE por alguno de los otros.

Intercalación de genitivos. — Esta posibilidad (aunque limitada) de substituirse unos nexos por otros, permite que entre el vocablo á que la oración incidental hace referencia y el correspondiente nexo puedan colocarse genitivos, lo cual presenta á veces seria dificultad cuando se trata de las oraciones determinantes.

Al efecto, no hay sino utilizar, por un lado, la propiedad de referirse QUIEN siempre á personas y la de tener plural; y por otro lado, la de ser susceptible EL CUAL de género femenino, LA CUAL, y ambos de plural.

Si se dijera

Preguntó por la portera de la comunidad, QUE EN SEGUIDA SE LE PRESENTÓ,

cabría suponer que el nexo QUE se refería á *comunidad,* y que, por tanto, la oración estaba falta de claridad y exactitud; pero diciendo

Preguntó por la portera de la comunidad, QUIEN EN SEGUIDA SE LE PRESENTÓ,

toda duda desaparece, porque QUIEN ha de referirse precisamente á una persona, y de ninguna manera á cosa ni á un conjunto de personas.

Ella era la esposa del caballero QUE ACABA DE PRESENTARSE *en el teatro de nuestra historia,* QUIEN SE HABÍA CASADO SÓLO POR AMOR.

Aquí QUIEN no puede referirse á *teatro,* porque esta voz no indica persona; pero QUIEN puede aplicarse lo mismo á ESPOSA que á CABALLERO, por lo cual resulta ambigüedad, que desaparecerá diciendo:

Era la esposa del caballero, LA CUAL SE HABÍA CASADO POR AMOR (si se trata de ella);

ó bien,

Era la esposa del caballero, EL CUAL SE HABÍA CASADO POR AMOR (si se trata de él).

El nexo QUE, por tanto, aunque pueda substituir siempre á los otros nexos de nominativo, no debe ser empleado cuando la claridad dependa de la enunciación del género, ó de la del número, ó bien de la referencia á personas, y no á cosas.

Relajación de las reglas anteriores.—Sin embargo, no siempre emplean los autores el nexo más propio, porque el sentido de la oración incidental presta al impropio la claridad de que en rigor carece:

Eligió Pedro una pulsera de esmeraldas, QUE PUSO Á UN LADO.

Todo el que oiga esta oración referirá el nexo QUE á PULSERA y no á ESMERALDAS, por no ser natural el pensar que Pedro hubiese desprendido de la pulsera las piedras preciosas para ponerlas á un lado.

Moratín dijo en *El Filosofastro*:

> ... *Y vieras conducida*
> *del rústico gallego que me sirve*
> *ancha bandeja con tazón chinesco*
> *rebosando de hirviente chocolate,*
> ... *y en cristal luciente*
> *agua* QUE SERENÓ BARRO DE ANDÚJAR.

Aquí, si se entiende que el agua había sido puesta al sereno en una vasija hecha de barro de Andújar, es porque sería un despropósito pensar que el barro de Andújar se había puesto en agua al sereno.

El sentido hace que las oraciones incidentales iniciadas por CUYO no se refieran á un genitivo inmediato, sino á la voz anterior calificada ya por ese genitivo:

En otro palco se veía á una persona de distinguida figura, CUYO *aire y maneras anunciaban á la verdadera señora.*

Evidentemente *aire* y *maneras* no se refieren al genitivo *distinguida figura*, sino al acusativo *persona*.

Entre el nexo de ablativo y su referencia, cabe intercalar también genitivos:

Acudieron los criados á buscar agua que echarles en los rostros... CON QUE *se los bañaron.*

(CERVANTES.)

Más claro habría sido decir CON LA CUAL *se los bañaron*.

Tales hechos demuestran la inteligencia de estas gentes, tan poco conocidas y mal apreciadas, DE QUIENES *podrían sacar gran partido los colonizadores.*

Claro es que mejor que DE QUIENES sería decir DE LAS CUALES.

Á veces la substitución se hace por eufonía, ó por evitar alteraciones, ó por ser más agradable al oído del autor:

La conversación cesó al entrar nuestro capitán, AL CUAL (Á QUIEN) *hacían volver sus sospechas antes de la hora acostumbrada.*
Acudieron en seguida el posadero y la moza, Á LOS CUALES (Á QUIENES) *habían espantado tales alaridos.*
Empezó á peinarse el cabello, QUE (EL CUAL) *llevaba suelto.*

CAPÍTULO X

ORACIONES INCIDENTALES REFERENTES Á FRASES

Hay en español otras oraciones destinadas á manifestar incidentalmente algo referente, no á un SUBSTANTIVO, sino á toda una FRASE ANTERIOR.

Estas nuevas oraciones incidentales tienen siempre sentido neutro, y son susceptibles de casos.

Sus nexos son:

Para nominativo. LO CUAL, LO QUE, QUE.
Para acusativo.. LO CUAL, LO QUE.
Para dativo..... Á LO CUAL, Á LO QUE.
Para genitivo... { DE LO CUAL, DE LO QUE (substituíbles por CUYO, CUYA, CUYOS, CUYAS).
Para ablativo... { LO CUAL, LO QUE, QUE (precedidos de alguna preposición).

EJEMPLOS EN NOMINATIVO

Le pagó á céntimo por línea, { QUE / LO QUE / LO CUAL } *no fué mucho.*

Él se lo contó todo, con los disparates que al hallarle y al traerle había dicho, QUE *fué poner más deseo en el licenciado de hacer lo que otro día hizo.*
(CERVANTES.)

Vió no lejos del camino por donde iba una venta, QUE *fué como si viera una estrella.*
(IDEM.)

Con los extremos de las puntas de los pies besaba la tierra, QUE *era en su perjuicio.*
(IDEM.)

Tal vez me creerás un pobre viejo lelo, ignorante de lo que estoy diciendo, QUE *sería lo peor de todo.*
Bajó la criatura como un torbellino, hasta que la expedición terminó, QUE *fué al llegar á un obscuro patinillo húmedo y hediondo.*

En todas las oraciones precedentes el nexo QUE puede ser substituído por el nexo LO CUAL; y claro es que si todos los ejemplos hubiesen estado escritos con dicho nexo LO CUAL, éste sería reemplazable á su vez por el nexo QUE. Pero de esto no se deduce que pueda en toda ocasión el nexo QUE substituir al nexo LO CUAL; pues no cabe tal substitución cuando en el QUE no aparece distintamente el necesario sentido neutro:

Los sabios están contentos con su suerte, QUE *es el sumo bien.*

Aquí el sentido neutro no aparece claro y terminante, pues el QUE pudiera referirse al vocablo SUERTE, y de consiguiente indicar un dislate; es, por tanto, fuerza decir:

Los sabios están contentos con su suerte, LO CUAL *es el sumo bien.*

EJEMPLOS EN ACUSATIVO

Le pagó á céntimo por línea, { LO QUE / LO CUAL } *no tendrás por excesivo.*

Estoy perdido si ustedes me abandonan, { LO QUE / LO CUAL } *no creo.*

En esta clase de oraciones incidentales de sentido neutro es muy frecuente encontrar aberraciones:

Estoy perdido si ustedes me abandonan, QUE NO LO CREO.

Es muy frecuente transponer el neutro LO QUE y convertirlo en QUE LO (V. ABERRACIONES):

Me ha prometido pagarme los atrasos, QUE NO LO ESPERO.
Si ustedes me abandonan, QUE NO LO CREO, *estoy perdido.*

EJEMPLOS EN DATIVO

Censuréle su conducta, Á LO QUE *me contestó que ella carecía de voluntad.*
Entonces la llamé débil y cobarde, Á LO CUAL *nada me respondió.*

EJEMPLOS EN GENITIVO

Ella ha mostrado con claras y suficientes razones la poca ó ninguna culpa que ha tenido en la muerte de Crisóstomo, y cuán ajena vive á condescender con los deseos de ninguno de sus amantes, Á CUYA CAUSA *es justo que en lugar de ser seguida y perseguida, sea honrada y estimada de todos los buenos del mundo.*

(CERVANTES.)

Como se ve, á CUYA CAUSA significa lo mismo que Á CAUSA DE LO CUAL.

Vieron que las lumbres se iban acercando á ellos, Á CUYA VISTA *Sancho comenzó á temblar como un azogado.*
(CERVANTES.)

Á CUYA VISTA es lo mismo que Á VISTA DE LO CUAL.

Yo deseo obtener riqueza, POR CUYA RAZÓN *me ves siempre tan codicioso de mi tiempo.*

POR CUYA RAZÓN es equivalente á POR RAZÓN DE LO CUAL.

Á veces las expresiones POR CUYO MOTIVO, POR CUYA RAZÓN, pueden ser ventajosamente substituídas por expresiones tales como RAZÓN POR LA CUAL, MOTIVO POR EL CUAL...

Así, en vez de

Yo deseo hacerme rico, POR CUYA RAZÓN *soy tan avaro de mi tiempo,*

puede decirse :

Yo deseo hacerme rico, RAZÓN POR LA CUAL *soy tan avaro de mi tiempo* (ó simplemente POR LO CUAL *soy,* etc.).

EJEMPLOS EN ABLATIVO

Cumplirá la promesa que nos ha hecho, EN LO CUAL *no puede caber duda.*
Me ha hecho la promesa de ayudarme, DE QUE *estoy seguro.*
El ministro me ha prometido colocarte, POR LO CUAL *debes contar con el destino.*

Lo CUAL y QUE tienen sentido neutro.

Así quiso, como buen caballero, añadir al suyo el nombre de la suya, y llamarse Don Quijote de la Mancha, CON QUE *á su parecer declaraba muy al vivo su linaje y patria.*
(CERVANTES.)

Hoy que se discute la posibilidad de la reconciliación de estos dos hombres públicos, EN LO CUAL (EN LO QUE, EN QUE) *pocos creen, conviene que conste nuestra opinión.*

CAPÍTULO XI

EXPRESIONES INTERCALARES

Hay otra clase de entidades elocutivas llamadas INTERCALARES Ó DE PARÉNTESIS, tales como

> *Mi padre,* ¡OH QUE DICHA!, *está para llegar.*
> *Su hermana,* ¡SI AUN MERECE ESE NOMBRE!, *le ha delatado.*
> *El último plazo,* TENLO PRESENTE, *se cumple mañana.*

Estas expresiones son verdaderamente incidentales; pero no pueden confundirse con las oraciones de su misma denominación, pues las oraciones incidentales empiezan siempre por alguno de los nexos QUE, QUIEN, CUAL, CUYO, LO QUE, etc., y las expresiones intercalares jamás empiezan por nexo ninguno, y regularmente ni aun siquiera llevan verbo.

Son, sin embargo, un gran recurso en las cláusulas:

> *Han cortado el telégrafo en Valdepeñas.* — ¡ZAMBOMBA!

> *Ayer Don Ermeguncio,* AQUEL PEDANTE,
> LOCUAZ, DECLAMADOR, *á verme vino*
> *en punto de las diez.*
>
> (MORATÍN.)

> *... Y vieras conducida*
> *del rústico gallego que me sirve*
> *ancha bandeja con tazón chinesco*
> *rebosando de hirviente chocolate,*
> Á TRES PAJES HAMBRIENTOS Y GOLOSOS
> RACIÓN CUMPLIDA, *y en cristal luciente*
> *agua que serenó barro de Andújar.*
>
> (IDEM.)

> *Claudio, si tú no lloras,* PUES LA RISA
> LLANTO CAUSA TAMBIÉN, *de mármol eres.*
>
> (IDEM.)

> *Y á no ser porque ha muy poco*
> *que en un lugar de la Alcarria*
> *aconteció esta aventura,*
> TESTIGOS MÁS DE MIL ALMAS,
> *bien pudiera sospecharse*
> *que estaba adrede inventada...*
>
> (IRIARTE.)

En rigor, todos los paréntesis son EXPRESIONES INTERCALARES.

SECCIÓN 2.ª

COMPLEXOS DE CARÁCTER ADVERBIAL

CAPÍTULO I

FRASES Y ORACIONES ADVERBIALES

Sabemos que el sentido y la significación de un verbo quedan por lo regular bien circunscriptos cuando se les agregan las palabras circunstanciales de TIEMPO, LUGAR, MODO, etc., denominadas ADVERBIOS:

MAÑANA *llegará* ALLÍ *mi batallón* PUNTUALMENTE.

En la cláusula anterior son adverbios: de tiempo, MAÑANA; de lugar, ALLÍ; y de modo, PUNTUALMENTE.

Pero resultando para las múltiples necesidades de la elocución sobremanera exiguo el número de estos ADVERBIOS, se expresan con suma frecuencia esas circunstancias de TIEMPO, LUGAR, MODO, etc., por medio de ablativos (según hemos tenido ocasión de ver repetidamente):

LA SEMANA PRÓXIMA (ablativo de tiempo) *llegará mi batallón* Á LA FRONTERA (ablativo de lugar) CON LA MAYOR PUNTUALIDAD (ablativo de modo).

Los ablativos LA SEMANA PRÓXIMA, Á LA FRONTERA y CON LA MAYOR PUNTUALIDAD substituyen en esta cláusula á los adverbios MAÑANA, ALLÍ y PUNTUALMENTE de la cláusula anterior.

Mas con ser ya tantas las circunstancias expresables por los ablativos, todavía no son bastantes el mayor número de veces estos variados medios de limitación circunstancial; y entonces se construyen expresiones más comprensivas aún mediante conjuntos de palabras llamados FRASES y ORACIONES ADVERBIALES (y mucho mejor aún ADVERBIOS-FRASE y ADVERBIOS-ORACIÓN), por ser oficio, tanto de tales frases como de tales oraciones, el expresar circunstancias de tiempo, modo, lugar, etc. Por ejemplo:

AL ENTRAR EL VERANO *llegará mi batallón* PARA GUARNECER LA PLAZA.

En esta nueva cláusula son adverbios-frase las expresiones AL ENTRAR EL VERANO y PARA GUARNECER LA PLAZA, en las cuales no hay verbo en desinencia personal.

Digamos ahora:

CUANDO ENTRE EL VERANO *vendrá mi batallón* PARA QUE LA PLAZA QUEDE BIEN GUARNECIDA.

Ya en esta cláusula son adverbios-oración las expresiones CUANDO ENTRE EL VERANO y PARA QUE LA PLAZA QUEDE BIEN GUARNECIDA: el uno de tiempo y el otro de finalidad.

Las oraciones-adverbio (lo mismo que las oraciones-adjetivo) son conjuntos de palabras SIN SENTIDO INDEPENDIENTE entre las cuales se encuentra un verbo en desinencia personal:

Vengo PARA QUE ME PAGUE (1) (oración de finalidad).
Esperaré HASTA QUE VUELVA (1) (oración de tiempo).
Leeré MIENTRAS TE VISTES (1) (oración también de tiempo).

CAPÍTULO II

NEXOS ADVERBIALES

Las oraciones sin sentido independiente y de carácter adverbial, se unen á los verbos á que hacen referencia por medio de especiales nexos que se denominan adverbiales. Estos nexos tienen poder para referirse á un verbo que está fuera de su oración; para circunscribirlo, según sea el nexo, con las ideas de TIEMPO, CAUSA, FIN, MODO (y otras que se explicarán); y principalmente, PARA QUITAR Á LA ORACIÓN QUE LOS SIGUE EL CARÁCTER DE ENTIDAD ELOCUTIVA CON SENTIDO COMPLETO É INDEPENDIENTE (2).

Los nexos de las ORACIONES-ADJETIVOS (y de sus similares las

---

(1) Es de evidencia que esta oración no tiene por sí sola sentido independiente.
(2) También lo pierden por otras razones que á su tiempo se explicarán.

INCIDENTALES) son componentes importantísimos de esas mismas oraciones (ya nominativos, ya acusativos, ya dativos, ya genitivos, ya ablativos), esenciales en absoluto para la existencia de la oración determinante, explicativa ó incidental.

Pero los nexos de las ORACIONES-ADVERBIO no son esenciales para la existencia de su oración; sólo son necesarios para quitar á las oraciones-adverbio el carácter de independencia que sin ellos tendrían, y para ponerlas en relación con los verbos á que hacen referencia, y cuya extensión circunscriben adverbialmente.

Clasificación.—Las ORACIONES-ADVERBIO se clasifican, según sus nexos, en oraciones de TIEMPO, MODO, LUGAR, etc.

Los ADVERBIOS-ORACIÓN se dividen, pues, en muchas clases, y de entre ellas las principales son las siguientes:

De TIEMPO... *Yo jugaba* CUANDO TÚ LEÍAS.
De LUGAR.... *Ella entró* DONDE YO ESTABA.
De CAUSA.... *Yo estudié* PORQUE TÚ ME ESTIMULASTE.
De FIN...... *Yo te regalé el lápiz* PARA QUE TÚ DIBUJARAS.
De MODO (1).. *Yo lo hice* SEGÚN TÚ ME INDICASTE.

La misma clasificación es valedera para los ADVERBIOS-FRASE.

Dobles nominativos. — En las cláusulas que llevan ORACIONES-ADVERBIO suele haber dos nominativos: uno para el verbo cuya EXTENSIÓN se circunscribe ó limita, y otro para el verbo de la oración circunscriptiva. Pero á veces no hay en la cláusula más que un solo nominativo, y entonces ese solo nominativo sirve para ambos verbos:

ELLA *vino para que* YO *la acompañase ó acompañara.* (Adverbio-oración de finalidad: hay en la cláusula dos agentes distintos: ELLA, YO.)
ELLA *vino para ver* (ELLA) *la función.* (Adverbio-frase de finalidad: no hay en la cláusula más que un solo agente: ELLA.)
Yo *la vi cuando* TÚ *entrabas.* (Adverbio-oración de tiempo: hay en la cláusula dos agentes distintos: YO, TÚ.)
Yo *la vi al entrar* (YO). (Adverbio-frase de tiempo: un solo agente: YO.)
Yo *lo hice porque* TÚ *me lo indicaste.* (Adverbio-oración de causa: dos agentes: YO, TÚ.)
Yo *lo hice por complacerte.* (Adverbio-frase de causa: un solo agente: YO.)
Yo *lo propuse* NO BIEN ENTRÉ. (Oración-adverbio de tiempo: un solo agente: YO.)
Yo *descubrí el secreto estando* ELLA *ausente.* (Frase-adverbio de tiempo: dos agentes: YO, ELLA.)

---

(1) Hay también oraciones condicionales, de las que se tratará, por su importancia, en otra PARTE de este libro.

Nexos de correlación.—Además de los nexos adverbiales enumerados, los hay de simple correlación:

No solamente le pagué la deuda, SINO TAMBIÉN *los intereses.*

Relaciones temporales. — Las ORACIONES-ADVERBIO DE TIEMPO ofrecen la dificultad de indicar dos relaciones temporales: una con respecto al verbo cuya extensión circunscriben circunstancialmente, y otra con respecto al momento de la palabra. Estas relaciones pueden indicar:

1.º Que el hecho expresado por la oración fué anterior al hecho expresado por la tesis ó la anéutesis.

2.º Que el hecho expresado por la oración fué simultáneo con el de la tesis ó la anéutesis.

3.º Que el hecho oracional fué posterior al de la tesis ó la anéutesis (1).

Relación de anterioridad. — Indican que el tiempo de la oración adverbial fué anterior al de la tesis ó la anéutesis los nexos adverbiales siguientes: NO BIEN, ASÍ QUE, EN CUANTO, APENAS...

Dichos dos tiempos (el de la tesis y el de la oración-adverbial) pueden ser ambos pasados, presentes ó futuros respecto al momento de la palabra; pero siempre indicará el verbo de la oración-adverbio época anterior á la expresada por el verbo de la tesis ó de la anéutesis. Véase un ejemplo referente á lo futuro:

Las nieves SE DERRETIRÁN EN CUANTO LLEGUE *la primavera.*

Los dos verbos SE DERRETIRÁN y LLEGUE se refieren á lo futuro; pero la primavera habrá llegado ANTES que las nieves SE DERRITAN; de manera que la venida de la buena temperatura será un hecho ya pasado, es decir, un pretérito, cuando el agua de las nieves vuelva al estado líquido.

Se ve, pues, que las oraciones adverbiales expresan á la vez, por admirable propiedad de la lengua, dos relaciones temporales: una referente á la época indicada por el verbo de la ENTIDAD-ADVERBIO con respecto al momento de la palabra, y otra

---

(1) Por vía de brevedad, sólo se pondrán ejemplos referidos á tesis. El discípulo puede ampliarlos refiriéndolos á anéutesis.

indicada por el nexo adverbial respecto de la época del verbo que la oración debe circunscribir.

Referencia á lo presente:

Las nieves SE DERRITEN EN CUANTO LLEGA *la primavera.*

Aquí los dos tiempos se estiman como referidos á la época actual; pero, aunque poco distantes, primero se hace sentir el calor (hecho expresado por la oración-adverbio), y luego inmediatamente se derriten las nieves (hecho expresado por la tesis).

Referencia á lo pasado:

Las nieves SE DERRITIERON EN CUANTO LLEGÓ *la primavera.*

Ahora los tiempos de ambos verbos son pasados respecto al momento en que estamos hablando; pero el hecho expresado por el verbo de la oración ocurrió antes del hecho manifestado por la tesis.

Más ejemplos:

1.º Referencia á lo futuro:

Las golondrinas EMIGRARÁN NO BIEN *el frío* SE HAGA SENTIR.

El verbo de la oración NO BIEN *el frío* SE HAGA SENTIR y el de la tesis *las golondrinas* EMIGRARÁN, se refieren, los dos, á lo futuro; pero el hecho de la oración fué anterior al de la tesis.

2.º Referencia á lo presente:

Las golondrinas EMIGRAN NO BIEN *el frío* SE HACE SENTIR.

Aquí los dos tiempos se consideran como presentes; pero, aunque poco distantes, primero DESCIENDE *la temperatura*, y luego *las golondrinas* EMIGRAN; aquí también se expresan á la vez, como antes, dos clases de relaciones temporales: una de un verbo con respecto al otro, indicada por el nexo adverbial NO BIEN, y otra de ambos con respecto al momento de la palabra, indicada por las desinencias de presente en EMIGRAN y HACE.

3.º Referencia á lo pasado:

Las golondrinas EMIGRARON NO BIEN *el frío* SE HIZO SENTIR.

Los tiempos de ambos verbos son pasados con relación al momento de la palabra; pero, respecto uno de otro, el más lejano fué el relativo al descenso de la temperatura de que habla la oración-adverbio. Hay, pues, dos relaciones temporales: una expresada por el verbo oracional, y otra por su nexo.

Me BAÑÉ ASÍ QUE VOLVÍ.

Los dos tiempos son pasados; pero el del nexo adverbial ASÍ QUE resulta pretérito del otro: primero fué el VOLVER que el BAÑARME.

Me BAÑO ASÍ QUE VUELVO.

Aunque ambos verbos se consideren como presentes, primero será el VOLVER, y luego el BAÑARME.

Me BAÑARÉ ASÍ QUE VUELVA.

Primero será el VOLVER, y luego el BAÑARME. Los dos verbos se refieren á lo futuro, pero en todo caso el VOLVER será un hecho pretérito cuando se entre en el baño. La oración-adverbio expresa, pues, dos relaciones temporales: la primera indicada por el nexo ASÍ QUE, y la otra de época futura respecto del momento de la palabra indicada por la desinencia del verbo VOLVER. Ó de otro modo: el *más futuro* de los dos verbos será el BAÑARME.

Fuí *á su casa* EN CUANTO ME LEVANTÉ. (Primero el LEVANTARME y en seguida el IR, así se trate de hechos pasados, como de presentes ó de futuros.)
Voy *á su casa* EN CUANTO ME LEVANTO. (Primero el LEVANTARME y en seguida el IR.)
IRÉ *á su casa* EN CUANTO ME LEVANTE. (Primero el LEVANTARME y en seguida el IR.)
APENAS RECIBA *el dinero, te* PAGARÉ. (El RECIBIR precederá al PAGAR.)
LUEGO QUE LO HAYA COBRADO *te lo* ENVIARÉ. (El COBRAR será pretérito del ENVIAR, si bien ambos actos han de ser futuros respecto del momento de la palabra.)
DESPUÉS QUE *te* ENCONTRÉ, HABLÉ *con tu amigo*.
DESPUÉS QUE *la* PREPARÉ, *le* DI *tan mala noticia* (1).
TRAJO *el dinero* CUANDO YA NO HACÍA *falta* (2).

---

(1) Ya era pretérito el PREPARAR cuando DI *la mala noticia*. Si bien ambos hechos son pasados con respecto al momento de la palabra, el PREPARAR fué anterior, en el orden cronológico, á DAR *la mala noticia,* y por consiguiente, el PREPARAR fué pretérito respecto del DAR.
(2) Ya era pasada la necesidad cuando vino el dinero. El verbo NO HACÍA *falta* de la oración-adverbio es pretérito respecto del TRAJO, y los dos verbos son pretéritos respecto al momento en que se habla.

Relación de simultaneidad.—Indican tiempo simultáneo con el de la tesis ó anéutesis los verbos de las oraciones-adverbio que van precedidas, entre otros, de los nexos MIENTRAS, MIENTRAS QUE, EN TANTO QUE, SIEMPRE QUE, AHORA QUE, ENTONCES QUE, COMO...; y tanto el verbo de la tesis como el de la oración adverbial, pueden ser pasados, presentes ó futuros respecto del momento en que se habla.

En los siguientes ejemplos los hechos expresados por las oraciones son simultáneos con los hechos expresados en las tesis:

Te SOCORRIÓ MIENTRAS PUDO (1).
Te SOCORRE MIENTRAS PUEDE (2).
Te SOCORRERÁ MIENTRAS PUEDA (3).

MIENTRAS *esto* PASABA *en la posada,*
en la corte COMPRAR QUISO *una espada*
cierto recién llegado forastero (4),
transformado de payo en caballero.

(IRIARTE.)

EN TANTO *tú* PREPARAS *tus apuntes, yo* ESCRIBIRÉ *las cartas* (5).
EN TANTO QUE *no* FALTES *á tu obligación, podrás contar con mi cariño* (6).
PAGÓ SIEMPRE QUE TUVO.
Estábamos asomados al balcón CUANDO *estalló el petardo.*
ENTONCES QUE *no la conocías, hablabas mal de ella* (7).
El cual, COMO *llegó con la Duquesa á la puerta del castillo, al instante salieron dél dos lacayos.* (Cervantes.)

Relación de posterioridad.—Indican tiempo posterior al del verbo de la tesis ó anéutesis el de las oraciones adverbiales iniciadas por los nexos siguientes: ANTES DE, ANTES QUE, ANTES DE QUE.

Ambos verbos pueden ser pasados, presentes ó futuros con relación al momento de la palabra.

En los ejemplos siguientes los hechos expresados por la ora-

---

(1) Los dos hechos son pasados, y ambos fueron simultáneos. La simultaneidad está expresada por el nexo adverbial.
(2) Los dos hechos son presentes y simultáneos.
(3) Los dos hechos serán futuros y simultáneos.
(4) Los dos hechos, pretéritos y simultáneos.
(5) El PREPARAR puede ser presente ó futuro respecto al momento de la enunciación; el ESCRIBIR, siempre futuro.
(6) Los dos hechos son futuros y simultáneos.
(7) Los dos hechos son pasados, y ambos fueron simultáneos. La simultaneidad está expresada por el nexo adverbial.

ción-adverbio son posteriores respecto de los hechos á que se refiere el verbo de la tesis :

Antes de que recibiese *mi carta*, recibió *el telefonema* (1).
Antes de que recibas *mi carta*, recibirás *mi telefonema*.
Antes de que *el gramático* recapacite, *Quevedo le* hace reir (2).
Ahtes de que *te* pongas *á escribir*, haz *cosecha de datos*.

<blockquote>
Antes de <i>comenzar el gran destrozo,
altos elogios</i> hizo <i>del fragante
aroma que la taza despedía,
del esponjoso pan, de los dorados
bollos, del plato, del mantel, del agua,
y</i> empieza <i>á devorar</i> (3).
</blockquote>

(Moratín.)

Tiempos propios de algunos nexos. — Algunos de los nexos adverbiales tienen más de un oficio respecto del verbo de la tesis cuya extensión limitan y circunscriben; por ejemplo, cuando puede expresar un tiempo pasado, ó bien simultáneo respecto de otro :

<blockquote>
Ella volvió cuando yo había salido ya.
Cuando yo leía, ella jugaba.
</blockquote>

Nexos especiales.—Además de los nexos adverbiales enumerados, hay otros especiales : hasta que sirve para indicar el término de una duración :

<blockquote>
La aguardaré hasta que vuelva.
La aguardé hasta que volvió.
</blockquote>

El nexo adverbial desde que indica el comienzo de una duración :

<blockquote>
Desde que <i>heredó, está intolerable.</i>
</blockquote>

Reunidos ambos nexos, expresan el inicio y el fin de una duración :

<blockquote>
La oí desde que empezó hasta que acabó.
</blockquote>

---

(1) Los dos hechos son pasados, pero la llegada del telefonema fué anterior á la de la carta.
(2) Primero es el reir, y luego el recapacitar. El recapacitar dista menos del momento presente que el reir : el recapacitar es futuro del reir.
(3) Los elogios fueron antes del *comenzar* el gran destrozo de los manjares; por consiguiente, el gran destrozo dista menos del momento de la palabra; luego es futuro del *elogiar*.

En resumen: las oraciones-adverbio de tiempo expresan dos relaciones temporales: una por medio del nexo, y otra por medio de la desinencia del verbo contenido en la oración. Pero ni el nexo ni la desinencia expresan aisladamente la doble relación: ésta se expresa por los dos elementos principales de la oración-adverbio.

Indican en las oraciones-adverbio tiempo anterior al de las tesis los nexos siguientes: NO BIEN, ASÍ QUE, EN CUANTO, APENAS.

Indican tiempo simultáneo: MIENTRAS, MIENTRAS QUE, EN TANTO QUE, SIEMPRE QUE, AHORA QUE.

Indican tiempo posterior: ANTES DE, ANTES QUE, ANTES DE QUE

Indican relaciones especiales los nexos HASTA QUE, DESDE QUE.

Nexos causales.—Las oraciones causales y de finalidad se construyen con los siguientes nexos: QUE, PORQUE, PUES, PUES QUE, PUESTO QUE, COMO, YA QUE, UNA VEZ QUE, TODA VEZ QUE, POR MIEDO DE QUE, POR CAUSA DE, Á CAUSA DE, CON MOTIVO DE, POR MOTIVO DE, EN VIRTUD DE, POR VIRTUD DE, CUANDO...:

Tu carta me ha producido doble satisfacción, PORQUE *me ha hecho reir y* PORQUE *veo que estás de buen humor.*
No sientas haber vivido, QUE *á tu muerte dejas mucho de provecho.*
Dame el sombrero, QUE *me marcho en seguida.*
Dímelo como tú sabes decir las cosas, no como las dice tía Benilda, QUE *me dan ganas de llorar cuando cuenta algo.*

Razón ó motivo.—Las oraciones causales no indican siempre causa, sino simplemente razón ó motivo:

PUES *la noche viene, idos á descansar.*
PUES QUE *no aprecias mi amistad, no nos hablemos nunca más en la vida.*
PUESTO QUE *es imposible lo que quieres, quiero solamente lo posible.*
COMO *yo fuí su maestro, me hablaba siempre con respeto y deferencia.*
Se conformó, YA QUE *no había otro remedio.*
UNA VEZ QUE *has salido bien de tus exámenes, vente á pasar unos días con nosotros.*
Entró de puntillas, POR MIEDO DE QUE *te despertases.*

Finalidad:

Te envío abierta la carta, PARA QUE *le des dirección.*
Absténte de esa alimentación, Á FIN DE QUE *no te sorprenda una enfermedad.*
Temístocles buscó el estrecho de Salamina, CON EL OBJETO DE QUE *las galeras de los persas no envolvieran á las de los atenienses.*
Vino Á QUE *le hiciesen el escrito.*

17

Nexos adverbiales de modo y conformidad. — Con estas oraciones adverbiales se emplean los siguientes nexos: COMO, COMO SI, CONFORME, SEGÚN, DE MODO QUE, DE MANERA QUE, POR LO QUE, Á LO QUE, Á FUERZA DE...:

Sócrates habló á sus jueces, no COMO *habla un acusado, sino* COMO *habla un maestro.*
Condúcete DE MODO QUE *yo quede contento de ti.*
Escríbeme DE MANERA QUE *yo entienda lo que digas.*
Excitó mi admiración HASTA EL PUNTO DE QUE *yo no encontraba hombre con quien compararlo.*
Dame tu dictamen SEGÚN *lo entiendas.*
Hazlo CONFORME *lo dices.*
POR LO QUE *cuentas, esa niña ha cumplido ya cincuenta años.*
Á LO QUE *dices, tu amigo era un simpático bribón.*

Nexos de correlación. — Hay nexos que no son precisamente circunscriptivos, sino de simple correlación:

NO SOLAMENTE *leeré los libros,* SINO QUE *los extractaré.*
EN VEZ DE *quemar el libro, léelo.*
EN LUGAR DE *inculparme, debes estarme agradecido.*
LEJOS DE QUE *yo lo crea un empleado venal, le tengo por hombre integérrimo.*
NO ES DECIRTE QUE *tú lo hagas, sino que lo dejes hacer.*
Yo se lo perdono; ¡QUE *tan grande es el amor que le tengo!*
Si la moral demasiado fácil hiere á las costumbres, CUANDO *es muy intransigente, irrita á la Naturaleza.*
Hace cien años que la electricidad está produciendo, MÁS QUE *fenómenos útiles, verdaderas maravillas.*
TRAS DE *no pagarme, no me saluda.*
TRAS DE QUE *no me paga, no me saluda.*
EN CONTRA *de jugar, estudia.*
ANTES QUE *mandarlo, lo prohibe.*
Lo hizo, NO OBSTANTE QUE *yo se lo había prohibido.*

OBSERVACIONES. — El tiempo á que se refieren las oraciones-adverbio es á veces susceptible de circunscripción:

Esteré la casa MUCHO ANTES DE QUE *llegase el invierno.*
Compré las plumas de iridio MUCHÍSIMO DESPUÉS DE QUE *se cerrase la Exposición.*
Lo conocí tres ó cuatro meses POR LO MENOS DESPUÉS DE QUE *terminara la guerra de África.*

Algunas veces las oraciones-adverbio pueden confundirse con otras oraciones; por ejemplo (ya citado con otro motivo):

No olvides los dibujos QUE HACEN FALTA.

En el significado de *porque hacen falta* la oración es ADVERBIO DE CAUSA, pero en el de determinante de los dibujos es ORACIÓN-ADJETIVO, pues no se trata de todos los dibujos imaginables, sino únicamente de aquellos que hacen falta : de ésos, y no de otros.

Avíseme usted CUANDO ESCRIBA.

CUANDO ESCRIBA puede ser ORACIÓN-ACUSATIVO (de que se hablará) : *Avíseme usted* CUÁNDO, EL MOMENTO EN' QUE *escriba;* ó bien ORACIÓN-ADVERBIO (1), significando tiempo.

En otras ocasiones las estructuras oracionales de adverbio hacen oficio de adjetivos :

Recuerdo á mi padre CUANDO TENÍA NEGRA LA BARBA.

Aquí, CUANDO TENÍA NEGRA LA BARBA es una oración determinante del aspecto especial de mi padre que yo recuerdo. Esa oración condensa en sí carácter de adjetivo y designación de tiempo.

Las oraciones-adverbio á veces no son circunscriptivas de verbo, sino de otras palabras :

Esta planta, COMESTIBLE DESPUÉS DE CORTADA DEL ÁRBOL, *se suaviza mucho.*

Se dan casos de nexos adverbiales reducidos :

Yo te perdono, CON QUE TE ENMIENDES (en vez de CON TAL DE QUE TE ENMIENDES.)

(CERVANTES.)

CAPÍTULO III

FRASES ADVERBIALES

Las FRASES-ADVERBIO se diferencian de las ORACIONES-ADVERBIALES en que el verbo de las oraciones aparece siempre en desinencia personal, y el de las frases no.

Regularmente, las frases-adverbio se construyen con infinitivos ó con gerundios.

---

(1) Siempre que haya anfibología, debe darse á la oración una estructura tal que evite toda duda.

Frases por infinitivo.—Se dividen en cinco clases principales : DE TIEMPO, DE CAUSA, DE FIN, DE MODO, DE CONDICIÓN.

Las preposiciones que se incorporan á los infinitivos determinan el carácter especial de estas frases adverbiales.

Cuando en las cláusulas en que entra una de estas frases-adverbio hay sólo nominativo, este nominativo único sirve para los dos verbos de la cláusula.

Frases adverbiales de tiempo con infinitivo :

Yo la vi AL ENTRAR *ella en casa.*
Yo la vi DESPUÉS DE *entrar yo en el teatro.*
La vi ANTES DE *entrar.* (¿Ella?... ¿Yo?... ¿Quién?...)

No habiendo más que un solo nominativo en estas cláusulas, se entiende que el de la tesis es el mismo que el de la frase adverbial. Pero en rigor esta clase de locuciones son anfibológicas:

Yo (nominativo) *los vi* AL ENTRAR *Juan* (nominativo) *en casa.*
Yo (nominativo) *los vi* DESPUÉS DE ENTRAR *ella* (nominativo) *en la iglesia.*
Yo (nominativo) *los vi* ANTES DE ENTRAR *tu hermano* (nominativo).
Juan escribirá DESPUÉS DE HABER *comido.*

Las frases temporales por infinitivo se construyen con AL, ANTES DE, DESPUÉS DE y sus similares :

La vi AL TIEMPO DE *entrar ella en su casa.*

Frases adverbiales de causa con infinitivo :

POR HABER *ella querido herir al hombre, fué llevada á la cárcel.*
POR HABER *comido mucho, cayó enferma.*
POR HABER *bebido aguardiente, se emborrachó.*
POR ESTUDIAR, *gana este niño el premio.*
POR CANTAR *mucho, se quedó afónica.*
No se ahogó, GRACIAS Á *saber nadar diestramente.*
Eso le sucede POR ANDAR *con malas compañías.*
No voy allá, POR NO ESTAR *ella enferma.*
Se perniquebró, Á CAUSA DE NO HABER *ido con cuidado.*
Á FUERZA DE ROGAR, *lo consiguió.*
EN VIRTUD DE HABER *trabajado tanto el asunto, salió triunfante.*
Se salvó, GRACIAS Á *haberle yo prestado mi caballo.*

Las causales por infinitivo se construyen, como se ve, con la preposición POR y sus similares.

Frases adverbiales de finalidad con infinitivo:

Escribe PARA GANARSE *la vida.*

La oración que indica el fin con que se hace alguna cosa empieza por la preposición PARA, ó sus similares Á FIN DE ú otras análogas, como CON PROPÓSITO DE, CON EL OBJETO DE:

¿*Vino* Á VER *al general?*
¿*Vino* PARA VER *al general?*
El capitán (nominativo) *arengó á las tropas* (acusativo) PARA *animarlas á la batalla.*
El juez volvió á examinar la causa, PARA (ó Á FIN, ó CON EL OBJETO DE, etcétera) *pronunciar el fallo.*
Vivo con estrechez, POR HABER DE CUMPLIR *mis deberes.*
Muchos quieren VIVIR PARA COMER, *pero muchos más quieren* COMER PARA VIVIR.
¿*Vamos* Á DAR *una vuelta?*
Vamos Á VER *la llegada de las tropas.*
Acompáñame Á VER *los toros.*
Salí Á VER *la casa.*
Fué Á INSPECCIONAR *los trabajos en el túnel.*
Te adula PARA EXPLOTARTE.

Frases adverbiales de modo con infinitivo:

Lo distingo AL FIJAR *la vista.*
CON *tanto* TRABAJAR *se quebrantó su salud.*
CON PORFIAR, *algo se logra.*

Las frases modales de infinitivo toman su carácter de las preposiciones que indican modo.

Frases adverbiales de condición con infinitivo. — Se construyen con la preposición DE delante de los infinitivos, y CON TAL DE, CASO DE y análogas:

Á SER *eso verdad, te haré un regalo.*
DE NO SER *eso verdad, te castigaré.*
Á VENIR *mi hermano, le prepararé mi habitación.*
DE NO HABER *convalecido pronto la enferma, no saldríamos ya á baños.*
Arrostraré todos los inconvenientes, CON TAL DE *lograrlo.*
Paso por todo, CON TAL DE *haber obtenido esa satisfacción.*
CASO DE HABER RECIBIDO *el dinero, te habría ya pagado*

Frases-adverbio por gerundio. — También los gerundios sirven para formar frases-adverbio DE TIEMPO, DE CAUSA, DE FIN, DE MODO, DE CONDICIÓN.

De tiempo :

Llegando *á casa, vi á mi tío* (acción pasada).
En llegando *á París, compraré los libros* (acción futura)
Me paseo leyendo (acción presente).

De causa :

No teniendo *dinero, dejé de pagarle.*
Habiendo *muerto, comenzó el llanto en la casa.*
Careciendo *él de memoria, no debe estudiar eso.*

De finalidad :

Escondió la caja, pensando *desorientar á la Policía.*
Le dió el dinero, intentando *sobornarla.*
Firmó el pagaré, haciendo *así creer que necesitaba dinero.*

De modo :

Aprendió la lección, repitiéndola *mucho.*
Logró evadirse, pasando *á nado el río.*
¿Cómo lo alcanzarás?—Saltando.

De condición :

Teniendo *yo dinero, lo compraría.*
Habiendo *cobrado interés por el almacenaje, la Compañía es responsable del deterioro de los géneros.*
Encontrándome *bien de salud, daré la conferencia.*

Observaciones.—Los gerundios admiten nominativo cuando el agente del hecho á que se refieren es distinto del agente del verbo cuya extensión limitan ó circunscriben circunstancialmente dichos gerundios :

No dándome mi padre (nominativo) *dinero, tengo* yo (nominativo) *que acortar gastos.*
Careciendo ella (nominativo) *de memoria, no podrás* tú (nominativo) *enseñarle nada.*
Habiendo nosotros (nominativo) *abonado los intereses,* la Compañía (nominativo) *tiene que indemnizarnos.*

Cuando no hay más que un solo nominativo, se entiende que este nominativo es común al gerundio y al verbo de la cláusula :

Careciendo tu hermana (nominativo) *de memoria, no podrá aprender esa relación.*
Careciendo de memoria, *no podrá* tu hermana *aprender esa relación.*

Ya se ha visto que cuando no hay más de un nominativo, puede éste formar parte de la frase del gerundio, ó bien ir con el otro verbo de la cláusula. Pero por razones de claridad ó de eufonía, no es siempre indiferente la colocación.

Particularidades. — Á veces el sentido de estas expresiones no resulta completamente exclusivo y dentro de alguna de las clasificaciones anteriores :

Con todo esto, determinó que le llevase, con presupuesto de acomodarle de más honrada caballería, EN HABIENDO *ocasión para ello.*

(CERVANTES.)

Esto es, si había ocasión (expresión condicional), ó bien CUANDO hubiese ocasión para ello (expresión referente á tiempo).

Anfibologías. — Las frases de gerundio, pues, se prestan mucho á ambigüedades cuando el sentido no viene en su ayuda y las precisa. Por ejemplo :

No DÁNDOME *mi padre dinero, tengo que acortar gastos.*

Esta cláusula puede ser de CAUSA ó de CONDICIÓN :

Tengo que acortar gastos, PORQUE *mi padre no me da dinero* (CAUSA).
Tengo que acortar de gastos, SI *mi padre no me da dinero* (CONDICIÓN).

CARECIENDO *ella de memoria, no podrás enseñarle el francés;*

esto es :

No podrás enseñarla, PORQUE *carece de memoria.*
No podrás enseñarla, SI *carece de memoria,* etc.

Cuando pudieren existir ambigüedades, deben evitarse las frases de gerundio :

Te vi LAVANDO *la ropa.*

¿Quién lavaba?... ¿Qué se quiere decir?... ¿Lavando yo?... ¿Lavando tú?...

Pedro la vió ASOMÁNDOSE *á la ventana.*

¿Quién se asomaba?... ¿Él?... ¿Ella?...

La razón de las anfibologías está en que los gerundios son expresiones faltas de precisión en muchos casos.

Á veces el gerundio se refiere á cosas mentales no expresa das en la locución :

CREYENDO *cosechar agradecimientos, sólo he recogido ingratitudes.*

El CREYENDO va con algo supuesto; por ejemplo :

Yo hacía beneficios CREYENDO *cosechar agradecimientos, y sólo he recogido ingratitudes.*

Las ideas de CAUSA y de MODO expresadas por los gerundios no pueden tomarse en sentido tan estricto que signifiquen exclusivamente las causas absolutas ni los modos inexcusables. Basta con que indiquen los motivos ó los medios inmediatos :

CAUSA.. ACERCÁNDOSE *la Navidad, nos fuimos de vacaciones* (1).
MODO... *La salvó,* ARROJÁNDOSE *sin titubear al río* (2).

Á veces el gerundio aparece como impersonal :

HABLANDO *de otra cosa : ¿cómo está tu padre?*

Por ser tanta la vaguedad de los significados de los gerundios, pueden algunos tomar las desinencias de los diminutivos :

Llegamos ANDANDITO, ANDANDITO *al anochecer.*
Entramos muy CALLANDITO.

Otros gerundios se hacen reforzar de una pequeña oración expresiva de la misma idea que el gerundio :

EN LLEGANDO QUE LLEGÓ,
vió una mora á la ventana.

(ROMANCERO.)

EN PONIENDO QUE PUSO *los pies en él Don Quijote, disparó la capitana el cañón de crujía.*

(CERVANTES.)

Dijo también cómo su señor, EN TRAYENDO QUE LE TRUJESE *buen despacho de la señora Dulcinea del Toboso, se había de procurar poner en camino, á procurar cómo ser embajador.*

(IDEM.)

---

(1) La *verdadera causa del irnos* fué nuestra voluntad, no la *fiesta de Nochebuena.*
(2) No la salvó ARROJÁNDOSE *al agua,* sino *nadando después* con habilidad y esfuerzo.

Mas para esta reduplicación de ideas no es indispensable la existencia de un gerundio:

Pues ESPERAD QUE ESPERE *que llegue la noche para restaurarse de todas estas incomodidades.*

(CERVANTES.)

CAPÍTULO IV

ABLATIVOS ABSOLUTOS

Las expresiones adverbiales por gerundio son susceptibles de pasiva, conforme á las reglas propias de esta voz, ya por medio del verbo SER y un PARTICIPIO, ya por medio del signo de pasiva SE:

ACTIVA

HABIENDO DESTRUÍDO *el general las galeras enemigas, quedó asegurada la paz.*

PASIVA CON EL AUXILIAR «SER»

HABIENDO SIDO DESTRUÍDAS *por el general las galeras enemigas, quedó asegurada la paz.*

PASIVA CON «SE»

HABIÉNDOSE DESTRUÍDO *por el general las galeras enemigas, quedó asegurada la paz.*

Pues bien: las expresiones pasivas de gerundio hechas con el verbo SER se convierten en expresiones denominadas ABLATIVOS ABSOLUTOS suprimiendo el gerundio y el participio:

No HABIENDO SIDO *reclamadas las cartas en tiempo oportuno, se quemarán.*
AUN HABIENDO SIDO *interceptadas las cartas, no pudieron los enemigos enterarse de su contenido, por estar escritas en ruso.*

Suprimamos el HABIENDO y el SIDO, y tendremos los siguientes ablativos absolutos:

No RECLAMADAS *las cartas en tiempo oportuno, se quemarán.*
AUN INTERCEPTADAS *las cartas, no pudieron los enemigos enterarse de su contenido...*

Si la frase de gerundio está en pasiva con el signo SE, imagínesela construída en pasiva con el auxiliar SER, para convertirla (á ser posible) en ablativo absoluto :

HABIÉNDOSE TOMADO *la ciudad por los aliados, todavía resistió la ciudadela.*
TOMADA *la ciudad, todavía resistió la ciudadela.*

Inversamente :
Los ablativos absolutos que tienen participios y nominativos pacientes se convierten en FRASES ADVERBIALES DE GERUNDIO anteponiendo al participio los auxiliares HABIENDO SIDO :

CONQUISTADA *Jerusalén, Pompeyo, vencedor, no tocó al templo.*
HABIENDO SIDO *conquistada Jerusalén, Pompeyo, vencedor, no tocó al templo.*

Así, pues, para usar el ablativo absoluto es preciso pensar en pasiva un acto (ó, en otros términos, imaginarlo sin el concepto de actividad) :

HABIENDO OÍDO *mi hermano tal calumnia, no se pudo contener.*
OÍDA *por mi hermano tal calumnia, no se pudo contener* (1).

No es necesario que el verbo sea convertible á pasiva para hacer de una frase por gerundio un ablativo absoluto. Basta con que el hecho no requiera actividad en el agente :

HABIENDO MUERTO *la madre, la hija pensó en el casamiento.*
MUERTA *la madre, la hija pensó en casarse.*

ESTANDO (SIENDO) *así las cosas, decidieron atacar la plaza.*
ASÍ LAS COSAS, *decidieron...*

TENIENDO *presentes tales ejemplos de audacia coronados por el éxito, maldecía de su timidez.*
PRESENTES *tales ejemplos, maldecía de su timidez.*

HABIENDO TRANSCURRIDO *un año, volvió á casarse.*
TRANSCURRIDO *un año, volvió á casarse.*

Las frases de ESTANDO se convierten en ablativos absolutos suprimiendo dicho gerundio :

ESTANDO *yo soltero, gastaba más que ahora* ESTANDO *casado.*
Yo, soltero, gastaba más que ahora casado.

---

(1) Ó bien : OÍDA *tal calumnia, mi hermano no se pudo contener.*

Invirtiendo el procedimiento, se convierten en frases de ESTANDO los ablativos susceptibles de esa conversión.

Pudiera creerse que por ser convertibles en ablativos absolutos algunas frases-gerundio, lo son todas.

Todas no lo son, porque no todas las frases por gerundio son susceptibles de pasiva:

NEGÁNDOSE *la naturaleza, es inútil tal propósito.*
REINANDO *Carlos IV, se erigió este monumento.*
Aun AMENAZÁNDOLE LA HOGUERA, *defendía los fueros de la verdad.*
PADRE Y PATRIOTA, *Guzmán el Bueno optó por el sacrificio de su hijo.*
ORADOR Y POETA, *arrebataba á las multitudes.*
MUJER AL FIN, *Psiquis era curiosa.*
PROSCRIPTO, *pensaba más que nunca en la libertad de su patria.*

Después de todo ablativo absoluto ha de hacerse pausa.

Los ablativos absolutos son, como se ve, expresiones concisas y elegantes de carácter adverbial, que manifiestan los conceptos de TIEMPO, CAUSA, FIN, MODO y CONDICIÓN, sin recurrir á los nexos adverbiales ni á las formas de infinitivo ni gerundio.

CAPÍTULO V

ORACIONES CONDICIONANTES

Las ORACIONES CONDICIONANTES son verdaderos adverbios-oración; pero merecen estudio especial, porque influyen en las anéutesis por ellas condicionadas, y muy principalmente por tener, además de su sentido condicional propio y genuino, otro sentido latente de afirmación ó negación.

Además, no puede analizarse con separación lo condicionado de lo condicionante por ser correlativo lo uno de lo otro, y porque en nuestra lengua se da el caso especialísimo de que ciertas desinencias de lo condicionante sirven también para lo condicionado, y viceversa.

Las desinencias con especialidad destinadas á los adverbios condicionantes, y de las cuales resultan correlativas también las desinencias de las anéutesis condicionadas, son las que corresponden en las conjugaciones por flexión al llamado pretérito imperfecto de subjuntivo.

Estos tiempos, en sus paradigmas simples, resultan como sigue:

PRIMERA CONJUGACIÓN (DE LOS VERBOS EN «AR»)

Yo...... am-aRA, am-aRÍA y am-asE.
Tú...... am-aRAS, am-aRÍAS y am-asES.
Él...... \
Ella..... } am-aRA, am-aRÍA y am-asE.
Nosotros \
Nosotras } am-áRAMOS, am-aRÍAMOS y am-ásEMOS.
Vosotros \
Vosotras } am-aRAis, am-aRÍAis y am-asEis.
Ellos.... \
Ellas.... } am-aRAn, am-aRÍAn y am-asEn.

SEGUNDA CONJUGACIÓN (DE LOS VERBOS EN «ER»)

Yo...... tem-ieRA, tem-eRÍA y tem-iesE.
Tú...... tem-ieRAS, tem-eRÍAS y tem-iesES.
Él...... \
Ella..... } tem-ieRA, tem-eRÍA y tem-iesE.
Nosotros \
Nosotras } tem-iéRAMOS, tem-eRÍAMOS y tem-iésEMOS.
Vosotros \
Vosotras } tem-ieRAis, tem-eRÍAis y tem-iesEis.
Ellos.... \
Ellas.... } tem-ieRAn, tem-eRÍAn y tem-iesEn.

TERCERA CONJUGACIÓN (DE LOS VERBOS EN «IR»)

Yo...... part-ieRA, part-iRÍA y part-iesE.
Tú...... part-ieRAS, part-iRÍAS y part-iesES.
Él...... \
Ella..... } part-ieRA, part-iRÍA y part-iesE.
Nosotros \
Nosotras } part-tiéRAMOS, part-iRÍAMOS y part-iésEMOS.
Vosotros \
Vosotras } part-ieRAis, part-iRÍAis y part-iesEis.
Ellos.... \
Ellas.... } part-ieRAn, part-iRÍAn y part-iesEn.

Examinadas las cincuenta y cuatro terminaciones anotadas en el cuadro anterior, se ve que diez y ocho contienen la sílaba RA; que otras diez y ocho contienen la sílaba RÍA, y que otras diez y ocho contienen la sílaba SE.

Atendiendo á estas peculiaridades de las estructuras, se dice que el pretérito imperfecto de subjuntivo tiene tres clases de formas: la primera en RA, la segunda en RÍA, la tercera en SE (1).

---

(1) Como se ve, para esta clasificación se prescinde de las letras que preceden y que siguen á las sílabas RA, RÍA, SE.
En la primera conjugación precede á esas sílabas la vocal Á, con acento, y

Nexos adverbiales de condición.—Los nexos adverbiales de condición son muchos, pero el más característico es el nexo SI, aunque también son comunes los siguientes: COMO, DADO QUE, YA QUE, CUANDO, CON TAL DE QUE, EN CASO QUE, CASO DE QUE, SIEMPRE QUE, Á MENOS QUE, SUPUESTO QUE. Ejemplos:

COMO *siguie*SES *mis consejos, te evita*RÍAS *muchas enemistades.*
DADO QUE *eso sea verdad,* ⎫ *todavía ella procede*RÍA *sin razón.*
DADO QUE *eso fue*SE *verdad,* ⎭
SUPUESTO QUE *tuvie*SE ⎫ *tiempo, estudia*RÍA *nuestro asunto.*
SUPUESTO QUE *tenga* ⎭
YA QUE *eso no tuvie*SE ⎫ *remedio, debe*RÍAMOS *tener siempre valor.*
YA QUE *eso no tenga* ⎭
CON TAL DE QUE *me prometie*SEIS *el secreto, sab*RÍAIS *la razón de su proceder.*
SI *no rechazá*SEMOS *la injuria, se*RÍAMOS *cómplices de ella, consintiéndola.*

La materia referente á lo condicionante y lo condicionado es de tanta complejidad, que puede enunciarse lo condicional por medio de tiempos simples diferentes del pretérito imperfecto de subjuntivo.

Oraciones condicionantes y condicionadas pueden formarse de modo análogo con los mismos nexos, construyendo de la manera siguiente, pero con desinencias distintas:

COMO *sigas mis consejos, te evitarás muchas enemistades.*
DADO QUE *eso sea verdad, todavía ella procede sin razón.*
SUPUESTO QUE *tenga tiempo, estudiará nuestro asunto.*
YA QUE *no tenga remedio, deberemos tener siempre valor.*
CON TAL DE QUE *me prometáis el secreto, sabréis la razón de su proceder.*
SI *no rechazamos la injuria, seremos cómplices de ella, consintiéndola.*

Lo condicionado entraña la idea de lo futuro respecto de lo condicionante. Por consiguiente, lo condicionante puede expresarse en pretérito.

Toda oración condicionante quita á la anéutesis con que se junta la idea de significado absoluto:

Cómprame ese reloj, SI *te pagan la cuenta.*

La orden de comprar no es absoluta, pues ha de resultar subordinada al pago de la cuenta.

---

en las conjugaciones segunda y tercera precede el diptongo IÉ, con acento en la E; y en las tres conjugaciones, todas las segundas personas de singular acaban en S, todas las primeras de plural terminan en MOS, en IS todas las segundas de plural, y en N todas las terceras de plural.

Toda anéutesis condicionada entraña la idea de futuro respecto de su oración condicionante :

Si *te pagan la cuenta, compras el reloj.*

La idea de comprar es futura respecto de la idea de cobrar la cuenta :

Si *yo tuviese dinero, compraría ese jardín.*

La idea de comprar supone posterioridad respecto del tener dinero.

ADVERVENCIA. — Esta correlación de presente á futuro no es necesaria cuando lo condicionante y lo condicionado son independientes de la idea de tiempo :

Si *esa figura es un círculo, los radios son iguales.*

Esta igualdad es independiente de lo pasado, lo presente y lo futuro (1).

Como lo condicionante ha de ser siempre anterior á lo condicionado (futuro), resulta que en las oraciones condicionantes pueden usarse todos los pretéritos, y aun el presente, cuando resulte claro que es anterior á lo condicionado :

Si *no tenía dinero,* { *no ha debido contraer deudas;*
no debía contraer deudas;
no debió contraer deudas;
no debe contraer deudas. }

Verdaderamente, á veces la forma de presente en que aparecen las anéutesis condicionadas pugna con el sentido futuro que virtualmente todas entrañan :

Si *la felicidad se puede perder, lo que llamamos felicidad no lo es realmente.*

Pero examinada con detención esta cláusula, se ve que en ella hay sentido futuro, puesto que equivale á la siguiente :

Si *la felicidad se puede perder, bien comprenderás que no es felicidad lo que por tal tienes.*

---

(1) Pero aun aquí se concibe la idea de futuro, porque parece que primero es de rigor averiguar si es ó no círculo la figura de que se trata.

La relación de lo presente (propio de lo condicionante) á lo futuro (propio de lo condicionado) aparece asimismo cuando los dos verbos se refieren á lo pasado, ó bien los dos á lo futuro :

> Si *no querías oir, ¿por qué preguntaste?*
> Si *no podrá pagar, ¿por qué me ha de pedir?*

Sentido latente de las oraciones condicionantes. — Las oraciones condicionantes se dividen en dos clases, según se deduce de lo anterior: una en que se admite latentemente la existencia ó la probabilidad de condición, y otra en que, también latentemente, ó no se admite ó se niega tal posibilidad :

Primera clase... { *Pagas* si *cobras* (lo que es posible).
{ *Págame* si *has cobrado* (lo que no es imposible).

Segunda clase... { *Yo compraría el jardín* si *tuviese dinero* (lo que no sucede).
{ *Yo habría comprado el jardín* si *hubiese cobrado* (lo que no ocurrió).

Cuando se admite la posibilidad de una condición, la oración condicionante aparece formada por el presente de indicativo, el pretérito de indicativo ó el futuro absoluto, y la construcción condicionada, por las formas expresivas de presente, de futuro ó de mandato, la cual siempre entraña la idea de futuro :

Si *cobras,*
Si *has cobrado,* } *le pagas* (presente).
Si *cobraste,*

Si *cobras,*
Si *has cobrado,* } *le pagarás* (futuro).
Si *cobraste,*

Si *cobras,*
Si *has cobrado,* } *págale* (mandato).
Si *cobraste,*

Para expresar que no se cree en la realidad de una condición, se hace uso en la oración condicionante de las desinencias SE, SES, SE, SEMOS, SEIS, SEN, y en las condicionadas de las desinencias RÍA, RÍAS, RÍA, RÍAMOS, RÍAIS, RÍAN :

Si *yo* TUVIESE *dinero* (que no lo tengo), COMPRARÍA *el jardín*.
Si *tú* TUVIESES *dinero* (que no lo tienes), COMPRARÍAS *el jardín*.
Si *él* TUVIESE *dinero* (que no lo tiene), COMPRARÍA *el jardín*.
Si *nosotros* TUVIÉSEMOS *dinero* (que no lo tenemos), COMPRARÍAMOS *el jardín*.
Si *vosotros* TUVIESEIS *dinero* (que no lo tenéis), COMPRARÍAIS *el jardín*.
Si *ellos* TUVIESEN *dinero* (que no lo tienen), COMPRARÍAN *el jardín*.

Las anéutesis condicionadas serían TESIS si faltara el estado, ó el modo, ó la estipulación, convenio ó exigencia que impide su reconocimiento, mientras que el ADVERBIO-ORACIÓN CONDICIONANTE se limita á expresar las circunstancias que hacen inadmisible el supuesto.

La terminación RÍA corresponde, pues, á lo condicionado, y la terminación SE al adverbio condicionante:

*Yo trabaj*ARÍA   SI TUVIESE
*Tú trabaj*ARÍAS   SI TUVIESES
*Él trabaj*ARÍA   SI TUVIESE
*Nosotros trabaj*ARÍAMOS   SI TUVIÉSEMOS   } *salud.*
*Vosotros trabaj*ARÍAIS   SI TUVIESEIS
*Ellos trabaj*ARÍAN   SI TUVIESEN

Como las desinencias SE, SES, SE, SEMOS, SEIS, SEN entrañan latentemente la idea de negación, claro es que cuando sea negativa la oración condicionante resultará afirmativo el sentido de esa oración, puesto que dos negaciones afirman:

SI *yo* NO TUVIESE *ahorros* (que los tengo), NO PODRÍA *comprar la finca* (luego tengo ahorros y compro la finca).
SI *yo* NO TUVIESE *salud* (que la tengo), NO EMPRENDERÍA *tan peligroso viaje.*

OBSERVACIÓN.—Cuando se trata de cosas referentes á lo por venir, estas terminaciones SE, SES, SE, etc., RÍA, RÍAS, RÍA, etc., no entrañan decididamente el concepto negativo de la condición que se supone. Lo cual es muy natural, puesto que, contra todo lo que no se espera, puede suceder que un hecho se realice:

SI COBRASES (mañana) PODRÍAMOS (pasado) *emprender nuestro viaje.*

Aquí el sentido de lo condicionante es dudoso, pero no precisamente negativo.

SI COBRÁSEMOS MAÑANA (lo que no es de esperar),

ó bien:

SI COBRÁSEMOS MAÑANA (lo que por suerte puede suceder) EMPRENDERÍAMOS *nuestro viaje.*

Flexiones supernumerarias. — Hay en español, como se ha dicho, además de las terminaciones SE, SES, SE, SEMOS, SEIS, sen, otras terminaciones que también entrañan negación de lo que se supone, y que son RA, RAS, RA, RAMOS, RAIS, RAN:

Yo......	amARA......	temIERA.....	partIERA.
Tú......	amARAS......	temIERAS ...	partIERAS.
Él...... Ella.....	amARA......	temIERA.....	partIERA.
Nosotros Nosotras	amÁRAMOS ...	temIÉRAMOS..	partIÉRAMOS.
Vosotros Vosotras	amARAIS	temIERAIS ...	partIERAIS.
Ellos.... Ellas....	amARAN.....	temIERAN....	partIERAN.

Estas terminaciones ARA, IERA pueden substituir, y substituyen, á las anteriores condicionantes acabadas en SE, y, por tanto, en vez de

Si *yo tuv*IESE *dinero*..........
Si *tú tuv*IESES *dinero*.........
Si *él tuv*IESE *dinero*.......... puede
Si *nosotros tuv*IÉSEMOS *dinero* . decirse
Si *vosotros tuv*IESEIS *dinero* ...
Si *ellos tuv*IESEN *dinero*.......

Si *yo tuv*IERA *dinero*.
Si *tú tuv*IERAS *dinero*.
Si *él tuv*IERA *dinero*.
Si *nosotros tuv*IÉRAMOS *dinero*.
Si *vosotros tuv*IERAIS *dinero*.
Si *ellos tuv*IERAN *dinero*.

Si se hace la substitución, el sentido condicionante permanece idéntico, y no cabe más limitación, para substituir unas terminaciones por otras, que la que pueda exigir el oído á fin de evitar aliteraciones, asonancias, cacofonías ó repeticiones.

En esta como en todas las cuestiones referentes al lenguaje, ha de tenerse ante todo en cuenta la práctica de los buenos escritores, de los grandes hablistas, á quienes con razón debe tomarse por maestros del habla castellana.

Es muy raro que en una lengua haya dos maneras de expresión de significado idéntico para consignar condiciones.

Pero es todavía mucho más extraño que la misma terminación supernumeraria ó pleonástica que tiene sentido condicionante pueda tenerlo también, y lo tenga, condicionado. Y sin embargo así es en realidad, pues en vez de decirse

Yo...... comprarÍA.....
Tú...... comprarÍAS....
Él...... comprarÍA..... puede también
Nosotros comprarÍAMOS.. decirse......
Vosotros comprarÍAIS....
Ellos.... comprarÍAN....

Yo...... comprARA.
Tú...... comprARAS.
Él...... comprARA.
Nosotros comprÁRAMOS.
Vosotros comprARAIS.
Ellos.... comprARAN.

18

De lo expuesto resulta que hay cuatro maneras de expresar lo condicionante y lo condicionado. Á saber:

>SI *yo* FUESE *rico*, VIAJARÍA *mucho*.
>SI *yo* FUESE *rico*, VIAJARA *mucho*.
>SI *yo* FUERA *rico*, VIAJARÍA *mucho*.
>SI *yo* FUERA *rico*, VIAJARA *mucho*.

>*Yo* LAVARÍA SI QUISIESE.
>*Yo* LAVARÍA SI QUISIERA.
>*Yo* LAVARA SI QUISIESE.
>*Yo* LAVARA SI QUISIERA.

Son verdaderamente REDUNDANTES las seis terminaciones RA, RAS, RA, RAMOS, RAIS, RAN, que pueden substituir á las desinencias condicionantes SE, SES..., ó bien á las desinencias condicionadas RÍA, RÍAS..., ó bien á ambas á la vez, caso en que las terminaciones RA, RAS, RA, RAMOS, RAIS, RAN puedan formar doce substitutos.

Pero, aunque redundantes, como ya existen en la lengua, proporcionan á los escritores que saben manejarlas preciosos medios de elegancia y variedad.

Llámase por los gramáticos APÓDOSIS la oración condicionante, y PRÓTASIS la construcción condicionada (1).

Hay, pues, tres series de desinencias destinadas á las construcciones condicionales: SE..., SES...; RÍA, RÍAS...; RA, RAS...: de éstas, solamente dos entran en las apódosis y dos en las prótasis.

De modo que se tiene:

>SE........ ⎫
>RA........ ⎭ para las apódosis;

>RÍA....... ⎫
>RA........ ⎭ para las prótasis;

sin que nunca el signo SE entre en las construcciones condicionadas, ni el signo RÍA en los adverbios condicionantes.

Sólo el signo RA puede entrar á la vez en lo condicionante y en lo condicionado:

SI *yo pudiese,* OLVIDARÍA. SI *yo pudiera,* OLVIDARÍA.
SI *yo pudiese,* OLVIDARA.   SI *yo pudiera,* OLVIDARA (y nunca OLVIDASE).

---

(1) Para favorecer el recuerdo de estos dos términos, obsérvese que PRÓTASIS se escribe con R, y que se da este nombre á las terminaciones RÍA, RÍAS, RÍA, RÍAMOS, RÍAIS, RÍAN, que también se escriben con R.

Todas estas desinencias pueden entrar en tiempos compuestos:

> SI *yo* HUBIESE *podido,* HABRÍA *olvidado,*
> SI *yo* HUBIERA *podido,* HABRÍA *olvidado,*
> SI *yo* HUBIESE *podido* HUBIERA *olvidado,*
> SI *yo* HUBIERA *podido,* HUBIERA *olvidado;*

nunca

> SI *yo* HABRÍA *podido* { HUBIESE / HUBIERA } *olvidado.*

Otros medios condicionales. — Lo condicionante y lo condicionado pueden expresarse con suma concisión y elegancia suprimiendo en las apódosis el nexo adverbial SI y posponiendo la construcción condicionada precedida de la conjunción copulativa Y:

> TUVIESE *yo dinero, y* COMPRARÍA *la casa;*

en vez de

> SI *yo* TUVIESE *dinero,* COMPRARÍA *la casa.*

Este modo especial de expresar lo condicionante y lo condicionado es susceptible de las cuatro variantes anteriormente consignadas:

> TUVIESE *yo dinero, y* COMPRARÍA *el palacio.*
> TUVIESE *yo dinero, y* COMPRARA *el palacio.*
> TUVIERA *yo dinero, y* COMPRARÍA *el palacio.*
> TUVIERA *yo dinero, y* COMPRARA *el palacio.*

Todavía es posible aumentar la riqueza de construcciones existentes en español para expresar lo condicionante y lo condicionado: substituyendo en las prótasis las terminaciones RÍA ó RA por las terminaciones de pretérito acabadas en 'BA, 'BAS, 'BA, 'BAMOS, 'BAIS, 'BAN, ó bien 'ÍA, 'ÍAS, 'ÍAMOS, 'ÍAIS, 'ÍAN:

> TUVIESE *yo dinero, y compra*BA *el palacio.*
> TUVIERA *yo dinero, y compra*BA *el palacio.*
> HUBIESE *comprador, y vend*ÍA *yo mis libros.*
> HUBIERA *comprador, y vend*ÍA *yo mis libros.*

Por atracción se ve á veces el pretérito, tanto en lo condicionado como en lo condicionante:

SI *no se remedia*BA *el mal, de seguro no se empeora*BA.
SI *no se hab*ÍA *así remediado el mal, de seguro que no se hab*ÍA *empeorado.*

Pero estos casos de atracción son raros. Regularmente no hay posibilidad de introducir el pretérito más que en la prótasis:

No HUBIESE *tanto fango, y me* IBA *á pie.*
No HUBIERA *tanto fango, y ya me* HABÍA *ido á pie.*

Excusado es decir que cuando es desinencial el nominativo, puede suprimirse en el adverbio-oración el nominativo suelto:

No ESTUVIERAS *enfermo, y no se te* PROPASARÍAN.
TUVIÉRAMOS *ahora periódicos independientes, y* DENUNCIÁRAMOS *tales abusos.*
FUERA *más humilde, y* TENDRÍA *más amigos.*

Condensaciones. — Las ideas adverbiales de modo y de condición se condensan uniendo los nexos adverbiales COMO SI:

Te recomiendo esto, COMO SI *fuera mío.*
Me recomiendas ese asunto, COMO SI *no se tratase de cosa mía.*
Discutían, COMO SI *los enemigos no estuviesen asaltando la ciudad.*

ADVERTENCIA.—El nexo SI no es siempre condicional: á veces es sólo concesivo ó ilativo:

SI *yo nada nuevo invento,
en ti es viejísimo todo.*

(IRIARTE.)

CAPÍTULO VI

ORACIONES COMPARATIVAS

El examen comparativo de los objetos descubre en ellos diferencias en grado, ya en sus cualidades, ya en sus cantidades, ya en sus dimensiones, ya en sus estados, ya en sus efectos:

El azúcar es dulce EN MAYOR GRADO QUE *la miel.*
Yo tengo aceite EN MAYOR CANTIDAD QUE *vino.*
Esta torre es alta MÁS QUE *la mía.*
Yo tengo azúcar EN MAYOR CANTIDAD QUE *tú.*
Yo escribo MÁS QUE *leo.*
Por mucho que tú trabajes, yo trabajo MÁS QUE *tú.*

Entre las cosas y sus estados, actos y efectos, establecen estas diferencias relaciones especiales fundadas en las ideas de

277. MAYOR, MENOR Ó IGUAL. Para la expresión de estas ideas hay signos correlativos, de los cuales los más comunes son los siguientes:

    MÁS... QUE......... Superioridad (1).
    MENOS... QUE........ Inferioridad (1).
    TAN... COMO......... ⎫
    TANTO... COMO....... ⎬ Igualdad.

Juan es alto, MÁS QUE *su hermana*.
Juan es alto, MENOS QUE *yo*.
Juan es alto, TANTO COMO *Pedro*.

En estas clases de expresiones hay siempre dos términos: uno al cual se refiere el concepto de mayor, menor ó igual:

Juan es MAYOR...
Juan es MENOR...
Juan es TAN ALTO...

y otro que señala el objeto ó el acto correlativo de la comparación:

QUE *su hermana*.
QUE *yo*.
COMO *Pedro*.

El término segundo de las cláusulas comparativas está constituído por una oración cuyo verbo se calla la mayor parte de las veces. Así, cuando se dice:

Escribe TANTO COMO *yo*,
Es alto, TANTO COMO *yo*,
Es alto, TANTO COMO *esta mesa*,

las cláusulas completas serían:

Escribe TANTO COMO YO ESCRIBO,
Es alto, TANTO COMO YO SOY ALTO,
Es alto, TANTO COMO ESTA MESA ES ALTA.

---

(1) Estos términos de superioridad é inferioridad no resultan ciertamente los más adecuados, pero son los admitidos en el uso corriente. Cuando se dice

Una moneda de oro es MÁS CHICA *que su equivalente de plata*,

no hay ciertamente superioridad ni inferioridad entre las monedas comparadas.

Á veces parecen los términos comparativos oraciones-adjetivo-determinantes:

> *Es pobre,* TANTO, *que no tiene cama.*
> *Es* TAN *pobre, que no tiene cama,*
> *En lo recio que hablaba, se dejaba ver su petulante fatuidad.*

Pero las oraciones comparativas se diferencian de las adjetivo-determinantes en que éstas singularizan una voz de carácter substantivo, mientras las otras circunscriben una voz de carácter comparativo: MÁS, MENOS, TANTO.

Dichas voces de comparación MÁS, MENOS, TAN, TANTO son á su vez susceptibles de limitación circunscriptiva en cuanto á su extensión:

El árbol era alto, MUCHAS VECES MÁS QUE *la choza.*
Me he levantado hoy DOS HORAS Y MEDIA MÁS TEMPRANO QUE *ayer.*
Es más grande, CON MUCHO.
Era un río INCOMPARABLEMENTE MÁS *difícil de vadear* QUE *éste.*
Trabaja ahora EXTRAORDINARIAMENTE MENOS QUE *antes trabajaba.*
Mi dama, sea quien fuere, es, SIN COMPARACIÓN, MÁS *hermosa* QUE *tu Dulcinea del Toboso.* (Cervantes.)
Ensanche vuesa merced, señor mío, ese corazoncillo, que le debe tener agora NO MAYOR QUE *una avellana.* (Cervantes.)

> *... á tantas*
> *gracias añade la de ser goloso*
> MÁS QUE *el perro de Filis.*
>
> (MORATÍN.)

Diversas clases de comparación. — Las comparaciones son de cuatro clases: DE CUALIDAD, DE CANTIDAD, DE INTENSIDAD, DE CIRCUNSTANCIALIDAD:

Cualidad	*Es alto*............	MÁS QUE *yo.* / MÁS QUE *esta mesa.*
	Es alto............	TANTO COMO *yo.* / TANTO COMO *esta mesa.*
	Es alto............	MENOS QUE *yo.* / MENOS QUE *esta mesa.*
Cantidad	*Tiene pan*.........	MÁS QUE *yo.* / MÁS QUE *bizcochos.*
	Tiene pan.........	TANTO COMO *yo.* / TANTO COMO *bizcochos.*
	Tiene pan.........	MENOS QUE *yo.* / MENOS QUE *bizcochos.*

	Reflexiona............	MÁS QUE *yo*. MÁS QUE *lee*.
Intensidad..........	*Reflexiona*............	TANTO COMO *yo*. TANTO COMO *lee*.
	Reflexiona............	MENOS QUE *yo*. MENOS QUE *lee*.
	Está MÁS *cerca*.......	QUE *yo*. QUE *el teatro*.
Circunstancialidad...	*Está* NO TAN *lejos*	COMO *yo*. COMO *la Catedral*.
	Está MENOS *distante*..	QUE *yo*. QUE *el mercado*.

Un análisis más detenido hace ver que los términos de comparación resultan ser:

1.º *a)* De cualidad con otra cualidad distinta:

Es MÁS *alto* QUE *ancho*.

b) De cualidad con un objeto que posee la misma cualidad:

Es MÁS *alto* QUE *esta mesa*.

2.º *a)* De cantidad con otra cantidad de distinta especie:

Tiene MÁS *pan* QUE *vino*.

b) De cantidad con otra relación referente á la misma cantidad:

Tiene MÁS *pan* QUE *yo*.
Tiene MÁS *pan* QUE *yo deseo*.
Tiene MÁS *pan* DEL QUE *yo deseo*.

3.º *a)* De intensidad de un acto respecto de otro de distinta especie:

Trabaja MÁS QUE *yo quisiera*.
Trabaja MÁS DE LO QUE *yo deseo*.

b) De intensidad de un acto respecto de otro de igual naturaleza:

Escribe MÁS QUE *yo*.

4.º *a)* De circunstancia con otra de distinta especie:

Era MÁS *lejos* QUE *tarde para volver*.

b) De circunstancias análogas :

> *Era* MÁS *tarde* QUE *la hora de comer.*

Un objeto puede ser comparado consigo propio en diferentes épocas :

> *Ahora es* MÁS *rico* QUE *antes.*
> *Ahora tiene* MENOS *agilidad* QUE *de joven.*
> *Pronto sabrá* MÁS QUE *sabía.*

Construcción comparativa. — En la práctica, los signos de comparación MÁS, MENOS, TANTO, TAN se colocan antes de las palabras cuya *cualidad, cantidad ó grado* modifican, y así, en vez de decir

> *Es rico,* MÁS QUE *yo,*
> *Es rico,* TANTO COMO *yo,*
> *Es rico,* MENOS QUE *yo,*
> *Tiene dinero,* MÁS QUE *yo,* etc.,

se dice :

> *Es* MÁS *rico* QUE *yo,*
> *Es* TAN *rico* COMO *yo* (1),
> *Es* MENOS *rico* QUE *yo,*
> *Tiene* TANTO *dinero* COMO *yo,*
> *Tiene* MENOS *dinero* QUE *yo.*

Pero esta anteposición de los comparativos MÁS, MENOS, TAN, TANTO no autoriza para creer que las expresiones correlativas dejen de referirse á los citados comparativos.

En las cláusulas

> *Es* MÁS *alto* QUE *usted,*
> *Tiene* TANTO *pan* COMO *usted,*
> *Escribe* MENOS QUE *usted,*
> *Vive* TAN *cerca* COMO *usted,*

las expresiones correlativas QUE *usted,* COMO *usted* no se refieren á *alto,* ni á *pan,* ni á *escribe,* ni á *cerca,* sino á los comparativos MÁS, MENOS, TANTO, TAN. Y lo mismo en todos los casos semejantes :

> *Goloso,* MÁS QUE *el perro de Filis.*
> *Goloso,* MENOS QUE *el perro de Filis.*
> *Goloso,* TANTO COMO *el perro de Filis.*

El signo correlativo en los grados de superioridad y de inferioridad es QUE, solo ó con los necesarios artículos, preposiciones

---

(1) El signo TANTO se convierte en TAN cuando va delante de la palabra por él modificada en las comparaciones de CUALIDAD ó de CIRCUNSTANCIALIDAD.

y conjunciones: DEL QUE, DE LA QUE, DE LOS QUE, DE LAS QUE, DE LO QUE (neutro). En el grado de igualdad es COMO. Ejemplos:

> *Tiene* MÁS *pan* QUE *yo tengo.*
> *Tiene* MÁS *pan* DEL QUE *yo tengo.*
> *Tiene* MÁS *malicia* QUE *usted se figura.*
> *Tiene* MÁS *intolerancias* DE LO QUE *fuera menester.*

Combinando todos estos medios, resultan las siguientes correlaciones:

TAN....\			QUE.		QUE.
TANTA.			DEL QUE.		DEL QUE.
TANTOS. > COMO.	MÁS...	DE LA QUE.	MENOS...	DE LA QUE.
TANTAS.			DE LOS QUE.		DE LOS QUE.
TANTO../			DE LAS QUE.		DE LAS QUE.
			DE LO QUE.		DE LO QUE.

ADVERTENCIA. — En vez de los comparativos MÁS, MENOS, se usa la terminación OR en las palabras MAYOR, MENOR, SUPERIOR, INFERIOR. Por ejemplo:

> *Esto es* MAYOR QUE *aquéllo.*
> *Aquéllo es* MENOR QUE *éso.*

MAYOR y MENOR tienen por correlativo al signo QUE. Pero SUPERIOR é INFERIOR no llevan por correlativo el vocablo QUE, sino el vocablo Á:

Esta tela es SUPERIOR *á la tuya, si bien es* INFERIOR *á la de tu hermana.*

Cuando no hay probabilidad de que ocurra lo que se compara, puede introducirse una negación, que en rigor es suprimible:

MÁS *seguro es* QUE *hemos de morir de muerte natural* QUE NO *aplastados bajo los escombros de nuestras casas, derribadas de repente por un terremoto;*

ó bien:

MÁS *seguro es* QUE *hemos de morir de muerte natural* QUE *aplastados,* etc.

Superlativos.—Sucede á veces que un individuo ó varios de entre muchos poseen una cualidad en más alto grado ó en grado menor que todos los demás. El resultado de esta comparación se expresa poniendo el artículo mediata ó inmediatamente delante de los signos comparativos MÁS y MENOS y suprimiendo los correlativos TAN, QUE, COMO, los cuales son substituídos por los vocablos DE ó QUE:

> *Es* LA MÁS *hermosa* DE *todas sus hermanas.*
> *Son* LOS MÁS *feos* DE *la ciudad.*
> *Son* LAS *señoras* MÁS *amables que he tratado.*
> *Son* LOS MENOS *crueles* DE *aquellos bandidos.*
> *Son* LOS *tunos* MÁS *redomados* DE *la comarca* (1).
> *Es* LA MÁS *rica* DE *la familia.*

Este grado máximo de superioridad ó de inferioridad de un individuo ó de varios respecto de otros, se llama SUPERLATIVO RELATIVO. Y se llama SUPERLATIVO ABSOLUTO el grado superior de una cualidad sin indicación directa ni indirecta á otros individuos dotados de la misma cualidad:

> *Es* ALTÍSIMO.   *Son* SAPIENTÍSIMOS.
> *Es* RIQUÍSIMA. *Son* HERMOSÍSIMAS.

Otras comparaciones.—Hay comparaciones entre conceptos ANTITÉTICOS, ó bien INTENSIVAS en grado de la misma especie:

MIENTRAS MENOS *trabajan los empleados,* MAYORES *sueldos disfrutan.*
MIENTRAS MENOS *años,* MÁS *candor.*
Á MÁS *años,* MÁS *vicios.*
MIENTRAS MÁS *ricos,* MENOS *dadivosos.*
MIENTRAS MÁS *rico,* MÁS *avaro.*
Á MÁS *amigos,* MENOS *amistad.*
MIENTRAS MÁS *ciencia,* MAYOR *ansia de saber.* (Cervantes.)
Bien se puede apear, con seguridad de hallar en esta choza ocasión y ocasiones para no dormir en todo un año, CUANTO MÁS *en una noche.* (Cervantes.)
ANTES *dormiré vestido,* QUE *consentir que nadie me desnude.* (Cervantes.)

Existen otras formas de comparación cuyos correlativos son diferentes de los estudiados; como, por ejemplo: TAL CUAL, TALES CUALES, TANTO MÁS... CUANTO QUE..., TANTO MENOS... CUANTO QUE..., MÁS BIEN... QUE..., ANTES... QUE..., MEJOR... QUE..., MÁXIME:

Era TAL CUAL *yo me la había figurado.*
Era CUAL *yo pensé.*
Estas telas son TALES CUALES *las podíamos desear.*
Estas telas son CUALES *las podemos comprar.*
Eso era TANTO MENOS *de esperar,* CUANTO QUE *él había jurado no hacerlo.*
Su rebeldía era TANTO MÁS *de temer,* CUANTO QUE *la impunidad lo tenía muy sobre sí.*

---

(1) Esta cláusula sería simplemente comparativa y no superlativa, si se dijese:

> *Son* LOS *tunos* MÁS *redomados* QUE *he visto.*

Las mojigatas de la honestidad me hacen el MISMO *efecto* QUE *las beatas cuando hacen ascos de nombrar el beso, al mismo tiempo que están besando un perro.* (Campoamor.)
Creia que no me pagaría, MÁXIME *no habiendo ella recibido la mesada.*
ANTES *pobre* QUE *ladrón.*
MÁS BIEN *pobre* QUE *ladrón.*
MEJOR *pobre* QUE *ladrón.*
ANTES *morir* QUE *robar.*
ANTES *morir* QUE *consentir tiranos.*

Merecen especial estudio las comparaciones que siguen :

Á las expresiones POR MUY, POR MUCHO QUE, POR MÁS QUE, CUALQUIERA QUE, CUALESQUIERA QUE, pueden seguir adjetivos, substantivos ó verbos :

Adjetivo....
POR MUY *contento que estés,*
POR MUY *contenta que estés,*
POR MUY *contentos que estéis,*
POR MUY *contentas que estéis,*
} *yo lo estoy* MÁS QUE *vosotros.*

Substantivo.
POR MUCHO *ánimo que tengas,*
POR MUCHA *paciencia que tengas,*
POR MUCHOS *vicios que tengas,*
POR MUCHAS *virtudes que tengas,*
} *yo tengo* MÁS QUE *tú.*

Verbo......
CUALQUIERA QUE *sea el valor que tengas,*
CUALQUIERA QUE *sea la paciencia que tengas,*
CUALESQUIERA QUE *sean los vicios que tengas,*
CUALESQUIERA QUE *sean las virtudes que tengas,*
} *yo tengo* MÁS QUE *tú.*

Más ejemplos :

POR MUCHA *bondad que yo tenga con él, nunca tendré* TANTA COMO *merece.*
POR MUCHAS *faltas que usted cometa en esos versos, yo cuidaré de corregirlas todas.*
POR MUCHA QUE *sea la dicha que usted goce, yo soy* MÁS *dichoso* QUE *usted.*
POR MÁS QUE *te afanes, no saldrás de apuros.*
POR MÁS *grande que sea la fortuna que usted goce, puede usted perderla en un instante.*
POR MUY *grandes que sean los esfuerzos que usted haga, nunca podrá obtener buen resultado.*

Comparaciones especiales ó «sui géneris» :

Combatía en el campo serenamente, DE LA MISMA MANERA QUE *lo hubiera hecho en un salón de esgrima.*
Continúame tu amistad COMO *hasta ahora me la has manifestado.*
No será TAN *grosero* QUE *se atreva á decírtelo cara á cara.*
No es TAN *poco generoso* COMO PARA *negarte esa friolera.*
Esta ley es TAN *injusta, que* MÁS BIEN *parece obra de una asamblea de tiranos* QUE (NO) *de representantes del pueblo.*

Comparaciones latentes. — Siempre hay comparación latente cuando se atribuye á un objeto una cualidad en grado máximo, como en los superlativos absolutos

> *Es* MUY *sabio.* *Es* EXTRAORDINARIAMENTE *bueno.*
> *Es sapient*ÍSIMO. *Su* SIN PAR *hermosura fascina.*
> *Son integ*ÉRRIMOS. *Su* INCOMPARABLE *talento subyuga.*

Es de toda evidencia que, aunque no esté expresa, siempre hay comparación en estas expresiones.

Es sapientísimo quiere decir *es sabio más que la generalidad.*
Son integérrimos vale tanto como *son íntegros más que el término medio de las gentes.*
Hemos pagado CARÍSIMA *la victoria* equivale á *hemos pagado demasiado cara la victoria para desear indemnizarnos por la guerra.*

También hay comparaciones latentes en el orden del tiempo:

Llegó ANTES.
Vino DESPUÉS.
Fué el soldado que PRIMERO *asaltó la muralla de la ciudadela sitiada.*

En otras cláusulas la comparación está más oculta:

Tiene MUCHO, POCO, BASTANTE, DEMASIADO.
¿Será vuesa merced BASTANTE *con todo su poder para hacerme dormir si yo no quiero?* (Cervantes.)
¿Tienes MÁS *años* QUE *yo?* — *Tengo* LOS MISMOS.
Pues qué, ¿tienes tú MÁS *edad* QUE *yo?* — JUSTAMENTE.

Los diminutivos y los aumentativos entrañan asimismo comparaciones latentes:

> *Es* CHIQUITA.
> *Es* DEMASIADO *bonachón y honradote.*
> *Venían* CALLANDITO.
> *Estábamos* MUERTECITAS *de miedo.*

El elemento comparativo está aquí en las desinencias ITA, ON, OTE, ITO, ITAS.

Otras veces la comparación se confunde con el MODO en su carácter adverbial:

Las listas quedaron COMO *estaban* (esto es, IGUALES Á COMO *estaban*, DEL MISMO MODO QUE *estaban*).
Los escritores rimbombantes suenan á hueco, LO MISMO QUE *las bóvedas de las tumbas.*

Á veces hay condensaciones:

> *El que quiere, hace* CUANTO *le es posible;*

esto es:

> *Quien tiene voluntad, hace* TODO LO QUE *le es posible.*

OBSERVACIÓN.—La expresión NO MÁS QUE no es comparativa, sino limitativa:

No *tiene* MÁS QUE *deudas.*   SÓLO *tiene deudas.*
No *tiene* SINO *deudas.*   No *tiene* YA *dinero.*

¿Qué fueron SINO *verduras de las eras?*
(JORGE MANRIQUE.)

Ha de cuidarse mucho de no confundir las comparaciones de igualdad en que se usa de los signos TANTO, TANTA, TANTOS, TANTAS, con las expresiones ponderativas que empiezan por los mismos signos.

Á las verdaderas comparaciones hacen de correlativos COMO ó CUANTO, y á las ponderaciones sigue QUE:

Comparación.... { *Tengo* TANTO *pan* COMO *vino.*
Ha hecho TANTAS *diligencias para conseguirlo* CUANTAS *han sido menester.*

Ponderación.... { *Posee* TANTO *dinero,* QUE *no tiene tiempo para contarlo.*
Te he de regalar un vestido TAN *claro,* TAN *claro,* QUE *no lo has de ver.* (Campoamor.)

Á veces la ponderación aparece tan velada, que se confunde con la simple comparación: TANTO MÁS... CUANTO; TANTO MENOS... CUANTO:

Procedía con TANTO MÁS *ardor,* CUANTO *lo impulsaban á ello sus propios intereses.*
Lo creo TANTO MENOS, CUANTO QUE *no es hombre de bien.*

SECCIÓN 3.ª

COMPLEXOS DE CARÁCTER SUBSTANTIVO

CAPÍTULO I

SUBSTANTIVOS-ORACIÓN. — GENERALIDADES.

Nominativos, acusativos y dativos complejos. — Hay entidades elocutivas sin sentido independiente, lo que no las priva del carácter afirmativo ó negativo de que están dotadas.

Como ya se sabe, hay verbos que para designar un fin elocutivo necesitan expresar algunos de los respectos de nominativo, acusativo ó dativo.

Sabemos igualmente que estos casos nominativo, acusativo y dativo se clasifican atendiendo al número de palabras que los constituyen: en casos simples, formados por un solo vocablo; en casos-frase, constituídos por varios vocablos sin verbo en desinencia personal, y por último, en casos-oración, consistentes en conjuntos de vocablos con verbo en desinencia personal.

Ejemplos de nominativo:

Me gusta SU TRATO (nominativo simple).
Me gusta TRATAR Á ESA MUJER (nominativo-frase).
Me gusta QUE TRATES Á ESA MUJER (nominativo-oración).

Conviene ESA DECLARACIÓN (nominativo simple).
Conviene DECLARARLO ASÍ (nominativo-frase).
Conviene QUE LO DECLAREMOS ASÍ (nominativo-oración).

Ejemplos de acusativo :

Deseo su COLABORACIÓN (acusativo simple).
Deploro su COLABORACIÓN (acusativo simple).
Prometo MI COLABORACIÓN (acusativo simple).

Deseo COLABORAR EN ESE ASUNTO (acusativo-frase).
Siento COLABORAR EN ESE ASUNTO (acusativo-frase).
Prometo COLABORAR EN ESE ASUNTO (acusativo-frase).

Deseo QUE COLABOREMOS EN ESE ASUNTO (acusativo-oración).
Siento QUE COLABOREMOS EN ESE ASUNTO (acusativo-oración).

Ejemplos de dativo :

No presto atención Á SU CHARLA (dativo simple).
No presto atención Á SU CHARLAR SEMPITERNO (dativo-frase).
No presto atención Á QUE CHARLE Ó DEJE DE CHARLAR (dativo-oración).

Necesidad de los substantivos-oración. — Regularmente, ni los casos simples constituídos por un solo vocablo, ni los casos-frase formados por un conjunto de vocablos sin verbo en desinencia personal, son suficientes para expresar POR COMPLETO Y CON TODA PRECISIÓN alguno de los casos nominativo, acusativo y dativo, y hay entonces que recurrir á oraciones, ó sea á ENTIDADES ELOCUTIVAS enteras, aunque no independientes, compuestas de varias palabras, entre las cuales siempre se encuentra un verbo en desinencia personal. El oficio de estas oraciones es igual al de los substantivos que expresan los casos simples en nominativo, acusativo ó dativo; por lo cual estas oraciones reciben el nombre de ORACIONES-SUBSTANTIVO, ó el más propio todavía de SUBSTANTIVOS-ORACIÓN.

Indudablemente, el oficio de estos substantivos-oración es el mismo que el de los substantivos constituidos por una sola palabra. Pero aunque el oficio sea el mismo, no es idéntico su valor elocutivo. Cuando decimos

Conviene ESA DECLARACIÓN,

resultan indeterminadas la época y las circunstancias de semejante *declaración*, é ignoradas las personas interesadas en ellas, todo lo cual queda especificado cuando se dice, por ejemplo :

Conviene QUE DECLAREMOS ESTA NOCHE ANTE EL JUZGADO CUANTO SABEMOS SOBRE ESE PARTICULAR.

El oficio de nominativo es el mismo cuando se trata de los dos vocablos ESA DECLARACIÓN, que cuando se trata de la larga entidad elocutiva QUE DECLAREMOS ESTA NOCHE ANTE EL JUZGADO CUANTO SABEMOS SOBRE ESE PARTICULAR.

Ambas expresiones sirven de nominativo al verbo *conviene;* pero el peso gramatical de cada una es en alto grado diferente, pues la primera no expresa las circunstancias de personas, de tiempo y de lugar que expresa la segunda.

Los substantivos-oración se diferencian de las tesis y de las anéutesis en no tener sentido por sí propios.

Los substantivos-oración son, pues, entidades elocutivas completas, aunque no independientes, formadas para reemplazar ó suplir la falta de substantivos en la lengua, y no destinadas á determinar, circunscribir ni modificar nombres ni verbos. Son combinaciones de estructura tal, que no pueden aparecer aisladas en las cláusulas; antes bien, sólo adquieren significado agregadas á una tesis ó á una anéutesis:

Es necesario QUE TÚ COLABORES EN ESTE ASUNTO (nominativo-oración).
¿Es necesario QUE TÚ COLABORES EN ESTE ASUNTO? (nominativo-oración).
Nosotros te prohibimos QUE COLABORES EN ESTE ASUNTO (nominativo-oración).

Pero la pérdida de la independencia no entraña la de la afirmación ni la de la negación contenida en las oraciones

¿Te consta QUE TU HERMANO VENDRÁ?
¿Te consta QUE TU HERMANO NO VENDRÁ?
¿Crees tú QUE TU HERMANO VENDRÁ?
¿Crees tú QUE TU HERMANO NO VENDRÁ?

Los substantivos-oración QUE TU HERMANO VENDRÁ, QUE TU HERMANO NO VENDRÁ, carecen de sentido independiente, pero expresan con toda claridad las ideas de afirmación y negación que aparecen en los verbos interrogativos de las anéutesis: *¿Te consta...? ¿Crees tú...?*

Nexos de los substantivos-oración. — Los substantivos-oración van precedidos de nexos especiales que se llaman CONJUNTIVOS. Estos nexos conjuntivos son: QUE (1), SI, COMO, CUANDO, DONDE...

---

(1) Este QUE conjuntivo no tiene nada que ver con el QUE de los adjetivos-oración determinantes, incidentales ó explicativos.

Ejemplos:

> *Es inútil* QUE LO HAGAS.
> *No me consta* SI ERAN MUCHOS Ó POCOS LOS LADRONES.
> *No aparece* CÓMO MURIÓ.
> *No resulta* CUÁNDO LA ENTERRARON NI DÓNDE.

Estos nexos conjuntivos quitan á los substantivos-oración su sentido independiente:

> *No presto atención* Á SI ME ALABAN Ó ME VITUPERAN.
> *No doy importancia* Á CÓMO LO DICE.

Las oraciones, como sabemos, pueden tener sentido afirmativo y negativo; pero no interrogativo.

Casos. — Según se acaba de decir, se forman substantivos-oración compuestos de muchas palabras, siempre con verbo en desinencia personal, cuando no puede por sí solo un substantivo constituído por un vocablo único indicar todas las circunstancias de número y persona, tiempo y lugar, modo, etc., que requiere una detallada enumeración, ó bien cuando en la lengua no existen substantivos simples expresivos de las ideas que nos sea necesario manifestar. Estos substantivos-oración desempeñan en sus respectivas cláusulas el mismo oficio que, á existir, desempeñarían los substantivos-vocablos. Así, por ejemplo, cabe decir:

> *Tu madre desea* QUE YO ENSEÑE FRANCÉS Á SU HIJO.

Y no tendrían significado expresiones tales como las siguientes:

> *Tu madre desea* MÍ ENSEÑAR FRANCÉS Á SU HIJO.
> *Tu madre desea* MI ENSEÑANZA DE FRANCÉS Á SU HIJO.

No pudiendo expresarse por medio de substantivos simples estas ideas, hay que recurrir, y se recurre, á los substantivos-oración.

Á veces basta con una frase (sin sentido independiente ni desinencia personal) para cumplir el mismo oficio encomendado á una oración. Así, en vez de la oración

de la cláusula QUE TENGAMOS MEMORIA

Conviene QUE TENGAMOS MEMORIA,

puede decirse:

Conviene TENER MEMORIA.

Y análogamente, siempre que una frase pueda substituir á una oración con verbo en desinencia personal, hay que considerar á ese conjunto de palabras como un todo único de significado indisoluble; como una entidad de sentido indescomponible no existente en ninguno de los vocablos aislados que constituyen la totalidad; como resultante, en fin, que no sigue la dirección de ninguno de los impulsos que contribuyeron al movimiento.

Sucede en esto lo que en la comparación, ya más de una vez repetida. El conjunto de las piezas que componen un reloj mide el tiempo por la unidad de fin con que todas fueron fabricadas. Esa unidad de fin es indescomponible y resulta del conjunto de funciones que todas desempeñan, mas no reside en ninguna de las piezas componentes.

Las oraciones (como verdaderos substantivos que son, tomadas en totalidad y atendiendo á su unidad de significado) pueden hallarse en los tres casos necesarios para la elocución: NOMINATIVO, ACUSATIVO y DATIVO. ¡Preciosa propiedad de la lengua española, que también se extiende á las frases-substantivo! En el substantivo-oración

Es necesaria TU INTERVENCIÓN EN ESTE ASUNTO,

TU INTERVENCIÓN está en nominativo; y por tanto, si decimos:

Es necesario QUE TÚ INTERVENGAS EN ESTE ASUNTO,

también está en nominativo la oración QUE TÚ INTERVENGAS EN ESTE ASUNTO, puesto que es idéntico el oficio, aunque no lo sea el peso gramatical. En el substantivo-oración

Yo deseo TU INTERVENCIÓN EN ESTE ASUNTO,

TU INTERVENCIÓN está en acusativo. Pues también en la cláusula

Yo deseo QUE TÚ INTERVENGAS EN ESTE ASUNTO,

está igualmente en acusativo el substantivo-oración QUE TÚ INTERVENGAS. En el ejemplo

No doy importancia Á SU INTERVENCIÓN EN ESTE ASUNTO,

se halla en dativo el complexo á su intervención. Y por consiguiente, en la cláusula

Yo no doy importancia á que él intervenga en este asunto,

el substantivo-oración que él intervenga en este asunto está igualmente en dativo.

Genitivos y ablativos-oración.—Sabemos que se da también el nombre de casos (aunque impropiamente) á los elementos formativos ó determinantes de la comprensión y limitativos de la extensión, llamados genitivos y ablativos. Estos casos no constituyen, como también sabemos, ninguna cláusula, pues respectivamente sirven: los genitivos, para formar los nombres de lo individual, y los ablativos, para limitar la extensión de un verbo.

Los substantivos simples se convierten en determinantes adjetivales poniéndolos en genitivo, y lo mismo acontece con los substantivos-oración cuando, como conjunto, representan en una cláusula el papel determinante de genitivo:

Tenemos necesidad de tu intervención en este asunto.

Si el complexo de tu intervención es genitivo en el anterior ejemplo, también en el siguiente,

Tenemos necesidad de que tú intervengas en este asunto.

lo es la oración-substantivo de que tú intervengas.

Los substantivos simples se convierten en expresiones circunscriptivas adverbiales poniéndolos en ablativo (regularmente precedidos de preposición), y lo mismo acontece con los substantivos-oración cuando representan en una cláusula el papel circunstancial de ablativo:

Se excusa con tu intervención en este asunto.

Si el complexo con tu intervención es ablativo en el ejemplo anterior, también en el siguiente,

Se excusa con que tú intervienes en este asunto,

lo es la oración-substantivo con que tú intervienes.

Análisis secundario.— Por supuesto que, aunque deban tomarse como un todo indisoluble las oraciones-substantivo, un análisis secundario puede determinar el valor aislado de las palabras que las componen. Tratándose de una cláusula tal como

Te prohibimos QUE INTERVENGAS EN ESTE ASUNTO,

el análisis secundario descubre en el acusativo-oración QUE INTERVENGAS EN ESTE ASUNTO el nexo conjuntivo QUE, el nominativo TÚ, embebido en la desinencia del verbo INTERVENGAS, y el ablativo EN ESTE ASUNTO. En esta oración-acusativo el análisis secundario no descubre ningún acusativo.

CAPÍTULO II

PARTICULARIDADES DE LOS SUBSTANTIVOS-ORACIÓN

Acabamos de ver que son susceptibles de casos los substantivos-frase y los substantivos-oración; esto es, que los conjuntos de palabras sin sentido independiente entre las cuales se encuentre siempre un verbo, ya en infinitivo, ya en desinencia personal, pueden estar no solamente en nominativo, acusativo y dativo, sino también en genitivo y ablativo, lo que da cinco clases para los substantivos-frase y otras cinco para los substantivos-oración.

De entre los verbos existentes en la lengua, solamente admiten oraciones que hacen el oficio de nominativos los verbos llamados IMPERSONALES-RELATIVOS, que son los que se refieren á afecciones de la sensibilidad; como

Alegra QUE VENGA;

ó á conceptos de la inteligencia; como

Conviene QUE VENGA.

Quiérase ó no se quiera, é independientemente de toda personalidad, una cosa alegra ó no alegra, conviene ó no conviene, y por eso estos verbos *alegrar, convenir* y sus análogos, respectivamente, se denominan *impersonales-relativos*:

Me alegra QUE VENGA.   *Me alegró* QUE VINIESE.
Me alegra QUE HAYA VENIDO. *Me alegró* QUE HUBIESE VENIDO.
Conviene QUE VENGA.   *Convenía* QUE VINIESE.
Conviene QUE HAYA VENIDO. *Convino* QUE HUBIESE VENIDO.

Verbos de la sensibilidad. — De entre los verbos impersonales expresivos de afecciones de la sensibilidad, los más comunes son los siguientes:

Maravilla QUE...	*Consuela* QUE...	*Atormenta* QUE...
Admira QUE...	*Complace* QUE...	*Asombra* QUE...
Pasma QUE...	*Tranquiliza* QUE...	*Entristece* QUE...
Embelesa QUE...	*Aterra* QUE...	*Desconsuela* QUE...
Encanta QUE...	*Aterroriza* QUE...	*Desasosiega* QUE...
Gusta QUE...	*Sorprende* QUE...	*Incomoda* QUE...
Agrada QUE...	*Inquieta* QUE...	*Extraña* QUE...
Deleita QUE...	*Estremece* QUE...	*Avergüenza* QUE...
Regocija QUE...	*Aflige* QUE...	*Fastidia* QUE...
Alegra QUE...	*Disgusta* QUE...	*Duele* QUE...
Interesa QUE...	*Desagrada* QUE...	*Repugna* QUE...

Ejemplos:

Maravilla QUE ESE HOMBRE PUEDA CANTAR *tan perfectamente á sus años.*
Admira QUE TENGA TANTO VALOR.
Pasma QUE EL ENFERMO POSEA TANTA RESISTENCIA.

Los tiempos de estas oraciones pueden ser simples ó compuestos:

Repugna QUE NIEGUE LA EVIDENCIA (NIEGUE, tiemplo simple).
Repugna QUE HAYA NEGADO LO EVIDENTE (HAYA NEGADO, tiempo compuesto).

Los tiempos simples pueden referirse á lo pasado, presente y futuro; los tiempos compuestos, á lo pasado. Cuando se dice

Maravilla QUE ESE HOMBRE PUEDA CANTAR *tan perfectamente á sus años,*

no se habla de nada futuro en la oración-nominativo QUE PUEDA CANTAR, sino de la facultad excepcional que posee actualmente el anciano de quien se trata. No tendría sentido el decir:

Maravilla QUE PODRÁ CANTAR.

En el segundo ejemplo,

Admira QUE TENGA TANTO VALOR,

es claro que se hace referencia, en la oración-nominativo QUE TENGA TANTO VALOR, á alguna demostración de ánimo patentizada antes del momento actual.

Pasma QUE EL ENFERMO TENGA TANTA RESISTENCIA.

El concepto expresado en la oración-nominativo QUE TENGA TANTA RESISTENCIA, indica una resistencia manifestada desde hace mucho tiempo, y por tanto, el ejemplo se refiere á época pasada no terminada aún:

Gusta QUE LOS HOMBRES ESFORZADOS DEN MUESTRAS DE SU DIGNIDAD.
Alegra QUE APLAUDAN EL MÉRITO.
Sorprende QUE ESO TE DISGUSTE.
Extraña QUE DIGAS ESAS COSAS.
Avergüenza QUE SEA TAN ATREVIDO.
Fastidia QUE LO SEPAN.
Duele QUE SEA GASTADOR.
Desconsuela QUE ARRUINEN AL PAÍS.

Á veces se dan ejemplos de cláusulas referentes á lo futuro, construídas con estos verbos expresivos de afecciones de la sensibilidad:

Gusta QUE VENGA LA PRIMAVERA.

Aquí se supone que la primavera no ha llegado aún, y por consiguiente se enuncia un hecho futuro.

Interesa QUE RESUELVAS ESE PROBLEMA.

La resolución del problema tiene que ser necesariamente posterior á la manifestación de ser interesante.

Si se trata de hechos indudablemente pasados, las oraciones se construyen con tiempos compuestos:

Gusta QUE HOMBRES TAN ESFORZADOS HAYAN DADO MUESTRAS DE SU DIGNIDAD.
Alegra QUE TODOS HAYAN APLAUDIDO SU MÉRITO.
Sorprende QUE HAYA DICHO ESAS COSAS.
Disgusta QUE LO HAYAN SABIDO.

Verbos del entendimiento. — Toca ahora tratar de los substantivos-oración que sirven de nominativo á los verbos impersonales expresivos de conceptos de la inteligencia. De entre estos verbos, los más comunes son los siguientes:

Conviene QUE...	*Es equitativo* QUE...	*Es conveniente* QUE...
Importa QUE...	*Es posible* QUE...	*Es cómodo* QUE...
Urge QUE...	*Es probable* QUE...	*Es incómodo* QUE...
Precisa QUE...	*Es imposible* QUE...	*Es fácil* QUE...
Cabe QUE...	*Es improbable* QUE...	*Es difícil* QUE...
Basta QUE...	*Es hacedero* QUE...	*Es útil* QUE...
Falta QUE...	*Es preciso* QUE...	*Es menester* QUE...
Es justo QUE...	*Es necesario* QUE...	*Es preciso* QUE...

Ejemplos:

Verbos impersonales.	Nominativos referentes á sucesos futuros.
Conviene	QUE TU HERMANO HABLE AL MINISTRO.
Importa	QUE NOS PAGUEN ESA CUENTA.
Urge...........	QUE NOS DEVUELVAN LOS AUTOS.
Precisa	QUE TU PADRE NOS FACILITE LA FIANZA.
No cabe	QUE SOSTENGA TALES ERRORES.
No basta.......	QUE TÚ LO DIGAS.
Es justo........	QUE LO PONGAN EN LIBERTAD.
Es probable.....	QUE DENUNCIEN EL PERIÓDICO.
Es preciso	QUE BUSQUEMOS OTRA HABITACIÓN.
Es de desear....	QUE NO LLUEVA MÁS AHORA.
Es fácil........	QUE LO DIGA, *pero no* QUE LO HAGA, etc.

La clase de ideas expresadas por los anteriores verbos impersonales, es lo que exige que los nominativos-oración á ellos referentes designen sucesos futuros con sus tiempos simples. Semejantes respectos son exigencias de las ideas y no de la Gramática. No puede ser de desear una acción ya pasada, y por eso aparece en futuro todo lo que es de desear; por ejemplo:

Es de desear QUE
{
NO LLUEVA POR AHORA.
VENGA.
SE ALIVIE DE SU ENFERMEDAD.
GANE LO SUFICIENTE PARA VIVIR (1).
}

Y análogamente los demás ejemplos:

Conviene QUE TU HERMANO HAYA HABLADO AL MINISTRO.
Importa QUE NOS HAYAN PAGADO ESA CUENTA, etc.

---

(1) Á veces, lo que se desea es conocer un hecho pretérito ignorado; por ejemplo:
Deseo QUE HAYA SALIDO BIEN DE SUS EXÁMENES.

El tiempo en que aparecen las oraciones que están en nominativo depende, pues, del concepto que nos impone el significado de los respectivos verbos impersonales.

Por motivos análogos, se construyen los nominativos-oración con tiempos compuestos, cuando se refieren á cosas ya pasadas:

> *Conviene* QUE HAYA LLOVIDO.
> *Importa* QUE HAYA DECLARADO.
> *Es justo* QUE LO HAYAN ABSUELTO.
> *Es gran* FORTUNA QUE HAYA SALIDO TRIUNFANTE.

Excepciones.—Hay verbos impersonales expresivos de conceptos de la inteligencia, cuyas oraciones en nominativo, construídas con tiempos simples, pueden referirse á lo pasado, presente y futuro. Estos verbos vienen á formar como una especie de excepción, por no exigir siempre la construcción de lo futuro para los tiempos simples correspondientes á los verbos de sus nominativos-oración. Los más frecuentes son:

Consta QUE...	*Es sabido* QUE...	*Es inexacto* QUE...
Resulta QUE...	*Es público* QUE...	*Es exacto* QUE...
Aparece QUE...	*Es cierto* QUE...	*Es verdad* QUE...
Ocurre QUE...	*Es seguro* QUE...	*Es mentira* QUE...
Sucede QUE...	*Es indiscutible* QUE...	*Es fortuna* QUE...
Acontece QUE...	*Es incuestionable* QUE...	*Es desgracia* QUE...
Es notorio QUE...	*Es falso* QUE...	*Es evidente* QUE...

Ejemplos:

Verbos impersonales.	Nominativos referentes á sucesos	pasados, presentes ó futuros.
Consta........	QUE	ESCRIBIÓ EL DRAMA. LO ESTÁ ESCRIBIENDO. LO ESCRIBIRÁ.
Resulta........	QUE	ERA MUY RICO. ES MUY RICO. SERÁ MUY RICO.
Aparece........	QUE	HEREDÓ. HEREDA. HEREDARÁ.
Es indudable....	QUE	LO HIZO. LO HACE. LO HARÁ.
Es sabido.......	QUE	LO ORDENÓ. LO ORDENA. LO ORDENARÁ.

Si se trata de hechos indudablemente pasados, se recurre á los tiempos compuestos :

> *Consta* QUE HA ESCRITO TRES ZARZUELAS.
> *Resulta* QUE HA SIDO MUY RICO.
> *Aparece* QUE HA HEREDADO.
> *Es indudable* QUE LO HA HECHO.

Lo dicho con respecto á los anteriores verbos de que las oraciones en nominativo que se les juntan pueden referirse á lo pasado, á lo presente ó á lo futuro, está sujeto á muchas restricciones, no precisamente por exigencias gramaticales, sino por la natural limitación que las ideas imponen. Puede decirse :

> *Consta* QUE MI SOBRINO ES INGLÉS;

pero no cabe decir :

> *Consta* QUE MI SOBRINO SERÁ MAÑANA INGLÉS DE NACIMIENTO.

El tiempo futuro no puede influir nada absolutamente sobre el hecho fatal y ya invariable de haber nacido ó no una persona en Inglaterra. Á ello se opone la realidad, no la Gramática. Análogamente cabe decir :

> *Es notorio* QUE LE APLAUDIERON LA COMEDIA;

pero no puede decirse :

> *Es notorio* QUE LE SERÁ APLAUDIDA LA COMEDIA;

porque nadie puede asegurar que una obra literaria agradará necesariamente al público.

En resumen: se usa la construcción de lo futuro en la formación de los tiempos simples de los substantivos-oración que sirven de nominativo á los verbos impersonales relativos, ya se refieran estos impersonales á CONCEPTOS DEL ENTENDIMIENTO, ya á AFECCIONES DE LA SENSIBILIDAD.

Únicamente se exceptúan los verbos anteriores *consta, resulta, aparece, es cierto, es indudable,* etc., cuyas oraciones en nominativo pueden referirse á lo pasado, á lo presente y lo futuro, con las restricciones que impongan los significados de esos verbos impersonales.

En estas oraciones cabe usar los otros nexos conjuntivos distintos del QUE:

> *No consta* SI LO HIZO Ó NO.
> *No resulta* CÓMO MURIÓ *ni* CUÁNDO LO ENTERRARON.
> *No aparece* DÓNDE FUÉ BAUTIZADO.
> *No consta* POR QUÉ LO HIZO.

Persistencia de la relación temporal. — Como se ha dicho, los verbos impersonales relativos, por la naturaleza misma de las ideas que están destinados á expresar, piden generalmente que se refieran á lo futuro los tiempos simples de los verbos de sus nominativos-oración:

> *Urge* QUE ESOS PRIVILEGIOS QUEDEN ABOLIDOS.

Y porque no lo han sido aún, la relación entre el verbo impersonal *urge* y el verbo oracional QUEDEN ABOLIDOS es la de presente á futuro en el momento de la palabra. Pero esa relación temporal de un momento dado no desaparece por el transcurso del tiempo; y así, dentro de un mes, ó de un año, ó de un lustro..., si queremos mencionarla, habremos de decir, por ejemplo:

> *Entonces urgía* QUE FUESEN ABOLIDOS ESOS PRIVILEGIOS.

Supongamos la cláusula siguiente:

Hoy lunes conviene mucho QUE MAÑANA MARTES RECOMIENDES ESTE ASUNTO AL MINISTRO.

Supongamos también que hayan transcurrido tres días más, y que sea ya pasado el martes, que era antes futuro.

Supongamos, en fin, que el mismo sábado tengamos que expresar la relación de presente á futuro indudable el lunes en el momento de la palabra. Y en tales supuestos, el sábado tendremos que decir:

El lunes convenía mucho QUE EL MARTES RECOMENDASES ESE ASUNTO AL MINISTRO.

Si se dice en el momento actual:

> *Importa mucho* QUE HAGAMOS ESO INMEDIATAMENTE,

cuando ya haya pasado algún tiempo, persistirá la misma relación diciendo:

Importó mucho QUE HICIÉSEMOS ESO INMEDIATAMENTE.

Se ve, pues, que cuando por el transcurso del tiempo un futuro se convierte en pasado, puede conservarse esa relación temporal de presente á futuro.

Hay dos maneras de hacerlo, y cada una de ellas se estudiará separadamente.

En los ejemplos anteriores la relación de presente á futuro se ha conservado poniendo en pretérito el verbo impersonal, y dando al verbo de la oración-nominativo la terminación que correspondía de entre las seis desinencias 'SE, 'SES, 'SE, 'SEMOS, 'SEIS, 'SEN.

ADVERTENCIA. — Estas desinencias son iguales á las estudiadas al tratar de los adverbios condicionales. Pero el significado es ahora muy diferente. Allí indicaban condición, y aquí expresan que un tiempo que fué futuro es actualmente pretérito.

La forma es la misma; pero el sentido es tan diverso, que sería error notable el creer que sus funciones son las mismas.

Relación de presente á futuro:

Importa QUE YO LO
- COMPRE.
- VENDA.
- REMITA.

Importa QUE TÚ LO
- COMPRES.
- VENDAS.
- REMITAS.

Importa QUE ÉL LO
- COMPRE.
- VENDA.
- REMITA.

Importa QUE NOSOTROS LO
- COMPREMOS.
- VENDAMOS.
- REMITAMOS.

Importa QUE VOSOTROS LO
- COMPRÉIS.
- VENDÁIS.
- REMITÁIS.

Importa QUE ELLOS LO
- COMPREN.
- VENDAN.
- REMITAN.

Siguiendo la misma clase de analogía, diremos:

Importaba QUE YO LO
{ COMPRASE.
VENDIESE.
REMITIESE. }

Importaba QUE TÚ LO
{ COMPRASES.
VENDIESES.
REMITIESES. }

Importaba QUE ÉL LO
{ COMPRASE.
VENDIESE.
REMITIESE. }

Importaba QUE NOSOTROS LO
{ COMPRÁSEMOS.
VENDIÉSEMOS.
REMITIÉSEMOS. }

Importaba QUE VOSOTROS LO
{ COMPRASEIS.
VENDIESEIS.
REMITIESEIS. }

Importaba QUE ELLOS LO
{ COMPRASEN.
VENDIESEN.
REMITIESEN. }

En los ejemplos anteriores se ve patente que las desinencias 'SE, 'SES, 'SE, 'SEMOS, 'SEIS, 'SEN, por admirable propiedad de la lengua, indican á la vez:

1.º Tiempo futuro respecto de los tiempos pretéritos expresados por las desinencias de los verbos impersonales relativos.

2.º Tiempos pasados respecto del momento de la palabra.

Por manera que las citadas terminaciones 'SE, 'SES, 'SE, 'SEMOS, 'SEIS, 'SEN indican á la vez futuros y pretéritos.

Al tratar de las oraciones condicionantes, vimos que había otra serie de desinencias supernumerarias, redundantes ó pleonásticas, expresivas, como las anteriores, de significación condicional. Por atracción, pues, esas desinencias redundantes, allí condicionales, son también aquí expresivas de dos tiempos: uno futuro respecto del verbo impersonal, y otro pretérito respecto del momento de la palabra.

Estas terminaciones redundantes son 'RA, 'RAS, 'RA, 'RAMOS, 'RAIS, 'RAN.

Pero aunque las formas sean iguales, los oficios son tan diferentes, que no deben confundirse. Allí, en las oraciones-adverbio, sus funciones eran condicionales. Aquí, en las oraciones-substantivo, sus funciones son doblemente temporales:

Importó mucho QUE YO LO { COMPRARA. / VENDIERA. / REMITIERA. }

Importó mucho QUE TÚ LO { COMPRARAS. / VENDIERAS. / REMITIERAS. }

Importó mucho QUE ÉL LO { COMPRARA. / VENDIERA. / REMITIERA. }

Importó mucho QUE NOSOTROS LO { COMPRÁRAMOS. / VENDIÉRAMOS. / REMITIÉRAMOS. }

Importó mucho QUE VOSOTROS LO { COMPRARAIS. / VENDIERAIS. / REMITIERAIS. }

Importó mucho QUE ELLOS LO { COMPRARAN. / VENDIERAN. / REMITIERAN. }

Por manera que hay en español dos series de desinencias que se refieren á la vez á lo futuro respecto de un verbo impersonal, y á lo pasado respecto al momento de la palabra:

Importa QUE NOS PAGUEN ESA CUENTA.
Urge QUE NOS DEVUELVAN LOS AUTOS.
Precisa QUE TU PADRE NOS FACILITE LA FIANZA.
No cabe QUE ESE PERIODISTA SOSTENGA TALES ERRORES.
No basta QUE LO DIGAN.

Es justo QUE LO PONGAN EN LIBERTAD.
Es muy probable QUE DENUNCIEN EL PERIÓDICO.

Es preciso QUE BUSQUEMOS OTRA HABITACIÓN.
Es de desear QUE NO LLUEVA MÁS POR AHORA.
Es conveniente QUE ESOS ANUNCIOS SE PUBLIQUEN CUANTO ANTES.

Es fácil QUE LO DIGA, *pero no* QUE LO HAGA.

Importaba QUE NOS PAGASEN *(ó* NOS PAGARAN) ESA CUENTA.
Urgía QUE NOS DEVOLVIESEN *(ó* DEVOLVIERAN) LOS AUTOS.
Precisaba QUE TU PADRE NOS FACILITASE *(ó* FACILITARA) LA FIANZA.
No cabía QUE SOSTUVIESE *(ó* SOSTUVIERA) TALES ERRORES.
No bastaba QUE LO DIJESEN *(ó* DIJERAN).

Era justo QUE LO PUSIESEN *(ó* PUSIERAN) EN LIBERTAD.
Era muy probable QUE DENUNCIASEN *(ó* DENUNCIARAN) EL PERIÓDICO.

Era preciso QUE BUSCÁSEMOS *(ó* BUSCÁRAMOS) OTRA HABITACIÓN.
Fué de desear QUE NO LLOVIESE *(ó* LLOVIERA) MÁS POR ENTONCES.
Fué conveniente QUE ESOS ANUNCIOS SE PUBLICASEN *(ó* PUBLICARAN) CUANTO ANTES.

Es fácil QUE LO DIJESE, *pero no* QUE LO HICIESE *(ó* HICIERA).

Excepciones.—Sabemos que hay impersonales relativos que no exigen necesariamente la construcción de lo futuro para los tiempos simples de los verbos de sus nominativos-oración. Hemos visto construcciones tales como

Consta QUE $\begin{cases} \text{HEREDÓ.} \\ \text{HEREDA.} \\ \text{HEREDARÁ.} \end{cases}$ *Consta* QUE $\begin{cases} \text{HA HEREDADO.} \\ \text{HABÍA HEREDADO.} \\ \text{HABRÁ HEREDADO.} \end{cases}$

Es sabido QUE LO $\begin{cases} \text{ORDENÓ.} \\ \text{ORDENA.} \\ \text{ORDENARÁ.} \end{cases}$ *Es sabido* QUE LO $\begin{cases} \text{HA ORDENADO.} \\ \text{HABÍA ORDENADO.} \\ \text{HABRÁ ORDENADO.} \end{cases}$

No es, pues, de rigor que estos verbos (que forman como una especie de excepción respecto de los demás impersonales) expresen siempre la relación de presente á futuro. Pero cuando la expresan, esta relación no desaparece, antes bien persiste, á pesar del transcurso del tiempo.

Cuando, pues, con estos verbos un hecho futuro por la acción de los días, semanas, meses, etc., se convierte en pretérito, la relación de presente á futuro puede también conservarse recurriendo á las desinencias 'RÍA, 'RÍAS, 'RÍA, 'RÍAMOS, 'RÍAIS, 'RÍAN, que tuvimos ya ocasión de estudiar al tratar de los condicionales. Pero allí estas desinencias estaban en las prótasis y tenían, por tanto, significación condicionada, mientras que aquí, tratándose de las oraciones-substantivo, tienen sentido doblemente temporal: de futuro respecto al verbo impersonal, y de pretérito respecto al momento de la palabra:

Consta QUE JUAN HEREDARÁ.

La relación de presente á futuro se conservará (cuando ya Juan hubiere heredado) diciendo:

Constaba QUE JUAN HEREDARÍA (Y NO QUE JUAN HEREDASE Ó HEREDARA),

en donde la terminación RÍA indica ahora á la vez que el *heredar* fué futuro del *constar* y que el *haber heredado* pertenece á lo pretérito. La cláusula

Es indudable QUE LO HARÁN,

se transformará en

Era indudable QUE LO HARÍAN,

y análogamente la relación de presente á futuro se conserva en los nominativos-oración de los verbos impersonales que pueden referirse á lo pasado, presente y futuro, cambiando las desinencias de futuro (cuando se usen) en las que correspondan de entre las seis siguientes: RÍA, RÍAS, RÍA, RÍAMOS, RÍAIS, RÍAN. Ejemplos:

Consta QUE
- YO LO HARÉ.
- TÚ LO HARÁS.
- ÉL LO HARÁ.
- NOSOTROS LO HAREMOS.
- VOSOTROS LO HARÉIS.
- ELLOS LO HARÁN.

Constaba QUE
- YO LO HARÍA.
- TÚ LO HARÍAS.
- ÉL LO HARÍA.
- NOSOTROS LO HARÍAMOS.
- VOSOTROS LO HARÍAIS.
- ELLOS LO HARÍAN.

Consta QUE
- YO VENDRÉ.
- TÚ VENDRÁS.
- ÉL VENDRÁ.
- NOSOTROS VENDREMOS.
- VOSOTROS VENDRÉIS.
- ELLOS VENDRÁN.

Constaba QUE
- YO VENDRÍA.
- TÚ VENDRÍAS.
- ÉL VENDRÍA.
- NOSOTROS VENDRÍAMOS.
- VOSOTROS VENDRÍAIS.
- ELLOS VENDRÍAN.

De todo lo dicho resulta que con los verbos impersonales las desinencias SE, SES, SE, SEMOS, SEIS, SEN; RA, RAS, RA, RAMOS, RAIS, RAN; RÍA, RÍAS, RÍA, RÍAMOS, RÍAIS, RÍAN expresan á la vez dos tiempos:

1.º Futuro del verbo impersonal.
2.º Pretérito respecto al momento de la palabra.

Es decir, que las cincuenta y cuatro desinencias de los pretéritos imperfectos de subjuntivo significan á la vez dos tiempos cuando entran en las oraciones-nominativo de los verbos impersonales que expresan fenómenos afectivos de la sensibilidad, ó bien conceptos de la inteligencia.

OBSERVACIÓN 1.ª—Ya hemos visto que las oraciones-adverbio expresan dos relaciones temporales; pero la doble relación se manifiesta por medio de dos signos diferentes: uno el nexo adverbial, y otro la desinencia del verbo de la oración.

Mas tratándose de la conservación ó persistencia del respecto del presente á futuro, la doble relación se expresa por un solo signo: por la desinencia del verbo oracional que acompaña al verbo impersonal relativo.

OBSERVACIÓN 2.ª — Si el verbo de la oración estuviese en tiempo compuesto, como

Gusta QUE HOMBRES TAN ESFORZADOS HAYAN DADO MUESTRAS DE SU DIGNIDAD,
Conviene QUE HAYA LLOVIDO,

la relación temporal se conservará poniendo en pretérito el impersonal relativo y convirtiendo el auxiliar *haya, hayas, haya, hayamos, hayáis, hayan* en *hubiese, hubieses, hubiese, hubiesemos, hubieseis, hubiesen,* ó bien en el pleonástico *hubiera, hubieras, hubiera, hubiéramos, hubierais, hubieran*:

Gustó mucho QUE HOMBRES TAN ESFORZADOS HUBIESEN *(ó* HUBIERAN) DADO MUESTRAS DE SU DIGNIDAD.
Convino QUE HUBIESE *(ó* HUBIERA) LLOVIDO.

En resumen: las oraciones-adverbio se refieren á dos tiempos expresados con dos signos, uno indicado por el nexo y otro por el verbo de su oración, mientras que la conservación de las relaciones de presente á futuro se indica por una sola de las cincuenta y cuatro desinencias del pretérito imperfecto de subjuntivo: SE, SES, SE, SEMOS, SEIS, SEN, ó bien RA, RAS, RA, RAMOS, RAIS, RAN, ó bien RÍA, RÍAS, RÍA, RÍAMOS, RÍAIS, RÍAN.

Esto, con los verbos expresivos de afecciones de la sensibilidad ó conceptos de la inteligencia. Pero las indicadas doce terminaciones SE, SES, etc., RA, RAS, etc., no pueden usarse cuando se trata de los verbos citados: *consta, resulta, aparece, ocurre, sucede, acontece,* etc., etc.

CAPÍTULO III

ACUSATIVOS-ORACIÓN Y ACUSATIVOS-FRASE

Llámanse TRANSITIVOS los verbos que pueden llevar acusativo:

Deseo SU REGRESO (acusativo del verbo *deseo*).
Deploro SU REGRESO (acusativo del verbo *deploro*).
Sospecho SU REGRESO (acusativo del verbo *sospecho*).

Muchos de los verbos transitivos, en vez de llevar por acusativo un solo vocablo, pueden llevar una entidad elocutiva compuesta de varias palabras cuyo oficio sea equivalente al del vocablo único en acusativo:

Deseo QUE REGRESE TU HERMANO.
Deploro QUE REGRESE TU HERMANO.
Sospecho QUE REGRESE TU HERMANO.

Cada una de las tres entidades QUE REGRESE TU HERMANO sirve de acusativo respectivamente á cada uno de los verbos *deseo, deploro, sospecho.*

Las entidades elocutivas compuestas de varias palabras que sirven de acusativo á los verbos transitivos, se denominan ORACIONES, si entre las palabras que las constituyen se encuentra un verbo en desinencia personal, como en los ejemplos anteriores; y se llaman FRASES si no hay desinencia personal:

Declaro QUE NO PERCIBO OTRO HABER (1).
Declaro NO PERCIBIR OTRO HABER (2).

Los verbos que llevan acusativos-oración ó acusativos-frase se dividen en tres especies (3): VERBOS DE PASIÓN, VERBOS DE VOLUNTAD y VERBOS DE ENTENDIMIENTO, según que los actos dependan más ó menos directamente del SENTIR (como *deplorar*), del QUERER (como *desear*), del ENTENDER (como *sospechar*).

Verbos de pasión (4).—De entre los VERBOS DE PASIÓN que pueden llevar por acusativo una entidad elocutiva, son muy usuales los siguientes:

Recelar.	*Lamentar.*	*Celebrar.*
Temer.	*Deplorar.*	*Agradecer.*
Esperar.	*Sentir.*	*Necesitar.*

Los verbos de pasión son susceptibles de dos construcciones: una en que el nominativo de la tesis ó de la anéutesis es distinto del de la entidad acusativo, por lo cual en la cláusula hay dos nominativos diferentes, y otra en que un solo nominativo sirve no sólo para el verbo de la tesis ó la anéutesis, sino también para

---

(1) QUE NO PERCIBO OTRO HABER es una oración en acusativo, porque el verbo PERCIBO está en desinencia personal.

(2) NO PERCIBIR OTRO HABER es una frase, porque PERCIBIR está en infinitivo, y no en desinencia personal.

(3) Los acusativos-oración están sujetos á normas parecidas á las que siguen los nominativos-oración; pero no á las mismas, por lo cual hay que tratar separadamente de los unos y de los otros.

(4) El uso autoriza este nombre de VERBOS DE PASIÓN, nada propio ciertamente en gran número de casos. Se entiende bien que se denominen de pasión verbos tales como *deplorar, sentir, recelar,* etc. Pero tal denominación no parece correcta tratándose de verbos como *necesitar, esperar* y otros muchos incluídos, no obstante, en este grupo.

el de la entidad acusativo, es decir, que no hay más que un solo nominativo :

> *Siento* QUE LO DIGAS (dos nominativos).
> *Siento* DECIRLO (un nominativo).

Ejemplos en que la entidad acusativo es una oración con verbo en desinencia personal.	Ejemplos en que la entidad acusativo es una frase con verbo en infinitivo.
Deploro QUE LO HAGÁIS (1).	*Deploro* HACERLO (2).
Temo QUE EMPRENDAS ESE VIAJE (3).	*Temo* EMPRENDER ESE VIAJE (4).
Lamentamos QUE USTED LO DIGA (5).	*Lamentamos* DECIRLO (6).

Verbos de voluntad (7).—De entre los verbos llamados DE VOLUNTAD que pueden llevar por acusativo una entidad elocutiva, son muy usuales los siguientes :

Querer.	*Suplicar.*	*Conseguir.*	*Disponer.*
Desear.	*Rogar.*	*Lograr.*	*Permitir.*
Exigir.	*Pretender.*	*Mandar.*	*Impedir.*
Pedir.	*Conceder.*	*Ordenar.*	*Merecer.*
Solicitar.	*Aconsejar.*	*Prohibir.*	*Preferir.*

Los verbos de voluntad son también susceptibles, como los de pasión, de dos construcciones : una en que el nominativo de la tesis ó de la anéutesis es distinto del de la entidad acusativo, por lo cual en la cláusula hay dos nominativos diferentes, y otra en que un solo nominativo sirve tanto para el verbo de la tesis

---

(1) En esta cláusula hay dos nominativos: YO, para el verbo *deploro* de la tesis, y VOSOTROS, para el verbo HAGÁIS de la oración.
(2) En esta cláusula no hay más que un solo nominativo, pues íntegramente se diría YO *deploro* HACERLO YO. Por consiguiente, el ejemplo tiene que construirse con infinitivo.
(3) Igualmente se sobrentienden aquí dos nominativos: YO, para el verbo *temo* de la tesis, y TÚ, para el verbo EMPRENDAS de la oración-acusativo.
(4) Integramente se diría en esta cláusula: YO *temo* EMPRENDER YO ESE VIAJE. Por consiguiente, hay que acudir al infinitivo para construir la frase.
(5) En esta cláusula hay dos nominativos: uno, NOSOTROS, para el verbo *lamentamos* de la tesis, y otro, USTED, para el verbo DIGA de la oración. Por consiguiente, este acusativo tiene que ir en forma de oración.
(6) En esta cláusula se diría íntegramente : NOSOTROS *lamentamos* DECIRLO NOSOTROS. Aquí, como se ve, es preciso emplear el infinitivo.
(7) También el uso consagra esta denominación de VERBOS DE VOLUNTAD, nada propia ciertamente en muchas ocasiones. Se comprende que sean denominados de voluntad los verbos *querer, desear, ordenar, exigir* y sus análogos. Pero no cuadra que entren en esa clasificación verbos tales como *merecer, pedir, aconsejar* y todos aquellos que exigen como acusativo una oración construída de igual manera que las que acompañan al verbo *querer*.

ó anéutesis como también para el de la entidad acusativo, por lo cual no hay más que un solo nominativo en la cláusula :

> *Quiero* QUE LO HAGAS (dos nominativos) (1).
> *Quiero* HACERLO (un nominativo) (2).

Con los verbos de voluntad, lo mismo que con los de pasión, cuando hay dos nominativos, la entidad que hace de acusativo aparece en forma de oración con verbo en desinencia personal; y cuando en la cláusula sólo existe un nominativo, la entidad acusativo aparece como frase construída con infinitivo :

Ejemplos en que la entidad acusativo es una oración con verbo en desinencia personal, por haber dos nominativos en la cláusula.	Ejemplos en que la entidad acusativo es una frase con verbo en infinitivo, por haber un solo nominativo.
Prefiero QUE LA LLEVEMOS Á PANTICOSA (3).	*Prefiero* LLEVARLA Á PANTICOSA (4).
Deseo QUE COBREMOS ESA LETRA (5).	*Deseo* COBRAR YO MISMO ESA LETRA (6).
Quiero QUE LA CORRIJA SU INSTITUTRIZ (7).	*Quiero* CORREGIRLA YO (8).

Verbos de entendimiento (9).—De entre los verbos llamados DE ENTENDIMIENTO que pueden llevar por acusativo una entidad elocutiva, son muy frecuentes los que siguen:

Pensar.	*Recelar.*	*Asegurar.*	*Olvidar.*
Saber.	*Juzgar.*	*Sostener.*	*Manifestar.*
Suponer.	*Imaginar.*	*Jurar.*	*Predecir.*
Insinuar.	*Creer.*	*Prometer.*	*Prever.*
Sospechar.	*Afirmar.*	*Deducir.*	*Confesar.*

---

(1) YO, nominativo de *quiero,* y TÚ, nominativo de HAGAS.
(2) YO, nominativo de *quiero,* y también nominativo de HACERLO, pues la construcción íntegra sería : YO *quiero* HACERLO YO.
(3) En esta cláusula hay dos nominativos : YO, para el verbo *prefiero* de la tesis, y NOSOTROS, para el verbo LLEVEMOS de la oración.
(4) En esta cláusula no hay más que un solo nominativo, pues íntegramente se diría YO *prefiero* LLEVARLA YO Á PANTICOSA.
(5) Igualmente se sobrentienden aquí dos nominativos : YO, para el verbo *deseo,* y NOSOTROS, para el verbo COBREMOS de la oración-acusativo.
(6) Íntegramente se diría en esta cláusula : YO *deseo* COBRAR YO MISMO ESA LETRA.
(7) En esta cláusula hay dos nominativos : uno, YO, para el verbo *quiero,* y otro, SU INSTITUTRIZ, para el verbo CORRIJA de la oración.
(8) En esta cláusula sólo hay un nominativo : YO.
(9) Otra denominación impropia, aplicada á verbos como *jurar, prometer,* etc., y sus análogos.

Los verbos de entendimiento son también susceptibles de dos construcciones: una en que un solo nominativo sirve para la tesis ó anéutesis y también para la entidad acusativo, y otra en que el nominativo de la tesis ó la anéutesis es distinto del de la entidad acusativo:

Ejemplos en que la entidad acusativo es una oración con verbo en desinencia personal, por haber dos nominativos en la cláusula.	Ejemplos en que la entidad acusativo es una frase con verbo en infinitivo, por haber un solo nominativo en la oración.
Pienso QUE ELLAS LO HARÁN.	*Pienso* HACERLO YO.
Creo QUE ELLOS VENDRÁN ESTA NOCHE.	*Creo* VENIR YO ESTA NOCHE.
Afirmo QUE TUS ESCRIBIENTES LO HAN COPIADO.	*Afirmo* HABERLO COPIADO YO.

Las reglas á que obedecen estas entidades acusativo son á veces unas mismas para las tres especies de verbos de pasión, de voluntad y de entendimiento; mas otras veces no coinciden.

Regla general.—Cuando en la cláusula hay dos nominativos, uno para la tesis ó la anéutesis y otro para la entidad acusativo, esta entidad acusativo puede ser siempre una oración en desinencia personal:

Verbos de pasión y dos nominativos.........
- *Deploro* QUE LO HAGAN TUS AMIGOS (oración).
- *Temo* QUE TUS DISCÍPULOS NO APRENDAN (oración).
- *Lamento* QUE USTEDES SE DISGUSTEN (oración).

Verbos de voluntad y dos nominativos....
- *Exijo* QUE LOS EMPLEADOS VENGAN PUNTUALMENTE (oración).
- *Os ruego* QUE ME PRESTÉIS ATENCIÓN (oración).
- *Tu hermano pretendía* QUE EL MINISTRO LO ASCENDIERA (oración).

Verbos de entendimiento y dos nominativos..
- *Supongo* QUE HA LLEGADO YA EL VAPOR (oración).
- *Tu hermano sospechaba* QUE EL MINISTRO ME HABÍA DEJADO CESANTE (oración).
- *Los peritos sostienen* QUE EL CARÁCTER DE LETRA NO ES EL MISMO (oración).

Excepción.—Aun habiendo dos nominativos, la entidad acusativo de los verbos de entendimiento puede ser una frase construída con infinitivo, siempre que el acusativo no se refiera á hechos evidentemente futuros, lo que no ocurre con los verbos de pasión ni con los de voluntad.

Ejemplos de acusativos-frase construídos con infinitivo, aun habiendo dos agentes:

El cabrero insinuó HABER ESTADO ALLÍ LA GUARDIA CIVIL (1).
El cajero recelaba HABER SIDO ESTAFADO POR SU COBRADOR (2).
El guarda confiesa TENER SU AMO DIEZ FUSILES OCULTOS EN EL CORTIJO (3).

Anomalías referentes á los verbos de voluntad.—
Cuando el nominativo de alguno de estos verbos es de los llamados nominativos causantes, si el agente del verbo de voluntad es distinto del agente de la entidad acusativo, esta entidad puede construirse (conforme á la regla general) como oración, y también, por anomalía, como frase con infinitivo:

Infinitivo por excepción.	Desinencia personal según regla.
El alcalde prohibe JUGAR AQUÍ Á LA PELOTA (4).	*El alcalde prohibe* QUE LOS MUCHACHOS JUEGUEN AQUÍ Á LA PELOTA.
El virrey mandó CONSTRUIR TREINTA Y OCHO GALERAS (5).	*El virrey mandó* QUE LOS ARMADORES CONSTRUYERAN TREINTA Y OCHO GALERAS.
El coronel mandó HACER FUEGO SOBRE LOS AMOTINADOS (6).	*El coronel mandó* QUE LOS GUARDIAS HICIESEN FUEGO SOBRE LOS AMOTINADOS.
Mi amigo hizo VENIR EL COCHE (7).	*Ni amigo hizo* QUE VINIESE EL COCHE.

(1) En esta cláusula, en que el verbo de la tesis *insinuó* es de entendimiento, hay dos agentes, *el cabrero* y LA GUARDIA CIVIL. Estos dos agentes serían dos nominativos si el acusativo se hubiese construído en forma oracional, diciendo:

El cabrero insinuó QUE HABÍA ESTADO ALLÍ LA GUARDIA CIVIL.

La cláusula, evidentemente, no se refiere á lo futuro, sino al tiempo pasado.
(2) Esta cláusula, construída con el verbo de entendimiento *recelar*, no se refiere tampoco á lo futuro, sino á lo pasado. Hay en ella dos agentes, *el cajero* y EL COBRADOR, los cuales serían dos nominativos si el acusativo de la cláusula se hubiese construído en forma oracional, diciendo:

El cajero recelaba QUE HABÍA SIDO ESTAFADO POR SU COBRADOR.

(3) *Confesar*, verbo de entendimiento; *confiesa*, época no futura; dos agentes, *el guarda* y SU AMO, los cuales serían nominativos si, conforme á la regla general, el acusativo se hubiese construído oracionalmente, diciendo:

El guarda confiesa QUE SU AMO TIENE OCULTOS DIEZ FUSILES EN EL CORTIJO.

(4) El nominativo de *prohibir* es distinto del nominativo de JUGAR; los que puedan jugar á la pelota son individuos distintos del alcalde, y á pesar de ser distintos, puede emplearse correctamente el infinitivo cuando el nominativo del verbo de voluntad es causante.
(5) Claro es que el virrey no es quien había de construir las treinta y ocho galeras, y sin embargo de ser distintos los agentes, el acusativo aparece en la forma de frase por medio de infinitivo.
(6) El coronel no fué quien hizo fuego.
(7) Mi amigo no fué quien condujo el coche.

Reglas referentes á un solo nominativo. — La entidad acusativo de los verbos de pasión y de voluntad, cuando no hay más que un solo nominativo, se construye siempre con infinitivo, y no como oración:

Verbos de pasión y un nominativo......
- *Deploro* HACERLO (y no *deploro* QUE YO LO HAGA).
- *Temo* APRENDER (y no *temo* QUE YO NO APRENDA).
- *Lamento* DECIRLO (y no *lamento* QUE YO LO DIGA).
- *Espero* ALCANZARLO (y no *espero* QUE YO LO ALCANCE).
- *Anhelo* CONSEGUIRLO (y no *anhelo* QUE YO LO CONSIGA).

Verbos de voluntad y un nominativo...
- *Quiero* HACERLO YO MISMO (y no *quiero* QUE YO MISMO LO HAGA).
- *Deseo* ESCRIBIR YO LA CARTA (y no *deseo* QUE YO ESCRIBA LA CARTA).
- *Pretendo* ASCENDER (y no *pretendo* QUE YO ASCIENDA).
- *Prefiero* RETROCEDER (y no *prefiero* QUE YO RETROCEDA).
- *Consigo* APRENDERLO (y no *consigo* QUE YO LO APRENDA).

Verbos de entendimiento y acusativo-oración. — La entidad acusativo de los verbos de entendimiento, cuando no hay en la cláusula más que un solo nominativo, puede ser siempre una oración, lo que no excluye á veces la equivalente construcción con infinitivo:

	Acusativo-oración.	Acusativo-frase.
Verbos de entendimiento y un nominativo..	*Pienso* (1) QUE ACERTARÉ.	*Pienso* (1) ACERTAR.
	Afirmo (2) QUE LO HA VENDIDO.	*Afirma* (2) HABERLO VENDIDO.
	Promete (3) QUE COPIARÁ LA COMEDIA.	*Promete* (3) COPIAR LA COMEDIA.
	Creo (4) QUE PODRÉ HACERLO.	*Creo* (4) PODER HACERLO.
	El guarda asegura (5) QUE TIENE SU CABALLO EN EL CORTIJO.	*El guarda asegura* (5) TENER SU CABALLO EN EL CORTIJO.

Excepción. — La entidad acusativo de los verbos de entendimiento, cuando no hay más que un solo nominativo, si bien

---

(1) *Pensar* es verbo de entendimiento.
(2) *Afirmar* es verbo de entendimiento.
(3) *Prometer* es verbo de entendimiento.
(4) *Creer* es verbo de entendimiento.
(5) *Asegurar* es verbo de entendimiento.

puede aparecer siempre en forma oracional, no puede construirse en todo caso con infinitivo:

	Construcción oracional posible.	Construcción con infinitivo inadmisible.
Verbos de entendimiento y un nominativo..	*Tú sabes* QUE PUEDES HACERLO.	*Tú sabes* PODER HACERLO TÚ.
	Dijiste QUE VENDRÍAS EL LUNES.	*Dijiste* VENIR EL LUNES.
	Sostengo QUE LO HARÉ.	*Sostengo* HACERLO.
	Deduces QUE LO DESCUBRIRÁS.	*Deduces* DESCUBRIRLO.
	El guarda anunció QUE VENDRÍA.	*El guarda anunció* VENIR.

Épocas á que se refieren los verbos de los acusativos-oración.—Las oraciones-acusativo de los verbos de pasión, cuando están en tiempo simple, se refieren á lo futuro, y cuando en tiempo compuesto, á lo pasado.

Ejemplos en tiempo simple:

Temo QUE VAYA Á ESA CACERÍA................
Sentiré QUE SE HAGA PÚBLICO ESE LANCE....... } Referencia á lo futuro.
Deploraré QUE LO EJECUTE..................

Ejemplos en tiempo compuesto:

Temo QUE HAYA IDO Á ESA CACERÍA...........
Sentiré QUE SE HAYA HECHO PÚBLICO ESE LANCE. } Referencia á lo pasado.
Deploraré QUE LO HAYA EJECUTADO...........

Las mismas reglas, en cuanto las ideas no se opongan, rigen á las oraciones-acusativo de los verbos de voluntad; esto es, si están en tiempo simple, se refieren á lo futuro, y si en tiempo compuesto, á lo pasado.

Ejemplos en tiempo simple:

Deseo QUE VAYA Á ESA CACERÍA..............
Merezco QUE SE HAGA PÚBLICO ESE LANCE...... } Referencia á lo futuro.
Prefiero QUE LO EJECUTE...................

Ejemplos en tiempo compuesto:

Deseo QUE HAYA IDO Á ESA CACERÍA...........
Merezco QUE SE HAYA HECHO PÚBLICO ESE LANCE. } Referencia á lo pasado.
Prefiero QUE LO HAYA EJECUTADO ....

Las oraciones-acusativo de los verbos de entendimiento, ya estén en tiempo simple, ya en tiempo compuesto, pueden referirse igualmente á lo pasado, á lo presente y á lo futuro.

Pero con los verbos de entendimiento, los verbos de las oraciones-acusativo pueden hacer referencia á lo pasado, á lo presente y á lo futuro.

Ejemplos con verbos de entendimiento:

> *Creo* QUE ESCRIBIÓ LA CARTA.
> *Juzgo* QUE ESTÁ OBCECADO.
> *Asegura* QUE EMPRENDERÁ EL VIAJE.
> *Sospecho* QUE ME { ENGAÑÓ. ENGAÑA. ENGAÑARÁ.

Como es muy fácil de observar, los tiempos simples de las oraciones-acusativo que acompañan á los verbos de entendimiento pueden referirse á lo pasado, á lo presente ó á lo futuro, en lo cual las oraciones-acusativo de los verbos de entendimiento se distinguen de las oraciones de los verbos de voluntad y de pasión.

Claro es que si las oraciones-acusativo de los verbos de entendimiento se refieren á lo pasado, se emplearán en ellas los tiempos compuestos:

> *Declaro* QUE NO HE PERCIBIDO OTRO HABER.
> *Creo* QUE LO HA HECHO.
> *Digo* QUE HABÍA ACERTADO.
> *Creí* QUE ERA ESO COSA DE TU HERMANA.

La exigencia de los tiempos futuros depende de la naturaleza del significado que tienen los verbos de los acusativos-oración.

Los actos dependientes de la voluntad se refieren á hechos no ocurridos todavía, pero que pueden ocurrir. Por la índole íntima de las cosas, yo no puedo QUERER, DESEAR, PRETENDER, MANDAR, EXIGIR, etc., que ocurra una cosa en época pretérita. Por consiguiente, los verbos de voluntad de los acusativos-oración adoptan, naturalmente, la construcción propia de lo futuro:

> *Ordena* QUE SUSPENDAN LAS SESIONES.
> *Dispone* QUE ENTREGUEN LAS ARMAS.
> *Permite* QUE SE ABRA EL CÍRCULO.
> *Concede* QUE DISFRUTE UN MES DE LICENCIA.

Es evidente que por la índole de los sucesos la suspensión de sesiones tiene que ser posterior á la orden, la entrega de las armas posterior á la disposición, la apertura del círculo posterior al permiso, el disfrute de licencia posterior á la concesión. Lo mismo ha de entenderse de todos los acusativos análogos.

Pero no pasa lo mismo con los verbos de entendimiento. Yo puedo AFIRMAR que una cosa FUÉ, ES ó SERÁ, conforme al concepto que tenga yo formado acerca de su posible aparición. Por ejemplo:

> *Afirmo* QUE VINO.
> *Sostengo* QUE VIENE.
> *Declaró* QUE VENDRÁ.
> *Declaro* HABERME ELLA VISTO EN MADRID.

Y de igual manera pueden refererirse al presente, al pasado ó al futuro las oraciones que acompañan en calidad de acusativo á todos los demás verbos de entendimiento;

> *Afirmó* QUE ASÍ ..... $\begin{cases} \text{ES.} \\ \text{FUÉ.} \\ \text{SERÁ.} \end{cases}$
>
> *Aseguró* QUE .... $\begin{cases} \text{VINO.} \\ \text{VIENE.} \\ \text{VENDRÁ.} \end{cases}$
>
> *Aseguró* HABER VENIDO SU HERMANA.
>
> *Sostengo* QUE ELLA LO $\begin{cases} \text{DECLARÓ.} \\ \text{DECLARA.} \\ \text{DECLARARÁ.} \end{cases}$
>
> *Sostengo* HABERLO ELLA DECLARADO.
>
> *Digo* QUE LO .... $\begin{cases} \text{HICE (QUE LO HE HECHO).} \\ \text{HAGO (QUE LO HABÍA HECHO).} \\ \text{HARÉ (QUE LO HABRÉ HECHO).} \end{cases}$

Pero (según pasa con los nominativos-oración) la referencia temporal de las oraciones-acusativo que acompañan á los verbos de entendimiento tiene que estar sujeta, y lo está, á muchas restricciones, no precisamente por exigencias gramaticales, sino por la natural limitación que las ideas imponen. Puede decirse:

> *Confieso* QUE ME $\begin{cases} \text{EQUIVOCO.} \\ \text{EQUIVOQUÉ.} \\ \text{EQUIVOCABA.} \\ \text{HE EQUIVOCADO.} \\ \text{HABÍA EQUIVOCADO.} \end{cases}$

Pero no tiene sentido la cláusula

> *Confieso* QUE ME EQUIVOCARÉ,

porque no se confiesa lo que no ha ocurrido aún. Puede decirse:

$$Creo \text{ QUE} \begin{cases} \text{ESTÁS OBCECADO,} \\ \text{ESTABAS OBCECADO,} \\ \text{HAS ESTADO OBCECADO,} \end{cases}$$

y no

Creo QUE TE OBCECARÁS MAÑANA Á TAL HORA.

Puede igualmente decirse:

$$No\ olvidaré\ nunca \text{ QUE ME} \begin{cases} \text{ULTRAJABA,} \\ \text{ULTRAJÓ,} \\ \text{HA ULTRAJADO,} \\ \text{HABÍA ULTRAJADO,} \end{cases}$$

y sería ilógico:

No olvidaré nunca QUE ME ULTRAJARÁ.

No cabe, pues, más limitación en el empleo de los tiempos de las oraciones-acusativo, cuando van con verbo de entendimiento en presente, que la exigida por la SIGNIFICACIÓN propia de estos verbos; por ejemplo: PROMETER. Yo no puedo prometer más que actos futuros, porque la esencia del verbo PROMETER así lo exige; PREVER Y PREDECIR lo pasado sería absurdo. Por tanto, tras el presente de estos especiales verbos de entendimiento no no pueden ir oraciones-acusativo en cualquier tiempo. No cabe decir:

Yo creí ayer QUE EL NIÑO HA MUERTO HOY,

porque ayer no era posible creencia ninguna en pretérito acerca de ese hecho especialísimo no ocurrido aún.

Persistencia de la relación temporal. — Demos que no haya restricciones de sentido que se opongan á la expresión de relaciones temporales de presente á futuro.

Supongamos, pues, establecida esta relación entre un verbo transitivo y el correspondiente de su oración.

Y supongamos también ya transcurrido el tiempo preciso para que el futuro de la oración pertenezca á lo pasado.

Supóngase, por fin, la necesidad de conservar la relación primitiva de presente á futuro, y entonces procederemos con las oraciones-acusativo como si se tratara de oraciones-nominativo.

Si el verbo es de voluntad ó de pasión, este verbo se pondrá en pretérito, y el de su respectiva oración en la desinencia que corresponda de entre las ya conòcidas : SE, SES, SE, SEMOS, SEIS, SEN; RA, RAS, RA, RAMOS, RAIS, RAN :

Relación de presente á futuro.	Persistencia de esta relación cuando el futuro es ya pretérito.
Hoy lunes el rector ordena QUE MAÑANA MARTES HAYA VACACIONES.	*El rector ordenó el lunes* QUE EL MARTES HUBIESE (ó HUBIERA) VACACIONES.
El gobernador dispone hoy lunes QUE MAÑANA MARTES SE ENTREGUEN LAS ARMAS.	*El gobernador dispuso el lunes* QUE EL MARTES SE ENTREGASEN (ó ENTREGARAN) LAS ARMAS.
Hoy lunes permite el delegado QUE EL MARTES SE ABRA EL CÍRCULO.	*El lunes permitió el delegado* QUE EL MARTES SE ABRIESE (ó ABRIERA) EL CÍRCULO.
Hoy lunes concede el ministro QUE DESDE MAÑANA MARTES DISFRUTES DE UN MES DE LICENCIA.	*El lunes concedió el ministro* QUE DESDE EL MARTES DISFRUTASES (ó DISFRUTARAS) UN MES DE LICENCIA.

Si el verbo es de los de entendimiento, se pondrá en tiempo pasado, y el de su respectiva oración cambiará su desinencia por la que corresponda de entre las siguientes : RÍA, RÍAS, RÍA, RÍAMOS, RÍAIS, RÍAN :

Relación de presente á futuro.	Persistencia de esta relación cuando el futuro es ya pretérito.
Hoy día 5 afirmo QUE PASADO MAÑANA SE VERIFICARÁ EL PAGO.	*El día 5 afirmé* QUE EL 7 SE VERIFICARÍA EL PAGO.
Hoy 13 aseguro QUE EL VAPOR LLEGARÁ MAÑANA 14.	*El día 13 afirmé* QUE EL 14 LLEGARÍA EL VAPOR.
Hoy día 1.º digo QUE TENDRÉ TERMINADA LA COMEDIA EL 21.	*El día 1.º dije* QUE TENDRÍA TERMINADA LA COMEDIA EL 21.

De los anteriores ejemplos de oraciones-acusativo resulta lo propio que nos resultó de los ejemplos de las oraciones-nominativo; á saber: 'SE, 'SES, 'SE, 'SEMOS, 'SEIS, 'SEN; 'RA, 'RAS, 'RA, 'RAMOS, 'RAIS, 'RAN; 'RÍA, 'RÍAS, 'RÍA, 'RÍAMOS, 'RÍAS 'RÍAN, expresan á la vez dos tiempos :

1.º Futuro del verbo transitivo.
2.º Pretérito respecto del momento de la palabra :

Roma quería QUE TODOS LOS PUEBLOS SE SOMETIESEN (SOMETIERAN) Á SUS LEYES.
Los profetas anunciaron QUE DE UNA VIRGEN NACERÍA EL SALVADOR DEL MUNDO.

Excepciones.—1.ª Los verbos de entendimiento, en la gran mayoría de los casos, se refieren á lo ya ocurrido, y por lo tanto, las oraciones que los acompañan van en pretérito ó en presente:

> *Creo* QUE ESTÁ ESCRIBIENDO UNA ZARZUELA.
> *Creo* QUE ESTABA ENTONCES ESCRIBIÉNDOLA.
> *Creo* QUE LA ESCRIBIÓ.
> *Creo* QUE YA LA HABÍA ESCRITO.

2.ª Pero, como sabemos, los verbos de entendimiento pueden también referirse á lo futuro, y entonces, según consideremos como cierto ó como dudoso al hecho que ha de ocurrir, así emplearemos el futuro de indicativo:

> *Creo* QUE LO HARÁ (indicativo).
> *No creo* QUE LO HAGA (subjuntivo).
>
> *Afirmo* QUE VENDRÁ (indicativo).
> *No afirmo* QUE VENGA (subjuntivo).
>
> *Creo* QUE ESCRIBIRÁ LA ZARZUELA (indicativo).
> *No creo* QUE LA ESCRIBA (subjuntivo).
>
> *¿Quién cree* QUÉ LA ESCRIBA? (subjuntivo).
> *¿Hay quien crea* QUE LA PODRÁ ESCRIBIR? (indicativo).

Pero aquí surge una dificultad, no dependiente de la Gramática, sino del concepto que aquel que habla tenga formado de la posible realización del hecho que ha de acontecer, por lo cual las oraciones pueden aparecer en las dos formas de futuro. Cabe decir:

> *No creo* QUE ESCRIBA ESA ZARZUELA.
> *No creo* QUE ESCRIBIRÁ ESA ZARZUELA.
>
> *No creo* QUE SE ATREVA Á TANTO.
> *No creo* QUE SE ATREVERÁ Á TANTO.
>
> *No creo* QUE VENGA.
> *No creo* QUE VENDRÁ.
>
> *No creo* QUE EXIJA FIANZA.
> *No creo* QUE EXIGIRÁ FIANZA.

En el primer ejemplo de cada una de las cuatro parejas anteriores, el que habla considera como dudoso el hecho que expresa la oración-acusativo, mientras que en el segundo ejemplo de cada pareja manifiesta su persuasión de que el hecho no ha de realizarse.

Conforme sea la persuasión de cada individuo, cuando se trate de conservar la relación de presente á futuro, se recurrirá á las terminaciones 'SE, 'SES, 'SE; 'RA, 'RAS, 'RA, etc., ó bien se hará uso de las otras terminaciones 'RÍA, 'RÍAS, 'RÍA, etc.

Tendremos, pues, las correlaciones siguientes, según que el futuro se estime como dudoso ó se considere como cierto:

Futuro estimado como dudoso.	Persistencia de la relación temporal.
No creo QUE ÉL ESCRIBA ESA ZARZUELA.	*No creí* QUE ÉL ESCRIBIESE (ó ESCRIBIERA) ESA ZARZUELA.
No creo QUE SE ATREVA Á TANTO.	*No creí* QUE SE ATREVIESE (ó ATREVIERA) Á TANTO.
No creo QUE VENGA.	*No creí* QUE VINIESE (ó VINIERA).
No creo QUE TE EXIJA FIANZA.	*No creí* QUE TE EXIGIESE (ó EXIGIERA) FIANZA.

Futuro estimado como cierto.	Persistencia de la relación temporal.
No creo QUE ÉL ESCRIBIRÁ ESA ZARZUELA.	*No creí* QUE ÉL ESCRIBIRÍA ESA ZARZUELA.
No creo QUE SE ATREVERÁ Á TANTO.	*No creí* QUE SE ATREVERÍA Á TANTO.
No creo QUE VENDRÁ.	*No creí* QUE VENDRÍA.
No creo QUE TE EXIGIRÁ FIANZA.	*No creí* QUE TE EXIGIRÍA FIANZA.

Á veces, en virtud de lo dicho, y también por atracciones gramaticales, aparecen conservadas las relaciones de presente á futuro con acusativos oracionales de las tres formas del pretérito imperfecto de subjuntivo:

No creí QUE TE .... $\begin{Bmatrix} \text{PIDIESE} \\ \text{PIDIERA} \\ \text{PEDIRÍA} \end{Bmatrix}$ FIANZA.

¡Quién había de creer QUE TE $\begin{Bmatrix} \text{PAGARA} \\ \text{PAGASE} \\ \text{PAGARÍA} \end{Bmatrix}$ EN EL ACTO!

Anomalías y particularidades.—Puede suceder (y sucede) que, en una relación de presente á futuro, el presente, con el transcurso de algún tiempo, sea pretérito y todavía el futuro no pertenezca á lo pasado.

Supongamos la cláusula siguiente:

Hoy lunes la Empresa acuerda QUE SUS INGENIEROS INSPECCIONEN PASADO MAÑANA MIÉRCOLES LAS OBRAS.

Naturalmente, y conforme á lo expuesto, si el sábado próximo, cuando ya pertenezcan á lo pasado el lunes y el miércoles, hay que consignar la expresada relación, deberá decirse:

El lunes acordó la Empresa QUE SUS INGENIEROS INSPECCIONASEN (ó INSPECCIONARAN) EL MIÉRCOLES LAS OBRAS.

Pero no sucederá lo propio si el martes tenemos que hablar de la misma relación temporal. Al llegar el martes, ya el lunes pertenece á lo pasado; pero el miércoles continúa siendo todavía futuro, y entonces será preciso decir :

Ayer lunes acordó la Empresa QUE SUS INGENIEROS INSPECCIONEN MAÑANA MIÉRCOLES LAS OBRAS.

Cuando, pues, el presente del verbo de la tesis, ya sea de voluntad, ya de entendimiento, se haya convertido en pretérito, pero no se haya aún verificado el hecho futuro expresado por el substantivo-oración, el estado de la relación se expresará poniendo en pretérito el verbo de la tesis, y dejando todavía en futuro el de la oración :

Siempre he creído y creo QUE MI PRIMO ACABARÁ LA CARRERA CON BUENAS NOTAS.

Cuando el verbo del acusativo-oración se refiere á época presente, esta circunstancia se expresa conservando en presente el verbo :

Copérnico vió QUE LA TIERRA GIRA ALREDEDOR DEL SOL.
Arquímedes demostró QUE TODO CUERPO SUMERGIDO EN UN LÍQUIDO PIERDE DE SU PESO LO QUE PESA EL LÍQUIDO DESALOJADO.
Desde entonces supuse QUE ES UN BRIBÓN (1).
Siempre juzgué QUE ES UN TONTO (2).

La práctica suele, para esta clase de oraciones, emplear (por atracción) las construcciones ya explicadas, y así se encuentran cláusulas como las siguientes :

Ayer lunes acordó la Empresa QUE SUS INGENIEROS INSPECCIONASEN EL MIÉRCOLES LAS OBRAS.
La semana anterior creíamos QUE LAS OBRAS ESTARÍAN TERMINADAS PARA FIN DE MES.
Siempre he creído QUE MI PRIMO ACABARÍA LA CARRERA CON BUENAS NOTAS.
Siempre supuse QUE ESE HOMBRE ERA UN SOLEMNE BRIBÓN.
Copérnico vió QUE LA TIERRA GIRABA ALREDEDOR DEL SOL.

---

(1) Por atracción se dice comúnmente :

Desde entonces supuse QUE ERA UN BRIBÓN.

(2) *Siempre juzgué* QUE ERA UN TONTO.

Á veces sucede que una entidad independiente hace de acusativo; por ejemplo:

La heredad dice á su amo : Hazme ver tu sombra.
Los almogávares convocaban al somatén al grito de: ¡Despierta, hierro, despierta!
Se atribuye á Confucio la siguiente hermosísima sentencia : Sé generoso como el sándalo, que perfuma el hacha que lo hiere.
Dice el noveno mandamiento : No desearás la mujer de tu prójimo.

Es evidente que estas construcciones en que se cita algún dicho célebre no son las oraciones-acusativo de que se trata en este capítulo.

Supresión del nexo «que». — El nexo conjuntivo que suele omitirse en la conversación y en lo escrito.

Esta supresión se verifica lo mismo cuando se trata de las oraciones impersonales relativas, que cuando se trata de las de los verbos de pasión, voluntad ó de entendimiento:

Conviene haga usted eso cuanto antes (verbo impersonal).
Deploraré se retrase el correo (verbo de pasión).
Ruego á usted me dispense (verbo de voluntad).
Creo no he de equivocarme (verbo de entendimiento).

La supresión del nexo que exige que en el substantivo-oración se posponga al verbo el nominativo cuando fuese nominal ó pronominal:

Conoció no había otro medio (y no *conoció* otro medio no había).
Se asegura desembarcará mañana el presidente (y no *se asegura* el presidente desembarcará mañana).

En la gran mayoría de los casos, el substantivo-oración va detrás del verbo transitivo á que pertenece:

Ruego á usted me dispense (y no me dispense *ruego á usted*).

Por manera que la supresión del nexo que origina una construcción especial:

1.º Posposición de la oración al verbo, ya sea impersonal, ya de pasión, de voluntad ó de entendimiento.
2.º Posposición, en la oración misma, del nominativo á su verbo.

Así es que siempre hay más de una manera de expresar que una oración es substantivo:

>*Ruego á usted* ME DISPENSE.
>*Ruego á usted* QUE ME DISPENSE.
>
>*Aseguró* QUE EL PRESIDENTE PERMANECE ALLÍ.
>*Aseguró* PERMANECER ALLÍ EL PRESIDENTE.

3.º Solamente por excepción no seguían los antiguos esta regla:

Os suplico, andante, inclito y señor indomable, VUESTRA GRACIOSA PROMESA SE CONVIERTA EN OBRA.

(CERVANTES.)

LLUEVA Ó NO LLUEVA, *me es indiferente* (1).

Fuera de casos como los anteriores, lo común y corriente son las construcciones ya presentadas como reglas:

>*Os suplico* QUE VUESTRA PROMESA SE CONVIERTA EN OBRA.
>*Os suplico* SE CONVIERTA EN OBRA VUESTRA PROMESA.
>
>*Creo* QUE TÚ PUEDES HACERLO.
>*Creo* QUE PUEDES HACERLO TÚ.
>*Creo* PUEDES HACERLO.

4.º Suprímese el nexo QUE cuando el substantivo-oración contiene otro QUE distinto del nexo:

>*Inquirió* QUÉ SUCEDÍA,

cláusula en la cual la palabra QUÉ es condensación de los dos monosílabos LO QUE (2), el uno acusativo de *inquirió*, y el otro nominativo de SUCEDÍA.

---

(1) En este adagio se conserva la antigua ordenación.
(2) Sin embargo, los antiguos no rehusaban el encuentro de los dos QUE:

Preguntó la duquesa á Don Quijote QUE QUÉ NUEVAS TENÍA DE LA SEÑORA DULCINEA.

(CERVANTES.)

Visto lo cual por el cura y el barbero, le dijeron QUE QUÉ LE HABÍA SUCEDIDO.

(IDEM)

Su padre llegó corriendo adonde estábamos, y viendo á su hija de aquella manera, le preguntó QUE QUÉ TENÍA.

(IDEM.)

Don Quijote preguntó á Sancho QUE QUÉ LE HABÍA MOVIDO Á LLAMARLE EL CABALLERO DE LA TRISTE FIGURA.

(IDEM)

5.º La supresión del QUE evita á veces construcciones anfibológicas:

Suplicamos á los lectores QUE SE TOMEN LA MOLESTIA DE ...

Aquí puede tomarse como oración-adjetivo, determinante de *lectores,* la oración QUE SE TOMEN LA MOLESTIA, mientras que si se quiere que esa entidad sea oración-acusativo, no cabrá ambigüedad suprimiendo el QUE y diciendo:

Suplicamos á nuestros lectores SE TOMEN LA MOLESTIA DE ...

6.º La supresión del QUE resulta elegante cuando á una oración-substantivo sigue otra enlazada con la primera:

Me dijo QUE LE HABÍA PEDIDO QUE LE PRESTASE EL COCHE (1).

Suprimiendo el primer QUE en el ejemplo propuesto, tendremos:

Me dijo le había pedido QUE LE PRESTASE EL COCHE.

7.º La supresión del QUE está autorizada por nuestros más insignes escritores:

Quiero, Sancho, ME DIGAS LO QUE ACERCA DE ESTO HA LLEGADO Á TUS OÍDOS.
(CERVANTES.)
Quiera Dios HALLE ALGÚN AGRADECIMIENTO MI DESEO.
.(IDEM.)
Me dijeron NO TENÍA QUE OFENDERME.
(QUEVEDO.)
Mas no me espanto LO SEA.
(TIRSO DE MOLINA.)
... *pluguiera á Dios*
SEPULTARA ETERNA NOCHE
SU CONTINUO RESPLANDOR.
(CALDERÓN.)

Excusado es decir que, á ser conveniente, puede siempre suprimirse el QUE, conforme á las reglas explicadas de construcción y posposición:

Declaro NO PERCIBIR OTRO HABER.
Mi hermano afirma NO ESTÁ SU JEFE EN EL CASINO.
Prefiero LEAS TÚ MISMO EL LIBRO.
Conviene LO HAGAMOS NOSOTROS MISMOS.

En vez del nexo QUE suele ponerse el nexo COMO:

Le escribió COMO SU PADRE HABÍA MUERTO.

---

(1) Es obvio que la entidad QUE LE PRESTASE EL COCHE es acusativo de HABÍA PEDIDO, verbo de la primera oración-acusativo de *me dijo*.

CAPÍTULO IV

DATIVOS-ORACIÓN

Poco hay que decir sobre esta clase de oraciones y de las frases que les corresponden.

Unas y otras son raras, y á ellas se aplican las reglas y consideraciones ya expuestas:

Demos gracias Á QUE NUESTROS DATOS {SON / ERAN / RESULTARON} IRREFUTABLES (oración).
Demos gracias Á SER IRREFUTABLES NUESTROS DATOS (frase).

No atribuyamos importancia Á SER AMENAZADOS POR LOS DISIDENTES (frase).
No atribuyamos importancia Á QUE LAS OPOSICIONES NOS AMENACEN Ó NO (oración).

No presto interés Á QUE VENGAN Ó DEJEN DE VENIR (oración).

CAPÍTULO V

GENITIVOS-ORACIÓN Y GENITIVOS-FRASE

Nombres en nominativo:

Corre la noticia (nominativo) DE QUE HA LLEGADO.
Circula el rumor (nominativo) DE QUE EL EX MINISTRO SERÁ NOMBRADO PARA UNA EMBAJADA.

Nombres en acusativo:

Los periódicos propagan la noticia (acusativo) DE QUE ERA IRREMEDIABLE LA CRISIS.
Defendía la conveniencia (acusativo) DE QUE LAS MUJERES TUVIESEN DERECHOS POLÍTICOS.

Nombres en dativo:

¿Quién quitará valor á la absurda propaganda (dativo) DE QUE EL CAPITAL ES ENEMIGO DEL TRABAJO?
Daba suma importancia á la conveniencia (dativo) DE QUE EMPEZASEN TEMPRANO LAS SESIONES.

Nombres en genitivo:

No desprecies el absurdo de la propaganda (genitivo) DE QUE EL CAPITAL ES ENEMIGO DEL TRABAJO.
Siempre hay que contar con lo arraigado de la preocupación (genitivo) DE QUE LAS REVOLUCIONES DESARRAIGAN LAS RUTINAS.

Nombres en ablativo :

Un sombrero tan alto cuenta con la seguridad (ablativo) DE QUE UNA RÁFAGA DE VIENTO SE LO LLEVE.
Lo alucinaron con la promesa (ablativo) DE QUE LAS OBRAS ESTARÍAN PRONTO TERMINADAS.

Referencia á lo pasado ó á lo futuro.—Las entidades genitivo pueden aparecer en forma de oración ó de frase si se refieren á lo pasado ó lo presente, y sólo en la de oración si á lo futuro :

Oración.	Frase.
No cabe duda DE QUE ESPAÑA FUÉ SEÑORA DEL NUEVO MUNDO (referencia á lo pasado).	*No cabe duda* DE HABER SIDO ESPAÑA SEÑORA DEL NUEVO MUNDO (referencia á lo pasado).
Cada vez se acredita más la idea DE QUE INGLATERRA ES LA NACIÓN MÁS RICA DEL MUNDO (referencia á lo presente).	*Cada vez se acredita más la idea* DE SER INGLATERRA LA NACIÓN MÁS RICA DEL MUNDO (referencia á lo presente).
Cada día se acredita más la idea DE QUE EL JAPÓN SERÁ LA PRINCIPAL POTENCIA MILITAR DE ORIENTE (referencia á lo futuro).	No cabe frase.

Con el transcurso del tiempo es posible que la idea de futuro contenida en un genitivo-oración pertenezca ya á lo pasado :

Corre la noticia DE QUE MAÑANA LLEGARÁ EL PRESIDENTE (futuro, y por consiguiente oración).

Cuando ya sea pretérito, se dirá :

Corrió la noticia DE QUE AL OTRO DÍA LLEGARÍA EL PRESIDENTE.

Las oraciones genitivo, como acaba de verse, van precedidas del nexo compuesto DE QUE. Este nexo compuesto, no solamente priva á las entidades elocutivas de todo carácter de independencia, sino que (y esto es más importante) da al conjunto elocutivo carácter adjetival, quitándole, por consiguiente, el de substantivo que sin dicho nexo tendrían. Más ejemplos :

Toma consistencia el aserto DE QUE LAS OPOSICIONES VOTARÁN UNIDAS (1).
No me satisface la vaga afirmación DE QUE PAGARÁS (1).
Necesito la seguridad DE QUE Á PLAZO FIJO ME PAGARÁS LA DEUDA.

---

(1) Futuro, y por consiguiente oración.

Clasificación de los genitivos-oración.—1.º Hay oraciones de forma de genitivo que tienen por objeto aumentar la comprensión de palabras distintas de los substantivos.

De entre estas oraciones las más notables son las que se unen á los adjetivos ó á los participios. Ejemplos:

Estoy convencido DE QUE CUMPLIRÁ SU PALABRA.
No estoy seguro DE QUE TE RECOMIENDEN.
Hicieron una jaula capaz DE QUE PUDIESE IR EN ELLA UN HOMBRE.
Estamos encantados DE QUE HAYA VENIDO.

2.º Aunque de la misma especie que las anteriores, merecen especial mención las oraciones de forma de genitivo, determinantes de palabras que no pueden considerarse ni como substantivos, ni como adjetivos, ni como participios. Ejemplos:

EN VISTA DE QUE TE HACES EL SORDO, *voy á citarte á juicio de conciliación.*
El juez practicó tales diligencias CON MOTIVO DE HABER DENUNCIADO EL HECHO LOS VECINOS.
Le presté 20 duros, CON LA CONDICIÓN DE QUE ME LOS { DEVOLVERÍA / DEVOLVIERA / DEVOLVIESE } LA PRIMERA VEZ QUE VINIERA Á VISITARME, *y, con efecto, no le he visto más.*
No viene Á CAUSA DE ESTAR ENFERMO.

Las expresiones EN VISTA DE..., CON MOTIVO DE..., CON LA CONDICIÓN DE..., Á CAUSA DE... y todas sus análogas, hacen de verdaderas preposiciones.

Sólo por el empleo del monosílabo DE, tomado con suma amplitud, es como puede admitirse que estas expresiones tengan la fuerza de genitivo.

El nexo conjuntivo QUE es reemplazable por otros distintos, precedidos siempre del DE:

Tengo dudas DE SI SABES Ó NO.
No tengo seguridad DE CUÁNDO VINO.
He recibido noticias DE CÓMO Y DE POR QUÉ LO HIZO.
Le dió aviso DE COMO HABÍA LLEGADO.

CAPÍTULO VI

ABLATIVOS-ORACIÓN

Hay, por último, substantivos-oración y substantivos-frase que sirven de ablativo á tesis ó anéutesis, ó bien á palabras que necesitan entidades elocutivas circunstanciales de tiempo, causa, modo, fin, etc.

Los ABLATIVOS-ORACIÓN se construyen con verbo en desinencia personal, y las FRASES con infinitivo:

> *Quedo contento* CON QUE EL TRIBUNAL OIGA TU INFORME.
> *Quedo contento* CON OIR TU INFORME.

Las construcciones de ablativo van precedidas de preposiciones que las especifican y les quitan carácter de independencia.

Para formar una frase ú oración por ablativo pueden servir los siguientes verbos:

Enojarse de...	*Tener medios de ó para...*	*Convenir en...*
Tener interés en...	*Quejarse de...*	*Convidar á...*
Empeñarse en...	*Pensar en...*	*Invitar á...*
Confiar en...	*Padecer con...*	*Estimular á...*
Alegrarse de ó con...	*Responder de...*	*Atenerse á...*

Las normas á que se ajustan estos substantivos-oración son las mismas á que obedecen las oraciones por genitivo (claro es que con las variantes exigidas por la diferencia de las preposiciones de ablativo y la preposición DE, propia del genitivo). Por lo tanto, para inculcarlas bastará con poner ejemplos:

Me invitó Á QUE LA ACOMPAÑASE.
Lo estimulé Á QUE PROSIGUIESE (*ó* PROSIGUIERA) EN SUS ESTUDIOS.
No me contento CON QUE USTED HAYA CENSURADO TAN MALA DETERMINACIÓN.
Convengo EN QUE EL ABOGADO NO TUVO RAZÓN.
Respondo DE QUE LO HARÁ.
Hoy, día 1.º de mes, me contento CON QUE ME PAGUEN EL DÍA 15.

Me invitó Á ACOMPAÑARLA.
Lo estimulé Á PROSEGUIR EN SUS ESTUDIOS.
No me contento con haber CENSURADO TAN MALA DETERMINACIÓN.
Convengo EN NO HABER TENIDO RAZÓN.
Respondo DE { QUE LO HARÉ. / HACERLO.
El día 1.º yo me daba por contento CON QUE ME PAGASEN (*ó* ME PAGARAN) EL DÍA 15.

Resulta elegante la substitución de las oraciones-ablativo por las correspondientes frases de infinitivo, pero sólo cuando no haya ninguna ambigüedad ó no sea menester precisar la época de los hechos:

No podemos contentarnos CON SER ABSUELTOS,

en vez de

No podemos contentarnos CON QUE SE NOS ABSUELVA.

Los antiguos solían suprimir las preposiciones características de los genitivos y de los ablativos, lo que actualmente no es de imitar:

Ahora es tiempo QUE (1) VUELVAS LOS OJOS DE TU GRANDEZA Á ESTE TU CAUTIVO CABALLERO.
(CERVANTES.)

Tiénese noticia QUE (2) LO HA HECHO Á COSTA DE MUCHAS VIGILIAS Y TRABAJOS.
(IDEM.)

Fué persona grave á llamarlos, con orden (3) LES DIJESE Á QUÉ FIN, Y QUE VINIESEN LUEGO.
(QUEVEDO.)

Apostaré QUE (4) ESTÁ MIRANDO LA MULA DE ALQUILER.
(CERVANTES.)

Confío QUE (5) VENDRÁ.

---

(1) En lugar de

Ahora es tiempo DE *que vuelvas los ojos,* etc.

(2) En lugar de

Tiénese noticia DE *que lo ha hecho á costa,* etc.

(3) En lugar de

Con orden DE *que les dijese á qué fin,* etc.

(4) En lugar de

Apostaré Á *que está mirando,* etc.

(5) En lugar de

Confío EN *que vendrá,* etc.

PARTE CUARTA

SISTEMA DESINENCIAL

PRELIMINARES

Analizados los ejemplos de toda clase contenidos en esta obra, se observará que en español hay dos sistemas de conjugaciones:

PRIMER SISTEMA. — En que los tiempos de los verbos están indicados atendiendo á sus desinencias, y según el orden á que se ajustan generalmente los gramáticos, en tres conjugaciones: una para los verbos cuyo infinitivo acaba en AR, como *habl*AR; otra para los acabados en ER, como *aprend*ER, y otra para los acabados en IR, como *aplaud*IR.

Este sistema se denomina CONJUGACIÓN POR FLEXIONES, entendiéndose por FLEXIÓN cada una de las diferentes formas que adoptan los verbos al conjugarse en todos sus modos, tiempos, números y personas.

SEGUNDO SISTEMA. — En que los tiempos están ordenados según los CONCEPTOS que con ellos se expresan; á saber:

1.º Conjugación de los verbos de las tesis.
2.ª — — de las anéutesis.
3.º — — de los substantivos-oración.
4.º — — de los adjetivos-oración.
5.º — — de los adverbios-oración.

Este sistema recibe el nombre de CONJUGACIÓN POR CONCEPTOS.

# SECCIÓN 1.ª

CONJUGACIÓN POR FLEXIÓN

CAPÍTULO I

VERBOS REGULARES

Son VERBOS REGULARES aquellos que en su conjugación siguen un sistema general uniforme y constante, conservando íntegra su raíz en la formación de todos los tiempos.

El sisfema á que se ajusta la mayoría de los gramáticos es como sigue:

PRIMERA CONJUGACIÓN

HABLAR

MODO INDICATIVO

PRESENTE

Singular. *Plural.*

Yo (1) hablo.   Nosotros, as, hablAMOS.
Tú hablAs.   Vosotros, as, hablÁIs.
Él, ella, *usted* (2) hablA.   Ellos, ellas, *ustedes* hablAN.

---

(1) Aunque para distinguir mejor las personas gramaticales nos servimos de los nominativos *yo, tú,* etc., no se entienda por eso que son de absoluta necesidad en las cláusulas; al contrario, la mayoría de las veces se suprimen los de primera y segunda persona, y aun los de las terceras, siempre que no resulte ambigüedad en callarlos.

(2) El pronombre de segunda persona *usted,* plural *ustedes,* contracción del antiguo tratamiento *vuestra merced,* que pasó, antes de llegar á su forma actual, por las formas intermedias *usarced* y *uced,* se une, lo mismo en singular que en plural, á la flexión de la tercera persona. Esta falta de concordancia es extensiva en español á todas las voces que denotan tratamiento.

PRETÉRITO IMPERFECTO

Yo hablABA.
Tú hablABAS.
Él, ella, *usted* hablABA.

Nosotros, as, hablábAMOS.
Vosotros, as, hablabAIS.
Ellos, ellas, *ustedes* hablABAN.

PRETÉRITO PERFECTO

Yo hablÉ, he hablADO ó hube hablADO.
Tú hablASTE, has hablADO ó hubiste hablADO.
Él, ella, *usted* habló, ha hablADO ó hubo hablADO.
Nosotros, as, hablAMOS, hemos hablADO ó hubimos hablADO.
Vosotros, as, hablASTEIS, habéis hablADO ó hubisteis hablADO.
Ellos, ellas *ustedes* (1) hablARON, han hablADO ó hubieron hablADO.

PRETÉRITO PLUSCUAMPERFECTO

Yo había hablADO.
Tú habías hablADO.
Él había hablADO.

Nosotros habíamos hablADO.
Vosotros habíais hablADO.
Ellos habían hablADO.

FUTURO IMPERFECTO

Yo hablARÉ.
Tú hablARÁS.
Él hablARÁ.

Nosotros hablAREMOS.
Vosotros hablARÉIS.
Ellos hablARÁN.

FUTURO PERFECTO

Yo habré hablADO.
Tú habrás hablADO.
Él habrá hablADO.

Nosotros habremos hablADO.
Vosotros habréis hablADO.
Ellos habrán hablADO.

MODO IMPERATIVO

HablEMOS nosotros.
HablA tú.   HablAD vosotros.
HablE él.   HablEN ellos.

MODO SUBJUNTIVO

PRESENTE

Yo hablE.
Tú hablES.
Él hablE.

Nosotros hablEMOS.
Vosotros hablÉIS.
Ellos hablEN.

---

(1) En lo sucesivo se suprimirán las formas *usted, ustedes,* como igualmente los femeninos *nosotras, vosotras, ella, ellas,* en obsequio á la brevedad.

PRETÉRITO IMPERFECTO

Yo hablARA, hablARÍA y hablASE.
Tú hablARAS, hablARÍAS y hablASES.
Él hablARA, hablARÍA y hablASE.
Nosotros hablÁRAMOS, hablARÍAMOS y hablÁSEMOS.
Vosotros hablARAIS hablARÍAIS y hablASEIS.
Ellos hablARAN, hablARÍAN y hablASEN.

PRETÉRITO PERFECTO

Yo haya hablADO.
Tú hayas hablADO.
Él haya hablADO.

Nosotros hayamos hablADO.
Vosotros hayáis hablADO.
Ellos hayan hablADO.

PRETÉRITO PLUSCUAMPERFECTO

Yo hubiera, habría y hubiese hablADO.
Tú hubieras, habrías y hubieses hablADO.
Él hubiera, habría y hubiese hablADO.
Nosotros hubiéramos, habríamos y hubiésemos hablADO.
Vosotros hubierais, habríais y hubieseis hablADO.
Ellos hubieran, habrían y hubiesen hablADO.

FUTURO IMPERFECTO

.Yo hablARE.
Tú hablARES.
Él hablARE.

Nosotros hablÁREMOS.
Vosotros hablAREIS.
Ellos hablAREN.

FUTURO PERFECTO

Yo hubiere hablADO.
Tú hubieres hablADO.
Él hubiere hablADO.

Nosotros hubiéremos hablADO.
Vosotros hubiereis hablADO.
Ellos hubieren hablADO.

MODO INFINITIVO

Presente......... Hablar.
Pretérito........ Haber hablADO.
Futuro........... Haber de hablAR.
Gerundio .... HablANDO.
Participio .... HablADO.

SEGUNDA CONJUGACIÓN

APRENDER

MODO INDICATIVO

PRESENTE

Singular.
Yo aprendo.
Tú aprendES.
Él aprendE.

Plural.
Nosotros aprendEMOS.
Vosotros aprendÉIS.
Ellos aprendEN.

PRETÉRITO IMPERFECTO

Yo aprendÍA.
Tú aprendÍAS.
Él aprendÍA.

Nosotros aprendÍAMOS.
Vosotros aprendÍAIS.
Ellos aprendÍAN.

PRETÉRITO PERFECTO

Yo aprendí, he aprendIDO ó hube aprendido.
Tú aprendISTE, has aprendIDO ó hubiste aprendIDO.
Él aprendIÓ, ha aprendIDO ó hubo aprendIDO.
Nosotros aprendIMOS, hemos aprendIDO ó hubimos aprendIDO.
Vosotros aprendISTEIS, habéis aprendIDO ó hubisteis aprendIDO.
Ellos aprendIERON, han aprendIDO ó hubieron aprendIDO.

PRETÉRITO PLUSCUAMPERFECTO

Yo había aprendIDO.
Tú habías aprendIDO.
Él había aprendIDO.

Nosotros habíamos aprendIDO.
Vosotros habíais aprendIDO.
Ellos habían aprendIDO.

FUTURO IMPERFECTO

Yo aprendERÉ.
Tú aprendERÁS.
Él aprendERÁ.

Nosotros aprendEREMOS.
Vosotros aprendERÉIS.
Ellos aprendERÁN.

FUTURO PERFECTO

Yo habré aprendIDO.
Tú habrás aprendIDO.
Él habrá aprendIDO.

Nosotros habremos aprendIDO.
Vosotros habréis aprendIDO.
Ellos habrán aprendIDO.

MODO IMPERATIVO

Aprend**e** tú.
Aprend**a** él.

Aprend**amos** nosotros.
Aprend**ed** vosotros.
Aprend**an** ellos.

MODO SUBJUNTINO

PRESENTE

Yo aprend**a**.
Tú aprend**as**.
Él aprend**a**.

Nosotros aprend**amos**.
Vosotros aprend**áis**.
Ellos aprend**an**.

PRETÉRITO IMPERFECTO

Yo aprend**iera**, aprend**ería** y aprend**iese**.
Tú aprend**ieras**, aprend**erías** y aprend**ieses**.
Él aprend**iera**, aprend**ería** y aprend**iese**.
Nosotros aprend**iéramos**, aprend**eríamos** y aprend**iésemos**.
Vosotros aprend**ierais**, aprend**eríais** y aprend**ieseis**.
Ellos aprend**ieran**, aprend**erían** y aprend**iesen**.

PRETÉRITO PERFECTO

Yo haya aprend**ido**.
Tú hayas aprend**ido**.
Él haya aprend**ido**.

Nosotros hayamos aprend**ido**.
Vosotros hayáis aprend**ido**.
Ellos hayan aprendido.

PRETÉRITO PLUSCUAMPERFECTO

Yo hubiera, habría y hubiese aprend**ido**.
Tú hubieras, habrías y hubieses aprend**ido**.
Él hubiera, habría y hubiese aprend**ido**.
Nosotros hubiéramos, habríamos y hubiésemos aprend**ido**.
Vosotros hubierais, habríais y hubieseis aprend**ido**.
Ellos hubieran, habrían y hubiesen aprend**ido**.

FUTURO IMPERFECTO

Yo aprend**iere**.
Tú aprend**ieres**.
Él aprend**iere**.

Nosotros aprend**iéremos**.
Vosotros aprend**iereis**.
Ellos aprend**ieren**.

PUTURO PERFECTO

Yo hubiere aprend**ido**.
Tú hubieres aprend**ido**.
Él hubiere aprend**ido**.

Nosotros hubiéremos aprend**ido**.
Vosotros hubiereis aprend**ido**.
Ellos hubieren aprend**ido**.

MODO INFINITIVO

Presente........ AprenDER.
Pretérito........ Haber aprenDIDO.
Futuro......:... Haber de aprenDER.
Gerundio........ AprendIENDO.
Participio....... AprendIDO.

TERCERA CONJUGACIÓN
APLAUDIR

MODO INDICATIVO

PRESENTE

Singular. *Plural.*

Yo aplaudo. Nosotros aplaudIMOS.
Tú aplaudES. Vosotros aplaudÍS.
Él aplaudE. Ellos aplaudEN.

PRETÉRITO IMPERFECTO

Yo aplaudÍA. Nosotros aplaudÍAMOS.
Tú aplaudÍAS. Vosotros aplaudÍAIS.
Él aplaudÍA. Ellos aplaudÍAN.

PRETÉRITO PERFECTO

Yo aplaudí, he aplaudIDO ó hube aplaudIDO.
Tú aplaudISTE, has aplaudIDO ó hubiste aplaudIDO.
Él aplaudIÓ, ha aplaudIDO ó hubo aplaudIDO.
Nosotros aplaudIMOS, hemos aplaudIDO ó hubimos aplaudIDO.
Vosotros aplaudISTEIS, habéis aplaudIDO ó hubisteis aplaudIDO.
Ellos aplaudIERON, han aplaudIDO ó hubieron aplaudIDO.

PRETÉRITO PLUSCUAMPERFECTO

Yo había aplaudIDO. Nosotros habíamos aplaudIDO.
Tú habías aplaudIDO. Vosotros habíais aplaudIDO.
Él había aplaudIDO. Ellos habían aplaudIDO.

FUTURO IMPERFECTO

Yo aplaudIRÉ. Nosotros aplaudIREMOS.
Tú aplaudIRÁS. Vosotros aplaudIRÉIS.
Él aplaudIRÁ. Ellos aplaudIRÁN.

FUTURO PERFECTO

Yo habré aplaudido.
Tú habrás aplaudido.
Él habrá aplaudido.

Nosotros habremos aplaudido.
Vosotros habréis aplaudido.
Ellos habrán aplaudido.

MODO IMPERATIVO

Aplaude tú.
Aplauda él.

Aplaudamos nosotros.
Aplaudid vosotros.
Aplaudan ellos.

MODO SUBJUNTIVO

PRESENTE

Yo aplauda.
Tú aplaudas.
Él aplauda.

Nosotros aplaudamos.
Vosotros aplaudáis.
Ellos aplaudan.

PRETÉRITO IMPERFECTO

Yo aplaudiera, aplaudiría y aplaudiese.
Tú aplaudieras, aplaudirías y aplaudieses.
Él aplaudiera, aplaudiría y aplaudiese.
Nosotros aplaudiéramos, aplaudiríamos y aplaudiésemos.
Vosotros aplaudierais, aplaudiríais y aplaudieseis.
Ellos aplaudieran, aplaudirían y aplaudiesen.

PRETÉRITO PERFECTO

Yo haya aplaudido.
Tú hayas aplaudido.
Él haya aplaudido.

Nosotros hayamos aplaudido.
Vosotros hayáis aplaudido.
Ellos hayan aplaudido.

PRETÉRITO PLUSCUAMPERFECTO

Yo hubiera, habría y hubiese aplaudido.
Tú hubieras, habrías y hubieses aplaudido.
Él hubiera, habría y hubiese aplaudido.
Nosotros hubiéramos, habríamos y hubiésemos aplaudido.
Vosotros hubierais, habríais y hubieseis aplaudido.
Ellos hubieran, habrían y hubiesen aplaudido.

FUTURO IMPERFECTO

Yo aplaudiere.
Tú aplaudieres.
Él aplaudiere.

Nosotros aplaudiéremos.
Vosotros aplaudiereis.
Ellos aplaudieren.

FUTURO PERFECTO

Yo hubiere aplaudIDO.
Tú hubieres aplaudIDO.
Él hubiere aplaudIDO.

Nosotros hubiéremos aplaudIDO.
Vosotros hubiereis aplaudIDO.
Ellos hubieren aplaudIDO.

MODO INFINITIVO

Presente........ Aplaudir.
Pretérito........ Haber aplaudIDO.
Futuro.......... Haber de aplaudIR.
Gerundio........ AplaudIENDO.
Participio....... AplaudIDO.

*
* *

Se colocan á continuación íntegramente las conjugaciones de los verbos irregulares HABER y SER, por su importancia como auxiliares ó en otros conceptos.

HABER

MODO INDICATIVO

PRESENTE

Singular　　　　　　　　　*Plural.*

Yo he.
Tú has.
Él ha.

Nosotros hemos *ó* habemos.
Vosotros habéis.
Ellos han.

PRETÉRITO IMPERFECTO

Yo había.
Tú habías.
Él había.

Nosotros habíamos.
Vosotros habíais.
Ellos habían.

PRETÉRITO PERFECTO

Yo hube *ó* he habido.
Tú hubiste *ó* has habido.
Él hubo *ó* ha habido.
Nosotros hubimos *ó* hemos habido.
Vosotros hubisteis *ó* habéis habido.
Ellos hubieron *ó* han habido.

PRETÉRITO PLUSCUAMPERFECTO

Yo había habido.	Nosotros habíamos habido.
Tú habías habido.	Vosotros habíais habido.
Él había habido.	Ellos habían habido.

FUTURO IMPERFECTO

Yo habré.	Nosotros habremos.
Tú habrás.	Vosotros habréis.
Él habrá.	Ellos habrán.

FUTURO PERFECTO

Yo habré habido.	Nosotros habremos habido.
Tú habrás habido.	Vosotros habréis habido.
Él habrá habido.	Ellos habrán habido.

MODO IMPERATIVO

PRESENTE

	Hayamos nosotros.
He tú.	Habed vosotros.
Haya él.	Hayan ellos.

MODO SUBJUNTIVO

PRESENTE

Yo haya.	Nosotros hayamos.
Tú hayas.	Vosotros hayáis.
Él haya.	Ellos hayan.

PRETÉRITO IMPERFECTO

Yo hubiera, habría y hubiese.
Tú hubieras, habrías y hubieses.
Él hubiera, habría y hubiese.
Nosotros hubiéramos, habríamos y hubiésemos.
Vosotros hubierais, habríais y hubieseis.
Ellos hubieran, habrían y hubiesen.

PRETÉRITO PERFECTO

Yo haya habido.	Nosotros hayamos habido.
Tú hayas habido.	Vosotros hayáis habido.
Él haya habido.	Ellos hayan habido.

PRETÉRITO PLUSCUAMPERFECTO

Yo hubiera, habría y hubiese habido.
Tú hubieras, habrías y hubieses habido.
Él hubiera, habría y hubiese habido.
Nosotros hubiéramos, habríamos y hubiésemos habido.
Vosotros hubierais, habrías y hubieseis habido.
Ellos hubieran, habrían y hubiesen habido.

FUTURO IMPERFECTO

Yo hubiere.   Nosotros hubiéremos.
Tú hubieres.   Vosotros hubiereis.
Él hubiere.   Ellos hubieren.

FUTURO PERFECTO

Yo hubiere habido.   Nosotros hubiéremos habido.
Tú hubieres habido.   Vosotros hubiereis habido.
Él hubiere habido.   Ellos hubieren habido.

MODO INFINITIVO

Presente.......... Haber.
Pretérito......... Haber habido.
Futuro............ Haber de haber.
Gerundio.......... Habiendo.
Participio........ Habido.

***

Conjugación del verbo HABER como impersonal. — La tercera persona de singular del presente de indicativo del verbo HABER como impersonal es *ha*, cuando con él se expresa transcurso de tiempo; v. gr.: *tres años* HA, ó en las frases HA *lugar, no* HA *lugar*. En cualquiera otro caso es *hay*: HAY *paso*, HAY *indicios*, etc.

Por extensión se usan las terceras personas del verbo HABER en igual sentido: HABÍA *tres años que,* HUBO *indicio,* HABRÁ *paso.*

SER

MODO INDICATIVO

PRESENTE

Singular.   *Plural.*

Yo soy.   Nosotros somos.
Tú eres.   Vosotros sois.
Él es.   Ellos son.

PRETÉRITO IMPERFECTO

Yo era.   Nosotros éramos.
Tú eras.   Vosotros erais.
Él era.   Ellos eran.

PRETÉRITO PERFECTO

Yo fuí, he sido ó hube sido.
Tú fuiste, has sido ó hubiste sido.
Él fué, ha sido ó hubo sido.
Nosotros fuimós, hemos sido ó hubimos sido.
Vosotros fuisteis, habéis sido ó hubisteis sido.
Ellos fueron, han sido ó hubieron sido.

PRETÉRITO PLUSCUAMPERFECTO

Yo había sido.   Nosotros habíamos sido.
Tú habías sido.   Vosotros habíais sido.
Él había sido.   Ellos habían sido.

FUTURO IMPERFECTO

Yo seré.   Nosotros seremos.
Tú serás.   Vosotros seréis.
Él será.   Ellos serán.

FUTURO PERFECTO

Yo habré sido.   Nosotros habremos sido.
Tú habrás sido.   Vosotros habréis sido.
Él habrá sido.   Ellos habrán sido.

MODO IMPERATIVO

PRESENTE

Sé tú.	Seamos nosotros.
Sea él.	Sed vosotros.
	Sean ellos.

MODO SUBJUNTIVO

PRESENTE

Yo sea.	Nosotros seamos.
Tú seas.	Vosotros seáis.
Él sea.	Ellos sean.

PRETÉRITO IMPERFECTO

Yo fuera, sería y fuese.
Tú fueras, serías y fueses.
Él fuera, sería y fuese.
Nosotros fuéramos, seríamos y fuésemos.
Vosotros fuerais, seríais y fueseis.
Ellos fueran, serían y fuesen.

PRETÉRITO PERFECTO

Yo haya sido.	Nosotros hayamos sido.
Tú hayas sido.	Vosotros hayáis sido.
Él haya sido.	Ellos hayan sido.

PRETÉRITO PLUSCUAMPERFECTO

Yo hubiera, habría y hubiese sido.
Tú hubieras, habrías y hubieses sido.
Él hubiera, habría y hubiese sido.
Nosotros hubiéramos, habríamos y hubiésemos sido.
Vosotros hubierais, habríais y hubieseis sido.
Ellos hubieran, habrían y hubiesen sido.

FUTURO IMPERFECTO

Yo fuere.	Nosotros fuéremos.
Tú fueres.	Vosotros fuereis.
Él fuere.	Ellos fueren.

FUTURO PERFECTO

Yo hubiere sido. Nosotros hubiéremos sido.
Tú hubieres sido. Vosotros hubiereis sido.
Él hubiere sido.   Ellos hubieren sido.

MODO INFINITIVO

Presente......... Ser.
Pretérito........ Haber sido.
Futuro........... Haber de ser.
Gerundio......... Siendo.
Participio....... Sido.

CAPÍTULO II

VERBOS IRREGULARES

Verbos irregulares ó anormales son aquellos que sufren alteraciones, ya en sus letras radicales, ya en sus terminaciones, ya en unas y otras á la vez, y que no se ajustan, por lo tanto, á la conjugación de los tres modelos regulares ya conocidos.

Dichas irregularidades ó anormalidades constituyen *cristalizaciones,* hechos actuales de la lengua, respecto de los cuales no cabe opinar ni discutir; sólo cabe aceptarlos tal como han llegado hasta nosotros en el transcurso de los tiempos. Su enumeración y clasificación se encuentran hechas con sumo acierto en la *Gramática* de la Academia Española. El estudio de sus causas originarias correspondería á una Gramática histórica.

SECCIÓN 2.ª

CONJUGACIONES POR CONCEPTOS

CAPÍTULO I

GENERALIDADES

Las flexiones son en mucho menor número que los conceptos á que ellas han de servir de expresión. Así es que, por lo común, una misma serie de flexiones está destinada á expresar dos ó más series de conceptos. Además, no todas las desinencias sirven para todos los conceptos: hay desinencias que nunca entran en determinadas entidades elocutivas. Por último, hay terminaciones únicamente usadas en ciertas entidades, y no en otras. Véanse ejemplos:

1.º En ninguna cláusula de sentido independiente entran las terminaciones del llamado en las conjugaciones por flexión futuro imperfecto de subjuntivo. Por lo tanto, no cabe decir en cláusulas de sentido cabal é independiente:

Juan COMIERE. *Pedro* AMARE.

Dentro del artificio de las conjugaciones por flexión debiera introducirse la costumbre de anteponer siempre á las personas verbales, en todos los tiempos del subjuntivo, una conjunción ó un adverbio en armonía con las ideas que dichos tiempos son susceptibles de expresar. Y así, en vez de enunciar simplemente *yo hable, tú hables, él escribiera, ellos intervinieran*, etc., decir: QUE *yo hable,* QUE *tú hables,* ó CUANDO *tú hables,* SI *él escribiera,* SI *ellos intervinieran,* etc., etc.

Tales desinencias sólo entran en las oraciones-adverbio de tiempo ó en las oraciones-adjetivo:

> *Cuando la arruga enojosa*
> *en la hermosa*
> *frente y cara* SE MOSTRARE, } Oración-adverbio de tiempo.
> *y el tiempo, que vuela,* HELARE
> *esa linda y fresca rosa...* } Idem íd.
>
> (FR. LUIS DE LEÓN.)

Daré mi ánima á quien QUISIERE *llevarla* (oración-adjetivo-determinante) (1).

2.º Terminaciones muy comunes del indicativo no entran en ciertas oraciones-substantivo. Así es que no puede decirse:

> *Yo quiero* QUE VIENE.   *Yo pretendo* QUE ME PAGA.

3.º La terminación ARA es condicionante en ciertas oraciones-adverbio:

> *Si yo* COBRARA, *pagaría.*

Es condicionada en

> *Si yo recibiese el dinero, le* PAGARA.

Es componente de oración acusativo en

> *Yo le pedí que me* PAGARA.

Es desiderativa en

> *¡Quién* SACARA *á la lotería!*

Es substituto de pretérito en

> *¡Cuán solitaria la nación que un día*
> POBLARA *inmensa gente!*
> (ESPRONCEDA.)

---

(1) Aquí hay además condensación, que, deshecha, nos daría la cláusula

Daré mi ánima á aquel que QUISIERE *llevarla.*

Tesis................ *Daré mi ánima á aquel* (dativo)
Oración............. *que quisiere llevarla* (adjetivo).

4.º Las expresiones

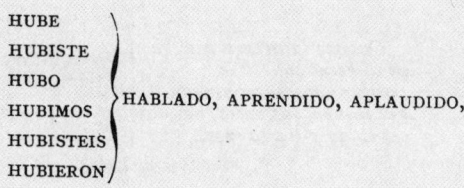

nunca se usan sino en oraciones de sentido adverbial de tiempo:

Me pagó no bien HUBO RECIBIDO *su mesada.*

Es preciso, pues, deslindar cuáles flexiones entran en las oraciones principales, ó sea en las oraciones de sentido cabal é independiente (tesis y anéutesis), y cuáles en las subordinadas, ó sea en las oraciones-substantivo, adjetivo ó adverbio, esto es, en las oraciones sin sentido cabal ni independiente.

Se tratará, pues, separadamente en esta Sección del Sistema de conjugaciones por conceptos.

CAPÍTULO II

CONJUGACIÓN DE LAS TESIS

En las tesis no entran ni con mucho todas las terminaciones de las tres conjugaciones por flexión cuyos presentes de infinitivo acaban en AR, ER, IR. Ni siquiera entran en las tesis todas las flexiones del llamado modo indicativo en la conjugación por flexiones; pues no se emplean en ellas las combinaciones HUBE, HUBISTE, HUBO, HUBIMOS, HUBISTEIS, HUBIERON, seguidas de participio. Ni entran tampoco las del imperativo, ni las del subjuntivo, ni las de los presentes de infinitivo. Sólo entran las desinencias de los siete tiempos de que ahora se hablará (1).

---

(1) Las combinaciones usualmente comprendidas en el indicativo de HUBE, HUBISTE, etc., seguidas de participio, no pertenecen á las tesis. Son tiempos exclusivamente propios de las oraciones-adverbio, pues constituyen verdaderos adverbios de tiempo.

Tres tiempos absolutos. — Los tiempos de las tesis referidos EN ABSOLUTO al momento de la palabra son tres:

> PRESENTE........ *Escribo.*
> PRETÉRITO....... *Escribí.*
> FUTURO......... *Escribiré.*

El presente se refiere á la actualidad del hablar, no precisamente y en sentido estrechísimo á la instantaneidad del momento de la enunciación. Por tanto, en presente se expresa todo lo que SIEMPRE ES; v. gr.:

> *Los tres ángulos de un triángulo* VALEN *dos rectos.*

También se expresa en presente lo que ofrece duración larga é indefinida; v. gr.:

> *España y Portugal* FORMAN *la Península Ibérica.*

El pretérito absoluto se refiere á cualquier época ya terminada en el momento del hablar, no precisamente á época ninguna determinada; por ejemplo, ESCRIBÍ. Lo mismo pudo suceder ese acto hace un día que hace una semana, un mes ó varios años.

El futuro se refiere á cualquier época posterior al momento de la palabra, sin limitación tampoco á época ninguna determinada; v. gr.: ESCRIBIRÉ. Lo mismo puede ese acto ser luego, que á la noche, que mañana, que dentro de una ó varias semanas, meses ó años.

Cada uno de los conceptos absolutos de PRESENTE, PRETÉRITO y FUTURO tiene en español tres juegos de desinencias, correspondientes á las conjugaciones por flexión en AR, ER, IR:

TIEMPOS ABSOLUTOS

PRESENTE

Hablo, hablas, habla, hablamos, habláis, hablan.
Aprendo, aprendes, aprende, aprendemos, aprendéis, aprenden.
Aplaudo, aplaudes, aplaude, aplaudimos, aplaudís, aplauden.

PRETÉRITO

Hablé, hablaste, habló, hablamos, hablasteis, hablaron.
Aprendí, aprendiste, aprendió, aprendimos, aprendisteis, aprendieron.
Aplaudí, aplaudiste, aplaudió, aplaudimos, aplaudisteis, aplaudieron.

FUTURO

Hablaré, hablarás, hablará, hablaremos, hablaréis, hablarán
Aprenderé, aprenderás, aprenderá, aprenderemos, aprenderéis, aprenderán.
Aplaudiré, aplaudirás, aplaudirá, aplaudiremos, aplaudiréis, aplaudirán.

Cuatro tiempos relativos. — Los TIEMPOS RELATIVOS se refieren indirectamente al momento de la palabra. Todos tienen significación de pretérito, por referirse á lo pasado. Son cuatro en español, á saber :

1.º Un pretérito que expresa actos simultáneos con otro pretérito conocido :

> *Yo* ALMORZABA *cuando tú entraste.*
> *Yo* COLABORABA *entonces en tu periódico.*

Este tiempo se denomina PRETÉRITO IMPERFECTO DE INDICATIVO en las conjugaciones por flexión.

2.º Otro pretérito que expresa un hecho acaecido en una época que no ha concluído todavía :

> *Yo* HE LLEGADO *esta mañana* (1).
> *Yo* HE ESTADO *esta semana en Aranjuez* (2).

Este tiempo se denomina PRETÉRITO COMPUESTO, por estar formado de dos palabras.

3.º Otro pretérito que expresa un hecho anterior á un pretérito conocido:

> *Ya* HABÍA *yo* ALMORZADO *cuando tú llegaste.*
> *Ya* HABÍA *yo* RECIBIDO *la reválida cuando tú te examinaste.*

Este tiempo se denomina PRETÉRITO PLUSCUAMPERFECTO en las conjugaciones por flexión, y también en las conjugaciones por concepto.

4.º Hay otro pretérito que no se refiere al momento de la palabra, sino á un hecho ya ocurrido en el momento actual :

> *Probablemente* HABRÁ MUERTO *el general cuando llegue el médico.*

Aquí se manifiesta la probabilidad de que haya sucedido el hecho de que se trata cuando se verifique otro hecho futuro que

---

(1) Se supone que la mañana dura aún, ó por lo menos el día á que la mañana pertenece.
(2) Se entiende que la semana no ha terminado aún.

esperamos: la llegada del médico. Este tiempo, no obstante referirse siempre á un acontecimiento ya ocurrido, se denomina FUTURO PERFECTO en las conjugaciones por flexión. Seguramente se le dió por los gramáticos antiguos el nombre de FUTURO porque, aunque exprese siempre un hecho ya ocurrido, puede ese hecho ser futuro del momento de la palabra:

Ya HABRÉ *yo* TERMINADO *la carrera cuando regreses tú de Filipinas.*

El TERMINAR y el REGRESAR son hechos futuros respecto del momento actual; pero el HABER TERMINADO será pretérito cuando el regreso se verifique.

Cada uno de los conceptos expresados por los llamados en las conjugaciones por flexión PRETÉRITO IMPERFECTO, PRETÉRITO COMPUESTO (1), PRETÉRITO PLUSCUAMPERFECTO y FUTURO PERFECTO tiene en español tres juegos de desinencias, á semejanza de lo que ocurre con los tres tiempos absolutos; á saber:

TIEMPOS RELATIVOS

PRETÉRITO IMPERFECTO

Hablaba, hablabas, hablaba, hablábamos, hablabais, hablaban.
Aprendía, aprendías, aprendía, aprendíamos, aprendíais, aprendían.
Aplaudía, aplaudías, aplaudía, aplaudíamos, aplaudíais, aplaudían.

PRETÉRITO COMPUESTO

He hablado, aprendido, aplaudido.
Has hablado, aprendido, aplaudido.
Ha hablado, aprendido, aplaudido.
Hemos hablado, aprendido, aplaudido.
Habéis hablado, aprendido, aplaudido.
Han hablado, aprendido, aplaudido.

PRETÉRITO PLUSCUAMPERFECTO

Había hablado, aprendido, aplaudido (yo).
Habías hablado, aprendido, aplaudido.
Había hablado, aprendido, aplaudido (él, ella).
Habíamos hablado, aprendido, aplaudido.
Habíais hablado, aprendido, aplaudido.
Habían hablado, aprendido, aplaudido.

---

(1) Segunda forma, como se recordará, del llamado generalmente PRETÉRITO PERFECTO DE INDICATIVO.

FUTURO PERFECTO (1)

Habré hablado, aprendido, aplaudido.
Habrás hablado, aprendido, aplaudido.
Habrá hablado, aprendido, aplaudido.
Habremos hablado, aprendido, aplaudido.
Habréis hablado, aprendido, aplaudido.
Habrán hablado, aprendido, aplaudido.

Uso de los cuatro tiempos relativos. — El pretérito imperfecto ó de simultaneidad, cuyas terminaciones son

ABA,	ÍA,	ÍA,
ABAS,	ÍAS,	ÍAS,
ABA,	ÍA,	ÍA,
ÁBAMOS,	ÍAMOS,	ÍAMOS,
ABAIS,	ÍAIS,	ÍAIS,
ABAN,	ÍAN,	ÍAN,

corresponde á lo pasado, pero no en absoluto, sino con ciertas condiciones, á saber: que ya la acción es terminada, que no fué instantánea, y que ocurrió simultáneamente con un pasado conocido:

Yo ESCRIBÍA ENTONCES *este drama.*
POR AQUELLA ÉPOCA APRENDÍA *yo música.*
CUANDO LA GUERRA DE ÁFRICA ESTABA *yo en Cuba.*

Este pretérito tiene la cualidad de ITERATIVO, porque expresa una acción ó un estado no instantáneos, sino que se repetía ó continuaba la acción ó el estado en un pasado conocido y terminado ya.

Hay que evitar el pretérito imperfecto cuando no haya iteración, esto es, cuando se trate de un hecho instantáneo; por ejemplo:

Él LLEGABA *cuando estalló el petardo,* y no *cuando estallaba el petardo;*

y sí puede decirse *él* LLEGABA, porque no siendo el llegar un hecho instantáneo, pudo ser simultáneo del estallar.

El pretérito compuesto, formado con los participios pasivos

---

(1) No se olvide que aun cuando la denominación sea de FUTURO, el significado es siempre de PRETÉRITO DE PROBABILIDAD, ya respecto del momento presente, ya con relación á una época no llegada aún.

de las tres conjugaciones por flexión, ADO, IDO, IDO, y con los tiempos del verbo *haber,* HE, HAS, HA, HEMOS, HABÉIS, HAN, corresponden á lo pasado, pero no en absoluto; esto es, no corresponden á cualquier espacio de tiempo anterior al momento de la palabra, sino que se refieren limitativamente á ciertas duraciones conexionadas siempre con la época presente, pero no terminadas aún, como, por ejemplo, hoy, la semana actual, el mes presente, este año, este siglo, esta época moderna, etc.; v. gr. :

> HE COPIADO *el poema en las últimas noches de esta semana.*

Este pretérito compuesto, ó sea la combinación de HE, HAS, HA... con ADO, IDO, expresa, pues, algo pasado ó acaecido en época que dura todavía, ó bien una existencia, un estado, etc., que comenzó y terminó en un espacio de tiempo no transcurrido aún completamente:

> *Ese hombre* HA PERDIDO *una rica ocasión de callarse.*
> *Hoy* HE TRABAJADO *poco.*
> *Este verano* HEMOS COGIDO *mucha cebada,* etc.

No ha de entenderse, sin embargo, que el pretérito compuesto se refiera á acontecimientos ó estados que continúan en el momento actual :

Poco á poco SE HA HECHO *rico* (la riqueza empezó en lo pasado, y aun dura).
SE HA PUESTO *muy guapa* (y lo es en este instante).

El hecho puede haber terminado, pero la época no.

También se aplica el pretérito compuesto á época completamente terminada y que ya no continúa, con tal de que sea tan próxima que pueda ser considerada como presente:

> HE COPIADO *el drama durante estas tres últimas noches.*

La duración designada por las *tres últimas noches* ya terminó, pero puede considerarse como existente aún por lo muy cercana. Por análoga razón puede decirse :

> *Pobre España, que* HAS PERDIDO *tus colonias;*

y no se expresaría correctamente quien dijera :

> *Los turcos* HAN TOMADO *á Constantinopla en el siglo XV.*

La época de la toma de Constantinopla es tan lejana, que no cabe considerarla como actual. Pero sí puede considerarse la época de la pérdida de nuestras colonias como correspondiente á unos tiempos calamitosos para nuestro país, que duran todavía.

El pluscuamperfecto, formado por la combinación

$$\left.\begin{array}{l}\text{HABÍA}\\ \text{HABÍAS}\\ \text{HABÍA}\\ \text{HABÍAMOS}\\ \text{HABÍAIS}\\ \text{HABÍAN}\end{array}\right\} \text{ADO, IDO,}$$

indica que una acción se halla terminada antes de otro hecho pasado y conocido:

Entonces ya HABÍA *yo* ACABADO *mi carrera.*

Por consiguiente, entre el hecho expresado por el pluscuamperfecto y el pasado conocido que sirve para determinarlo, puede haber transcurrido mucho ó poco tiempo:

Ya lo HABÍA *yo* TERMINADO *antes de almorzar.*
Ya lo HABÍA *yo* TERMINADO *antes de volver de Filipinas.*

El llamado futuro perfecto, formado por las combinaciones

$$\left.\begin{array}{l}\text{HABRÉ}\\ \text{HABRÁS}\\ \text{HABRÁ}\\ \text{HABREMOS}\\ \text{HABRÉIS}\\ \text{HABRÁN}\end{array}\right\} \text{ADO, IDO,}$$

indica un hecho futuro terminado antes de ocurrir otro hecho futuro y conocido. Es, pues, un pretérito de una época que ha de venir:

Para entonces ya HABRÁS RECIBIDO *el grado de capitán.*
Compra esa ganga ahora, pues ya mañana la HABRÁN VENDIDO.
Antes de Pascua HABRÉ REGRESADO.
Dentro de un mes HABRÉ VUELTO.
Te HABRÉ ESCRITO *el resultado antes del lunes.*

Cuando este futuro llamado perfecto resulta pretérito respecto del momento actual, entonces tenemos un tiempo especialísimo, que expresa un pretérito de probabilidad:

>*Probablemente* HABRÁ MUERTO *ya el general.*
>*Ya* HABRÁ LLEGADO *el vapor á Port-Said.*

>>*Bien* HABRÁ VISTO *el lector*
>>*en hostería ó convento,*
>>*un artificioso invento*
>>*para andar el asador.*

>>>(IRIARTE)

Por consiguiente, entre la época expresada por el futuro perfecto y el otro futuro conocido que sirve para determinarlo, puede pasar mucho tiempo ó poco:

>HABRÉ TOMADO *la reválida antes del lunes próximo.*
>HABRÉ TOMADO *la reválida antes que vuelvas de Australia.*

Resumen.—La conjugación de las tesis es, pues, como sigue:

MODO INDICATIVO

TIEMPOS ABSOLUTOS

PRESENTE

*Pint*o.	*Cos*o.	*Bat*o.
*Pint*AS.	*Cos*ES.	*Bat*ES.
*Pint*A.	*Cos*E.	*Bat*E.
*Pint*AMOS.	*Cos*EMOS.	*Bat*IMOS.
*Pint*ÁIS.	*Cos*ÉIS.	*Bat*ÍS.
*Pint*AN.	*Cos*EN.	*Bat*EN.

PRETÉRITO

*Pint*É.	*Cos*Í.	*Bat*Í.
*Pint*ASTE.	*Cos*ISTE.	*Bat*ISTE.
*Pint*Ó.	*Cos*IÓ.	*Bat*IÓ.
*Pint*AMOS.	*Cos*IMOS.	*Bat*IMOS.
*Pint*ASTEIS.	*Cos*ISTEIS.	*Bat*ISTEIS.
*Pint*ARON.	*Cos*IERON.	*Bat*IERON.

FUTURO

*Pint*ARÉ.	*Cos*ERÉ.	*Bat*IRÉ.
*Pint*ARÁS.	*Cos*ERÁS.	*Bat*IRÁS.
*Pint*ARÁ.	*Cos*ERÁ.	*Bat*IRÁ.
*Pint*AREMOS.	*Cos*EREMOS.	*Bat*IREMOS.
*Pint*ARÉIS.	*Cos*ERÉIS.	*Bat*IRÉIS.
*Pint*ARÁN.	*Cos*ERÁN.	*Bat*IRÁN.

TIEMPOS RELATIVOS

PRETÉRITO SIMULTÁNEO Ó ITERATIVO

*Pint*ABA.	*Cos*ÍA.	*Bat*ÍA.
*Pint*ABAS.	*Cos*ÍAS.	*Bat*ÍAS.
*Pint*ABA.	*Cos*ÍA.	*Bat*ÍA.
*Pint*ÁBAMOS.	*Cos*ÍAMOS.	*Bat*ÍAMOS.
*Pint*ABAIS.	*Cos*ÍAIS.	*Bat*ÍAIS.
*Pint*ABAN.	*Cos*ÍAN.	*Bat*ÍAN.

PRETÉRITO COMPUESTO

He
Has
Ha } *pint*ADO.
Hemos
Habéis
Han

He
Has
Ha } *cos*IDO.
Hemos
Habéis
Han

He
Has
Ha } *bat*IDO.
Hemos
Habéis
Han

PRETÉRITO PLUSCUAMPERFECTO

Había
Habías
Había } *pint*ADO.
Habíamos
Habíais
Habían

Había
Habías
Había } *cos*IDO.
Habíamos
Habíais
Habían

Había
Habías
Había } *bat*IDO.
Habíamos
Habíais
Habían

FUTURO COMPUESTO

Habré
Habrás
Habrá } *pint*ADO.
Habremos
Habréis
Habrán

Habré
Habrás
Habrá } *cos*IDO.
Habremos
Habréis
Habrán

Habré
Habrás
Habrá } *bat*IDO.
Habremos
Habréis
Habrán

Estos siete tiempos constituyen el MODO INDICATIVO de las conjugaciones por concepto, porque su objeto propio y especial es INDICAR una afirmación (1).

---

(1) El modo indicativo en las conjugaciones por flexión contiene, según se ha dicho, la tercera forma del pretérito perfecto compuesto: HUBE, HUBISTE, HUBO, HUBIMOS, HUBISTEIS, HUBIERON, más el participio pasado del verbo que se conjuga. Estas seis combinaciones jamás entran en las tesis, pues sólo constituyen expresiones adverbiales de tiempo.

El análisis descubre que todo en el modo indicativo entraña:

1.º La idea contenida en la raíz del verbo.

2.º La idea de nominativo y su número: YO, TÚ, ÉL, ELLA, NOSOTROS, NOSOTRAS, VOSOTROS, VOSOTRAS, ELLOS, ELLAS.

3.º Las ideas absolutas de tiempo presente, pasado y futuro con relación directa al momento de la palabra; y con relación indirecta á ese momento, las ideas de simultaneidad con un pasado conocido, de ocurrencia de un hecho en época que aun dura, de anterioridad á un pasado conocido, y de anterioridad á un futuro conocido.

Los verbos contienen, pues, los siguientes elementos:

> raíz;
> + persona;
> + tiempo absoluto;
> + tiempo relativo.

El presente de indicativo lleva consigo además la idea de QUE OCURRE ó ES con seguridad lo que se enuncia ó indica:

> *Los tres ángulos de un triángulo* VALEN *dos rectos.*
> *España y Portugal* FORMAN *una península.*

Los pretéritos llevan consigo la idea de que no es posible hacer que no haya sido lo que una vez fué ú ocurrió:

> *Los turcos* TOMARON *á Constantinopla el siglo XV.*
> *España* PERDIÓ *sus colonias.*

Ya es imposible hacer que estos acontecimientos no hayan ocurrido.

El futuro no entraña la idea de seguridad. Todo lo pensado como futuro es contingente, porque puede no ocurrir. Por tanto, el futuro indica la probabilidad de que una cosa ocurra:

> *Juan* VENDRÁ *mañana* (se entiende si no hay algo que lo impida).
> *La compañía* QUEDARÁ CONSTITUÍDA *el mes que viene* (lo que pudiera no acontecer).

Todos los anteriores elementos expresan dos ideas capitales:

1.ª El FIN ELOCUTIVO que al enunciar una tesis se propone aquel que habla.

2.ª Que ese fin elocutivo es una AFIRMACIÓN.

CAPÍTULO III

CONJUGACIÓN DE LAS ANÉUTESIS

Generalidades.—Así como las tesis tienen por único objeto el afirmar, las anéutesis expresan, con sentido cabal é independiente, los fenómenos internos distintos de la afirmación.

Como la afirmación constituye un fenómeno único, las tesis sólo tienen una conjugación de siete tiempos, según queda explicado. Pero las anéutesis son varias:

Anéutesis negativa..... *Muchos no llegan á la vejez.*
Anéutesis interrogativa. *¿Llegan muchas personas á la vejez?*
Anéutesis interrogativo-negativa............ *¿No llegan muchas personas á la vejez?*
Anéutesis imperativa... *Odia al delito y compadece al delincuente.*
Anéutesis imperativo-negativa.............. *No seas esclavo de tus pasiones.*
Anéutesis condicionada afirmativa........... *Con estas costumbres llegarían muchos á la vejez.*
Anéutesis condicionada negativa............. *Con tales costumbres no llegarían muchos á la vejez.*
Anéutesis condicionada interrogativa......... *Con mejores costumbres, ¿llegarían muchos á la vejez?*
Anéutesis condicionada negativo-interrogativa. *Con buenas costumbres, ¿no llegarían muchos á la vejez?*
Anéutesis optativa...... *¡Quién llegara á la vejez!*

Estas especies se distribuyen en cuatro clases; á saber: ANÉUTESIS SIMPLES, ANÉUTESIS IMPERATIVAS, ANÉUTESIS CONDICIONADAS, ANÉUTESIS OPTATIVAS.

Cada una de estas clases tiene su conjugación especial, y de ellas se tratará separadamente.

Anéutesis simples.— Estas anéutesis son: las sencillamente negativas, las sencillamente interrogativas y las sencillamente interrogativo-negativas.

Esta primera clase sigue la conjugación de los siete tiempos de la tesis, con las siguientes modificaciones:

1.ª Los tiempos de las anéutesis negativas van precedidos de la negación NO.

2.ª Á los tiempos de las interrogativas ó interrogativo-negativas se da la canturía propia de las preguntas.

Ha de tenerse en cuenta que la anéutesis negativa no exige imprescindiblemente la presencia de la negación NO en la cláusula:

En mi vida lo he visto (donde no existe la negación NO).
Nada he visto.

La conjugación de las anéutesis negativas es como sigue:

PRESENTE DE INDICATIVO, Ó SEA PRESENTE ABSOLUTO CON RESPECTO AL MOMENTO DE LA PALABRA (1)

No alabo.	No ofendo.	No aplaudo.
No alabas.	No ofendes.	No aplaudes.
No alaba.	No ofende.	No aplaude.
No alabamos.	No ofendemos.	No aplaudimos.
No alabáis.	No ofendéis.	No aplaudís.
No alaban.	No ofenden.	No aplauden.

PRETÉRITO PERFECTO SIMPLE, Ó SEA PRETÉRITO ABSOLUTO CON RESPECTO AL MOMENTO DE LA PALABRA

No alabé.	No ofendí.	No aplaudí.
No alabaste.	No ofendiste.	No aplaudiste.
No alabó.	No ofendió.	No aplaudió.
No alabamos.	No ofendimos.	No aplaudimos.
No alabasteis.	No ofendisteis.	No aplaudisteis.
No alabaron.	No ofendieron.	No aplaudieron.

FUTURO IMPERFECTO, Ó SEA FUTURO ABSOLUTO CON RESPECTO AL MOMENTO DE LA PALABRA

No alabaré.	No ofenderé.	No aplaudiré.
No alabarás.	No ofenderás.	No aplaudirás.
No alabará.	No ofenderá.	No aplaudirá.
No alabaremos.	No ofenderemos.	No aplaudiremos.
No alabaréis.	No ofenderéis.	No aplaudiréis.
No alabarán.	No ofenderán.	No aplaudirán.

PRETÉRITO IMPERFECTO, Ó SEA PRETÉRITO RELATIVO SIMULTÁNEO CON UN PASADO CONOCIDO

No alababa (yo).	No ofendía (yo).	No aplaudía (yo).
No alababas.	No ofendías.	No aplaudías.
No alababa (él).	No ofendía (él).	No aplaudía (él).
No alabábamos.	No ofendíamos.	No aplaudíamos.
No alababais.	No ofendíais.	No aplaudíais.
No alababan.	No ofendían.	No aplaudían.

---

(1) Regularmente se indicará cada tiempo con dos denominaciones: la primera será la que cada tiempo tiene en las conjugaciones por flexión, y la segunda la que le corresponde en las conjugaciones por conceptos.

PRETÉRITO PERFECTO, Ó SEA PRETÉRITO RELATIVO DE ÉPOCA
QUE AUN DURA

No he
No has
No ha
No hemos } alabado, ofendido, aplaudido.
No habéis
No han

PRETÉRITO PLUSCUAMPERFECTO, Ó SEA PRETÉRITO ANTERIOR
Á UN PASADO CONOCIDO

No había (yo)
No habías
No había (él)
No habíamos } alabado, ofendido, aplaudido.
No habíais
No habían

FUTURO PERFECTO, Ó SEA FUTURO RELATIVO ANTERIOR
Á UN FUTURO CONOCIDO

No habré
No habrás
No habrá
No habremos } alabado, ofendido, aplaudido.
No habréis
No habrán

Anéutesis simplemente interrogativas. — La conjugación de estas anéutesis interrogativas no se diferencia de la conjugación de los siete tiempos de las tesis sino en la canturía especial que les da el carácter de pregunta.

Cada tiempo tiene tres juegos de desinencias, correspondientes á las tres conjugaciones por flexión en AR, ER, IR.

No hay en español estructura especial interrogativa; pero (aunque no sea obligatorio) en las cláusulas interrogativas hay tendencia á posponer el nominativo al verbo.

La conjugación de las anéutesis interrogativas es como sigue:

PRESENTE DE INDICATIVO, Ó SEA PRESENTE ABSOLUTO CON RESPECTO
AL MOMENTO DE LA PALABRA

¿Alabo?   ¿Ofendo?   ¿Aplaudo?
¿Alabas?   ¿Ofendes?   ¿Aplaudes?
¿Alaba?   ¿Ofende?   ¿Aplaude?
¿Alabamos?   ¿Ofendemos?   ¿Aplaudimos?
¿Alabáis?   ¿Ofendéis?   ¿Aplaudís?
¿Alaban?   ¿Ofenden?   ¿Aplauden?

PRETÉRITO PERFECTO SIMPLE, Ó SEA PRETÉRITO ABSOLUTO CON RESPECTO
AL MOMENTO DE LA PALABRA

¿Alabé?   ¿Ofendí?   ¿Aplaudí?
¿Alabaste?   ¿Ofendiste?   ¿Aplaudiste?
¿Alabó?   ¿Ofendió?   ¿Aplaudió?
¿Alabamos?   ¿Ofendimos?   ¿Aplaudimos?
¿Alabasteis?   ¿Ofendisteis?   ¿Aplaudisteis?
¿Alabaron?   ¿Ofendieron?   ¿Aplaudieron?

FUTURO IMPERFECTO, Ó SEA FUTURO ABSOLUTO CON RESPECTO
AL MOMENTO DE LA PALABRA

¿Alabaré?   ¿Ofenderé?   ¿Aplaudiré?
¿Alabarás?   ¿Ofenderás?   ¿Aplaudirás?
¿Alabará?   ¿Ofenderá?   ¿Aplaudirá?
¿Alabaremos?   ¿Ofenderemos?   ¿Aplaudiremos?
¿Alabaréis?   ¿Ofenderéis?   ¿Aplaudiréis?
¿Alabarán?   ¿Ofenderán?   ¿Aplaudirán?

PRETÉRITO IMPERFECTO, Ó SEA PRETÉRITO RELATIVO SIMULTÁNEO
CON UN PASADO CONOCIDO

¿Alababa? (yo).   ¿Ofendía? (yo).   ¿Aplaudía? (yo).
¿Alababas?   ¿Ofendías?   ¿Aplaudías?
¿Alababa? (él).   ¿Ofendía? (él).   ¿Aplaudía? (él).
¿Alabábamos?   ¿Ofendíamos?   ¿Aplaudíamos?
¿Alababais?   ¿Ofendíais?   ¿Aplaudíais?
¿Alababan?   ¿Ofendían?   ¿Aplaudían?

PRETÉRITO PERFECTO COMPUESTO, Ó SEA PRETÉRITO RELATIVO
DE ÉPOCA QUE AUN DURA

¿He
¿Has
¿Ha
¿Hemos   } alabado, ofendido, aplaudido?
¿Habéis
¿Han

PRETÉRITO PLUSCUAMPERFECTO, Ó SEA PRETÉRITO RELATIVO ANTERIOR
Á UN PASADO CONOCIDO

¿Había (yo)
¿Habías
¿Había (él)
¿Habíamos   } alabado, ofendido, aplaudido?
¿Habíais
¿Habían

FUTURO PERFECTO, Ó SEA FUTURO RELATIVO ANTERIOR
Á UN FUTURO CONOCIDO

¿Habré
¿Habrás
¿Habrá
¿Habremos } alabado, ofendido, aplaudido?
¿Habréis
¿Habrán

Anéutesis simplemente interrogativo-negativas. — Estas anéutesis interrogativo-negativas se forman haciendo preceder de la negación NO los juegos de terminaciones correspondientes á la conjugación de la tesis, y además dando á cada tiempo la canturía interrogativa.

La anéutesis interrogativo-negativa no es otra cosa que la combinación de la anéutesis interrogativa y la negativa.

La conjugación de las anéutesis interrogativo-negativas es como sigue :

PRESENTE DE INDICATIVO, Ó SEA PRESENTE ABSOLUTO CON RESPECTO
AL MOMENTO DE LA PALABRA

¿No alabo?   ¿No ofendo?   ¿No aplaudo?
¿No alabas?   ¿No ofendes?   ¿No aplaudes?
¿No alaba?   ¿No ofende?   ¿No aplaude?
¿No alabamos?   ¿No ofendemos?   ¿No aplaudimos?
¿No alabáis?   ¿No ofendéis?   ¿No aplaudís?
¿No alaban?   ¿No ofenden?   ¿No aplauden?

PRETÉRITO PERFECTO SIMPLE, Ó SEA PRETÉRITO ABSOLUTO CON RESPECTO
AL MOMENTO DE LA PALABRA

¿No alabé?   ¿No ofendí?   ¿No aplaudí?
¿No alabaste?   ¿No ofendiste?   ¿No aplaudiste?
¿No alabó?   ¿No ofendió?   ¿No aplaudió?
¿No alabamos?   ¿No ofendimos?   ¿No aplaudimos?
¿No alabasteis?   ¿No ofendisteis?   ¿No aplaudisteis?
¿No alabaron?   ¿No ofendieron?   ¿No aplaudieron?

FUTURO IMPERFECTO, Ó SEA FUTURO ABSOLUTO CON RESPECTO
AL MOMENTO DE LA PALABRA

¿No alabaré?   ¿No ofenderé?   ¿No aplaudiré?
¿No alabarás?   ¿No ofenderás?   ¿No aplaudirás?
¿No alabará?   ¿No ofenderá?   ¿No aplaudirá?
¿No alabaremos?   ¿No ofenderemos?   ¿No aplaudiremos?
¿No alabaréis?   ¿No ofenderéis?   ¿No aplaudiréis?
¿No alabarán?   ¿No ofenderán?   ¿No aplaudirán?

PRETÉRITO IMPERFECTO, Ó SEA PRETÉRITO SIMULTÁNEO
CON UN PASADO CONOCIDO

¿No alababa? (yo).   ¿No ofendía? (yo).   ¿No aplaudía? (yo).
¿No alababas?   ¿No ofendías?   ¿No aplaudías?
¿No alababa? (él).   ¿No ofendía? (él).   ¿No aplaudía? (él)
¿No alabábamos?   ¿No ofendíamos?   ¿No aplaudíamos?
¿No alababais?   ¿No ofendíais?   ¿No aplaudíais?
¿No alababan?   ¿No ofendían?   ¿No aplaudían?

PRETÉRITO PERFECTO COMPUESTO, Ó SEA PRETÉRITO RELATIVO
DE ÉPOCA QUE AUN DURA

¿No he \
¿No has \
¿No ha   \
¿No hemos } alabado, ofendido, aplaudido?
¿No habéis /
¿No han   /

PRETÉRITO PLUSCUAMPERFECTO, Ó SEA PRETÉRITO RELATIVO
Á UN PASADO CONOCIDO

¿No había (yo) \
¿No habías   \
¿No había (él)   \
¿No habíamos   } alabado, ofendido, aplaudido?
¿No habíais   /
¿No habían   /

FUTURO PERFECTO, Ó SEA FUTURO RELATIVO ANTERIOR
Á UN FUTURO CONOCIDO

¿No habré \
¿No habrás \
¿No habrá   \
¿No habremos } alabado, ofendido, aplaudido?
¿No habréis /
¿No habrán /

Como se acaba de ver, es en rigor una misma la conjugación por conceptos de las tesis y de las anéutesis simples.

Anéutesis imperativas. — Las anéutesis imperativas son aquellas en que se enuncia un mandato ó un ruego, ó en que se exhorta á hacer alguna cosa ó se dispone de ello (1):

Ven.   No vayas.
No vengas.   Traiga usted sellos de Correos.
Ve.   Lleve usted esta carta.

---

(1) El nombre de imperativo viene de una de las varias funciones de este modo.

Las anéutesis imperativas se distinguen por intonaciones especiales. El tono del que manda no es igual al del que ruega ó suplica.

El imperativo se conjuga de dos maneras: una en la construcción afirmativa, y otra en la negativa; cada una tiene tres juegos de terminaciones, correspondientes á las tres conjugaciones por flexión en AR, ER, IR.

La conjugación de las anéutesis imperativas es como sigue:

CONSTRUCCIÓN AFIRMATIVA

Alaba tú.	Aprende tú.	Aplaude tú.
Alabe él.	Aprenda él.	Aplauda él.
Alabemos nosotros.	Aprendamos nosotros.	Aplaudamos nosotros.
Alabad vosotros.	Aprended vosotros.	Aplaudid vosotros.
Alaben ellos.	Aprendan ellos.	Aplaudan ellos.

CONSTRUCCIÓN NEGATIVA

No alabes tú.	No aprendas tú.	No aplaudas tú.
No alabe él.	No aprenda él.	No aplauda él.
No alabemos nosot.	No aprendamos nosot.	No aplaudamos nosot.
No alabéis vosot.	No aprendáis vosot.	No aplaudáis vosot.
No alaben ellos.	No aprendan ellos.	No aplaudan ellos.

Estas dos construcciones (afirmativa y negativa) constituyen lo que se llama el modo imperativo.

Todos los imperativos se refieren á lo futuro.

En los paradigmas del modo imperativo incluídos habitualmente en las Gramáticas, sólo aparecen las terminaciones de la construcción afirmativa:

A,	E,	E,
E,	A,	A,
EMOS,	AMOS,	AMOS,
AD,	ED,	ID,
EN,	AN,	AN.

Pero es evidente que no hay razón ninguna para excluir las de la construcción negativa, que son:

ES,	AS,	AS,
E,	A,	A,
EMOS,	AMOS,	AMOS,
ÉIS,	ÁIS,	ÁIS,
EN,	AN,	AN (1).

---

(1) Estas terminaciones del imperativo son las mismas de los llamados presentes de subjuntivo en las tres conjugaciones por flexión. Pero dichas termina-

Los tiempos de las conjugaciones por flexión ofrecen siempre, aun en el imperativo, como en breve se verá, seis personas: tres en singular: YO, TÚ, ÉL, y tres en plural: NOSOTROS, VOSOTROS, ELLOS.

En los paradigmas usuales del modo imperativo se ponen sólo dos personas para el singular: TÚ, ÉL; y únicamente en el plural aparecen las tres: NOSOTROS, VOSOTROS, ELLOS:

Ama TÚ.	*Teme* TÚ.	*Parte* TÚ.
Ame ÉL.	*Tema* ÉL.	*Parta* ÉL.
Amemos NOSOTROS.	*Temamos* NOSOTROS.	*Partamos* NOSOTROS.
Amad VOSOTROS.	*Temed* VOSOTROS.	*Partid* VOSOTROS.
Amen ELLOS.	*Teman* ELLOS.	*Partan* ELLOS.

De ese modo las hemos incluído en la CONJUGACIÓN POR FLEXIONES, á fin de dar á conocer el sistema seguido por la generalidad de los gramáticos.

Para no incluir en el imperativo las primeras personas del singular, se da como razón la de que el hombre no puede mandarse á sí mismo. Sin embargo, en español no es difícil hallar ejemplos de primeras personas en imperativo:

> ANDE YO *caliente,*
> *y ríase la gente.*
> (GÓNGORA.)
>
> CUMPLA YO *mi deber, y húndase el cielo.*
> MUERTA ME *quede, si no es cierto lo que digo.*
> LOGRE YO *mi objeto, y digan de mí lo que quisieren.*

Claro es que en los anteriores ejemplos se contiene una significación, ya desiderativa, ya condicional, ya adversativa, etc. Pero basta que existan estos casos tan frecuentes del que pudiera llamarse SEUDOIMPERATIVO, para incluir en la conjugación por flexiones de este modo la primera persona del singular.

El imperativo requiere construcciones especiales:

1.ª Posposición de los nominativos, así en la afirmativa como en la negativa, siempre que se considere necesaria la enunciación de dichos nominativos:

Sal TÚ.	*No salgas* TÚ.
Salga ÉL.	*No salga* ÉL.
Salgamos NOSOTROS.	*No salgamos* NOSOTROS.
Salid VOSOTROS.	*No salgáis* VOSOTROS.
Salgan ELLOS.	*No salgan* ELLOS.

---

ciones no constituyen tiempos trasladados, sino acepciones especiales del modo imperativo muy distintas de las correspondientes al subjuntivo.

2.ª Posposición al verbo de los pronombres no nominativos en la construcción afirmativa, y anteposición de los mismos en la construcción negativa:

*Cómpra*MELO.	*No* ME LO *compres.*
*Cómpra*SELO.	*No* SE LO *compres.*
*Comprémo*NOSLO.	*No* NOS LO *compremos.*
*Compráo*SLO.	*No* OS LO *compréis.*
*Cómpren*SELO.	*No* SE LO *compren.*

Anéutesis condicionadas. — Las anéutesis condicionadas se dividen en dos especies, según que se considere ó no como existente ó probable el hecho ó la cosa á que se refiere la condición. Para esta segunda especie de anéutesis condicionadas se usan las segundas formas del llamado pretérito imperfecto de subjuntivo (1).

Supongamos que la condición fuera SI LO MERECIESE, ó bien SI NO LO MERECIESE. Tendríamos entonces:

CONSTRUCCIÓN AFIRMATIVA

Si lo mereciese
- la alabaría (yo).
- la alabarías....
- la alabaría (él).
- la alabaríamos.
- la alabaríais...
- la alabarían ...

- la reprendería (yo).
- la reprenderías....
- la reprendería (él).
- la reprenderíamos.
- la reprenderíais...
- la reprenderían....

- la aplaudiría (yo).
- la aplaudirías.
- la aplaudiría (él).
- la aplaudiríamos.
- la aplaudiríais.
- la aplaudirían.

---

(1) Recuérdese que este tiempo tiene tres formas:

Primera conjugación..
- *Am*ARA, *am*ARÍA y *am*ASE (yo).
- *Am*ARAS, *am*ARÍAS y *am*ASES.
- *Am*ARA, *am*ARÍA y *am*ASE (él).
- *Am*ÁRAMOS, *am*ARÍAMOS y *am*ÁSEMOS.
- *Am*ARAIS, *am*ARÍAIS y *am*ASEIS.
- *Am*ARAN, *am*ARÍAN y *am*ASEN.

Segunda conjugación..
- *Tem*IERA, *tem*ERÍA y *tem*IESE (yo).
- *Tem*IERAS, *tem*ERÍAS y *tem*IESES.
- *Tem*IERA, *tem*ERÍA y *tem*IESE (él).
- *Tem*IÉRAMOS, *tem*ERÍAMOS y *tem*IÉSEMOS.
- *Tem*IERAIS, *tem*ERÍAIS y *tem*IESEIS.
- *Tem*IERAN, *tem*ERÍAN y *tem*IESEN.

Tercera conjugación..
- *Part*IERA, *part*IRÍA y *part*IESE (yo).
- *Part*IERAS, *part*IRÍAS y *part*IESES.
- *Part*IERA, *part*IRÍA y *part*IESE (él).
- *Part*IÉRAMOS, *part*IRÍAMOS y *part*IÉSEMOS.
- *Part*IERAIS, *part*IRÍAIS y *part*IESEIS.
- *Part*IERAN, *part*IRÍAN y *part*IESEN.

CONSTRUCCIÓN NEGATIVA

Si no lo mereciese
- no la alabaría (yo).. / no la reprendería (yo)... / no la aplaudiría (yo).
- no la alabarías...... / no la reprenderías...... / no la aplaudirías.
- no la alabaría (él)... / no la reprendería (él)... / no la aplaudiría (él).
- no la alabaríamos... / no la reprenderíamos... / no la aplaudiríamos.
- nò la alabaríais..... / no la reprenderíais...... / no la aplaudiríais.
- no la alabarían...... / no la reprenderían...... / no la aplaudirían.

CONSTRUCCIÓN INTERROGATIVA

Si lo mereciese
- ¿la alabaría? (yo)..... / ¿la reprendería? (yo)..... / ¿la aplaudiría? (yo).
- ¿la alabarías?........ / ¿la reprenderías?........ / ¿la aplaudirías?
- ¿la alabaría? (él)..... / ¿la reprendería? (él)..... / ¿la aplaudiría? (él).
- ¿la alabaríamos?..... / ¿la reprenderíamos?..... / ¿la aplaudiríamos?
- ¿la alabaríais?....... / ¿la reprenderíais?....... / ¿la aplaudiríais?
- ¿la alabarían?........ / ¿la reprenderían?........ / ¿la aplaudirían?

CONSTRUCCIÓN INTERROGATIVO-NEGATIVA

Si lo mereciese
- ¿no la alabaría? (yo) . / ¿no la reprendería? (yo).. / ¿no la aplaudiría? (yo)
- ¿no la alabarías?..... / ¿no la reprenderías?...... / ¿no la aplaudirías?
- ¿no la alabaría? (él).. / ¿no la reprendería? (él)... / ¿no la aplaudiría? (él).
- ¿no la alabaríamos?.. / ¿no la reprenderíamos?... / ¿no la aplaudiríamos?
- ¿no la alabaríais?.... / ¿no la reprenderíais?..... / ¿no la aplaudiríais?
- ¿no la alabarían?.... / ¿no la reprenderían?...... / ¿no la aplaudirían?

En español, las terminaciones correspondientes á la primera forma del llamado pretérito imperfecto de subjuntivo en las conjugaciones por flexión, pueden substituir, y substituyen con la mayor frecuencia, á las terminaciones de la segunda forma del mismo tiempo; esto es, que las terminaciones RA, RAS, R A, RAMOS

RAIS, RAN substituyen á las terminaciones RÍA, RÍAS, RÍA, RÍAMOS, RÍAIS, RÍAN.

Por manera que, en vez de la conjugación anterior, cabe decir:

CONSTRUCCIÓN AFIRMATIVA

Si lo mereciese
- la alabara (yo) ...... la reprendiera (yo) .... la aplaudiera (yo).
- la alabaras .... la reprendieras .... la aplaudieras.
- la alabara (él) ...... la reprendiera (él) .... la aplaudiera (él).
- la alabáramos .... la reprendiéramos ..... la aplaudiéramos.
- la alabarais .... la reprendierais .... la aplaudierais.
- la alabaran .... la reprendieran .... la aplaudieran.

CONSTRUCCIÓN NEGATIVA

Si no lo mereciese
- no la alabara (yo) ... no la reprendiera (yo) ... no la aplaudiera (yo).
- no la alabaras ...... no la reprendieras ..... no la aplaudieras.
- no la alabara (él) .... no la reprendiera (él) .... no la aplaudiera (él).
- no la alabáramos .... no la reprendiéramos ... no la aplaudiéramos.
- no la alabarais ...... no la reprendierais ..... no la aplaudierais.
- no la alabaran ...... no la reprendieran ..... no la aplaudieran.

CONSTRUCCIÓN INTERROGATIVA

Si no lo mereciese
- ¿la alabara? (yo) ..... ¿la reprendiera? (yo) ..... ¿la aplaudiera? (yo).
- ¿la alabaras? .... ¿la reprendieras? .... ¿la aplaudieras?
- ¿la alabara? (él) ..... ¿la reprendiera? (él) ..... ¿la aplaudiera? (él).
- ¿la alabáramos? ..... ¿la reprendiéramos? ..... ¿la aplaudiéramos?
- ¿la alabarais? .... ¿la reprendierais? .... ¿la aplaudierais?
- ¿la alabaran? .... ¿la reprendieran? .... ¿la aplaudieran?

CONSTRUCCIÓN INTERROGATIVO-NEGATIVA

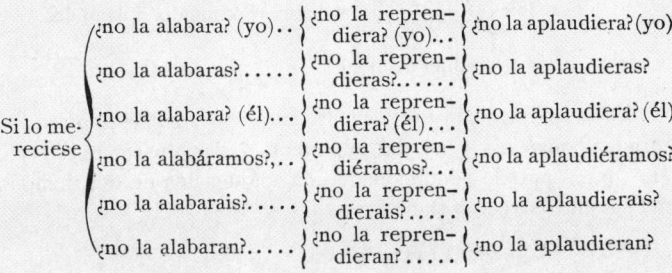

Toda anéutesis condicionada (según sabemos) se refiere á lo futuro; pero con el transcurso del tiempo, el hecho de la anéutesis puede considerarse como pasado, y entonces se hace uso de la segunda forma del llamado pretérito pluscuamperfecto de subjuntivo:

$$\left.\begin{array}{l}\text{YO HABRÍA}\\ \text{TÚ HABRÍAS}\\ \text{ÉL HABRÍA}\\ \text{NOSOTROS HABRÍAMOS}\\ \text{VOSOTROS HABRÍAIS}\\ \text{ELLOS HABRÍAN}\end{array}\right\}\text{AMADO, TEMIDO, PARTIDO.}$$

También, en substitución de esta segunda forma compuesta, puede usarse de la primera:

$$\left.\begin{array}{l}\text{YO HUBIERA}\\ \text{TÚ HUBIERAS}\\ \text{ÉL HUBIERA}\\ \text{NOSOTROS HUBIÉRAMOS}\\ \text{VOSOTROS HUBIERAIS}\\ \text{ELLOS HUBIERAN}\end{array}\right\}\text{AMADO, TEMIDO, PARTIDO.}$$

Ejemplos: suponiendo que la condición fuera Á SER POSIBLE, ó bien Á NO SER POSIBLE, tendríamos las variantes siguientes:

$$\text{Á ser posible}\left\{\begin{array}{l}\text{habría (yo)}\\ \text{habrías}\\ \text{habría (él)}\\ \text{habríamos}\\ \text{habríais}\\ \text{habrían}\end{array}\right\}\text{alabado, reprendido, aplaudido.}$$

Á ser posible {hubiera (yo) / hubieras / hubiera (él) / hubiéramos / hubierais / hubieran} alabado, reprendido, aplaudido.

En la conjugación propiamente condicionada, sólo entran las terminaciones RÍA y RA del imperfecto y del pluscuamperfecto. Hay, pues, para lo condicionado una conjugación de dos tiempos del subjuntivo, como sigue:

Yo *am*aRÍA ó *am*aRA (nunca *am*aSE).
Tú *am*aRÍAS ó *am*aRAS (nunca *am*aSES).
Él *am*aRÍA ó *am*aRA (nunca *am*aSE).
Nosotros *am*aRÍAMOS ó *amá*RAMOS (nunca *amá*SEMOS).
Vosotros *am*aRÍAIS ó *am*aRAIS (nunca *am*aSEIS).
Ellos *am*aRÍAN ó *am*aRAN (nunca *am*aSEN).

Yo *hab*RÍA ó *hub*IERA *amado* (nunca *hub*IESE).
Tú *hab*RÍAS ó *hub*IERAS *amado* (nunca *hub*IESES).
Él *hab*RÍA ó *hub*IERA *amado* (nunca *hub*IESE).
Nosotros *hab*RÍAMOS ó *hub*IÉRAMOS *amado* (nunca *hub*IÉSEMOS).
Vosotros *hab*RÍAIS ó *hub*IERAIS *amado* (nunca *hub*IESEIS).
Ellos *hab*RÍAN ó *hub*IERAN *amado* (nunca *hub*IESEN).

Otras anéutesis. — Las anéutesis optativas se construyen con las primeras formas del pretérito imperfecto de subjuntivo, que son las que contienen la sílaba RA:

> ¡*Quién* SACARA *á la lotería!*
> ¡*Quién* TUVIERA *salud!*
> ¡*Quién* FUERA *rico!*

Una canturía especial distingue á estas anéutesis.

Las anéutesis optativas se refieren á lo futuro; pero suponiendo transcurrido un espacio de tiempo suficiente, pueden también referirse á lo pasado, y entonces se construyen con las formas primera y tercera del pluscuamperfecto de subjuntivo; esto es, con las en RA y en SE, pero no con las en RÍA:

> ¡*Quién* HUBIERA SACADO *á la lotería!* (ó *quién* HUBIESE).
> ¡*Quién* HUBIERA TENIDO *salud!* (ó *quién* HUBIESE).
> ¡*Quién* HUBIERA SIDO *rico!* (ó *quién* HUBIESE).

Tonos especiales distinguen otras anéutesis en que domina la admiración, la ironía, el desprecio y otras afecciones de la sensibilidad, pero que no constituyen clases especiales, por no exigir estructuras distintas de las ya explicadas. Á estas anéutesis se aplicarán las reglas.de las estructuras dominantes en sus respectivas cláusulas:

> *¡Qué hombre tan íntegro es el comisario!* (admirativa).
> *Sí, será íntegro, pero no veo las pruebas* (irónica).

En resumen:

1.º La conjugación de las tesis se forma con los siete tiempos del INDICATIVO, conocidos en las conjugaciones por flexión con los nombres de PRESENTE, PRETÉRITO SIMPLE, FUTURO IMPERFECTO, PRETÉRITO IMPERFECTO, PRETÉRITO COMPUESTO, PRETÉRITO PLUSCUAMPERFECTO Y FUTURO PERFECTO; y nunca entran en la conjugación de las tesis las formas compuestas con HUBE, HUBISTE, HUBO, HUBIMOS, HUBISTEIS, HUBIERON seguidas del participio del verbo que se conjuga.

2.º La misma conjugación de los siete tiempos es aplicable á las anéutesis negativo-interrogativas é interrogativo-negativas.

3.º Las anéutesis imperativas se forman en la construcción afirmativa con desinencias especiales, ó tomadas del llamado en las conjugaciones por flexión PRESENTE DE SUBJUNTIVO; y en la construcción negativa, con las desinencias del mismo PRESENTE DE SUBJUNTIVO.

4.º Las anéutesis especialmente condicionadas se construyen con las formas primera y segunda del llamado en las conjugaciones por flexión PRETÉRITO IMPERFECTO DE SUBJUNTIVO, ó con las formas primera y segunda del llamado PRETÉRITO PLUSCUAMPERFECTO del mismo modo.

5.º Nunca en estas anéutesis condicionadas entra la tercera forma de los dos citados tiempos del SUBJUNTIVO.

6.º Las anéutesis condicionadas son susceptibles de las construcciones afirmativas, negativas, interrogativas y negativo-interrogativas.

ADVERTENCIA.—Los demás tiempos de las conjugaciones por flexión no entran en las cláusulas de sentido completo é independiente, ya tesis, ya anéutesis.

CAPÍTULO IV

TIEMPOS TRANSLATICIOS

Si el idioma estuviese dotado de todos los recursos desinenciales necesarios, habría flexiones especiales para un PRESENTE DE INCERTIDUMBRE, un PRETÉRITO DE PROBABILIDAD y un FUTURO DE CERTIDUMBRE.

Pero, en vez de inventar desinencias adecuadas, el uso ha preferido utilizar flexiones ya conocidas, extremando alguna de sus acepciones. Y así, se sirve de terminaciones de futuro que todas son contingentes, y por tanto sólo expresan probabilidad, para hablar de lo presente no seguro, sino probable:

Ahora SERÁN *las tres;*

ó bien, para hablar de lo pasado, cuando no consta con certeza que un hecho ha ocurrido:

Ya HABRÁ MUERTO *el general.*

Y se usan las flexiones del presente para dar seguridad á cosas de lo futuro:

Esta noche SALGO *para París.*

Obsérvese que en este empleo de unos tiempos por otros hay mucho más que una simple substitución de flexiones: hay nada menos que la CREACIÓN de tiempos para los cuales no existen desinencias en las conjugaciones por flexión. ¡Procedimiento que admira, porque los TIEMPOS TRANSLATICIOS pierden su primitiva significación para tomar una nueva cuando es necesario, sin perjuicio de conservar la primitiva cuando es menester!

Así, pues, á los siete tiempos enunciados hay que agregar para el INDICATIVO los tres siguientes translaticios:

PRESENTE DE INCERTIDUMBRE. — Se forma con el futuro de las conjugaciones por flexión:

Ahora SERÁN *las tres.*
El libro ESTARÁ *en mi despacho.*

Pretérito de probabilidad. — Se forma con el futuro compuesto de las conjugaciones por flexión:

> *Bien* HABRÁ VISTO *el lector*
> *en hostería ó convento*
> *un artificioso invento,*
> *para andar el asador.*
>
> (Iriarte.)

Futuro de certidumbre. — Se forma con el presente de indicativo:

> *Mañana* salgo *para París, y el viernes* estoy *en Viena.*

Además de estos tres tiempos translaticios que son de uso corriente, se suele encontrar otro, usado sólo en circunstancias excepcionales. Supongamos que desde un andamio establecido en lo alto de una torre vemos caer un albañil, y llenos de horror, antes de que el hombre llegue al suelo, exclamamos, cerrando los ojos: *¡Se mató!* Aquí se usa el pretérito absoluto, que lleva la idea de ser imposible hacer que no haya sucedido lo que ya ha tenido efecto, para expresar que el hombre, dada la altura desde donde cae, se matará irremisiblemente.

El pretérito absoluto se usa, pues, en casos análogos, para expresar que una cosa ocurrirá fatal y necesariamente.

Por último, se usa el presente de indicativo en substitución del pretérito absoluto como medio de dar á lo pasado la energía y vigor de lo presente:

> *Madrid, castillo famoso*
> *que al rey moro* alivia (1) *el miedo,*
> arde (1) *en fiestas en su coso*
> *por ser el natal dichoso*
> *de Alimenón de Toledo.*
> *Su bravo alcaide Aliatar,*
> *de la hermosa Zaida amante,*
> *las* ordena (1) *celebrar,*
> *por si le* puede (1) *ablandar*
> *el corazón de diamante.*
> *El ancho circo se* llena (1)
> *de multitud clamorosa,*
> *que* tiende (1) *á ver en su arena*
> *la sangrienta lid dudosa,*
> *y todo en torno* resuena (1).
>
> (Moratín, D. Nicolás.)

---

(1) Presente translaticio.

Regularmente, esta manera de dar á lo pasado la vivacidad pintoresca de lo presente no se emplea sola, sino alternadamente, con los tiempos propios de lo pasado.

Por ejemplo:

Allá en tiempos de entonces
y en tierras muy remotas,
cuando HABLABAN (1) *los brutos*
su cierta jerigonza,
   NOTÓ (2) *el sabio elefante*
que entre ellos ERA (1) *moda*
incurrir en abusos
dignos de gran reforma.
   Afeárselos QUIERE (3),
y á este fin los CONVOCA (3).
HACE (3) *una reverencia*
á todos con la trompa,
y EMPIEZA (3) *á persuadirlos*
en una arenga docta
que para aquel intento
se ESTUDIÓ (2) *de memoria...*
   Gustosos en extremo,
y abriendo tanta boca,
sus consejos OÍAN (1)
muchos de aquella tropa...
   Pero del auditorio
otra porción no corta,
ofendida, no PUDO (2)
sufrir tanta parola.

El tigre, el rapaz lobo,
contra el censor se ENOJAN (3).
¡Qué de injurias VOMITA (3)
la sierpe venenosa!
   MURMURAN (3) *por lo bajo,*
zumbando en voces roncas,
el zángano, la avispa,
el tábano y la mosca.
   SÁLENSE (3) *del concurso,*
por no escuchar sus glorias,
el cigarrón dañino,
la oruga y la langosta.
   La garduña se ENCOGE (3),
DISIMULA (3) *la zorra,*
y el insolente mono
HACE (3) *de todo mofa.*
   ESTABA (1) *el elefante*
viéndolo con pachorra,
y su razonamiento
CONCLUYÓ (2) *en esta forma.*
....
....
(SAMANIEGO.)

Las primeras personas del llamado en las conjugaciones por flexión pretérito imperfecto de subjuntivo, dan un tiempo translaticio que substituye al pretérito absoluto, de indicativo y al pretérito pluscuamperfecto:

¡Cuán solitaria la nación que un día
POBLARA *inmensa gente!* (4).

(ESPRONCEDA.)

---

(1) Pretérito imperfecto.
(2) Pretérito absoluto.
(3) Presente translaticio.
(4) A principios del siglo XIX se tuvo por mala práctica la de substituir con los tiempos en ARA ó IERA la primera fórmula del pretérito perfecto de indicativo de las conjugaciones por flexión, y sólo se estimaba como correcta la substitución translaticia del pluscuamperfecto de indicativo, dándose por razón que las terminaciones en RA, RAS, RA, RAMOS, RAIS, RAN, IERA, IERAS, IERA, IÉRAMOS, IERAIS, IERAN, debían considerarse como derivaciones inmediatas de las desinencias ERAN, ERAS, ERAT, ERAMUS, ERATIS, ERANT del pluscuamperfecto latino. Ahora, autores muy distinguidos no repugnan este uso.

Y ¡oh mengua!, ¡oh vilipendio!, los que OSARAN
*señores proclamarse de la tierra,
las célebres legiones
que desde el Nilo al Báltico* LLEVARAN
la asolación y espanto de la guerra...

(MARTÍNEZ DE LA ROSA.)

En el modo imperativo se comprenden varios tiempos translaticios. Como el imperativo se refiere siempre á lo futuro, ha sucedido que las terminaciones del futuro absoluto de las tres conjugaciones por flexión han llegado á adquirir por extensión, y translaticiamente, fuerza y valor de imperativo, tanto en la construcción afirmativa como en la negativa.

Así, se dice:

Futuro de mandato.... { AMARÁS *padre y madre.*
{ *No* MATARÁS.

Á veces se dice á un criado, por ejemplo:

Me TRAERÁS *sellos para estas cartas,*

en vez de

TRÁEME *sellos para estas cartas.*

El presente de indicativo hace oficio de imperativo cuando queremos quitar á una orden el carácter de contingencia:

Presente de mandato.. *Ahora mismo me* TRAES *sellos para estas cartas.*

El presente de infinitivo, translaticiamente, hace oficios de imperativo, con especialidad en la forma negativa.

Así, se dice:

Infinitivo de mandato... { *No* CORRER,
{ *No* ALBOROTAR,
{ *No* MENTIR,

en vez de

No CORRÁIS,
No ALBOROTÉIS,
No MINTÁIS.

Con frecuencia se encuentran en sentido imperativo infinitivos sin negación:

¡*Á* BEBER,
á BEBER *y* APURAR
las copas del licor!...

¡*Radicales, á* DEFENDERSE!

HONRAR *padre y madre.*

En las anéutesis condicionadas, cuando la condición se estima como probable, se emplean tiempos translaticios; á saber:

Futuro de certidumbre, que es igual al presente de indicativo .... } *Si cobras, le* PAGAS.

Futuro condicionado, que es igual al futuro absoluto de indicativo .... } *Si cobras, le* PAGARÁS.

Imperativo condicionado, que es igual á las dos formas del modo imperativo........ { *Si cobras,* PÁGALE. *Si no cobras, no le* PAGUES.

Las conjugaciones correspondientes á estas tres clases de tiempos translaticios se hacen conforme á lo ya explicado para el presente de indicativo para el futuro absoluto y para el modo imperativo:

> *Si tienes el corazón,*
> *Zaide, como la arrogancia,*
> ....
> SAL (1) *á ver si te defiendes*
> *Como en el Alhambra agravias.*

Hay otro tiempo translaticio aplicable á las anéutesis condicionadas cuando se quiere dar á lo condicionado el carácter de certeza propio de lo pretérito; entonces se usa el pretérito imperfecto de indicativo:

> *Si no* LLOVIESE *tanto, me* IBA *á pie.*
> *Si me* PIDIESE, *le* SOCORRERÍA.

Se usan, por último, translaticiamente las terminaciones RÍA, RÍAS, RÍA, RÍAMOS, RÍAIS, RÍAN, y los tiempos compuestos del pluscuamperfecto de subjuntivo:

HABRÍA
HABRÍAS
HABRÍA
HABRÍAMOS } AMADO, TEMIDO, PARTIDO,
HABRÍAIS
HABRÍAN

como modos modestos del decir.

En muchas ocasiones se usan translaticiamente cláusulas que parecen condicionadas, cuyo objeto es manifestar una opinión

---

(1) SAL, imperativo.

en términos modestos, para no ofender el dictamen ó el parecer de otras personas á quienes debemos respetos ó queremos guardar consideraciones. Así, en vez de asegurar rotundamente, por ejemplo:

Digo *que eso no puede ser así,*

se suele emitir el parecer contrario en formas análogas á la siguiente:

Yo diría *(ó* habría dicho) *que eso no puede ser así, porque...*

Estos modos modestos de decir entrañan una idea condicionada, como por ejemplo:

Si me fuera permitido expresarme con toda la franqueza que se usa entre iguales, yo diría *que eso no pudo ser así, por tales y cuales razones.*

En este sentido los modos modestos de decir deberían clasificarse entre las tesis más bien que entre las anéutesis:

SECCIÓN 3.ª

CONJUGACIÓN DE LAS ENTIDADES SIN SENTIDO CABAL NI INDEPENDIENTE DE CARÁCTER SUBSTANTIVO

Generalidades.

Examinadas en la Sección anterior las conjugaciones por conceptos de las entidades elocutivas dotadas de sentido cabal é independiente (que son, como sabemos, las tesis y las anéutesis), corresponde tratar ahora de las entidades elocutivas sin tal sentido. Estas entidades elocutivas sin sentido independiente son las que constituyen las ORACIONES QUE HACEN VECES DE SUBSTANTIVO; ORACIONES QUE HACEN VECES DE ADVERBIO; ORACIONES QUE HACEN VECES DE ADJETIVO.

Las oraciones de carácter substantivo van todas precedidas de nexos que les quitan el carácter de independencia. Dichos nexos son: QUE, SI, CÓMO, CUÁNDO, DÓNDE:

> *Consta* QUE *heredó*. *No consta* CÓMO *heredó*.
> *No consta* SI *heredó*. *No consta* DÓNDE *heredó*.

Las oraciones pueden tener sentido afirmativo ó negativo, pero no interrogativo.

Los substantivos, como sabemos, son susceptibles de casos. También lo son las oraciones que hacen oficio de substantivos. Por consiguiente, éstas se dividen en ORACIONES-NOMINATIVO, ORACIONES-ACUSATIVO, ORACIONES-DATIVO.

Precedidas estas oraciones-substantivo de las correspondientes preposiciones, resultan además ORACIONES-GENITIVO, ORACIONES-ABLATIVO.

CAPÍTULO I

SUBSTANTIVOS-ORACIÓN EN NOMINATIVO.—CONJUGACIÓN DE SUS VERBOS

Los verbos impersonales relativos expresan afecciones de la sensibilidad ó conceptos del entendimiento. Necesitan todos de nominativo, ya constituídos por un solo vocablo, como

Conviene ESA DECLARACIÓN, *Interesa* ESA LECTURA;

ya por frase en infinitivo, ó sea por un conjunto de palabras sin verbo en desinencia personal:

Conviene DECLARARLO ASÍ, *Interesa* OIR ESA LECTURA;

ya por una oración, ó sea por varios vocablos, entre los cuales ha de haber verbo en desinencia personal:

Conviene QUE LO DECLAREMOS ASÍ, *Interesa* QUE OIGAMOS ESA LECTURA.

En resumen: los nominativos de los verbos impersonales se dividen en tres especies: NOMINATIVOS-VOCABLO, NOMINATIVOS-FRASE, NOMINATIVOS-ORACIÓN.

Las oraciones de los verbos impersonales referentes á la sensibilidad tienen una conjugación especial de cuatro tiempos, como sigue:

Conjugación de los verbos de los substantivos oración que sirven de nominativos á los verbos impersonales.

Impersonales expresivos de afecciones de la voluntad.

PRESENTE DE SUBJUNTIVO

Le sorprende que
- yo...... la alabe........ reprenda....... aplauda.
- tú...... la alabes....... reprendas...... aplaudas.
- él...... la alabe........ reprenda....... aplauda.
- nosotros la alabemos..... reprendamos.... aplaudamos.
- vosotros la alabéis....... reprendáis...... aplaudáis.
- ellos.... la alaben........ reprendan....... aplaudan.

PRETÉRITO PERFECTO DE SUBJUNTIVO

Le sorprende que
- yo...... la haya
- tú...... la hayas
- él...... la haya
- nosotros la hayamos
- vosotros la hayáis
- ellos.... la hayan

} alabado, reprendido, aplaudido.

PRETÉRITO IMPERFECTO DE SUBJUNTIVO: FORMAS EN «SE» Y EN «RA»

Le sorprendió que
- yo......
  - la alabase..... reprendiese.... aplaudiese.
  - la alabara..... reprendiera.... aplaudiera.
- tú......
  - la alabases.... reprendieses... aplaudieses.
  - la alabaras.... reprendieras... aplaudieras.
- él......
  - la alabase..... reprendiese.... aplaudiese.
  - la alabara..... reprendiera.... aplaudiera.
- nosotros
  - la alabásemos.. reprendiésemos aplaudiésemos.
  - la alabáramos.. reprendiéramos aplaudiéramos.
- vosotros
  - la alabaseis... reprendieseis... aplaudieseis.
  - la alabarais.... reprendierais... aplaudierais.
- ellos....
  - la alabasen.... reprendiesen... aplaudiesen.
  - la alabaran.... reprendieran... aplaudieran.

PRETÉRITO PLUSCUAMPERFECTO DE SUBJUNTIVO: FORMAS EN «SE» Y EN «RA»

Le sorprendió que
- yo......
  - la hubiese
  - la hubiera
- tú......
  - la hubieses
  - la hubieras
- él......
  - la hubiese
  - la hubiera
- nosotros
  - la hubiésemos
  - la hubiéramos
- vosotros
  - la hubieseis
  - la hubierais
- ellos....
  - la hubiesen
  - la hubieran

} alabado, reprendido, aplaudido.

Según se ve en el paradigma anterior, la conjugación de los verbos que acompañan á los impersonales expresivos de afecciones de la sensibilidad tienen sólo cuatro tiempos: dos simples y dos compuestos: PRESENTE DE SUBJUNTIVO de las conjugaciones por flexión; PRETÉRITO PERFECTO DE SUBJUNTIVO de las mismas conjugaciones; PRETÉRITO IMPERFECTO DE SUBJUNTIVO en sus formas SE y RA; PRETÉRITO PLUSCUAMPERFECTO DE SUBJUNTIVO en sus dos mismas formas SE y RA

El presente de subjuntivo se usa para los hechos ó actos presentes ó futuros en el momento de la palabra; y el pretérito perfecto del mismo modo, para los hechos ó actos ocurridos antes del momento de la palabra:

Le desagrada QUE YO LA { ALABE, REPRENDÁ, APLAUDA, etc.

esto es:

Le desagrada (ahora que estoy hablando) QUE YO LA ALABE (ahora ó luego).

Le desagrada (ahora que estoy hablando) QUE YO LA HAYA *alabado* (esta mañana, ayer, el mes pasado, etc.).

Cuando con el transcurso del tiempo pertenece ya á lo pasado ó se ha convertido en pretérito el presente del verbo impersonal, entonces el presente de subjuntivo ó el pretérito perfecto de la oración se convierten, respectivamente, en pretérito imperfecto ó pretérito pluscuamperfecto, también de subjuntivo, en algunas de las dos formas SE ó RA:

Le incomodó QUE YO LA { ALABASE, REPRENDIESE, APLUDIESE. ALABARA, REPRENDIERA, APLAUDIERA.

Le incomodó QUE YO LA { HUBIESE / HUBIERA } ALABADO, REPRENDIDO, APLAUDIDO.

Los cuatro tiempos de esta conjugación pueden ser negativos, pero no interrogativos y negativos á la vez:

PRESENTE DE SUBJUNTIVO

Le molesta QUE YO NO LA { ALABE, REPRENDA, APLAUDA, etc.

PRETÉRITO IMPERFECTO DE SUBJUNTIVO

Le molestó QUE YO NO LA { ALABASE ó ALABARA, REPRENDIESE ó REPRENDIERA, APLAUDIESE ó APLAUDIERA, etc.

PRETÉRITO PERFECTO DE SUBJUNTIVO

Le molesta QUE YO NO LA HAYA { ALABADO, REPRENDIDO, APLAUDIDO, etc.

PRETÉRITO PLUSCUAMPERFECTO DE SUBJUNTIVO

Le molestó QUE YO NO LA HUBIESE ó HUBIERA $\begin{cases} \text{ALABADO,} \\ \text{REPRENDIDO,} \\ \text{APLAUDIDO, etc.} \end{cases}$

Pero como los verbos expresivos de afecciones de la sensibilidad pueden hallarse en los siete tiempos de las tesis (ó en los siete tiempos de cada una de las anéutesis negativa, interrogativa ó interrogativo-negativa), resulta que cada uno de los cuatro tiempos de la conjugación de las oraciones en nominativo ha de acompañar á más de uno de los tiempos de las tesis (ó de las anéutesis) de los verbos impersonales.

¿Cómo se hace esta distribución? Según expresa el paradigma siguiente:

El presente de indicativo
El futuro de indicativo
El pretérito compuesto de indicativo del verbo impersonal (1)
$\Big\}$ piden $\Big\{$
el presente de subjuntivo ó el pretérito perfecto de subjuntivo del verbo de la oración subordinada:

Le sorprende
Le sorprenderá $\Big\}$ QUE YO LA $\begin{cases} \text{ALABE, REPRENDA, APLAUDA.} \\ \\ \text{HAYA ALABADO, REPRENDIDO, APLAUDIDO.} \end{cases}$
Le ha sorprendido

---

(1) El discípulo debe concebir este paradigma de modo que le resulten todas las variantes que abarca, que son ciento ocho, á saber:

Le sorprende QUE $\begin{cases} \text{YO LA ALABE,} \\ \text{TÚ LA ALABES, etc.} \\ \text{YO LA REPRENDA,} \\ \text{TÚ LA REPRENDAS, etc.} \\ \text{YO LA APLAUDA,} \\ \text{TÚ LA APLAUDAS, etc.} \\ \text{YO LA HAYA ALABADO,} \\ \text{TÚ LA HAYAS ALABADO, etc.} \\ \text{YO LA HAYA REPRENDIDO,} \\ \text{TÚ LA HAYAS REPRENDIDO, etc.} \\ \text{YO LA HAYA APLAUDIDO,} \\ \text{TÚ LA HAYAS APLAUDIDO, etc.} \end{cases}$ Los casos posibles son diez y ocho.

Análogamente á lo que precede, resultarán asimismo otras treinta y seis variantes, si en vez de *le sorprende* se empieza por *le sorprenderá*. Y por último, otras treinta y seis variantes resultarán empezando por *le ha sorprendido*, combinado con las terminaciones del presente de subjuntivo y del pretérito perfecto del mismo modo.

Los demás tiempos del indicativo	piden	el imperfecto de subjuntivo en sus dos formas SE y RA, ó bien el pluscuamperfecto de subjuntivo en las mismas dos formas:

Le sorprendía
Le sorprendió } QUE YO LA { ALABASE, REPRENDIESE, APLAUDIESE.
Le había sorprendido (1) } ALABARA, REPRENDIERA, APLAUDIERA.
HUBIESE { ALABADO, REPRENDIDO,
HUBIERA { APLAUDIDO.

Impersonales expresivos de conceptos del entendimiento.

Estos verbos se dividen en dos clases: la primera, que se refiere ó puede referirse á lo futuro, ó sea á lo contingente ó simplemente probable, y otra que se refiere á lo indudablemente cierto.

1.º Ejemplos referentes á lo futuro:

Conviene
Importa } QUE YO LA ALABE, REPRENDA, APLAUDA.
Urge

Estos verbos impersonales *convenir, importar, urgir* y todos sus análogos, se refieren ó pueden referirse á lo futuro; y los verbos de las oraciones que los acompañan como nominativos se ajustan á la conjugación de los cuatro tiempos siguientes: PRESENTE DE SUBJUNTIVO, PRETÉRITO PERFECTO DE SUBJUNTIVO, PRETÉRITO IMPERFECTO DE SUBJUNTIVO en sus formas SE y RA, PRETÉRITO PLUSCUAMPERFECTO DE SUBJUNTIVO en las mismas formas.

Á veces no pueden usarse los cuatro tiempos; pero no es por imposibilidad gramatical, sino por oponerse á ello la significación del verbo impersonal. Puede decirse:

Conviene QUE LLUEVA, *Conviene* QUE HAYA LLOVIDO;

pero solamente cabe decir:

Urge QUE LLUEVA, y no *Urge* QUE HAYA LLOVIDO,

porque no puede ser urgente una cosa ya pasada.

---

(1) Es evidente que el verbo impersonal puede aparecer en la forma condicionada; por ejemplo:

Le sorprendería QUE { YO LA ALABASE, TÚ LA ALABASES, ÉL LA ALABASE, etc.

2.º Ejemplos referentes á lo absolutamente cierto:

Consta QUE HEREDA, QUE HA HEREDADO, QUE HEREDÓ, QUE HEREDARÁ, QUE HEREDARÍA, etc.
Es cierto QUE HEREDA, QUE HA HEREDADO, QUE HEREDÓ, QUE HEREDARÁ, QUE HEREDARÍA, etc.

Los verbos de las oraciones en nominativo que acompañan á los verbos impersonales referentes á lo absolutamente cierto, no se ajustan á la conjugación de los cuatro tiempos, sino á las de las tesis ó anéutesis simples en sus construcciones afirmativa ó negativa:

MODO INDICATIVO

PRESENTE

Es verdad que { yo la alabo.......... reprendo.... aplaudo.
tú la alabas......... reprendes... aplaudes, etc.

PRETÉRITO IMPERFECTO

Es verdad que { yo la alababa........ reprendía... aplaudía.
tú la alababas....... reprendías.. aplaudías, etc.

PRETÉRITO COMPUESTO

Es verdad que { yo la he alabado..... reprendido.. aplaudido.
tú la has alabado.... reprendido.. aplaudido, etc.

PRETÉRITO ABSOLUTO

Es verdad que { yo la alabé.......... reprendí.... aplaudí.
tú la alabaste........ reprendiste.. aplaudiste, etc.

PRETÉRITO PLUSCUAMPERFECTO

Es verdad que { yo la había alabado.. reprendido.. aplaudido.
tú la habías alabado.. reprendido.. aplaudido, etc.

FUTURO PERFECTO

Es verdad que { yo la habré alabado.. reprendido.. aplaudido.
tú la habrás alabado.. reprendido.. aplaudido, etc.

CONDICIONADO SIMPLE

Es verdad que { yo la alabaría........ reprendería.. aplaudiría.
tú la alabarías........ reprenderías. aplaudirías, etc.

CONDICIONADO COMPUESTO

Es verdad que { yo la habría alabado.. reprendido.. aplaudido.
tú la habrías alabado.. reprendido.. aplaudido, etc.

Resumen. — Los verbos impersonales se dividen en dos clases:

Impersonales referentes á afecciones de la sensibilidad;
Impersonales referentes á conceptos del entendimiento.

Unos y otros emplean en las oraciones que les sirven de nominativos una conjugación especial de cuatro tiempos (dos simples y dos compuestos), tomadas del subjuntivo de las conjugaciones por flexión:

Presente de subjuntivo............... QUE YO LA ALABE.

Pretérito perfecto de subjuntivo....... QUE YO LA HAYA ALABADO.

Pretérito imperfecto de subjuntivo en { QUE YO LA ALABASE.
sus formas SE y RA................. { QUE YO LA ALABARA.

Pretérito pluscuamperfecto de subjun- { QUE YO LA HUBIESE } ALABADO.
tivo en las mismas formas SE y RA.... { QUE YO LA HUBIERA }

Son excepciones á los impersonales referentes á conceptos del entendimiento aquellos que tratan de cosas acerca de las cuales se tiene costumbre, como *consta, resulta, es verdad, es cierto,* etc.

CAPÍTULO II

SUBSTANTIVOS-ORACIÓN EN ACUSATIVO.—CONJUGACIÓN DE SUS VERBOS

Según sabemos, hay tres clases muy importantes de verbos transitivos: VERBOS DE PASIÓN, VERBOS DE VOLUNTAD, VERBOS DE ENTENDIMIENTO.

Estas tres clases de verbos necesitan todos de acusativo, ya constituído por un solo vocablo:

Lamento el ENVÍO (1), *Deseo el* ENVÍO (2), *Prometo el* ENVÍO (3);

ya por una frase ó conjunto de palabras entre las cuales haya un infinitivo:

Lamento ENVIARLO, *Deseo* ENVIARLO, *Prometo* ENVIARLO;

ya por una oración ó conjunto de vocablos entre los cuales hay verbo en desinencia personal:

Lamento QUE LO ENVIEMOS,
Deseo QUE LO ENVIEMOS,
Prometo QUE LO ENVIAREMOS.

Conjugación de los verbos de los substantivos-oración que sirven de acusativos á los verbos impersonales.

Los substantivos-oración que sirven de acusativos á los verbos impersonales llamados DE PASIÓN, se conjugan por los mismos cuatro tiempos que las oraciones en nominativo de que se ha tratado en el capítulo precedente:

PRESENTE DE SUBJUNTIVO

Lamenta que
- yo...... la alabe......... reprenda....... aplauda.
- tú...... la alabes........ reprendas....... aplaudas.
- él...... la alabe......... reprenda....... aplauda.
- nosotros la alabemos..... reprendamos.... aplaudamos.
- vosotros la alabéis........ reprendáis...... aplaudáis.
- ellos.... la alaben........ reprendan...... aplaudan.

PRETÉRITO PERFECTO DE SUBJUNTIVO

Lamenta que
- yo...... la haya
- tú...... la hayas
- él...... la haya
- nosotros la hayamos
- vosotros la hayáis
- ellos.... la hayan

} alabado, reprendido, aplaudido.

---

(1) *Lamentar* es verbo de los llamados DE PASIÓN.
(2) *Desear* es verbo de los llamados DE VOLUNTAD.
(3) *Prometer* es verbo de los llamados DE ENTENDIMIENTO.

PRETÉRITO IMPERFECTO DE SUBJUNTIVO: FORMAS EN «SE» Y EN «RA»

Lamentó que
- yo...... la alabase..... reprendiese.... aplaudiese.
  la alabara..... reprendiera.... aplaudiera.
- tú....... la alabases.... reprendieses... aplaudieses.
  la alabaras.... reprendieras... aplaudieras.
- él........ la alabase.... reprendiese.... aplaudiese.
  la alabara..... reprendiera.... aplaudiera.
- nosotros la alabásemos.. reprendiésemos aplaudiésemos.
  la alabáramos.. reprendiéramos aplaudiéramos.
- vosotros la alabaseis... reprendieseis... aplaudieseis.
  la alabarais... reprendierais... aplaudierais.
- ellos.... la alabasen... reprendiesen... aplaudiesen.
  la alabaran.... reprendieran... aplaudieran.

PRETÉRITO PLUSCUAMPERFECTO DE SUBJUNTIVO: FORMAS EN «SE» Y EN «RA»

Lamentó que
- yo...... la hubiese / la hubiera
- tú....... la hubieses / la hubieras
- él........ la hubiese / la hubiera
- nosotros la hubiésemos / la hubiéramos
- vosotros la hubieseis / la hubierais
- ellos.... la hubiesen / la hubieran

alabado, reprendido, aplaudido.

Verbos de pasión.—También la conjugación de los cuatro tiempos tomados del subjuntivo es aplicable á las oraciones que sirven de acusativo á los verbos DE VOLUNTAD. Pero como los verbos de voluntad se refieren siempre á lo futuro, por no poder desearse que suceda lo que ya sucedió, aparece esta conjugación por lo regular en sus dos tiempos simples solamente; á saber:

PRESENTE DE SUBJUNTIVO

Desea que
- yo...... la alabe......... reprenda........ aplauda.
- tú....... la alabes........ reprendas....... aplaudas.
- él....... la alabe......... reprenda........ aplauda.
- nosotros la alabemos..... reprendamos.... aplaudamos.
- vosotros la alabéis....... reprendáis...... aplaudáis.
- ellos.... la alaben........ reprendan....... aplaudan.

PRETÉRITO IMPERFECTO DE SUBJUNTIVO: FORMAS EN «SE» Y EN «RA»

Deseaba que
- yo...... { la alabase..... reprendiese.... aplaudiese.
            { la alabara.... reprendiera..... aplaudiera.
- tú...... { la alabases... reprendieses.... aplaudieses.
            { la alabaras.... reprendieras.... aplaudieras.
- él....... { la alabase..... reprendiese.... aplaudiese.
            { la alabara.... reprendiera..... aplaudiera.
- nosotros { la alabásemos. reprendiésemos. aplaudiésemos.
            { la alabáramos. reprendiéramos. aplaudiéramos.
- vosotros { la alabaseis... reprendieseis... aplaudieseis.
            { la alabarais... reprendierais... aplaudierais.
- ellos.... { la alabasen.... reprendiesen.... aplaudiesen.
            { la alabaran.... reprendieran.... aplaudieran.

Sin embargo, en muchas ocasiones aparece esta conjugación de los cuatro tiempos con todos los que la constituyen, esto es, los dos simples y los dos compuestos:

Deseo QUE TE HAYAS RESTABLECIDO *por completo.*

Yo deseaba QUE TE { HUBIESES / HUBIERAS } RESTABLECIDO *por completo.*

Parece que en estas dos últimas cláusulas se desea que ocurra un suceso ya pasado; pero reflexionando sobre ambas, se ve que las dos son expresiones abreviadas, pues, en efecto, lo que se manifiesta es que se desea SABER que ha mejorado por completo aquel á quien se escribe; ó de otro modo: se desea conocer una cosa cuya noticia no se ha recibido todavía.

Verbos de entendimiento. — Los verbos de las oraciones que sirven de acusativo á los DE ENTENDIMIENTO no se ajustan á la conjugación de los cuatro tiempos, sino á las de los siete tiempos de las tesis ó las anéutesis simples:

MODO INDICATIVO

PRESENTE

Cree que { yo la alabo............ reprendo...... aplaudo.
          { tú la alabas........... reprendes..... aplaudes, etc.

PRETÉRITO IMPERFECTO

Cree que { yo la alababa.......... reprendía...... aplaudía.
          { tú la alababas......... reprendías..... aplaudías, etc.

PRETÉRITO COMPUESTO

Cree que { yo la he alabado....... reprendido.... aplaudido.
tú la has alabado....... reprendido.... aplaudido, etc.

PRETÉRITO ABSOLUTO

Cree que { yo la alabé............ reprendí....... aplaudí.
tú la alabaste.......... reprendiste.... aplaudiste, etc.

PRETÉRITO PLUSCUAMPERFECTO

Cree que { yo la había alabado.... reprendido.... aplaudido.
tú la habías alabado.... reprendido.... aplaudido, etc.

FUTURO PERFECTO

Cree que { yo la habré alabado.... reprendido.... aplaudido.
tú la habrás alabado.... reprendido.... aplaudido, etc.

CONDICIONADO SIMPLE

Cree que { yo la alabaría.......... reprendería.... aplaudiría.
tú la alabarías.......... reprenderías... aplaudirías, etc.

CONDICIONADO COMPUESTO

Cree que { yo la habría alabado.... reprendido.... aplaudido.
tú la habrías alabado... reprendido.... aplaudido, etc.

Esta conjugación experimenta dos clases de modificaciones cuando el verbo de entendimiento está en presente, y se refieren á lo futuro los verbos de las oraciones que les sirven de acusativo. Pueden entonces ocurrir dos casos: que el futuro se considere como contingente probable ó dudoso, ó bien que el futuro se considere como cierto.

Regularmente se estiman como dudosos los futuros de las oraciones que acompañan á los verbos de entendimiento, cuando estos verbos de entendimiento están en la construcción NEGATIVA ó en la INTERROGATIVA, y se consideran como ciertos los futuros que aparecen en las otras dos construcciones AFIRMATIVA ó NEGATIVO-INTERROGATIVA. Por ejemplo:

Negativa.............. *No creo* QUE SE ATREVA Á TANTO.
Interrogativa.......... ¿*Crees tú* QUE SE ATREVA Á TANTO?
Afirmativa............ *Creo* QUE SE ATREVERÁ Á TODO.
Negativo-interrogativa.. ¿*No crees tú* QUE SE ATREVA Á TODO?

Cuando el hecho futuro se considere como cierto, se empleará el tiempo que en las conjugaciones por flexión se denomina futuro imperfecto de indicativo. Y cuando se le estime como dudoso, se hará uso del otro futuro que en las mismas conjugaciones por flexión se llama presente de subjuntivo:

Creo QUE LO HARÁ (futuro de indicativo).
Afirmo QUE VENDRÁ (futuro de indicativo).
¿*No crees* QUE LO HARÁ? (futuro de indicativo).
¿*No afirmas* QUE VENDRÁ? (futuro de indicativo).

No creo QUE LO HAGA (presente de subjuntivo).
No afirmo QUE VENGA (presente de subjuntivo).
¿*Crees* QUE LO HAGA? (presente de subjuntivo).
¿*Afirmo* QUE VENGA? (presente de subjuntivo).

Aquí surge una dificultad no dependiente de la Gramática, sino del concepto que aquel que habla tenga formado de la posible realización del hecho que ha de acontecer; por lo cual las oraciones pueden aparecer en las dos formas de futuro. Así, cabe decir:

No creo QUE ÉL ESCRIBA ESA ZARZUELA.
No creo QUE ESCRIBIRÁ ESA ZARZUELA.

No creo QUE SE ATREVA Á TANTO.
No creo QUE SE ATREVERÁ Á TANTO.

No creo QUE VENGA.
No creo QUE VENDRÁ.

No creo QUE TE EXIJA FIANZA.
No creo QUE TE EXIGIRÁ FIANZA.

En el primer ejemplo de cada uno de los cuatro grupos anteriores, el que habla considera como dudoso el hecho que expresa la oración-acusativo, mientras que en el segundo ejemplo de cada pareja manifiesta su persuasión de que el hecho no ha de realizarse.

Con el transcurso del tiempo, los futuros, respecto del momento presente, se convierten en pretéritos, y sabemos que, en este caso, hay medios de conservar la relación de presente á futuro; para lo cual, el presente de indicativo del verbo de entendimiento se cambia en pretérito, y el futuro de la oración-acusativo, si es dudoso, se transforma en pretérito imperfecto de subjuntivo en algunas de sus dos formas SE ó RA. Si es de certidumbre ese futuro, se cambia en la otra terminación RÍA del mismo pretérito imperfecto de subjuntivo.

Para que el futuro sea estimado como dudoso, es preciso que el verbo de entendimiento sea negativo ó interrogativo:

Futuro estimado como dudoso.	Persistencia de la relación temporal.
No creo QUE ÉL ESCRIBA ESA ZARZUELA.	*No creí* QUE ÉL ESCRIBIESE (ó ESCRIBIERA) ESA ZARZUELA.
No creo QUE SE ATREVA Á TANTO.	*No creí* QUE SE ATREVIESE (ó ATREVIERA) Á TANTO.
No creo QUE VENGA.	*No creí* QUE VINIESE (ó VINIERA).
No creo QUE TE EXIJA FIANZA.	*No creí* QUE TE EXIGIESE (ó EXIGIERA) FIANZA.
¿*Crees tú* QUE ESCRIBIRÁ UNA ZARZUELA?	¿*Creíste tú* QUE ESCRIBIESE (ó ESCRIBIERA) UNA ZARZUELA?
¿*Crees tú* QUE SE ATREVA Á TANTO?	¿*Creíste tú* QUE SE ATREVIESE (ó ATREVIERA) Á TANTO?
¿*Crees tú* QUE VENGA?	¿*Creíste tú* QUE VINIESE (ó VINIERA)?
¿*Crees tú* QUE TE EXIGIRÁ FIANZA?	¿*Creíste tú* QUE TE EXIGIESE (ó EXIGIERA) FIANZA?

Para que el futuro sea estimado como cierto, es preciso que el verbo de entendimiento sea afirmativo ó negativo-interrogativo:

Creo QUE ESCRIBIRÁ LA ZARZUELA.
Creo QUE SE ATREVERÁ Á TODO.

Creo QUE VENDRÁ.
Creo QUE TE EXIGIRÁ FIANZA.
¿*No crees* QUE ESCRIBIRÁ LA ZARZUELA?
¿*No crees* QUE SE ATREVERÁ Á TODO?

¿*No crees* QUE VENDRÁ?
¿*No crees* QUE TE EXIGIRÁ FIANZA?

Creí que ESCRIBIRÍA LA ZARZUELA.
Siempre creí QUE SE ATREVERÍA Á TODO.

Creí que VENDRÍA.
Creí QUE TE EXIGIRÍA FIANZA.
¿*No creíste* QUE ESCRIBIRÍA LA ZARZUELA?
¿*No creíste* QUE SE ATREVERÍA Á TODO?

¿*No creíste* QUE VENDRÍA?
¿*No creíste* QUE TE EXIGIRÍA FIANZA?

Á veces, según sea la convicción de cada cual, se encuentran usados los futuros de duda ó de certidumbre con las mismas construcciones negativas ó interrogativas, como por ejemplo:

Futuro estimado como cierto.	Persistencia de la relación temporal.
No creo QUE ÉL ESCRIBIRÁ ESA ZARZUELA.	*No creí* QUE ÉL ESCRIBIRÍA ESA ZARZUELA.
No creo QUE ÉL SE ATREVERÁ Á TANTO.	*No creí* QUE SE ATREVERÍA Á TANTO.
No creo QUE VENDRÁ.	*No creí* QUE VENDRÍA.
No creo QUE TE EXIGIRÁ FIANZA.	*No creí* QUE TE EXIGIRÍA FIANZA.
¿*Crees* QUE ÉL ESCRIBIRÁ ESA ZARZUELA?	¿*Creíste* QUE ESCRIBIRÍA ESA ZARZUELA?
¿*Crees* QUE SE ATREVERÁ Á TANTO?	¿*Creíste* QUE SE ATREVERÍA Á TANTO?
¿*Crees* QUE VENDRÁ?	¿*Creíste* QUE VENDRÍA?
¿*Crees* QUE TE EXIGIRÁ FIANZA?	¿*Creíste* QUE TE EXIGIRÍA FIANZA?

Se ve, pues, que á veces se encuentran conservadas las relaciones de presente á futuro con oraciones de las tres formas del pretérito imperfecto de subjuntivo:

$$No\ creí\ \text{QUE TE} \begin{cases} \text{PIDIESE} \\ \text{PIDIERA} \\ \text{PEDIRÍA} \end{cases} \text{FIANZA.}$$

Pero sería grave error pensar que las tres expresiones conservan la misma relación de presente á futuro.

En resumen:

Los verbos de entendimiento, en la gran mayoría de los casos, se refieren á lo ya ocurrido; y por tanto, las oraciones que los acompañan van en pretérito ó en presente.

La conjugación de los verbos de las oraciones que sirven de acusativo á los verbos de entendimiento no se ajusta, pues, á la conjugación de los cuatro tiempos del subjuntivo, esto es, á los cuatro tiempos llamados en las conjugaciones por flexión PRESENTE DE SUBJUNTIVO, PRETÉRITO PERFECTO DE SUBJUNTIVO, PRETÉRITO IMPERFECTO DE SUBJUNTIVO en sus dos formas SE y RA, y PRETÉRITO PLUSCUAMPERFECTO en las dos mismas formas, sino que se ajusta á las conjugaciones de las tesis, excepto en los casos de ser negativos ó interrogativos los verbos de entendimiento y referirse á lo futuro de las oraciones; pues entonces, si los futuros son dudosos, se usan las terminaciones SE y RA para substituir al presente de subjuntivo; y si los futuros son de certidumbre, se emplea la terminación RÍA para substituir al futuro imperfecto de indicativo.

CAPÍTULO III

CONJUGACIÓN DE LOS VERBOS DE PASIÓN, VOLUNTAD Y ENTENDIMIENTO, ACOMPAÑADOS DE INFINITIVOS QUE LES SIRVEN DE ACUSATIVOS.

Cuando los nominativos de los verbos de pasión, voluntad ó entendimiento son iguales á los nominativos ó agentes de las entidades que les sirven de acusativo, estas entidades se cons-

— 391 —

truyen con infinitivo y no con oración, salvo las excepciones ya conocidas y que es inútil repetir. Véanse algunos ejemplos del caso general:

> *Ansío* VERME *en mi país.*
> *Temo* EMBARCARME (1).
> *Deploro* DARTE *esa noticia* (2).
> *Lamento* CONFESARLO (3).
> *Celebro* OIR *tales noticias* (4).
> *Siento* HABERLO DICHO (5).
> *Celebro* HABER OÍDO *tales noticias* (6).

Como se ve, cuando el nominativo de la entidad en acusativo es el mismo que el del verbo de la oración principal que necesita ese acusativo, entonces el verbo del acusativo aparece en infinitivo y no en forma de oración.

Para los verbos de las entidades construídas en infinitivo no hay conjugación especial.

Solamente se conjugan los verbos de pasión, entendimiento y voluntad conforme á la conjugación de las tesis y de las anéutesis negativas ó interrogativas, á cada uno de cuyos tiempos y personas sigue invariablemente la entidad construída con infinitivo, ya presente, ya pasado. Por ejemplo:

PRIMERA CONJUGACIÓN	SEGUNDA CONJUGACIÓN	TERCERA CONJUGACIÓN
Deplorar.	**Temer.**	**Sentir.**

MODO INDICATIVO

PRESENTE: TIEMPO ABSOLUTO

Yo......	deploro.......	temo........	siento.......
Tú......	deploras.......	temes........	sientes.......
Él......	deplora........	teme........	siente.......
Nosotros	deploramos....	tememos....	sentimos....
Vosotros	deploráis......	teméis......	sentís.......
Ellos....	deploran......	temen	sienten......

} decirlo ó haberlo dicho.

---

(1) El agente que teme es el mismo que ha de embarcarse.
(2) Quien deplora es quien da la noticia.
(3) Quien lamenta es quien confiesa.
(4) Él agente que celebra es el mismo que oye.
(5) El agente que siente es el mismo que ha dicho.
(6) El que celebra es el mismo que ha oído.

PRETÉRITO ABSOLUTO

Yo...... deploré.......	temí........	sentí........	⎫
Tú...... deploraste.....	temiste.....	sentiste.....	⎪
Él...... deploró.......	temió.......	sintió.......	⎬ decirlo ó haberlo dicho.
Nosotros deploramos....	temimos....	sentimos....	⎪
Vosotros deplorasteis...	temisteis....	sentisteis....	⎪
Ellos.... deploraron....	temieron....	sintieron....	⎭

FUTURO ABSOLUTO

Yo...... deploraré......	temeré......	sentiré......	⎫
Tú...... deplorarás.....	temerás.....	sentirás.....	⎪
Él...... deplorará.....	temerá......	sentirá......	⎬ decirlo ó haberlo dicho.
Nosotros deploraremos..	temeremos..	sentiremos..	⎪
Vosotros deploraréis....	temeréis.....	sentiréis....	⎪
Ellos.... deplorarán.....	temerán.....	sentirán.....	⎭

PRETÉRITO IMPERFECTO: TIEMPO SIMULTÁNEO CON UN PASADO CONOCIDO

Yo...... deploraba.....	temía........	sentía........	⎫
Tú...... deplorabas.....	temías......	sentías......	⎪
Él...... deploraba.....	temía........	sentía........	⎬ decirlo ó haberlo dicho.
Nosotros deplorábamos..	temíamos....	sentíamos...	⎪
Vosotros deplorabais....	temíais.....	sentíais......	⎪
Ellos.... deploraban....	temían......	sentían......	⎭

PRETÉRITO COMPUESTO: TIEMPO RELATIVO DE ÉPOCA QUE AUN DURA

Yo...... he	⎫
Tú...... has	⎪
Él...... ha	⎬ deplorado, temido, sentido decirlo ó haberlo dicho.
Nosotros hemos	⎪
Vosotros habéis	⎪
Ellos.... han	⎭

PRETÉRITO PLUSCUAMPERFECTO: TIEMPO RELATIVO ANTERIOR Á UN PASADO CONOCIDO

Yo...... había	⎫
Tú...... habías	⎪
Él...... había	⎬ deplorado, temido, sentido decirlo ó haberlo dicho.
Nosotros habíamos	⎪
Vosotros habíais	⎪
Ellos.... habían	⎭

FUTURO IMPERFECTO: TIEMPO ANTERIOR Á UN FUTURO CONOCIDO

Yo...... habré
Tú...... habrás
Él...... habrá
Nosotros habremos
Vosotros habréis
Ellos.... habrán
} deplorado, temido, sentido decirlo ó haberlo dicho.

MODO IMPERATIVO

CONSTRUCCIÓN AFIRMATIVA

Deplora......... teme........ siente tú...........
Deplore......... tema........ sienta él............
Deploremos..... temamos.... sintamos nosotros...
Deplorad........ temed...... sentid vosotros.....
Deploren........ teman....... sientan ellos........
} decirlo ó haberlo dicho.

CONSTRUCCIÓN NEGATIVA

No deplores..... no temas.... no sientas tú.......
No deplore...... no tema..... no sienta él.........
No deploremos.. no temamos.. no sintamos nosotros
No deploréis.... no temáis.... no sintáis vosotros..
No deploren..... no teman.... no sientan ellos.....
} decirlo ó haberlo dicho.

MODO CONDICIONADO

TIEMPO SIMPLE

Yo...... deploraría..... temería...... sentiría......
Tú...... deplorarías ... temerías.... sentirías....
Él...... deploraría..... temería...... sentiría......
Nosotros deploraríamos.. temeríamos.. sentiríamos..
Vosotros deploraríais... temeríais.... sentiríais....
Ellos.... deplorarían..... temerían.... sentirían....
} decirlo ó haberlo dicho.

TIEMPO COMPUESTO

Yo...... habría
Tú...... habrías
Él...... habría
Nosotros habríamos
Vosotros habríais
Ellos.... habrían
} deplorado, temido, sentido decirlo ó haberlo dicho.

ADVERTENCIA GENERAL.—La conjugación anterior es susceptible de todos los cambios y modificaciones necesarios para las construcciones interrogativa, negativa, negativo-interrogativa y uso de los tiempos pleonásticos de que se habla en la Sección 1.ª, y, además, de todos los significados especiales de los tiempos translaticios. Sólo por exigencias del sentido, y no de la Gramática, no es posible emplear todos los tiempos y personas estudiados en las correspondientes conjugaciones por concepto.

CAPÍTULO IV

CONJUGACIÓN DE LOS VERBOS IMPERSONALES IMPROPIOS, ACOMPAÑADOS DE INFINITIVOS QUE LES SIRVEN DE ACUSATIVOS.

También se construyen con infinitivo muchas de las expresiones que sirven de nominativo á los verbos impersonales de afecciones de la sensibilidad y conceptos del entendimiento. Entonces no se hace uso de la conjugación de los cuatro tiempos de subjuntivo, sino que se conjugan los verbos impersonales análogamente á como se conjugan los verbos de pasión, entendimiento y voluntad que aparecen acompañados de infinitivo:

Tiempo absoluto...... { CONVIENE / CONVINO / CONVENDRÁ } *estudiar*.

Tiempos relativos..... { CONVENÍA / HA CONVENIDO / HABÍA CONVENIDO / HABRÁ CONVENIDO } *estudiar*.

Obsérvese que los verbos de afecciones de la sensibilidad y conceptos del entendimiento sólo se conjugan cuando van con infinitivo en tercera persona del singular:

Nominativos-oración.. { *Agrada* HABLARLE, VERLA, OIRLA. / *Conviene* HABLARLE, VERLA, OIRLA. / *Consta* HABERLE HABLADO, HABERLA VISTO, OÍDO.

CAPÍTULO V

CONJUGACIÓN DE LAS ENTIDADES ELOCUTIVAS EN DATIVO

Hay entidades construídas con infinitivo ó con verbo en desinencia personal que sirven de dativo á los correspondientes verbos:

No presto atención Á QUE LO AFIRME Ó LO NIEGUE.
Nos salvamos, gracias Á QUE LLEGÓ TAN OPORTUNAMENTE EL SOCORRO.
Nos salvamos, gracias Á HABER LLEGADO TAN OPORTUNAMENTE EL SOCORRO.

En esta clase de construcciones se usa, según se ha explicado, y conforme corresponda, ya la conjugación de los cuatro tiempos tomados del subjuntivo, ya la conjugación de los siete tiempos (1) tomados de las conjugaciones de las tesis, ó bien las construcciones hechas con infinitivo.

Explicados estos medios tan por extenso en los capítulos que anteceden, bastará ahora con sólo algunos indicaciones:

CONJUGACIÓN DE LOS CUATRO TIEMPOS DE SUBJUNTIVO

PRESENTE

No da importancia á que
- yo...... lo afirme ó lo niegue.
- tú....... lo afirmes ó lo niegues.
- él....... lo afirme ó lo niegue.
- nosotros lo afirmemos ó lo neguemos.
- vosotros lo afirméis ó lo neguéis.
- ellos.... lo afirmen ó lo nieguen.

PRETÉRITO PERFECTO

No da importancia á que
- yo...... lo haya
- tú....... lo hayas
- etc.
} afirmado ó negado.

---

(1) Á veces no son posibles todas las combinaciones, no por impedimento gramatical, sino por exigencias del sentido.

PRETÉRITO IMPERFECTO

No dió importancia á que yo lo $\begin{cases} \text{afirmase ó negase.} \\ \text{afirmara ó negara.} \\ \text{etc.} \end{cases}$

PRETÉRITO PLUSCUAMPERFECTO

No dió importancia á que yo lo $\begin{cases} \text{hubiese} \\ \text{hubiera} \\ \text{etc.} \end{cases}$ afirmado ó negado.

CONJUGACIÓN DE LAS TESIS Y ANÉUTESIS (INDICATIVO)

PRESENTE

Gracias á que $\begin{cases} \text{yo.... llevo} \\ \text{tú..... llevas} \\ \text{él..... lleva} \\ \text{etc.} \end{cases}$ dinero.

PRETÉRITO IMPERFECTO

Gracias á que $\begin{cases} \text{yo.... llevaba} \\ \text{tú..... llevabas} \\ \text{etc.} \end{cases}$ dinero.

PRETÉRITO ABSOLUTO

Gracias á que $\begin{cases} \text{yo.... llevé} \\ \text{tú..... llevaste} \\ \text{etc.} \end{cases}$ dinero.

CONSTRUCCIÓN CON INFINITIVO

Gracias á llevar $\begin{cases} \text{yo......} \\ \text{tú.......} \\ \text{él. ......} \\ \text{nosotros} \\ \text{etc.} \end{cases}$ dinero.

CAPÍTULO VI

CONJUGACIÓN DE LAS ENTIDADES ELOCUTIVAS EN GENITIVO

Cuando la entidad que hace oficio de genitivo se refiere á lo pasado, puede adoptar la forma de oración ó la de frase con infinitivo; cuando se refiere á lo futuro, solamente admite la forma de oración. Bastarán breves ejemplos:

CONJUGACION DE LOS CUATRO TIEMPOS DE SUBJUNTIVO

PRESENTE

Ha tomado la resolución de que
- yo...... me embarque.
- tú....... te embarques.
- él....... se embarque.
- nosotros nos embarquemos.
- vosotros os embarquéis.
- ellos.... se embarquen.

PRETÉRITO IMPERFECTO

Tomó la resolución de que
- yo...... me embarcase. / me embarcara.
- tú....... te embarcases. / te embarcaras.
- etc.

Con el transcurso del tiempo es posible que la idea de futuro contenida en un genitivo-oración pertenezca ya á lo pasado:

Corre la noticia DE QUE MAÑANA LLEGARÁ EL PRESIDENTE (futuro, y por consiguiente oración).

Cuando ya sea pasado el día de mañana, se dirá:

Corrió la noticia DE QUE AL OTRO DÍA LLEGABA EL PRESIDENTE;

ó bien:

Corrió la noticia DE QUE AL OTRO DÍA LLEGARÍA EL PRESIDENTE.

Caso de no usarse la conjugación de los cuatro tiempos, se empleará la tomada de las tesis y anéutesis, conforme á lo ya estudiado:

$$Se\ \text{EXTIENDE}\ \textit{la noticia de que} \begin{Bmatrix} \text{CAE} \\ \text{HA CAÍDO} \\ \text{CAYÓ} \\ \text{CAERÁ} \end{Bmatrix} \textit{el Ministerio.}$$

Las construcciones con infinitivo siguen la misma norma de las ya estudiadas:

$$\begin{matrix} \text{TOMÓ} \\ \text{HA TOMADO} \\ \text{TOMÉ} \\ \text{TOMARÉ} \end{matrix} \Bigg\}\ \textit{la resolución de}\ \text{PERMANECER}\ \textit{en Madrid.}$$

CAPÍTULO VII

CONJUGACIÓN DE LAS ENTIDADES ELOCUTIVAS EN ABLATIVO

Cuanto se ha dicho en el capítulo anterior con referencia á los genitivos, es aplicable á las entidades que tienen forma de ablativo:

Frase construída con infinitivo.   *Quedo contento* CON OIRTE.
Oración....................   *Quedo contento* CON QUE JUAN TE OIGA.

Las formas de ablativos-oración van precedidas de nexos especiales que las especifican y les quitan carácter de independencia. Es muy numerosa en español la cantidad de verbos que se construyen con oraciones de ablativo:

$$Se\ \text{EMPEÑA}\ \textit{en que} \begin{cases} \textit{yo lo}\ \text{ACOMPAÑE.} \\ \textit{tú lo}\ \text{ACOMPAÑES.} \\ \textit{él lo}\ \text{ACOMPAÑE, etc.} \end{cases} \text{Presente de subjuntivo.}$$

$$Se\ \text{EMPEÑÓ}\ \textit{en que lo} \begin{cases} \text{ACOMPAÑASE.} \\ \text{ACOMPAÑARA, etc.} \end{cases} \begin{cases} \text{Pretérito imperfecto de subjuntivo.} \end{cases}$$

$$\text{CONFÍA}\ \textit{en que} \begin{cases} \text{TENGO} \\ \text{TIENES} \\ \text{TIENE, etc.} \\ \text{TENÍA} \\ \text{TENÍAS, etc.} \\ \text{HE TENIDO} \\ \text{HAS TENIDO, etc.} \\ \text{TENDRÉ} \\ \text{TENDRÁS} \end{cases} \textit{dinero.}$$

Yo no GUSTO
Tú no GUSTAS
Yo no GUSTABA
Tú no GUSTABAS } *de discutir.*
Yo no HE GUSTADO
Tú no HAS GUSTADO
Nunca GUSTARÉ

Las construcciones hechas con infinitivo y valor de ablativo, se forman como todas las análogas de infinitivo.

SECCIÓN 4.ª

CONJUGACIÓN DE LAS ENTIDADES SIN SENTIDO CABAL NI INDEPENDIENTE DE CARÁCTER ADJETIVO

CAPÍTULO I

CARÁCTER DE CERTIDUMBRE Ó INCERTIDUMBRE DE LOS ADJETIVOS-ORACIÓN

Certidumbre.—Las oraciones-adjetivo, como determinantes que son, expresan *regularmente* hechos acerca de los cuales no cabe duda. Por consiguiente, los verbos de estas oraciones aparecen en algunos de los tiempos de la conjugación de las tesis y de las anéutesis simples :

Esta es la mujer
- QUE TRAE LAS FLORES (presente de indicativo).
- QUE TRAÍA LAS FLORES (pretérito imperfecto de indicativo).
- QUE TRAJO LAS FLORES (pretérito absoluto).
- QUE HA TRAÍDO LAS FLORES ESTA MAÑANA (pretérito compuesto de indicativo).
- QUE HABÍA TRAÍDO LAS FLORES ESTA MAÑANA (pluscuamperfecto de indicativo).
- QUE TRAERÁ LAS FLORES EL MES QUE VIENE (futuro imperfecto de indicativo).
- QUE HABRÁ TRAÍDO LAS FLORES (cuando yo salga) (futuro perfecto de indicativo).
- QUE TRAERÁ LAS FLORES (1) (pretérito imperfecto de subjuntivo).
- QUE HABRÍA TRAÍDO LAS FLORES (2) (pluscuamperfecto de subjuntivo).

---

(1) Si se le mandase ó mandara.
(2) Si se le hubiese ó hubiera mandado.

Obsérvese que la forma en RÍA no puede ser substituída por la forma en RA. Así que no es posible decir:

La mujer QUE TRAJERA LAS FLORES (si se le mandase ó mandara).

El carácter, pues, de estas oraciones determinantes es generalmente la certidumbre.

Incertidumbre.—Á veces no cabe dar carácter de certidumbre á los determinantes, y entonces, especialmente si se trata de hechos futuros, se usa en las oraciones: el PRESENTE, el PRETÉRITO PERFECTO, el FUTURO SIMPLE, el FUTURO COMPUESTO DE SUBJUNTIVO.

Pagarás la factura
- Á QUIEN TE PRESENTE ESTA MEDIA TARJETA (presente de subjuntivo).
- Á QUIEN TE HAYA PRESENTADO ESTA MEDIA TARJETA (pretérito perfecto de subjuntivo).
- Á QUIEN TE PRESENTARE ESTA MEDIA TARJETA (futuro imperfecto simple de subjuntivo).
- Á QUIEN TE HUBIERE PRESENTADO ESTA MEDIA TARJETA (futuro perfecto de subjuntivo).

CAPÍTULO II

TOTALIDAD DE LOS TIEMPOS DE LAS ORACIONES-ADJETIVO

De lo dicho resulta que la casi totalidad de los tiempos de las conjugaciones por flexión se usan en las oraciones adjetivo-determinantes, con las condiciones siguientes:

1.ª Cuando se trata de hechos pretéritos, y por tanto cuya certeza consta, se emplean los tiempos del modo indicativo.

2.ª Y cuando se trata de hechos futuros, y por tanto contingentes, se emplean los tiempos siguientes del subjuntivo·

Podrá reclamar el elector
- QUE NO RECIBA SU CÉDULA ELECTORAL (presente de subjuntivo).
- QUE NO RECIBIERE SU CÉDULA ELECTORAL (futuro simple de subjuntivo).
- QUE NO HAYA RECIBIDO SU CÉDULA ELECTORAL (pretérito perfecto de subjuntivo).
- QUE NO HUBIERE RECIBIDO SU CÉDULA ELECTORAL (futuro perfecto).

Entran, pues, en las oraciones-adjetivo todos los tiempos de las conjugaciones por flexión, exceptuando el IMPERATIVO, el PRETÉRITO IMPERFECTO DE SUBJUNTIVO en sus formas SE y RA, el PLUSCUAMPERFECTO DE SUBJUNTIVO y los dos modos INFINITIVO y GERUNDIO.

SECCIÓN 5.ª

CONJUGACIÓN DE LAS ENTIDADES SIN SENTIDO CABAL
NI INDEPENDIENTE DE CARÁCTER ADVERBIAL

CAPÍTULO I

PRIMERA CONJUGACIÓN DE LAS ORACIONES QUE HACEN EL OFICIO DE ADVERBIOS

Los verbos de las oraciones que hacen el oficio de adverbios, siguen en general dos conjugaciones : una, á la cual se ajustan los verbos que van con la mayoría de los nexos adverbiales CUANDO, MIENTRAS, HASTA, DESPUÉS, etc., y otra, que es la seguida por los verbos que acompañan á los nexos de finalidad PARA QUE, Á FIN DE QUE, etc.

En la primera de dichas conjugaciones se emplean los tiempos del indicativo de la tesis, excepto el futuro de este modo, en cuyo lugar se usa el presente ó el futuro de subjuntivo como tiempos simples, ó bien el pretérito perfecto ó el segundo futuro de subjuntivo como tiempos compuestos.

Esta conjugación es, pues, como sigue :

MODO INDICATIVO

PRESENTE

Cuando	trabajo......	coso......	escribo.......	me	pagan una peseta.
	trabajas.....	coses......	escribes......	te	—	—
	trabaja......	cose......	escribe.......	le	—	—
	trabajamos...	cosemos...	escribimos ...	nos	—	—
	trabajáis.....	coséis.....	escribís......	os	—	—
	trabajan.....	cosen.....	escriben......	les	—	—

PRETÉRITO IMPERFECTO

Cuando
- trabajaba.... cosía...... escribía...... me pagaban una peseta.
- trabajabas... cosías..... escribías...... te — —
- trabajaba.... cosía..... escribía...... le — —
- trabajábamos cosíamos.. escribíamos.. nos — —
- trabajabais.. cosíais.... escribíais..... os — —
- trabajaban... cosían..... escribían..... les — —

PRETÉRITO PERFECTO

Cuando
- trabajé...... cosí....... escribí....... me pagaron una peseta.
- trabajaste.... cosiste.... escribiste..... te — —
- trabajó...... cosió...... escribió...... le — —
- trabajamos.. cosimos... escribimos... nos — —
- trabajasteis.. cosisteis .. escribisteis... os — —
- trabajaron... cosieron .. escribieron... les — —

PRETÉRITO PLUSCUAMPERFECTO

Cuando
- había
- habías
- había
- habíamos } trabajado, cosido, escrito....
- habíais
- habían

- me pagaban una peseta.
- te — —
- le — —
- nos — —
- os — —
- les — —

MODO SUBJUNTIVO

PRESENTE, QUE HACE DE FUTURO SIMPLE

Cuando
- trabaje...... cosa...... escriba....... me pagarán una peseta.
- trabajes..... cosas...... escribas...... te — —
- trabaje...... cosa...... escriba....... le — —
- trabajemos... cosamos... escribamos... nos — —
- trabajéis.... cosáis..... escribáis..... os — —
- trabajen..... cosan..... escriban...... les — —

FUTURO IMPERFECTO

Cuando
- trabajare.... cosiere.... escribiere.... me pagarán una peseta.
- trabajares.... cosieres... escribieres... te — —
- trabajare.... cosiere.... escribiere.... le — —
- trabajáremos cosiéremos escribiéremos nos — —
- trabajareis... cosiereis... escribiereis... os — —
- trabajaren... cosieren... escribieren... les — —

PRETÉRITO PERFECTO

Cuando { haya, hayas, haya, hayamos, hayáis, hayan } trabajado, cosido, escrito.. { me pagarán una peseta. te — — le — — nos — — os — — les — — }

FUTURO PERFECTO, QUE HACE DE SEGUNDO FUTURO COMPUESTO

Cuando { hubiere, hubieres, hubiere, hubiéremos, hubiereis, hubieren } trabajado, cosido, escrito.. { me pagarán una peseta. te — — le — — nos — — os — — les — — }

Mientras.—Con este nexo los verbos siguen la misma conjugación que con el nexo CUANDO:

Leeré MIENTRAS *te vistes.*
Yo jugaba MIENTRAS *tú trabajabas.*

Hasta.—Con el nexo HASTA, los verbos siguen también la misma primera conjugación que con el nexo CUANDO:

Esperaré HASTA *que vuelvas.*
Lo oiré desde que empiece HASTA *que acabe.*

Porque.—Los verbos que van con este nexo siguen la misma conjugación que los que van con CUANDO, con la excepción de no usarse ningún subjuntivo simple ni compuesto si se trata de lo futuro:

Lo haré PORQUE *tú me ayudarás.*
Yo estudio PORQUE *tú me estimulas.*
Yo estudiaba PORQUE *tú me estimulabas.*
Yo estudié PORQUE *tú me estimulaste.*
Yo lo hice PORQUE *tú me lo rogaste.*
Yo lo hice PORQUE *tú me lo habías rogado.*

ADVERTENCIA.—Cuando PORQUE significa PARA QUE, sigue la segunda conjugación de los verbos usados en las oraciones de finalidad, según se verá en el capítulo siguiente.

Así que, no bien, apenas, tan pronto como, en cuanto.—Siguen la misma primera conjugación de los verbos que van con el nexo CUANDO, con la variante siguiente:

Si se trata de un hecho próximamente anterior al expresado por el verbo de la tesis, se usa la combinación

HUBE
HUBISTE
HUBO
HUBIMOS } ADO, IDO, IDO :
HUBISTEIS
HUBIERON

No BIEN HUBE COBRADO *la letra, pagué la factura.*
No BIEN HUBISTE COBRADO *la letra, pagaste la factura.*
No BIEN HUBO COBRADO *la letra, pagó la factura,* etc.

Esta combinación especial, propia de las oraciones-adverbiales de tiempo, no impide que se use también en su lugar el pretérito simple ó absoluto de indicativo; por manera que son expresiones correctas las siguientes :

Así QUE HUBE VUELTO, *me bañé.*
Así QUE VOLVÍ, *me bañé.*
No BIEN HUBE COBRADO *la letra, pagué la factura.*
No BIEN COBRÉ *la letra, pagué la factura.*

No BIEN ME HUBE DESOCUPADO, *contesté á tu hermano.*
No BIEN ME DESOCUPÉ, *contesté á tu hermano.*

Después que.—Sigue la misma conjugación de los verbos que van con CUANDO :

DESPUÉS QUE *él me visite, veré al ministro.*

CAPÍTULO II

SEGUNDA CONJUGACIÓN DE LAS ORACIONES-ADVERBIO

Nexos adverbiales de finalidad.— Los verbos que van con los nexos PARA QUE, Á FIN DE QUE, CON EL OBJETO DE, etc., se ajustan á una conjugación de dos tiempos del subjuntivo como los verbos de voluntad; á saber: el PRESENTE DE SUBJUNTIVO y el PRETÉRITO IMPERFECTO DE SUBJUNTIVO en sus dos formas SE, RA (nunca RÍA):

PRESENTE DE SUBJUNTIVO

Viene para que
- yo...... lo autorice..... convenza...... prohiba.
- tú...... lo autorices..... convenzas...... prohibas.
- él...... lo autorice..... convenza...... prohiba.
- nosotros lo autoricemos.. convenzamos... prohibamos.
- vosotros lo autoricéis.... convenzáis..... prohibáis.
- ellos.... lo autoricen.... convenzan..... prohiban.

PRETÉRITO IMPERFECTO DE SUBJUNTIVO

Vino para que
- yo......
  - lo autorizase.... convenciese.... prohihiese.
  - lo autorizara.... convenciera.... prohibiera.
- tú......
  - lo autorizases... convencieses... prohibieses.
  - lo autorizaras... convencieras... prohibieras.
- él......
  - lo autorizase.... convenciese.... prohibiese.
  - lo autorizara.... convenciera.... prohibiera.
- nosotros
  - lo autorizásemos convenciésemos prohibiésemos.
  - lo autorizáramos convenciéramos prohibiéramos.
- vosotros
  - lo autorizaseis.. convencieseis.. prohibieseis.
  - lo autorizarais.. convencierais.. prohibierais.
- ellos....
  - lo autorizasen... convenciesen... prohibiesen.
  - lo autorizaran... convencieran... prohibieran.

Vengo PARA QUE *me pague.*   *Vine* PARA QUE *me* { *pagase.* / *pagara.*

Viene PARA QUE *yo la acompañe.*   *Vino* PARA QUE *yo la* { *acompañase.* / *acompañara.*

Te envío abierta la carta PARA QUE *le des dirección.* { *Te envié abierta la carta* PARA QUE *le* { *dieses* / *dieras* } *dirección.*

Antes que.—Los verbos de las oraciones-adverbio que van con el nexo ANTES QUE siguen la conjugación propia de las oraciones de finalidad, y emplean el infinitivo cuando el nominativo de la oración-adverbio es el mismo de la tesis ó anéutesis.

Otros nexos. — Los verbos de los otros nexos adverbiales se ajustan á las dos conjugaciones expresadas, según indican tiempo, causa, razón, motivo, etc., como los nexos anteriormente enumerados:

Viaja CON EL PROPÓSITO *de restablecer su salud* (oración-adverbio de finalidad).
Estudia ahora tanto, EN RAZÓN Á QUE *se acercan los exámenes* (oración-adverbio de causa).

— 407 —

CAPÍTULO III

EMPLEO DEL INFINITIVO Y DEL GERUNDIO

En lugar de las dos conjugaciones á que se ajustan los adverbios-oración, se emplean los infinitivos, especialmente cuando el nominativo de la entidad que hace oficio de adverbio es el mismo que el de la oración principal. Así, se dirá:

> *Ella viene para* AUTORIZARLO,
> *Ella viene para* CONVENCERLO,
> *Ella viene para* PROHIBIRLO,

en vez de

> *Ella viene para* QUE ELLA LO AUTORICE,
> *Ella viene* PARA QUE ELLA LO CONVENZA,
> *Ella viene* PARA QUE ELLA LO PROHIBA.

De análoga manera pueden usarse los infinitivos en entidades que hagan el oficio de adverbios de tiempo:

> *La vimos* CUANDO ENTRÁBAMOS EN EL TEATRO;

ó bien,

> *La vimos* AL ENTRAR EN EL TEATRO.
>
> *Nos conocimos* CUANDO ÍBAMOS Á FRANCIA;

ó bien,

> *Nos conocimos* AL IR Á FRANCIA.

El uso permite que, en construcciones análogas á estas últimas, vayan precedidos los infinitivos de los nominativos correspondientes cuando no sean iguales el de la oración principal y el de la oración-adverbio:

> *La vimos* AL ENTRAR NOSOTROS EN LA IGLESIA.
> *La vimos* AL ENTRAR ELLA EN LA IGLESIA.
>
> *Nos conocimos* AL IR NOSOTROS Á FRANCIA.
> *Nos conocimos* AL IR ELLOS Á FRANCIA.

En vez de los infinitivos suelen usarse los gerundios, que también pueden ir precedidos de los correspondientes nominativos:

> *La vimos* ENTRANDO NOSOTROS EN EL TEATRO.
> *La vimos* ENTRANDO ELLA EN EL TEATRO.
>
> *Nos conocimos* YENDO NOSOTROS Á FRANCIA.
> *Nos conocimos* YENDO ELLOS Á FRANCIA.

ADVERTENCIA.—Cuando no hay expreso más que un nominativo, se sobrentiende que el de la oración principal lo es también de la entidad adverbio.

Tratándose de infinitivos de finalidad, el nominativo de las dos entidades es siempre el mismo:

Vengo para PAGARTE. *Viene para* PAGARTE.
Vengo para ACOMPAÑARTE. *Viene para* ACOMPAÑARTE.
Vengo para VER *la función.* *Viene para* VER *la función.*

CAPÍTULO IV

VERBOS-FRASE

Ya se ha visto cómo con los infinitivos forman frase los verbos PODER, QUERER, DEBER, SOLER, preciosas combinaciones en que, por la asociación, resultan las ideas comprendidas en los infinitivos enriquecidas con las de posibilidad, ó voluntad, ó deber, etc.

Toda poesía lírica DEBE SER *un pequeño drama* (1).
Es inútil QUERER REMEDIAR *lo que por su naturaleza es irremediable* (2).

Pero las citadas no son, por cierto, las únicas combinaciones importantes de los VERBOS-FRASE existentes en la lengua.

Algunos de estos verbos-frase tienen unos significación activa, mientras que otros la tienen pasiva.

Medios expresivos de reiteración.—La combinación del verbo ESTAR seguido de GERUNDIO, manifiesta que un acto ó un hecho se está reiterando en el momento á que se refiere la palabra:

ESTÁ LLOVIENDO. ESTABA HELANDO.
ESTÁ HELANDO. *Entonces* ESTÁBAMOS ESCRIBIENDO.
ESTABA LLOVIENDO. *Ya* ESTABAN TERMINANDO.

Las combinaciones de gerundio no se hacen solamente con el verbo ESTAR; se efectúan también con los verbos QUEDAR, SEGUIR, ANDAR, IR, VENIR:

QUEDA ESCRIBIENDO. VA MEJORANDO.
SIGUE DURMIENDO. *Ya* IRÁN VINIENDO.
ANDA ENTRANDO Y SALIENDO. *Después* IRÁN TURNANDO.

---

(1) En este ejemplo, á la idea de SER se agrega la de DEBER.
(2) Aquí á la idea de REMEDIAR se agrega la de QUERER.

Estas combinaciones nunca se aplican á actos instantáneos. Así es que no puede decirse

>*Estaba dando un grito,*
>*Ayer estuvo tirando un pistoletazo;*

pero sí

>Estaba dando *gritos,*
>*Ayer* estuvo tirando *tiros todo el día.*

Por consiguiente, estas combinaciones implican la idea de reiteración de actos, ó bien la de repetición de esfuerzos para la obtención de un fin, ó bien manifiestan hechos ó sucesos que tienen por condición una duración indefinida, mayor ó menor:

>Estoy componiendo *un discurso.*
>Están construyendo *una manzana de casas.*
>Quedan bañándose.
>Se venían abofeteando.
>*La caseta* se halla ardiendo.

El verbo estar, unido á los gerundios, sólo expresa la idea de reiteración de actos, pero no la de cambios progresivos. Así, no se dice:

>*Está poniéndose mejor,*
>*Está adelantando en su convalecencia;*

sino

>Va poniéndose *mejor,*
>Va adelantando *en su convalecencia,*
>Sigue adelantando.

Las combinaciones de los gerundios con los verbos andar, ir, venir, seguir, etc., ostentan, además de la idea de repetición ó reiteración, el donaire propio de la idea de movimiento:

Vamos progresando.
Hay que ir saneando *esas lagunas.*
Poco á poco iremos mejorando *la hacienda.*
Me va entrando *sueño.*
Venimos defendiendo *estas ideas hace mucho tiempo.*
Vengo amonestándolos *sin cesar, pero en vano siempre.*
Aquel político insigne venía preparando *los acontecimientos desde muchos años.*
Iba cotejando *las señas del mandamiento con el rostro de Don Quijote.* (Cervantes.)
Me va matando *de hambre.* (Cervantes.)

>*Aquí el autor, con toda su energía*
>irá explicando, *como Dios le ayude,*
>*aquella extraordinaria antipatía.*

>(Iriarte.)

Á veces los verbos IR, ANDAR, significan casi lo mismo que ESTAR :

Este reloj VA *muy adelantado.*
¿Por dónde ANDARÁN *ahora mis guantes, que no los encuentro?*
VAMOS *á la ciudad de Segovia,* ACOMPAÑANDO *un cuerpo muerto que* VA *en aquella litera.* (Cervantes.)
Pudiera á mi parecer pintar y describir todos cuantos caballeros andantes ANDAN *en las historias del orbe.* (Cervantes.)

Pero con frecuencia los verbos ANDAR, IR, VENIR, conservan su significado propio de movimiento progresivo :

Las lumbres IBAN ACERCÁNDOSE *á ellos.*
IBA PENSANDO *en estas cosas.*
En alta voz IBA DICIENDO.

(CERVANTES.)

De cualquier modo que ello sea, resulta que aumenta la compresión de los presentes é infinitivos, cuando éstos se incorporan con otro verbo para formar un VERBO-FRASE.

ADVERTENCIA. — En ocasiones se confunden los significados de MOVERSE y de ESTAR en una misma acepción, independientemente de que vayan ó no ocompañados de gerundios :

Aunque le llevaban de aquella manera, no IBAN *seguros.*

(CERVANTES.)

Los verbos que se incorporan otras ideas no incluídas en la raíz del infinitivo son muchos, y de entre ellos son muy dignos de estudio los siguientes :

Volver á (VOLVERÉ Á *copiar la carta*).
Estar volviendo á (ESTOY VOLVIENDO Á *copiar la factura*).
Ir á (VOY Á *escribir*).
Acabar de (ACABO DE *escribir*).
Haber de (HE DE *intentarlo*).
Tener de (TENGO DE *intentarlo,* HE DE *intentarlo*). (Cervantes.)
Tener que (TENGO QUE *copiar estas cartas*).

Los verbos MANDAR, ORDENAR, HACER, son constituyentes de verbos-frase :

HAZLA VENIR.
Le ORDENÓ ATACAR *el reducto.*
MÁNDALE LIMPIAR *la casa.*
DEBER DE (DEBO DE *estar trascordado*).

Estos verbos y todos sus análogos se conjugan conforme á los modos de conjugación precedentes:

PRESENTE ABSOLUTO RESPECTO DEL MOMENTO DE LA PALABRA

Estoy............... { pintando, cosiendo, escribiendo, etc.

PRETÉRITO ABSOLUTO RESPECTO DEL MOMENTO DE LA PALABRA

Estuve............. { pintando, cosiendo, escribiendo, etc.

FUTURO ABSOLUTO RESPECTO DEL MOMENTO DE LA PALABRA

Estaré............. { pintando, cosiendo, escribiendo, etc.

PRETÉRITO RELATIVO SIMULTÁNEO DE UN PASADO CONOCIDO

Estaba............. { pintando, cosiendo, escribiendo, etc.

PRETÉRITO RELATIVO DE ÉPOCA QUE AUN DURA

He estado .... { pintando, cosiendo, escribiendo, etc.

PRETÉRITO PLUSCUAMPERFECTO ANTERIOR Á UN PASADO CONOCIDO

Había estado........ { pintando, cosiendo, escribiendo, etc.

FUTURO RELATIVO ANTERIOR Á UN FUTURO CONOCIDO

Habré estado .... { pintando, cosiendo, escribiendo, etc.

En vez del verbo ESTAR pueden usarse otros verbos con los gerundios, como ANDAR, VENIR, IR, etc., según acabamos de ver.

CAPÍTULO V

DECLINACIÓN DEL PRONOMBRE

Vestigios de la antigua declinación latina, aparecen en español escasas é incompletas flexiones del pronombre personal, que se declina como sigue:

PRIMERA PERSONA

NÚMERO SINGULAR

Nominativo Yo.
Genitivo... De mí.
Dativo.... Á *ó* para mí, me.

Acusativo.. Me, á mí.
Ablativo... De, en, por, sin, sobre, tras mí, conmigo.

PLURAL MASCULINO

Nominativo Nos *ó* nosotros.
Genitivo... De nos *ó* nosotros.
Dativo.... Nos, á *ó* para nos *ó* nosotros.
Acusativo.. Nos, á nos *ó* nosotros.
Ablativo... Con, de, en, por, sin, sobre, tras nos *ó* nosotros.

PLURAL FEMENINO

Nominativo Nos *ó* nosotras.
Genitivo... De nos *ó* nosotras.
Dativo.... Nos, á *ó* para nos *ó* nosotras.
Acusativo.. Nos, á nos *ó* nosotras.
Ablativo... Con, de, en, *etc.,* nos *ó* nosotras.

SEGUNDA PERSONA

NÚMERO SINGULAR

Nominativo Tú.
Genitivo... De ti.
Dativo.... Á *ó* para ti, te.

Acusativo.. Te, á ti.
Vocativo... Tú.
Ablativo... De, en, *etc.,* ti, contigo.

PLURAL MASCULINO

Nominativo Vos *ó* vosotros.
Genitivo... De vos *ó* vosotros,
Dativo.... Os, á *ó* para vos *ó* vosotros.
Acusativo.. Os, á vos *ó* vosotros.
Vocativo... Vos, vosotros.
Ablativo... Con, de, en, por sin, sobre, tras vos *ó* vosotros.

PLURAL FEMENINO

Nominativo Vos *ó* vosotras.
Genitivo... De vos *ó* vosotras.
Dativo.... Os, á *ó* para vos *ó* vosotras.
Acusativo.. Os, á vos *ó* vosotras.
Vocativo... Vos, vosotras.
Ablativo... Con, de, en, *etc.,* vos *ó* vosotras.

TERCERA PERSONA MASCULINA

NÚMERO SINGULAR

Nominativo Él.
Genitivo... De él.
Dativo.... Á ó para él, le.
Acusativo.. Á él, le, lo.
Ablativo... Con, de, en, por, *etc.*, él.

NÚMERO PLURAL

Nominativo Ellos.
Genitivo... De ellos.
Dativo.... Á ó para ellos, les.
Acusativo.. Á ellos, los.
Ablativo... Con, de, en, por, *etc.*, ellos.

TERCERA PERSONA FEMENINA

NÚMERO SINGULAR

Nominativo Ella.
Genitivo... De ella.
Dativo.... Á ó para ella, le.
Acusativo.. Á ella, la.
Ablativo... Con, de, en, por, *etc.*, ella.

NÚMERO PLURAL

Nominativo Ellas.
Genitivo... De ellas.
Dativo.... Á ó para ellas, les.
Acusativo.. Á ellas, las.
Ablativo... Con, de, en, por, *etc.* ellas.

TERCERA PERSONA NEUTRA

NÚMERO SINGULAR Y ÚNICO

Nominativo........ Ello.
Genitivo........... De ello.
Dativo............ Á ó para ello, le.
Acusativo.......... Á ello, lo.
Ablativo........... Con, de, en, por, *etc.*, ello.

VARIANTE DE LA TERCERA PERSONA

Genitivo........... De sí.
Dativo............ Á ó para sí, se.
Acusativo.......... Se, á sí.
Ablativo........... De, en, por, *etc.*, sí, consigo.

La anterior variante carece de los casos nominativo y vocativo, y es común á los tres géneros masculino, femenino y neutro y á los dos números singular y plural.

CAPÍTULO VI

ADVERBIOS TERMINADOS EN «MENTE»

Estos vocablos deben ser incluídos en el sistema desinencial español, por lo que se han reservado para este lugar (1).

La estructura de estos adverbios es sencillísima: consiste tan sólo en agregar la terminación **mente** á un adjetivo femenino. Ejemplos: *bueno*, hace *buen*A**mente**; *malo, mal*A**mente**; *noble, noble***mente** (2); *feliz, feliz***mente**, etc. (2).

Procedentes de la voz latina *mens,* los adverbios españoles terminados en **mente** expresan siempre la idea contenida en el adjetivo del cual se derivan, y su clasificación resulta, por lo tanto, lógica y fácil al propio tiempo. Así, de los adjetivos *manso, fuerte, diestro, torpe,* resultan los adverbios DE MODO *mans*A**mente**, *fuerte***mente**, *diestr*A**mente**, *torpe***mente**.

Los adjetivos *primero, último, correlativo, alternativo,* dan los adverbios DE ORDEN *primer*A**mente**, *últim*A**mente**, *correlativ*A**mente**, *alternativ*A**mente**.

De los adjetivos *cierto, indudable, seguro, efectivo,* nacen los adverbios DE AFIRMACIÓN *ciert*A**mente**, *indudable***mente**, *segur*A**mente**, *efectiv*A**mente**.

La mayoría, ó por mejor decir, la casi totalidad de los adverbios en **mente** son DE MODO. Y hasta hay quien (no sin fundamento) los cataloga todos en dicha categoría.

Siempre que hayan de ir juntos en español dos ó más de estos adverbios, sólo el último aparece con la terminación **mente,** y los anteriores quedan en forma de adjetivos femeninos:

Se debe proceder JUST**a,** HONRAD**a** *y* NOBLE**mente** *hasta con los enemigos* (3).

---

(1) Razones de método, por evidentes innecesarias, han hecho que el estudio de las desinencias correspondientes al género y al número, así como al superlativo, aparezcan en otros lugares de esta obra.
(2) Adjetivo de una sola terminación.
(3) Acaso, por énfasis, por dar á la frase energía y vigor extraordinarios, quepa alguna vez enunciar, unos á continuación de otros, varios adverbios en **mente**. Esta licencia tiene su principal, y aun pudiera decirse exclusiva aplicación á la Oratoria, en que la actitud, el gesto, la intonación, las pausas necesarias..., cooperan, conjuntamente con la palabra hablada, á producir el deseado efecto sobre el auditorio. Pero tal licencia, que de algún tiempo á esta parte cuenta con algunos, aunque escasos, propagandistas (sin duda por influencia de la lectura francesa), no es nunca de imitar en lo escrito.

CAPÍTULO ÚLTIMO

SÍNTESIS. — DETERMINACIÓN Y ENUNCIACIÓN

Expuestos, y aun repetidos alguna vez por necesidad, en el transcurso de esta obra los fundamentos de la admirable ARQUITECTURA DEL LENGUAJE en general, y en particular de la LENGUA ESPAÑOLA, fácil es condensar en síntesis sumarísima todas aquellas ideas.

Al hablar, exteriorizamos nuestro ser íntimo: el pensamiento, el sentimiento, la voluntad, buscan en el lenguaje su expresión más adecuada.

Afirmar, negar, interrogar, exponer ó narrar, evidenciar ó demostrar, manifestar deseo, admiración, extrañeza, repugnancia, etc., etc., son siempre EL FIN DE TODA ENUNCIACIÓN.

Pero toda enunciación ha de referirse necesariamente á algo. De otro modo, nuestras afirmaciones, negaciones, etc., recaen siempre sobre una ó más individualidades. Y para que no quepa duda acerca de cuál pueda ser el objeto de nuestra enunciación, esas individualidades están necesitadas de DETERMINACIÓN.

DETERMINACIÓN Y ENUNCIACIÓN

Sobre esas DOS IDEAS FUNDAMENTALES se levanta el portentoso edificio de nuestra lengua.

Estudiar los múltiples y variados medios de determinación de que la lengua española dispone, exponerlos sistemática y ordenadamente, ha sido, el fin preferente y capitalísimo de esta obra.

¡Qué sencillez! DETERMINACIÓN Y ENUNCIACIÓN constituyen el maravilloso mecanismo del **ARTE DE HABLAR**.

FIN DE LA OBRA

ÍNDICE

	Páginas.
NOTAS BIOGRÁFICAS	v
PRÓLOGO	xv

PARTE PRIMERA

PRENOCIONES

SECCIÓN 1.ª

DE LOS SIGNOS

CAPÍTULO I.—Signos orales	1
— II.—Signos escritos	12

SECCIÓN 2.ª

COMBINACIONES ELOCUTIVAS

CAPÍTULO I.—Tesis, anéutesis y oraciones	17
— II.—Sistema elocutivo	19
— III.—Comprensión y extensión de las palabras	21
— IV.—Modos de aumentar la comprensión	22
— V.—Modos de fijár la extensión	34
— VI.—Pronombres	38
— VII.—Determinantes abreviados	41

SECCIÓN 3.ª

DEL VERBO

CAPÍTULO I.—Combinación de combinaciones	44
— II.—Fin elocutivo	46
— III.—Cláusulas	47
— IV.—Análisis del fin elocutivo	49
— V.—Cláusulas sin substantivo	51

SECCIÓN 4.ª

RELACIONES DEL SUBSTANTIVO CON EL VERBO

	Páginas.
Capítulo I.—Nominativo	53
— II.—Concordancia de nominativo y verbo	54
— III.—Acusativo	56
— IV.—Dativo	57
— V.—Nominativos, acusativos y dativos pronombres	58
— VI.—Comprensión verbal	59

SECCIÓN 5.ª

ADVERBIOS, ABLATIVOS Y DESINENCIAS VERBALES

Capítulo I.—Adverbios y ablativos en especial	61
— II.—Desinencias verbales	65
— III.—Conjugación	67

SECCIÓN 6.ª

PALABRAS DETERMINABLES Y PALABRAS DETERMINANTES

Capítulo I.—Clasificación de las palabras	73
— II.—Cambio de sentido en las palabras	75

SECCIÓN 7.ª

COMBINACIONES DE COMBINACIONES

Capítulo I.—Con palabras solamente no se habla	80
— II.—Clasificación de las combinaciones	82
— III.—Clasificación de los determinantes	83
— IV.—Nexos	86
— V.—Caracteres distintivos de las tesis, las anéutesis y las oraciones	88
— VI.—Resumen. Arquitectura del lenguaje	89

SECCIÓN 8.ª

ESPECIALIDADES

Páginas.

Capítulo I.—Conjunciones 93
— II.—Interjecciones 94
— III.—Finalidad elocutiva 96
— IV.—Vocativo 97

LECCIÓN 9.ª

ANORMALIDADES

Capítulo I.—Frases hechas 98
— II.—Construcciones obligadas 100

PARTE SEGUNDA

FORMAS DE LAS COMBINACIONES DE SENTIDO CABAL É INDEPENDIENTE

SECCIÓN 1.ª

ESTUDIO ESPECIAL DE VERBOS, NOMINATIVOS, ACUSATIVOS Y DATIVOS

Capítulo I.—División de los verbos por su significado 107
— II.—División de los verbos por su estructura 113
— III.—División de los nominativos por su significado... 118
— IV.—División de los nominativos por su estructura... 122
— V.—División de los acusativos por su significado 131
— VI.—División de los acusativos por su estructura 132

SECCIÓN 2.ª

FORMAS REFLEJAS. — GENERALIDADES

Capítulo I—Concordancia de nominativo y verbo. — Activa.—
Pasiva 135
— II.—Pasiva con el verbo *ser* 139

SECCIÓN 3.ª

FORMAS REFLEJAS. — PARTICULARIDADES

Páginas.

Capítulo I.—Nominativos-agentes de las construcciones reflejas.................................... 143
— II.—Esencia de las construcciones reflejas y recíprocas.................................... 145
— III.—Nominativos seudo-agentes de las construcciones reflejas.................................... 147

SECCIÓN 4.ª

VOZ PASIVA CON EL SIGNO «SE»

Capítulo I.—Significado pasivo............................ 154
— II.—Concordancia de la pasiva con *se*.............. 156
— III.—Concordancia en plural con el signo *se* de pasiva.— Antigüedad de esta concordancia............ 158
— IV.—Falta de concordancia en la pasiva con *se*....... 159
— V.—Concordancia en la pasiva de signo *se* cuando los verbos son incorporativos.................. 163
— VI.—Concordancias en la pasiva de signo *se* cuando los verbos constituyen idiotismos.............. 165
— VII.—Ambigüedades................................ 166
— VIII.—Pasiva en absoluto con el signo *se* cuando hay nominativo..................................... 167
— IX.—Verdadera voz pasiva en español.............. 168
— X.—Excepciones á la pasiva con *se*................ 170

SECCIÓN 5.ª

DATIVOS

Capítulo I.—Clasificación de los dativos..................... 173
— II.—Dativos comunes............................. 174
— III.—Dativos de finalidad........................... 175
— IV.—Dativos de posesión........................... 176
— V.—Dativos de pasión............................. 178
— VI.—Concordancia de dativos y acusativos.......... 182
— VII.—Dativos determinantes y pleonásticos.......... 184
— VIII.—Dativos en la pasiva con el signo *se*........... 186

PARTE TERCERA

SISTEMAS ORACIONALES

Páginas.

Determinantes-oración.—Generalidades.................... 195

SECCIÓN 1.ª

SISTEMA ORACIONAL DE CARÁCTER ADJETIVO

Capítulo I.—Adjetivos-oración........................... 197
— II.—Nexos: sus casos.—Cinco clases.—Veinticinco especies................................... 199
— III.—Resumen de los adjetivos-oración.............. 209
— IV.—Condensaciones.—Cuatro clases.—Catorce especies....................................... 214
— V.—Aberraciones................................ 226
— VI.—Oraciones incidentales....................... 229
— VII.—Diferencia entre los nexos de lo determinante y lo incidental............................... 231
— VIII.—Clasificación de las oraciones incidentales....... 233
— IX.—Nexos de las oraciones incidentales............ 240
— X.—Oraciones incidentales referentes á frases....... 245
— XI.—Expresiones intercalares..................... 248

SECCIÓN 2.ª

COMPLEXOS DE CARÁCTER ADVERBIAL

Capítulo I.—Frases y oraciones adverbiales................ 249
— II.—Nexos adverbiales............................ 250
— III.—Frases adverbiales........................... 259
— IV.—Ablativos absolutos.......................... 265
— V.—Oraciones condicionantes..................... 267
— VI.—Oraciones comparativas...................... 276

SECCIÓN 3.ª

COMPLEXOS DE CARÁCTER SUBSTANTIVO

Capítulo I.—Substantivos-oración.—Generalidades.......... 286
— II.—Particularidades de los substantivos-oración.... 292
— III.—Acusativos-oración y acusativos-frase.......... 304

	Páginas.
Capítulo IV.—Dativos-oración	322
— V.—Genitivos-oración y genitivos-frase	322
— VI.—Ablativos-oración	325

PARTE CUARTA

SISTEMA DESINENCIAL

Preliminares.. 329

SECCIÓN 1.ª

CONJUGACIÓN POR FLEXIONES

Capítulo I.—Verbos regulares	332
— II.—Verbos irregulares	343

SECCIÓN 2.ª

CONJUGACIONES POR CONCEPTOS

Capítulo I.—Generalidades	345
— II.—Conjugación de las tesis	346
— III.—Conjugación de las anéutesis	356
— IV.—Tiempos translaticios	370

SECCIÓN 3.ª

CONJUGACIÓN DE LAS ENTIDADES SIN SENTIDO CABAL NI INDEPENDIENTE DE CARÁCTER SUBSTANTIVO

Generalidades.. 376
Capítulo I.—Substantivos-oración en nominativo.—Conjugación de sus verbos.............................. 377
— II.—Substantivos-oración en acusativo.—Conjugación de sus verbos................................. 383
— III.—Conjugación de los verbos de pasión, voluntad y entendimiento, acompañados de infinitivos que les sirven de acusativo........................ 390

	Páginas.
Capítulo IV.—Conjugación de los verbos impersonales impropios, acompañados de infinitivos que les sirven de acusativos...............................	394
— V.—Conjugación de las entidades elocutivas en dativo......................................	395
— VI.—Conjugación de las entidades elocutivas en genitivo......................................	397

SECCIÓN 4.ª

CONJUGACIÓN DE LAS ENTIDADES SIN SENTIDO CABAL
NI INDEPENDIENTE DE CARÁCTER ADJETIVO

Capítulo I.—Carácter de certidumbre ó incertidumbre de los adjetivos-oración..........................	400
— II.—Totalidad de los tiempos de las oraciones-adjetivo......................................	401

SECCIÓN 5.ª

CONJUGACIÓN DE LAS ENTIDADES SIN SENTIDO CABAL
NI INDEPENDIENTE DE CARÁCTER ADVERBIAL

Capítulo I.—Primera conjugación de las oraciones que hacen el oficio de adverbios.........................	402
— II.—Segunda conjugación de las oraciones-adverbio..	405
— III.—Empleo del infinitivo y del gerundio...........	407
— IV.—Verbos-frase................................	408
— V.—Declinación del pronombre....................	412
— VI.—Adverbios terminados en *mente*...............	414
Capítulo último.—Síntesis.—Determinación y enunciación....	415

ÍNDICE

Introducción	VII
1. Semblanza bio-bibliográfica	VII
2. Producción científica y literaria	XIII
3. Las ideas lingüísticas de Eduardo Benot	XVII
4. La doctrina del *Arte de hablar*	XXXV
5. La originalidad del *Arte de hablar*	XLV
6. La presente edición	XLVI
Referencias bibliográficas	XLVII

ARTE DE HABLAR

Parte primera. Prenociones	35
Parte segunda. Formas de las combinaciones de sentido cabal é independiente	141
Parte tercera. Sistemas oracionales	229
Parte cuarta. Sistema desinencial	363
Índice [de la edición reproducida]	453